HERÓIS DESCONHECIDOS DA BÍBLIA

HERÓIS
DESCONHECIDOS
DA BÍBLIA

JAIME FERNÁNDEZ GARRIDO

Heróis desconhecidos da Bíblia
Copyright© 2019 por Jaime Fernández Garrido
Editado e publicado por Publicações Pão Diário
sob acordo especial com Jaime Fernández Garrido

Tradução: Samuel Mitt e Ângela Mitt
Coordenação editorial: Dayse Fontoura
Revisão: Dalila de Assis, Dayse Fontoura, Lozane Winter, Rita Rosário e Thaís Soler
Projeto Gráfico: Audrey Novac Ribeiro
Diagramação: Denise Duck
Foto da capa: © Shutterstock

Dados internacionais de Catalogação na Publicação (CIP)

Fernández Garrido, Jaime

Heróis desconhecidos da Bíblia
Tradução: Samuel Mitt e Ângela Mitt, Curitiba/PR, Publicações Pão Diário.
Título original: *Héroes desconocidos de la Biblia*

1. Bíblia;   2. Fé;   3. Vida cristã.

Exceto se indicado o contrário, as citações bíblicas são extraídas da edição
Revista e Atualizada de João F. de Almeida © 2009 Sociedade Bíblica do Brasil.

Proibida a reprodução total ou parcial, sem prévia autorização, por escrito, da editora.
Todos os direitos reservados e protegidos pela Lei 9.610, de 19/02/1998.

Pedidos de permissão para usar citações deste livro devem ser direcionados a:
permissao@paodiario.org

Publicações Pão Diário
Caixa Postal 4190,
82501-970 Curitiba/PR
Internet: www.paodiario.org
Email: publicacoes@paodiario.org
Telefone: (41) 3257-4028

Código: WT958
ISBN: 978-1-68043-617-4

Impresso na China

1ª edição: 2019

ÍNDICE

Introdução 9

1. Uma adolescente que não tinha inimigos 13

2. Ana: a chave no avivamento
   do povo de Deus 21

3. Ana: a profetiza, anunciando a vinda de
   Jesus em qualquer tempo 31

4. Um anjo: quando o Messias estava
   triste a ponto de morrer 37

5. Áquila e Priscila: fabricando tendas… para
   transformar o mundo 45

6. Araúna: o dinheiro não tem valor 59

7. Uma pessoa em quem todos confiam: a melhor
   qualidade que um homem pode ter 73

8. Baruque: não busque grandezas 89

9. Os Bereanos: a beleza da
   Palavra de Deus 101

10. Barnabé: o imenso valor de
    uma pessoa simples 113

11. Boaz: a beleza do risco espiritual 121

12. Calebe: não há idade para deixar de
    conquistar... Deus não "aposenta" ninguém 135

13. O Crucificado: eu lhe disse que estaria
    comigo no paraíso... lembra-se? 151

14. Epafrodito: o heroísmo da graça 159

15. Estevão: quando a beleza de
    Deus se revela na face 169

16. Filipe: o homem que sempre dizia sim 183

17. Gaio: os dons que Deus nos dá são
    bênçãos para os outros 197

18. Hur: dizer "não" à idolatria mesmo
    que lhe custe a vida 215

19. Joiada: a imprescindível necessidade
    de viver na presença de Deus 227

20. Josafá: entusiasmado com o Senhor,
    longe do religiosamente correto 241

21. José de Arimateia: quando todos abandonaram
    o Crucificado, ele apareceu 251

22. José: o escolhido por Deus para
    ser o pai do Seu Filho 259

23. João Batista: mais que um profeta,
    o amigo do Noivo 271

24. Lia: o que fazemos tem
    consequências eternas 285

25. A mãe de Icabô: sem a glória de Deus
    a vida não tem sentido 293

26. Maria: quando nossas lágrimas
    fazem Deus chorar 301

27. A mulher cananeia: uma mulher que
    ninguém valorizava 311

28. Junto a um poço em Samaria: uma mulher
    menosprezada que transformou sua sociedade 323

29. Naassom: a feliz coragem dos pioneiros 333

30. Nabote: a herança de cada pessoa é a
    identidade que Deus lhe dá 341

31. Natã: com a pequena ajuda de um amigo 351

32. Obede-Edom: quero que você
    more na minha casa 367

33. Onesíforo: a bênção daquele que sempre
    está disposto a ajudar 383

34. Os primeiros cristãos: a revolução
    não pode esperar 399

35. Sifrá e Puá: defender a vida é mais importante
    do que os outros pensam 407

36. Simão Cireneu: quando outros
    o convertem num herói 417

37. Tíquico: a obra de Deus não é
    para "lobos solitários" 425

38. Tito: a quem dedicamos nosso tempo,
    aos amigos ou aos seguidores? 437

39. Urias: o seu "pecado" foi ser
    leal até à morte 447

40. Você: um poema de Deus 455

INTRODUÇÃO

Todos os livros costumam ter introduções, prólogos, prefácios etc., para explicar sua razão de ser. Às vezes parece não ser suficiente o fato de termos os livros em nossas mãos e começarmos a lê-los, sem que busquemos algum tipo de justificativa. Na presente obra, a introdução deve ser curta porque a vida dos heróis fala por si mesma.

Vivemos numa sociedade que admira as pessoas que aparecem em manchetes dos meios de comunicação, mas Deus reserva as primeiras páginas da eternidade a outro tipo de heróis, muito diferentes dos nossos. Ao longo dos quarenta capítulos deste livro, descobriremos como esses heróis e heroínas eram, por vezes, estrangeiros; em outras ocasiões anônimos, pois não conhecemos seus nomes e suas famílias, tampouco fizeram algo que consideramos "sobrenatural"; e, em sua maioria, não eram fortes nem famosos. Nada a ver com o que teríamos imaginado! Trata-se de pessoas que "simplesmente" confiaram em Deus e, por meio de sua fé e sua maneira de viver, transformaram a história.

A lição mais importante para nós é que podemos viver como eles. Todos nós podemos ser heróis. Ainda que quase ninguém saiba o que estamos fazendo nem conheça o lugar onde vivemos, Deus, sim, sabe e, em Seu livro, que transcende a eternidade, está registrada cada realização por menor que julguemos ser.

Se você me permite lhe dar um conselho, acredito que a melhor forma de as histórias bíblicas transformarem nossa vida é nos colocarmos no lugar das pessoas sobre as quais estamos lendo, isto é, inserirmo-nos na aventura bíblica por meio da imaginação espiritual; tal como Charles M. Sheldon escreveu no livro *Em seus passos o que faria Jesus?* (Ed. Mundo Cristão, 2007), nós podemos ler cada capítulo da Bíblia e pedir sabedoria ao Espírito Santo para viver esses momentos com cada personagem e pensar no que faríamos se fôssemos aquela mulher ou aquele homem e como poderíamos aplicar essas lições em tudo o que acontece em nossa vida no dia de hoje. Se assim fizermos, com certeza Deus falará conosco.

Finalmente, creio não ser necessário dizer que o Senhor Jesus é o nosso único, singular, amado e adorado Herói (o único a quem podemos colocar a letra maiúscula!); mas Deus nos permite também admirar outros heróis. Ele nos tem dado a possibilidade de participar da Sua glória com cada um dos Seus filhos. Todos, sem exceção, temos pessoas que têm nos ajudado em nossa vida; que consideramos nossos amigos e, em muitas ocasiões, também podemos dizer que são nossos "heróis". Em vários capítulos, você descobrirá aqueles que mais têm influenciado a minha vida; Deus os colocou no meu caminho para que eu pudesse conhecer o Senhor de forma mais íntima. Muitos dos Seus ensinamentos são tão vívidos em meu coração que é impossível esquecê-los!

Esse é um dos motivos por que gostaria de terminar com um grande conselho que recebi da pessoa que me ensinou a amar a Deus através da Sua Palavra, Francisco Lacueva. Eu tinha apenas 13 anos quando o conheci, e, desde então, o Senhor me abençoou de uma forma extraordinária com a amizade e a sabedoria desse servo de Deus. Ele era um homem totalmente amável, e eu podia chamá-lo a todo momento para perguntar-lhe qualquer coisa sobre a Bíblia, e ele, com toda paciência, explicava-me o que eu não conseguia entender. Sempre me lembrarei dos dias que passamos juntos tanto na casa dele como na minha, lendo e estudando a Palavra de Deus até que o Senhor o tomou para si. É impossível mensurar o quanto sinto a falta dele!

E qual foi o seu conselho para mim? Eu estava com pouco mais de 30 anos (1995) quando, certo dia, falando sobre o trabalho para o Senhor, ele me disse: "Jaime, coloque-se sempre no lugar onde ninguém possa derrubá-lo". Creio que o Senhor queria me ensinar, através do Seu servo, a característica mais importante de todos os Seus heróis: a humildade. A Bíblia nos ensina que "Deus resiste aos soberbos, mas dá graça aos humildes" (TIAGO 4:6; 1 PEDRO 5:5).

Sim, é certo que o amor inquebrantável ao Senhor é a base de todo o nosso relacionamento com Ele; mas, se não formos humildes, jamais poderemos ser úteis ao Todo-poderoso. Não importa se, na sociedade em que vivemos, alguns nos considerarão "heróis" se não formos heróis para o Senhor. A arrogância e o orgulho são incompatíveis com a Sua presença.

Jamais devemos nos esquecer disso!

COMO USAR O CÓDIGO QR

No início de cada capítulo, você encontrará um **código QR**. Ele deve ser lido com um telefone celular ou com um dispositivo que tenha o aplicativo correspondente (um leitor de código QR). A leitura do código é feita em segundos e logo o direcionará a um vídeo no *Youtube*, gravado pelo autor do livro. Esses vídeos, de apenas três minutos, apresentam um resumo de cada capítulo correspondente, e podem ajudá-lo a entender melhor o texto ou podem ser usados na igreja ou em pequenos grupos para apresentar o assunto.

1
UMA ADOLESCENTE QUE NÃO TINHA INIMIGOS

Nem sequer conhecemos o seu nome. Uma das lições mais sublimes da Bíblia vem de uma jovem que passa despercebida; muitos nem mencionam a sua existência quando contam a história, embora não haveria uma "história" se não fosse por ela.

Naamã, comandante do exército do rei da Síria, era grande homem diante do seu senhor e de muito conceito, porque por ele o Senhor *dera vitória à Síria; era ele herói da guerra, porém leproso. Saíram tropas da Síria, e da terra de Israel levaram cativa uma menina, que ficou ao serviço da mulher de Naamã. Disse ela à sua senhora: Tomara, o meu senhor, estivesse diante do profeta que está em Samaria; ele o restauraria da sua lepra. Então, foi Naamã e disse ao seu senhor: Assim e assim falou a jovem que é da terra de Israel. Respondeu o rei da Síria: Vai, anda, e enviarei uma carta ao rei de Israel. Ele partiu e levou consigo dez talentos de prata, seis mil siclos de ouro e dez vestes festivais. Levou também ao rei de Israel a carta, que dizia: Logo, em chegando a ti esta carta, saberás que eu te enviei Naamã, meu servo, para que o cures da sua lepra. Tendo lido o rei de Israel a carta, rasgou as suas vestes e disse: Acaso, sou Deus com poder de tirar a vida ou dá-la, para que este envie a mim um homem para eu curá-lo de sua lepra? Notai, pois, e vede que procura um pretexto para romper comigo. Ouvindo, porém, Eliseu, homem de Deus, que o rei de Israel rasgara as suas vestes, mandou dizer ao rei: Por que rasgaste as tuas vestes? Deixa-o vir a mim, e saberá que há profeta em Israel. Veio, pois, Naamã com os seus cavalos e os seus carros e parou à porta da casa de Eliseu. Então, Eliseu lhe mandou um mensageiro, dizendo: Vai, lava-te sete vezes no Jordão, e a tua carne será restaurada, e ficarás limpo. Naamã, porém, muito se indignou e se foi dizendo: Pensava eu que ele sairia a ter comigo, pôr-se-ia de pé, invocaria o nome do* Senhor, *seu Deus, moveria a mão sobre o lugar da lepra e restauraria o leproso.* (2 REIS 5:1-11)

Aquela adolescente tinha todos os argumentos para sentir-se infeliz: era uma escrava, fora levada para longe do seu povo, e sua vida não fazia sentido para quase ninguém. Ela foi levada cativa pelo comandante do exército sírio, Naamã, depois de uma das batalhas ganhas contra o povo de Israel. Estava sozinha, logo o mais "normal" é que tenham matado sua família quando invadiram sua cidade e sua casa. Não é preciso muita imaginação para supor o que os soldados possam ter feito com ela antes de entregá-la como escrava ao seu comandante. Aparentemente, sua vida não tinha razão de ser.

A jovem poderia ter orado clamando a Deus por vingança. Tinha todo o direito de fazer isso e ninguém a teria condenado! Mas, apesar de estar longe de sua casa, seguiu confiando que Deus cuidava dela apesar de tudo que lhe sobreviera. Entretanto, pedir que a justiça divina alcançasse os que haviam arruinado sua vida seria uma decisão que qualquer um de nós tomaria.

Mas não foi o que ela fez!

De alguma forma sobrenatural, ela tinha entendido que o principal propósito de vida daqueles que amam a Deus é abençoar os outros. Não permitiu que a amargura e o ódio a dominassem!

A Bíblia nos diz que Naamã, o comandante que a tomou como escrava, era leproso. Uma leitura imparcial da história, sob a perspectiva de que "sofremos as consequências daquilo que fazemos" poderia levar-nos (e muito mais a ela) à conclusão de que o oficial sírio merecia aquela enfermidade por tudo o que ele havia feito. Ele ousara invadir, arrasar e destruir o povo de Deus! Mas a jovem sequer considerou isso, nem acreditou que tudo o que lhe acontecia era um castigo de Deus.

> NADA TERIA ACONTECIDO SE NÃO FOSSE POR ELA. NEM SEQUER SABERÍAMOS A RESPEITO DE NAAMÃ E DE SUA POSSÍVEL CURA!

A jovem mergulhou no oceano da graça e da compaixão do Criador para dizer à esposa de Naamã que havia um profeta de Deus em Israel capaz de curá-lo.

Ninguém lhe perguntou coisa alguma!

Ela poderia ter ficado calada. Afinal de contas, Naamã era quem havia destruído não somente a sua família, como também a sua vida, mas ela teve compaixão e lhe disse que havia um profeta em Samaria, e que ali ele encontraria o poder de Deus para curá-lo. O heroísmo dessa adolescente não tem limites!

Sim, pois graças a ela Naamã foi curado. Graças ao seu desejo de abençoar a quem lhe havia ferido, a história do poder de Deus sobre a enfermidade chegou ao comandante sírio... e a nós também. Pela coragem dessa jovem, e acima de tudo, pela sua compaixão e perdão, centenas de milhares de pessoas (literalmente) têm experimentado a salvação que Deus proporciona de uma forma incondicional; visto que, ao longo dos séculos, milhares de pessoas têm admitido a cura desse oficial como um exemplo claro e preciso para explicar o evangelho.

Não podemos nos esquecer que, sem essa jovem escrava, não haveria essa história!

Sem a vida dessa moça que perdoou e abençoou Naamã, não haveria o capítulo cinco do segundo livro de 2 Reis em nossa Bíblia. Sei que você entende a ênfase naquilo que estou escrevendo, porque Deus pode fazer o que Ele quiser e quando quiser... mas, exatamente naquele momento, a Sua graça fluiu através do coração de uma adolescente.

Essa jovem, de quem não sabemos sequer o nome, nos traz à lembrança uma das mais sublimes lições do cristianismo.

NÃO TEMOS INIMIGOS

Como é difícil compreender isso! Mas precisamos viver assim, lembrando-nos sempre de que somos herdeiros da bênção. Nenhum ser humano é nosso "inimigo". Os que às vezes nos prejudicam não são inimigos; tampouco os que nos enfrentam, porque podemos lhes oferecer o mesmo que Deus nos concedeu e transformou nossa vida: a Sua graça.

E muito menos são nossos inimigos aqueles que nos são mais próximos!

Não importa se você tem discutido com algum dos seus queridos. Ninguém na sua família é seu inimigo! Não importa se você tenha enfrentado dificuldades com alguém na igreja! O seu irmão ou sua irmã não são seus inimigos! Não importa se algum amigo disse algo que o tenha prejudicado. Ele não é seu inimigo!

Nossos vizinhos não são nossos inimigos; os que não concordam conosco não são nossos inimigos; muito menos os que nos acusam; e os que não nos entendem não poderão ser considerados como inimigos. Os que em algum momento tenham se colocado contra nós não são nossos adversários. Nem mesmo os que, por vezes, nos prejudicam são nossos inimigos!

Temos de parar de enxergar os outros como se fossem nossos inimigos. É necessário resolver os conflitos sem considerar como adversários aqueles que chegam a nos ultrajar.

Nós temos apenas um inimigo e ele é o Maligno. Ele é quem por vezes nos usa para prejudicar os outros, ou então usa outras pessoas para nos ferir. Esse inimigo sabe que sua maior vitória é fazer-nos acreditar que as pessoas são nossas inimigas. O diabo se alegra em criar conflitos, lutas, enganos, sofrimento, inimizades, ódio, vingança etc. Ele é especialista em roubar, matar e destruir; e o seu maior desejo é ver a humanidade dividida em mil pedaços crendo que todos são inimigos uns dos outros e, com certeza, inclusive de Deus.

O DIABO SABE QUE SUA MAIOR VITÓRIA É NOS FAZER ACREDITAR QUE OS OUTROS SÃO NOSSOS INIMIGOS.

O problema é que ele está conseguindo isso. A humanidade tem "prazer" em fazer inimigos desde a primeira vez que se rebelou contra Deus. Infelizmente, Caim está muito mais próximo de ser o modelo de comportamento nas interações humanas do que uma exceção. Até em algo tão comum como um jogo ou um esporte somos capazes de discutir, magoar, rotular e inclusive ameaçar os que consideramos nossos adversários! Não quero nem imaginar o que faríamos com aqueles que realmente rejeitamos! (Não preciso pensar muito; a história já tem nos fornecido milhares de exemplos lamentáveis do que se é capaz de fazer, inclusive em nome de Deus!).

É certo que, no que for possível, devemos manter os olhos bem abertos, para que não nos façam mal. Muitas vezes temos que defender o que é justo. Além disso, Deus nos pede para ajudarmos os fracos e os que são maltratados. Portanto, não se trata de viver segundo a filosofia de que "todo mundo é bom", pois não é assim. Porém, jamais devemos dar o colossal passo de transformar em inimigos os que não concordam conosco, ou simplesmente não vivem como gostaríamos que vivessem. Entenda! Eles não são nossos inimigos.

NENHUM SER HUMANO É NOSSO INIMIGO

E se por qualquer circunstância alguém pensa que somos seus inimigos, lembre-se do que o Senhor Jesus disse em Lucas 6:35: o nosso dever é amá-los.

Permita-me dizer algo mais: essa atitude de amar nossos inimigos não é um teste pelo qual devem passar os cristãos mais "espirituais". Não! É um mandamento para todos. E se, por acaso, alguém não tivesse entendido bem o significado de "amar", o apóstolo Paulo explica de uma forma muito simples: "Se o teu inimigo tiver fome, dá-lhe de comer; se tiver sede, dá-lhe de beber..." (ROMANOS 12:20).

Por último, o nosso "Herói", Aquele a quem amamos, adoramos, seguimos e servimos, é o mesmo que pediu para Deus perdoar os Seus inimigos quando eles o crucificaram. Você se lembra disso? Logo, esse não é um exemplo impossível de ser seguido: Estêvão (ATOS 7:60) e muitos outros mártires fizeram o mesmo ao longo desses dois últimos milênios.

Essa é uma das razões pela qual a graça de Deus não é entendida por alguns, e incompreensível para muitos outros. Deus faz chover sobre justos e injustos. Ele ama a todos, sem exceção. O Senhor Jesus morreu na cruz por toda a humanidade. O Espírito de Deus nos ensina a viver sabendo que todos podem receber a Sua graça.

Aquela jovem entendeu isso perfeitamente. Por esse motivo, ela desejava que aquele que a tinha como escrava fosse curado. Ela sabia que ele não era seu inimigo, e a sua compaixão levou Naamã não somente a alcançar a cura, mas também a entender o amor do único e verdadeiro Deus.

Não sabemos o seu nome, mas tenho muitos motivos para admirá-la. Pode ser que muitos conheçam o nosso nome e sobrenome, mas, talvez, na situação em que ela se encontrava, não teríamos derramado tanta graça e perdão.

Precisamos entender, de uma vez por todas, que não temos inimigos!

2
ANA: A CHAVE NO AVIVAMENTO DO POVO DE DEUS

Ana não tinha qualquer significado como pessoa. De acordo com a cultura e a religião de sua época, era considerada inútil por não ter filhos, embora ela não tivesse qualquer culpa. Assim a vida lhe era injusta.

Na verdade, o pior não era a zombaria, a solidão ou o menosprezo, mas as palavras ferinas de quem estava ao seu lado. A Bíblia diz que "o Senhor lhe havia cerrado a madre" (1 SAMUEL 1:6) e isso parecia ter concedido a outros o direito de humilhá-la de forma contínua.

Essa mulher vivia "cheia" de vazios. Entendia o que significava passar horas na lenta agonia da solidão e da tristeza. Jamais teve de acordar à noite ao escutar o choro de um filho que pedia por sua presença.

Deus havia fechado sua madre, e alguns poderiam até pensar que Ele também tivesse fechado a sua alma. Ana escutara desde criança que Deus amava as mulheres que tinham filhos. O sumo sacerdote tinha dito muitas vezes que uma mulher que não gerava filhos não servia para quase nada... Alguns, inclusive, diziam coisas piores: "Qual é o seu pecado?", "Por que será que Deus não lhe dá filhos?", "Seu marido já tem filhos com outra mulher, por que você não desaparece de uma vez por todas?".

Ela tinha o dia todo para meditar e examinar sua consciência. Sem ter mais nada com o que se ocupar, cada momento da sua existência poderia ser um campo fértil para a amargura e o ódio contra Deus, contra seu marido, e contra os outros... inclusive ela poderia chegar a odiar a si mesma! Sabia de muitas histórias; algumas mulheres em sua situação haviam abandonado tudo e ido ao deserto para lamentar a sua sorte. Outras chegavam, até, ao ponto de tirarem a própria vida.

Porém, Ana não o fez. Nenhum deserto podia ser tão árido como o seu futuro. Além disso, seu marido (apesar de gostar dela) havia caído na tentação de encontrar uma rival que pudesse lhe dar filhos. E essa mulher também a menosprezava! Dia após dia, as lágrimas eram suas únicas companheiras. Ana poderia ter desistido de tudo, poderia ter se deixado dominar pelo desespero. Tinha todo o direito de cair em tristeza, desânimo e desespero. Simplesmente parecia que nada tinha sentido em sua vida...

MAS ANA REAGIA ADORANDO A DEUS!

Houve um homem de Ramataim-Zofim, da região montanhosa de Efraim, cujo nome era Elcana, filho de Jeroão, filho de Eliú, filho de Toú, filho de Zufe, efraimita. Tinha ele duas mulheres: uma se chamava Ana, e a outra, Penina; Penina tinha filhos; Ana, porém, não os tinha. Este homem subia da sua cidade de ano em ano a adorar e a sacrificar ao SENHOR dos Exércitos, em Siló. Estavam ali os dois filhos de Eli, Hofni e Fineias, como sacerdotes do SENHOR. No dia em que Elcana oferecia o seu sacrifício, dava ele porções deste a Penina, sua mulher, e a todos os seus filhos e filhas. A Ana, porém, dava porção dupla, porque ele a amava, ainda mesmo que o SENHOR a houvesse deixado estéril. (A sua rival a provocava excessivamente para a irritar, porquanto o SENHOR *lhe havia cerrado a madre.) E assim o fazia ele de ano em ano; e, todas as vezes que Ana subia à Casa do* SENHOR*, a outra a irritava; pelo que chorava e não comia. Então, Elcana, seu marido, lhe disse: Ana, por que choras? E por que não comes? E por que estás de coração triste? Não te sou eu melhor do que dez filhos? Levantou-se Ana, e, com amargura de alma, orou ao* SENHOR*, e chorou abundantemente. E fez um voto, dizendo:* SENHOR *dos Exércitos, se benignamente atentares para a aflição da tua serva, e de mim te lembrares, e da tua serva te não esqueceres, e lhe deres um filho varão, ao* SENHOR *o darei por todos os dias da sua vida, e sobre a sua cabeça não passará navalha. Demorando-se ela no orar perante o* SENHOR*, passou Eli a observar-lhe o movimento dos lábios, porquanto Ana só no coração falava; seus lábios se moviam, porém não se lhe ouvia voz nenhuma; por isso, Eli a teve por embriagada e lhe disse: Até quando estarás tu embriagada? Aparta de ti esse vinho! Porém Ana respondeu: Não, senhor meu! Eu sou mulher atribulada de espírito; não bebi nem vinho nem bebida forte; porém venho derramando a minha alma perante o* SENHOR*. Não tenhas, pois, a tua serva por filha de Belial; porque pelo excesso da minha ansiedade e da minha aflição é que tenho falado até agora. Então, lhe respondeu Eli: Vai-te em paz, e o Deus de Israel te conceda a petição que lhe fizeste. E disse ela: Ache a tua serva mercê diante de ti. Assim, a mulher se foi seu caminho e comeu, e o seu semblante já não era triste.* (1 SAMUEL 1:1-18)

Ana orava e derramava sua alma diante do Senhor. Ela havia encontrado seu valor como pessoa na própria presença de Deus, conhecendo-o e amando-o; procurando entender as razões da Sua maneira de agir, buscando no mais profundo do coração de Deus o motivo para a sua própria vida!

Ana amava e adorava o mesmo Deus que lhe havia fechado a madre (1 SAMUEL 1:10-13). Cada dia, acordava cedo para o adorar (v.19), pois seu coração ardia perante o Senhor, mesmo sem que nada acontecesse durante semanas, meses e até anos.

> ANA AMAVA E ADORAVA O MESMO DEUS
> QUE LHE HAVIA FECHADO A MADRE!

Quando lemos o primeiro livro de Samuel, tomamos conhecimento de que o maior avivamento na história de Israel não teve início com a família do sumo sacerdote, nem mesmo por meio de um profeta ou inclusive do futuro rei. A grandeza espiritual do reino de Israel nos anos subsequentes não teve início na vida de algum dos líderes religiosos; e muito menos com o surgimento de algum líder político ou agente social.

A história começou com uma mulher de uma família muito humilde!

UMA MULHER!

A oração dessa mulher transformou o povo de Deus (v.10), porque ela, em sua simplicidade, tinha aprendido o segredo do relacionamento com o Todo-poderoso: "Venho derramando a minha alma perante o Senhor" (v.15). A situação de Ana era desesperadora, e a sua frustração era imensa; a sua vida estava repleta de aflição. Tamanha era a sua tristeza que seu coração, em alguns momentos, parecia estar a ponto de explodir (v.7). Mas isso jamais ocorreu, pois Ana vivia perto do coração de Deus. Tudo o que ela desejava era glorificar o Senhor; então decidiu que, se tivesse um filho, este seria consagrado a Deus (v.11).

E isso Ana fez quando Deus atendeu o desejo dela. Ana trouxe seu filho Samuel ao Templo, e ali o deixou a serviço do Criador.

Um dos segredos da história era que Ana vivenciava a presença de Deus derramando seu coração diante dele em adoração. Isso ninguém podia entender. Nem mesmo o próprio sumo sacerdote (Eli) que a acusou de embriaguez. Eli não podia entender que uma mulher humilde pudesse estar mais perto de Deus do que ele, o representante de Deus diante do povo escolhido!

Eli observava Ana adorar e zombava dela. Via como ela orava ao Pai e julgava que estivesse embriagada. Qual será o motivo para que ainda hoje aconteça algo parecido? Por que a presença de Deus, às vezes, é menos real para alguns líderes religiosos do que para as pessoas simples entre o povo? E, ainda mais, por que os que estão mais próximos de Deus, os que realmente incendeiam-se em Sua presença e vivem apaixonados por Ele, são vistos quase como que embriagados?

> ELI OBSERVAVA ANA ADORAR E ZOMBAVA DELA.
> VIA COMO ELA ORAVA AO PAI
> E JULGAVA QUE ESTIVESSE EMBRIAGADA.

O povo tinha perdido a sensação da grandeza de Deus em suas vidas e trocara isso pelo culto frio e mecânico dos sacerdotes. Logo, não é de se estranhar que o avivamento não tenha começado pela família de Eli, nem por algum intérprete da Lei, tampouco por meio de algum mestre, professor ou sábio. Tudo começou com uma mulher humilde que se deleitava em adorar o seu Deus, embora sua vida estivesse repleta de dificuldades!

DEUS CONTINUA RESPONDENDO AS ORAÇÕES DAQUELES QUE O HONRAM

Deus respondeu a Ana porque Ele estivera muitas vezes a sós com ela, consolando-a e sustentando-a com a Sua mão. Havia preenchido os vazios que a vida deixara em seu coração, embora muitas vezes parecesse que Deus não lhe respondia cada vez que ela orava por um filho.

Não é esta a mesma situação que muitos enfrentam hoje? Pessoas que amam ao Senhor profundamente e estão dispostas a fazer qualquer coisa para lhe obedecer e segui-lo, mas parecem receber somente indiferença e reclamações de todos (quando não, insultos), enquanto o tempo passa e as circunstâncias não mudam.

Esse é o momento de lembrar que Deus continua enviando Sua graça especial a todos que continuam fiéis a Ele, honrando-o em tudo e desfrutando de Sua presença, apesar dos problemas que precisem enfrentar, inclusive as terríveis situações que por vezes surgem nas igrejas e o comportamento de alguns líderes. Você se lembra de que naquele tempo os filhos de Eli eram os sacerdotes? Roubavam, mentiam, adulteravam, manchavam o altar de Deus com os seus pecados... enquanto isso Ana continuava adorando e amando ao Senhor.

> PESSOAS QUE AMAM AO SENHOR PROFUNDAMENTE, MAS PARECE QUE RECEBEM SOMENTE INDIFERENÇA E RECLAMAÇÕES DE TODOS (QUANDO NÃO, INSULTOS), ENQUANTO O TEMPO PASSA E AS CIRCUNSTÂNCIAS NÃO MUDAM.

Apesar de todas as circunstâncias, Deus usa mulheres e homens que continuam a honrá-lo para transformar o mundo. Mulheres como Ana, homens como o seu filho Samuel, que fazem brilhar a presença de Deus não apenas na igreja, mas também no lugar em que vivem. Eles são os verdadeiros heróis, aqueles que estão perto do Senhor, aqueles que o amam. Admiro tais pessoas anônimas que servem o Senhor apesar das dificuldades e incompreensões, as quais muitas vezes recebem somente reclamações dos outros pelo seu trabalho, mesmo quando estão dedicando tudo o que são e o que têm para honrar a Deus. Pessoas que às vezes são acusadas e insultadas apenas porque os "sacerdotes" como Eli não conseguem compreender que alguém possa derramar seu coração na presença de Deus e fazer tudo por Ele.

Porém, o que realmente importa não é o que admiramos nesses "heróis" anônimos, mas sim o que Deus faz por meio deles! Além disso, o Senhor responde suas orações:

> *Elcana coabitou com Ana, sua mulher, e, lembrando-se dela o* SENHOR*, ela concebeu e, passado o devido tempo, teve um filho, a que chamou Samuel, pois dizia: Do* SENHOR *o pedi. Subiu Elcana, seu marido, com toda a sua casa, a oferecer ao* SENHOR *o sacrifício anual e a cumprir o seu voto. Ana, porém, não subiu e disse a seu marido: Quando for o menino desmamado, levá-lo-ei para ser apresentado perante o* SENHOR *e para lá ficar para sempre. Respondeu-lhe Elcana, seu marido: Faze o que melhor te agrade; fica até que o desmames; tão somente confirme o* SENHOR *a sua palavra. Assim, ficou a mulher e criou o filho ao peito, até que o desmamou. Havendo-o desmamado, levou-o consigo, com um novilho de três anos, um efa de farinha e um odre de vinho, e o apresentou à Casa do* SENHOR*, a Siló. Era o menino ainda muito criança. Imolaram o novilho e trouxeram o menino a Eli. E disse ela: Ah! Meu senhor, tão certo como vives, eu sou aquela mulher que aqui esteve contigo, orando ao* SENHOR*. Por este menino orava eu; e o* SENHOR *me concedeu a petição que eu lhe fizera. Pelo que também o trago como devolvido ao* SENHOR*, por todos os dias que viver; pois do* SENHOR *o pedi. E eles adoraram ali o* SENHOR. (1 SAMUEL 1:19-28)

Ana continuou adorando a Deus porque sabia que no devido tempo o Senhor a responderia, e com certeza Ele o fez: *Abriu sua madre!* E o filho de Ana foi um verdadeiro exemplo de consagração, obediência e serviço ao Eterno. Não é de se estranhar que Ana não pudesse deixar de cantar:

> *Então, orou Ana e disse: O meu coração se regozija no* Senhor, *a minha força está exaltada no* Senhor; *a minha boca se ri dos meus inimigos, porquanto me alegro na tua salvação. Não há santo como o* Senhor; *porque não há outro além de ti; e Rocha não há, nenhuma, como o nosso Deus. Não multipliqueis palavras de orgulho, nem saiam coisas arrogantes da vossa boca; porque o* Senhor *é o Deus da sabedoria e pesa todos os feitos na balança. O arco dos fortes é quebrado, porém os débeis, cingidos de força. Os que antes eram fartos hoje se alugam por pão, mas os que andavam famintos não sofrem mais fome; até a estéril tem sete filhos, e a que tinha muitos filhos perde o vigor. O* Senhor *é o que tira a vida e a dá; faz descer à sepultura e faz subir. O* Senhor *empobrece e enriquece; abaixa e também exalta. Levanta o pobre do pó e, desde o monturo, exalta o necessitado, para o fazer assentar entre os príncipes, para o fazer herdar o trono de glória; porque do* Senhor *são as colunas da terra, e assentou sobre elas o mundo. Ele guarda os pés dos seus santos, porém os perversos emudecem nas trevas da morte; porque o homem não prevalece pela força. Os que contendem com o* Senhor *são quebrantados; dos céus troveja contra eles. O* Senhor *julga as extremidades da terra, dá força ao seu rei e exalta o poder do seu ungido.* (1 SAMUEL 2:1-10)

Ana conhecia a Deus profundamente. Não podia ser de outra forma. Ela tinha passado a vida inteira na presença do Senhor adorando-o face a face! Durante muitos anos, seu único objetivo foi prostrar-se diante do seu Criador procurando entender o modo de agir do Todo-poderoso, observando a Sua personalidade e usufruindo da Sua presença. Essa é a razão de ela poder dizer e expressar tanto a respeito do caráter de Deus! Tanto é que, ao longo de toda a história, sua canção é considerada como uma das mais completas descrições teológicas de toda a Bíblia. Hoje, nos seminários do mundo inteiro estuda-se o cântico de Ana, pois dele se extrai profundo conhecimento do caráter de Deus.

O CÂNTICO QUE REVOLUCIONOU A HISTÓRIA DO POVO DE DEUS

Esse mesmo cântico, Ana ensinou ao seu filho Samuel, e este o transmitiu a Davi, que o colocou em vários dos seus salmos (107; 113). Esse conhecimento íntimo de Deus, por viver em Sua presença, foi a base do maior avivamento na história do povo de Israel. Além disso, a lição mais importante que descobrimos até aquele momento na Bíblia a respeito da graça foi colocada pelo Senhor no coração e nos lábios dessa mulher: "Levanta o pobre do pó e, desde o monturo, exalta o necessitado, para o fazer *assentar entre os príncipes*, para o fazer herdar o trono de glória" (1 SAMUEL 2:8, ÊNFASE ADICIONADA).

Assim tão simples e ao mesmo tempo tão sublime. O evangelho é Deus nos resgatando do refugo do mundo para nos colocar assentados diante da Sua presença. Ana não somente se deleitava no Senhor, como também sabia que o seu lugar era à mesa do Criador; o seu conhecimento de Deus era real e não simplesmente teórico. Ana sentia, no mais íntimo do seu ser, que Deus lhe havia concedido um lugar de honra em Sua presença.

Como Ana chegou a conhecer isso? Não podia ir a lugar algum onde a Lei era explicada porque era uma mulher; ninguém teria "perdido" tempo falando dessas coisas com ela. E mais ainda naquele tempo em que os mestres se recusavam a ter uma mulher como discípula. Tampouco poderia ter acesso a uma cópia da *Torá* para lê-la. No entanto, Ana pôde conhecer o Criador porque cada dia ela vivia em Sua presença escutando-o, adorando-o e abrindo seu coração diante dele.

O EVANGELHO É DEUS NOS RESGATANDO DO REFUGO DO MUNDO PARA NOS FAZER ASSENTAR À SUA MESA.

Vivemos no exato momento na história da humanidade e do cristianismo para lembrarmos que a chave em um avivamento são as pessoas que amam ao Senhor e derramam o coração diante dele; aqueles que fazem isso de maneira quase desesperada, pois em muitas ocasiões não conseguem entender o que vem acontecendo, mas continuam amando, servindo e honrando a Deus.

Nós admiramos os "grandes" servos de Deus e suas atividades espetaculares, cercadas por multidões que cobrem as primeiras páginas dos meios de comunicação, sem nos darmos conta de que, muitas vezes, todo o ruído e a atividade servem para muito pouco. Deus tem o Seu coração sempre perto daqueles que o amam de forma incondicional e conduz o futuro de um povo em resposta às orações das pessoas mais simples.

O futuro pertence àqueles que, como Ana, a "única" coisa que sabem fazer é amar ao Senhor de todo o coração e segui-lo em tudo. Essas mulheres e homens, verdadeiros servos de Deus, são os que Ele usa para abrir as portas da história.

3
ANA: A PROFETISA, ANUNCIANDO A VINDA DE JESUS EM QUALQUER TEMPO

Os acontecimentos catastróficos dos últimos anos estão afligindo o nosso coração. Haiti (2010), Chile (2010), China (2010), Japão (2011) e outros países têm enfrentado os terremotos mais devastadores e com mais mortos e desaparecidos em toda a sua história... O caso do Japão foi ainda mais grave pela contaminação devido ao vazamento de material radioativo e as possíveis repercussões futuras na saúde dos cidadãos desse país. Foi tão sério que o Comissariado Europeu de Energia pronunciou na sequência as palavras que deram a volta ao mundo: "Estamos diante de uma situação muito difícil, e para defini-la teríamos de falar de apocalipse".

Bastou essas palavras para que ninguém ficasse indiferente. Para alguns, lhes pareceu excessivamente radical; outros se lembraram de velhos "fantasmas", situações nas quais aparentemente não havia qualquer saída. Nós fomos despertados a pensar num acontecimento que se aproxima... cada vez mais.

É lógico. Nos últimos anos temos ouvido e lido sobre as declarações de presidentes dos países de primeiro mundo falando da necessidade de uma entidade financeira mundial que responda pelas nações. Essa entidade enfrentaria as crises econômicas e sociais que estamos vivendo, e outras mais que se aproximam.

Por outro lado, as revoluções dos últimos anos em alguns países árabes têm feito tremer, não apenas o norte da África, como também muitos governantes mundiais, e, com certeza, a economia e o consumo de certos tipos de energia. Se a isso juntarmos o grave problema dos refugiados e as injustiças sociais que o mundo em desenvolvimento vem sofrendo, temos de reconhecer que tudo parece estar preparado para que o nosso "sistema" desmorone de um momento para outro... e alguém tenha que vir socorrê-lo.

Creio que as circunstâncias que estamos observando neste tempo indicam um futuro já previsto: tanto a unidade econômica, o controle monetário ou a perda das liberdades individuais quanto a chegada de catástrofes naturais em escala superior ao normal, apontam precisamente para o "apocalipse".

Se formos sábios em observar as circunstâncias, constataremos que já não se trata do "mesmo de sempre"; estamos falando de situações objetivas que nunca haviam acontecido antes. Trata-se de perceber o crescimento de circunstâncias para que ocorra o evento mais importante da história da humanidade. As profecias são claras e os acontecimentos que estamos contemplando são totalmente "recorrentes" para nos fazer lembrar de que o dia se aproxima.

> NÃO SE TRATA DO "MESMO DE SEMPRE".
> ESTAMOS FALANDO DE SITUAÇÕES OBJETIVAS
> QUE NUNCA HAVIAM ACONTECIDO ANTES.

Está aí, na curva do caminho. Não sabemos o dia nem a hora, mas, com certeza, sabemos que o tempo passa mais rápido do que imaginamos. Observamos (alguns com assombro) como "movimentos" políticos, econômicos e sociológicos que pareciam ser pouco prováveis há cerca de 30 anos, hoje acontecem em poucos dias.

Seria bom recordar que, quando o Senhor Jesus veio pela primeira vez, o mundo também enfrentava uma convulsão generalizada:

Havia uma profetisa, chamada Ana, filha de Fanuel, da tribo de Aser, avançada em dias, que vivera com seu marido sete anos desde que se casara e que era viúva de oitenta e quatro anos. Esta não deixava o templo, mas adorava noite e dia em jejuns e orações. E, chegando naquela hora, dava graças a Deus e falava a respeito do menino a todos os que esperavam a redenção de Jerusalém. (LUCAS 2:36-38)

Quando Lucas descreve esse momento, faz-nos lembrar que todos conheciam uma profetisa, Ana, que ficara viúva há muitos anos e havia dedicado sua vida para anunciar a vinda do Messias, dia e noite servindo no Templo com jejuns e orações. Deus lhe deu a oportunidade de ver como a sua profecia se cumpriria!

O tempo da primeira vinda de Jesus foi precedido por circunstâncias bem parecidas com as que vemos hoje: o povo havia sido idólatra e, como consequência da sua confiança em deuses imaginários e ídolos abomináveis, foram deportados para a Babilônia. No decorrer de anos da história de Israel, vários profetas (Isaías, Miqueias, Zacarias etc.) anunciaram que o Messias viria, mas a espera se tornou tão interminável para alguns que, por isso, já haviam perdido a esperança de ver o Senhor.

Depois de 400 anos de silêncio, Deus usou uma mulher para lembrar o povo que a Sua Palavra sempre se cumpre. O Todo-poderoso permitiu que Ana anunciasse por muitos anos que o Messias estava chegando. A Bíblia diz que ela falava a todos os que esperavam a redenção de Israel! Em um momento muito difícil na história para qualquer profeta (e muito mais para uma mulher, porque ninguém a deixava falar), Ana se revestiu de coragem durante muitos anos para dizer que essa espera chegava ao fim. Que a redenção de Israel estava próxima!

Ninguém pode limitar os heróis de Deus; muito menos limitar as heroínas, como no caso dessa profetisa. É curioso que, para a sociedade daquele tempo, a mulher praticamente não tinha qualquer valor; elas não podiam falar no Sinédrio, não podiam testemunhar num julgamento, não possuíam direitos junto aos seus maridos, tampouco podiam ser seguidoras de algum mestre, pois a sociedade as havia privado da possibilidade de estudar.

NINGUÉM PODE LIMITAR OS HERÓIS DE DEUS.

Nada disso importava a Ana. Deus a chamara e ela fez o seu trabalho. Para Deus pouco importam as normas humanas. Por algum motivo, o Senhor deixou registrada a história da Sua serva nos evangelhos! Talvez para que entendamos, de uma vez por todas, que Deus é Deus e que Ele não está limitado pelas nossas leis, por isso Ana proclamou a chegada do Messias "a todos", sem exceção.

Hoje, em pleno século 21, continuamos precisando de pessoas que anunciem a chegada do Messias (Sua segunda vinda) com a mesma ousadia que Ana demonstrou. Necessitamos comunicá-la a todos porque o tempo está findando.

Sei que ao longo da história, em várias ocasiões, foi anunciado que a segunda vinda do Senhor Jesus (e, portanto, o "apocalipse final") estava prestes a acontecer. Agora a situação é diferente. Não tanto porque já saibamos desse momento, mas por estar muito mais próxima do que imaginamos.

Ninguém pode dizer quando ocorrerá. Ninguém consegue afirmar o provável ano, nem podemos ser tão ignorantes para fechar os olhos para a realidade de que os últimos acontecimentos estão "confirmando" o cumprimento, passo a passo, dos sinais que Deus deixou registrados por meio de Seus profetas.

Não se trata de deixarmos tudo e sair gritando que o apocalipse está às portas. Somente o Senhor sabe quando isso ocorrerá... Trata-se, sim, de estarmos conscientes de que o tempo está findando.

Nada melhor que refletirmos sobre isso com nossas famílias, na igreja e com os nossos amigos! Não estamos dizendo que as pessoas comecem a ter medo do futuro, mas que falem da absoluta certeza de que a segunda vinda de Jesus e a total restauração por meio de Sua palavra virá, com o surgimento de novos Céus e nova Terra.

Necessitamos disso. Precisamos que o Senhor volte; e quando acontecer, o mundo inteiro se dividirá em dois grupos: os que o esperavam e os que não o aguardavam. Essa será a diferença. Seria muito triste que a Sua vinda surpreendesse até nós que o amamos!

Em um tempo muito complicado na história do povo de Israel, Deus precisou falar por meio do profeta Jeremias, dizendo: "Que fareis quando estas coisas chegarem ao seu fim?" (JEREMIAS 5:31). Sei que, na maioria das igrejas evangélicas, os líderes amam ao Senhor e buscam fazer Sua vontade em tudo; então não estamos falando de "profetizar falsamente", mas... não é verdade que costumam passar meses (e por vezes, anos) sem que anunciemos que o Senhor Jesus voltará uma segunda vez?

Se nós, que amamos ao Senhor, não proclamarmos a Sua vinda, quem o fará?

Se sabemos que Ele voltará e não anunciarmos isso, todas as pessoas que nos cercam continuarão vivendo em sua ignorância. Às vezes tenho a impressão de que o povo de Deus está "perdido"; sabemos que Jesus voltará, mas vivemos como se isso fosse acontecer dentro de 100 anos!

Ninguém pode garantir que a humanidade chegará a viver esses anos. Teremos, talvez, 50? 40? 30? 20? 10? Não podemos sequer afirmar, com certeza, que passarão os anos que estamos conjecturando. Essa é a razão pela qual não podemos esquecer a pergunta que Deus deixou registrada: Que faremos quando o fim chegar?

> NÃO É VERDADE QUE COSTUMAM PASSAR MESES (E POR VEZES, ANOS) SEM QUE ANUNCIEMOS QUE O SENHOR JESUS VOLTARÁ UMA SEGUNDA VEZ?

Muitos continuarão falando de "apocalipse" depois de cada catástrofe e dirão que a solução para os nossos problemas está no poder econômico mundial, na política internacional, na criação de um governo único... sem se darem conta de que nada escapa da soberania de Deus. E o que é mais triste: sem que ninguém lhes diga que todas essas circunstâncias apontam para a volta do Rei dos reis e Senhor dos senhores.

Deus, que é totalmente sábio, não anunciou o dia nem a hora... mas deixou registrados muitos sinais para nos revelar o que acontecerá para que jamais "percamos a sensatez" pensando que a segunda vinda de Cristo ocorrerá em tal dia e tal hora... e assim continuemos a fazer o nosso trabalho de uma forma simples e alegre; sem nos esquecermos de que esse dia chegará, mas também sem deixarmos de proclamar que esse dia virá!

Vivemos num momento na história da humanidade em que não dispomos de tempo para atividades supérfluas. Não devemos esbanjar energia em projetos grandiosos, nem discutindo e batalhando sobre atividades e projetos faraônicos quanto ao futuro. O mais importante agora não são as discussões sobre detalhes de doutrina, origem das palavras e os fundamentos de certos costumes. O que precisamos fazer é lembrar a nós mesmos e aos outros que o nosso Senhor voltará.

Precisamos anunciar isso com sabedoria a um mundo que se move tão rapidamente que não dispõe de tempo para pensar. Devemos nos empolgar ao constatar como a Palavra de Deus se cumpre de uma forma exata, fiel, rigorosa...

Devemos erguer nossas mãos ao Céu ao orarmos dizendo: "Venha o teu reino", pois pode ser precisamente esse o dia em que o nosso Amado Jesus esteja voltando.

Precisamos dele!

4
UM ANJO: QUANDO O MESSIAS ESTAVA TRISTE A PONTO DE MORRER

A noite da Páscoa era uma das mais apreciadas pelas crianças judias, e não tanto pela festa em si ou pela comemoração da primeira Páscoa que seus antepassados celebraram no Egito, mas por algo que os menores consideram uma aventura: passar a noite inteira acordados.

Sim, desde a primeira Páscoa e a terrível praga da morte dos primogênitos no Egito, o povo tinha se acostumado a passar essa noite em vigília. Na primeira Páscoa, o motivo para que ninguém dormisse era claro. O anjo do Senhor percorreu o Egito para tirar a vida dos primogênitos das casas que não tivessem a porta marcada com o sangue de um cordeiro, a condição estabelecida por Deus para o perdão. Todos, sem exceção, estavam dentro de suas casas esperando que o anjo "passasse" e que Deus cumprisse a promessa de lhes poupar a vida; assim sendo, temos de reconhecer que era uma situação deveras tensa para que alguém se preocupasse em ir dormir.

A história nos conta que o povo de Israel foi liberto da escravidão. A última praga foi custosa demais para Faraó e seus súditos, de tal maneira que, a partir desse momento, quando o Sol se escondia no horizonte a cada dia 14 de Nisã [N.E.: Entre março e abril de nosso calendário.], era lembrada a noite histórica em que Deus derrotara Seus inimigos. Todos celebravam a sua libertação com a maior alegria possível! Deus havia transformado uma noite de terror em uma celebração. Além disso, Deus havia determinado que o Seu povo passasse essa noite sempre em vigília (ÊXODO 12). Essa comemoração ia até o amanhecer do dia seguinte; comiam, bebiam, conversavam sobre a libertação, agradeciam a Deus, cantavam, riam, recordavam... assim foi, por mais de 1.500 anos, até a chegada do Messias, o Enviado do Céu...

Durante o Seu ministério terreno, Jesus se reuniu com Seus discípulos para Sua última Páscoa juntos, após comerem o pão e o vinho, eles foram ao monte das Oliveiras para orar. O Cordeiro de Deus entregaria a Sua vida voluntariamente por toda a humanidade.

> NESSA NOITE, QUANDO O SENHOR LHES
> PEDE QUE OREM COM ELE E O ACOMPANHEM
> EM SEU SOFRIMENTO, ELES DORMEM.

Essa era a Páscoa com letra maiúscula, embora os discípulos ainda não houvessem se dado conta de tudo. João Batista o apresentara como o Cordeiro de Deus, mas eles não se lembravam disso. E ao contrário do que havia acontecido em todas as celebrações da Páscoa anteriores, nessa noite, quando o Senhor lhes pede que orem com Ele e o acompanhem em Seu sofrimento, eles dormem.

Não somente deixaram de cumprir a ordem dada por Deus ao Seu povo, mas também desonraram o mais profundo anelo não escrito nas normas da amizade: permanecer ao lado da pessoa que amamos quando ela está sofrendo. Na verdade, estavam cansados, muito cansados... Quem sabe nós mesmos teríamos feito o mesmo!

> *E, saindo, foi, como de costume, para o monte das Oliveiras;*
> *e os discípulos o acompanharam. Chegando ao lugar*
> *escolhido, Jesus lhes disse: Orai, para que não entreis em*

tentação. Ele, por sua vez, se afastou, cerca de um tiro de pedra, e, de joelhos, orava, dizendo: Pai, se queres, passa de mim este cálice; contudo, não se faça a minha vontade, e sim a tua. Então, lhe apareceu um anjo do céu que o confortava. E, estando em agonia, orava mais intensamente. E aconteceu que o seu suor se tornou como gotas de sangue caindo sobre a terra. Levantando-se da oração, foi ter com os discípulos, e os achou dormindo de tristeza, e disse-lhes: Por que estais dormindo? Levantai-vos e orai, para que não entreis em tentação. (LUCAS 22:39-46)

Poucas vezes falamos do sofrimento e, infelizmente, quando o fazemos, costumamos dar respostas fáceis, bem medidas, doutrinariamente corretas e, por vezes, respostas que ferem, querendo "tirar o corpo fora" sem mover uma palha para ajudar a pessoa que está sofrendo. E isso até que o sofrimento nos alcance. Então tudo muda: as palavras, a compreensão dos fatos, a necessidade de ajuda, a visão da realidade, a sensação de dor... Inclusive a doutrina que tanto havíamos defendido torna-se insignificante!

Sempre estranhei que as respostas mais usadas pelos "mestres", quando alguém que ama ao Senhor sofre, sejam as mais fáceis de se admitir: de um lado estão os que desprezam o sofrimento, anulando-o completamente, declarando que a vida cristã é uma sequência de vitórias e que, quando um mal acontece, é porque não se está vivendo de acordo com a vontade do Senhor, ou existe algum "pecado" oculto...

No outro extremo doutrinário (embora defendam o mesmo na prática), encontram-se os que procuram demonstrar, com todo tipo de referências bíblicas, que todo aquele que está triste ou sofre de ansiedade, depressão, solidão, dor etc., é porque não é cristão ou então não está seguindo o "verdadeiro evangelho".

Permita-me dizer que, da mesma forma que conheço poucos ateus que permanecem ateus quando chegam os momentos difíceis (pois, quando isso acontece, todos costumam olhar para o Céu), acredito que os dois tipos de pessoas que mencionamos defendem essas ideias, não apenas porque não compreendem o que a Bíblia diz, mas, acima de tudo, porque nunca enfrentaram o sofrimento.

Quando chega a hora da batalha espiritual, o momento da incompreensão e da solidão, a agonia da tristeza e da depressão, ou a prova da enfermidade e da morte... todos, sem exceção, abandonam suas "doutrinas" e desesperadamente buscam o Salvador.

Jamais chegarei a entender a razão pela qual muitos pensam que ser "espiritual" é algo como flutuar acima de todas as circunstâncias, sem que nada ou ninguém possa prejudicar sua vida ou seus sentimentos. Quando lemos a Bíblia constatamos que todos os servos e servas de Deus sofreram, choraram, foram confrontados e menosprezados em vários momentos de sua vida, escreveram ou falaram de suas lágrimas, e (mais incrível ainda) não esconderam a sensação de que Deus estava distante deles; além disso, não foram bem interpretados por aqueles para quem aparentemente tudo lhes ia bem, fossem eles cristãos ou incrédulos.

O mesmo tem ocorrido ao longo de toda a história da Igreja, e continua acontecendo hoje em mais de 50 países onde falar de Deus se paga com a vida. E se muitas pessoas não tivessem sacrificado a vida pelo evangelho e não sofressem até além do limite imaginável por amor ao Senhor no passado, nós não teríamos chegado a conhecer a graça de Deus; tampouco os muitos dos que agora proclamam o evangelho de uma forma tão triunfal e (dá pena dizer) tão arrogante.

> SER ESPIRITUAL É VIVER ENCHARCADO ATÉ
> O ÂMAGO NO SOFRIMENTO DO PRÓXIMO,
> LEVANDO CONOSCO A DOR E A ANGÚSTIA
> DOS DESPREZADOS E DOS QUE SOFREM.

De uma vez por todas, deveríamos entender que ser espiritual é viver encharcado até o âmago no sofrimento do próximo, levando conosco a dor e a angústia dos desprezados e dos que sofrem. Somente assim seremos luz como Cristo foi. Somente assim poderemos transformar o mundo. É impossível ajudarmos alguém a sair do lodaçal do desespero, cingidos de terno e gravata. Não se pode abraçar quem está sozinho, gritando do púlpito. Não se pode compartilhar o evangelho do Crucificado sem cicatrizes em nossa própria alma. É necessário, no mínimo, "arregaçar as mangas"!

DEUS DESCEU ATÉ O MAIS PROFUNDO DA NOSSA MISÉRIA

O que Deus fez por nós? Desceu ao mais profundo da nossa miséria para ali colocar o Seu coração, pois todas as pessoas, crentes ou incrédulas, enfrentarão em algum momento de suas vidas a sensação de que estão sozinhas e abandonadas. Mas Deus, que é rico em misericórdia, não se ilude conosco; Ele "conhece a nossa estrutura". Sabe que por vezes não só desanimamos, mas que podemos nos sentir à beira da morte. O nosso Criador conta cada uma de nossas lágrimas e nunca as esquece; e nos ama de uma forma incondicional porque Ele é Amor com letra maiúscula. Esse amor é parte da Sua essência e é o que transforma a nossa vida.

Por esse motivo precisamos aprender a não viver à sombra de alguém por melhor que aparente ser, mas devemos saber que somos cuidados pelo nosso Pai Celestial. Não devemos permitir tampouco que alguém nos prejudique, pois o Senhor Jesus sempre nos defende. Ele é o nosso advogado em todo momento! Quando estamos bem e quando o mundo desaba sobre nós; quando nos sentimos felizes e também quando a tristeza enche nossa vida. Ele prometeu interceder por nós e nos defender.

O grande acusador é o nosso inimigo. Não devemos dar-lhe ouvidos, nem ao diabo nem a ninguém que ele queira usar para nos fazer sentir mal. O nosso inimigo quer encher a nossa mente e o nosso coração de mentiras e recriminações, de dúvidas e fraquezas. Esta é a sua maneira de agir! Lembre-se de que o nome "diabo" significa literalmente "acusador".

E um último "detalhe", o mais impressionante de todos, Jesus, o nosso Salvador, conhece perfeitamente a situação pela qual estamos passando. Poucas horas antes de seguir para a cruz, Ele levou os Seus discípulos ao jardim do Getsêmani porque precisava que eles o ajudassem em Sua luta. "E lhes disse: A minha alma está profundamente triste até à morte; ficai aqui e vigiai" (MARCOS 14:34). Ele entregaria a Sua vida por todos nós e sentia profunda tristeza. Precisava dos Seus amigos para que orassem por Ele e não se preocupava em reconhecer Sua fraqueza e Sua dor. As lágrimas e a angústia foram santificadas naquela noite quando o meu Salvador permitiu que o Seu coração as acolhesse em Seu peito (HEBREUS 5:7,8).

Não me peça que eu explique isso teologicamente. Duvido que alguém possa fazê-lo! Infelizmente, no cristianismo existem muitos "amigos de Jó", que sabem tudo e têm todas as respostas... Mas, sim, quero dizer a você que aquilo que fez o desespero perder todo o seu poder na minha alma foi algo tão simples e ao mesmo tempo impressionante como saber que o meu Salvador sempre sabe o que acontece em minha vida e cuida de mim. Deus sabe o que sinto, não somente porque é Onisciente, mas também porque vivenciou tudo como um ser humano. Por isso, Jesus pediu aos Seus discípulos que estivessem com Ele naqueles momentos cruciais. Esta é a mesma razão pela qual precisamos de nossos irmãos quando sofremos; porque não faltam "acusadores".

Seja qual for a situação pela qual você esteja passando, Deus cuida de você, não somente de forma pessoal, mas também através das pessoas que amam você. Essa ideia tão extraordinária somente poderia vir dele; e essa é a razão pela qual Paulo e os demais escritores das cartas no Novo Testamento têm sempre uma lista quase interminável de pessoas às quais agradecem a ajuda e a amizade. Esse é o plano de Deus para a Sua obra.

Terminamos por onde começamos. Na noite da primeira Páscoa, o anjo passou para trazer morte ao primogênito de cada família. No Getsêmani, é o Primogênito que entrega Sua vida voluntariamente (Ele é o Cordeiro de Deus, não se esqueça), mas agora Deus envia um anjo para fortalecer o Seu Filho. Esse anjo pode se apresentar hoje como o nosso herói. Mas isso não nos deixa qualquer dúvida de que, não somente naquela noite, mas para sempre o nosso Herói com letra maiúscula é Jesus.

Se em nossa vida, como no Getsêmani, aqueles aos quais temos pedido ajuda dormirem, por não entenderem a nossa dor, não devemos nos preocupar. Deus continua cuidando de nós.

E como se isso não bastasse, nosso Pai Celestial também envia anjos para que possamos vencer a nossa tristeza. Ele fez isso com o Seu Filho (LUCAS 22:43) e continua fazendo no dia de hoje com todos nós. Às vezes não sabemos quem são ou não podemos vê-los, mas Deus os envia em nosso socorro para nos fortalecer; para compreendermos que jamais estamos sozinhos. Isso quer dizer que o nosso Pai jamais nos abandona...

...E Ele não quer que tenhamos qualquer dúvida!

5

ÁQUILA E PRISCILA: FABRICANDO TENDAS... PARA TRANSFORMAR O MUNDO

Quase todos nós temos lido sobre o que alguns professores escrevem sobre as respostas mais originais (e as mais absurdas) de seus alunos às perguntas que são feitas nas provas. Quando minha filha Kenia estava com 12 anos, fez uma prova de ciências no colégio, e uma das perguntas era: "Qual é a relação entre uma água-viva e um pólipo?". Ela pensou: "Que relação podem ter se ainda não colocaram no *Facebook*?". Ainda bem que ela não escreveu isso na prova!

Assim, quando nos contou em casa sobre o que havia passado em sua cabeça, todos rimos por um bom tempo. Em um mundo como o nosso, onde as redes sociais são as que marcam os passos nos relacionamentos, qualquer um poderia ter pensado o mesmo (qualquer um com grande senso de humor, é claro!).

No Novo Testamento, encontramos um casal muito especial, que foi importante na expansão do evangelho durante o primeiro século; e o que me impressiona é que sempre são mencionados os dois, nunca em separado. Esse pequeno detalhe fala muito sobre o relacionamento entre eles; eu teria gostado de conhecê-los pessoalmente visto que sempre fizeram tudo juntos; entenderam com precisão o significado do casamento exatamente como Deus o estabelecera.

O segundo pormenor é que algumas vezes o nome da mulher precede o do marido. Num tempo em que as mulheres não tinham praticamente qualquer valor para a sociedade (Jesus e os primeiros cristãos foram aqueles que lhes devolveram a dignidade), quando um dos apóstolos falava sobre eles, não tinha qualquer problema em mencionar a esposa por primeiro. Isso fala muito sobre o casamento!

Suponho que, com essas duas "pistas", você já saiba de quem estou falando: Áquila e Priscila. Esta é a apresentação deles no livro de Atos:

> *Depois disto, deixando Paulo Atenas, partiu para Corinto. Lá, encontrou certo judeu chamado Áquila, natural do Ponto, recentemente chegado da Itália, com Priscila, sua mulher, em vista de ter Cláudio decretado que todos os judeus se retirassem de Roma. Paulo aproximou-se deles. E, posto que eram do mesmo ofício, passou a morar com eles e ali trabalhava, pois, a profissão deles era fazer tendas.* (ATOS 18:1-3)

Primeira observação importante: Paulo encontra os dois e toma conhecimento de que eles, assim como o próprio Paulo, fabricavam e consertavam tendas. Além disso, como em outros casos no livro de Atos, eram pessoas hospitaleiras; assim, Paulo permanece com eles em várias ocasiões para trabalhar... e para falar de Jesus e orar. Dessa forma não fica qualquer dúvida! Porque a Bíblia diz que, depois de muitos dias juntos, o casal foi em viagem missionária com o apóstolo.

> *Mas Paulo, havendo permanecido ali ainda muitos dias, por fim, despedindo-se dos irmãos, navegou para a Síria,*

levando em sua companhia Priscila e Áquila, depois de ter raspado a cabeça em Cencreia, porque tomara voto. Chegados a Éfeso, deixou-os ali; ele, porém, entrando na sinagoga, pregava aos judeus. Nesse meio tempo, chegou a Éfeso um judeu, natural de Alexandria, chamado Apolo, homem eloquente e poderoso nas Escrituras. Era ele instruído no caminho do Senhor; e, sendo fervoroso de espírito, falava e ensinava com precisão a respeito de Jesus, conhecendo apenas o batismo de João. Ele, pois, começou a falar ousadamente na sinagoga. Ouvindo-o, porém, Priscila e Áquila, tomaram-no consigo e, com mais exatidão, lhe expuseram o caminho de Deus. Querendo ele percorrer a Acaia, animaram-no os irmãos e escreveram aos discípulos para o receberem. Tendo chegado, auxiliou muito aqueles que, mediante a graça, haviam crido; porque, com grande poder, convencia publicamente os judeus, provando, por meio das Escrituras, que o Cristo é Jesus. (ATOS 18:18-28)

Paulo os deixou em Éfeso onde havia uma igreja nascendo. Ele tinha toda a confiança neles porque amavam ao Senhor e haviam se comprometido com a Sua Palavra. Tanto foi assim que, quando Apolo começou a pregar, eles o ajudaram a entender melhor o plano de Deus. Fizeram isso de maneira correta e cheia de unção ("eles o chamaram à parte...", não o acusaram em público) e o fortaleceram (despertaram nele o entusiasmo) de tal maneira que Apolo chegou a desempenhar um papel importante na expansão do evangelho. Lucas diz que ele falava de Jesus "com precisão". Não era um evangelista comum!

"APENAS" FABRICANTE DE TENDAS

Apesar de Priscila e Áquila serem "apenas" fabricantes de tendas, eles estudaram e compreenderam de uma forma extraordinária a Palavra de Deus. Tanto é que o próprio apóstolo Paulo os chama de seus "cooperadores": "Saudai Priscila e Áquila, meus cooperadores em Cristo Jesus" (ROMANOS 16:3). Como seria diferente a evangelização na contemporaneidade se houvesse mais trabalhadores que conhecessem a Bíblia dessa maneira e a proclamassem com entusiasmo!

Com o tempo, Áquila e Priscila ficaram conhecidos em toda a região porque a igreja se reunia na casa deles. "As igrejas da Ásia vos saúdam. No Senhor, muito vos saúdam Áquila e Priscila e, bem assim, a igreja que está na casa deles" (1 CORÍNTIOS 16:19). Abriram seu lar para as reuniões onde se adorava o Senhor e se estudava a Palavra de Deus, além de ajudar a todos os necessitados. E tudo isso sem deixar de fabricar tendas, sem abandonar o seu trabalho.

> COMO SERIA DIFERENTE A EVANGELIZAÇÃO NA CONTEMPORANEIDADE SE HOUVESSE MAIS TRABALHADORES QUE CONHECESSEM DESSA MANEIRA A PALAVRA DE DEUS E A PROCLAMASSEM COM ENTUSIASMO!

Um dos problemas que enfrentamos no cristianismo hoje é que criamos uma divisão totalmente falsa entre o mundo secular e o contexto sagrado. Uma está relacionada à "definição" das pessoas, visto que dizemos que há gente que trabalha "na obra do Senhor" e outros que têm um trabalho "secular", o que biblicamente é incorreto. No que estivermos fazendo, todos servimos ao Senhor! A outra, refere-se ao fato de considerarmos que alguns dias são "especiais" (falamos do domingo como "o dia do Senhor") e o que fazemos num certo lugar (o edifício da igreja) é espiritual, enquanto que as demais coisas relacionadas a nossa vida não são tão espirituais, ou pelo menos não da mesma forma.

As duas ideias não só estão equivocadas, mas são profundamente antibíblicas e estruturam o motivo para que o evangelho não cresça na contemporaneidade. Todos nós, filhos de Deus, somos iguais diante do Pai, e todos vivemos na Sua vontade em conformidade com o lugar, a posição ou o trabalho que Ele tem determinado para nós, com as habilidades que Ele tem nos concedido. Alguns dedicam *todo* o seu tempo ao Senhor como missionários, evangelistas, pastores, mestres etc.; outros como carpinteiros, médicos, professores, trabalhando em casa, administradores etc. Todos servem o Senhor da mesma forma! Ninguém é mais importante do que outro; para Deus todos são heróis, pois, quando executam bem o seu trabalho ajudando a todos, honram o Senhor.

Como se não bastasse, Paulo, escrevendo aos gálatas, diz que essa separação entre o secular e o sagrado pode nos levar à escravidão quase imperceptível, porque passamos a ter a sensação de que, somente quando fazemos algo que pode ser definido como "religioso", Deus está conosco e estamos fazendo a Sua vontade, mas quando fazemos nosso trabalho secular, é como se estivéssemos perdendo tempo. Não é assim! Essa escravidão com o que é aparentemente religioso nos impede de desfrutar do que Deus nos concede; nada tem a ver com a liberdade que o evangelho nos tem chamado a vivenciar.

E quanto à segunda afirmação que fala das diferenças entre os dias, na Bíblia nunca é dito que o domingo seja do Senhor. Todos os dias pertencem a Ele! Tampouco a Palavra de Deus nos diz que podemos desenvolver nossa vida espiritual somente quando estamos nas dependências da igreja; basta recordar algo muito simples: no livro de Atos, a Igreja não tinha instalações; as reuniões eram nas casas. Nem sequer os templos existiram nos primeiros 200 anos do cristianismo! O que Deus espera é que o amemos e o sirvamos todos os dias, em todos os lugares, por todos os meios e com todas as pessoas que nos cercam!

O TRABALHO É UMA BÊNÇÃO, UM PRESENTE DE DEUS

Precisamos compreender o que Deus nos ensina quanto à importância do trabalho em nossa vida! Você se lembra da criação?

> *Criou Deus, pois, o homem à sua imagem, à imagem de Deus o criou; homem e mulher os criou. E Deus os abençoou e lhes disse: Sede fecundos, multiplicai-vos, enchei a terra e sujeitai-a; dominai sobre os peixes do mar, sobre as aves dos céus e sobre todo animal que rasteja pela terra. E disse Deus ainda: Eis que vos tenho dado todas as ervas que dão semente e se acham na superfície de toda a terra e todas as árvores em que há fruto que dê semente; isso vos será para mantimento. E a todos os animais da terra, e a todas as aves dos céus, e a todos os répteis da terra, em que há fôlego de vida, toda erva verde lhes será para mantimento. E assim se fez. Viu Deus tudo quanto fizera, e eis que era muito bom. Houve tarde e manhã, o sexto dia.* (GÊNESIS 1:27-31)

Sempre me impressiona ler que, quando Deus criou o Universo, viu que tudo era bom; mas quando criou o homem e a mulher, disse que isso era excelente. Bom em grande proporção! Não havia palavras para expressar o Seu amor por nós nem a sensação que Ele tinha ao descrever o ser humano como o rei da criação. E não é demais recordar que nesse "excelente" estava incluído também o trabalho que Deus nos deu, porque é uma bênção. E um presente dele!

> *Tomou, pois, o SENHOR Deus ao homem e o colocou no jardim do Éden para o cultivar e o guardar. E o SENHOR Deus lhe deu esta ordem: De toda árvore do jardim comerás livremente, mas da árvore do conhecimento do bem e do mal não comerás; porque, no dia em que dela comeres, certamente morrerás.* (GÊNESIS 2:15-17)

Deus nos presenteou o trabalho como algo digno, especialmente criado para desenvolver a honra e as habilidades de cada pessoa. Quando Deus cria o homem, faz uma obra-prima com aquilo que cada um de nós é, e temos a honra de ser a criação do maior Artesão de toda a eternidade. E para que ninguém tenha dúvidas, a Bíblia nos diz que os fez "varão e varoa", com a mesma dignidade para os dois. Qualquer discriminação no comportamento, no trabalho ou em qualquer âmbito é uma ofensa à Palavra de Deus.

> DEUS NOS PRESENTEOU O TRABALHO COMO ALGO DIGNO, ESPECIALMENTE CRIADO PARA DESENVOLVER A HONRA E AS HABILIDADES DE CADA PESSOA.

O trabalho também inclui certo domínio sobre a natureza. Esse é o propósito do Criador. O nosso trabalho não é somente cuidar da criação, mas também "dominá-la", contudo sem destruí-la jamais, sendo mordomos fiéis, desfrutando de toda a criação e usando-a para o bem de todas as pessoas sem exceção. Lembre-se de que esse era o plano de Deus antes de o ser humano se rebelar contra Ele e cair no pecado.

Se temos autoridade sobre a criação, isso significa que podemos adaptar as suas leis ao bem comum de todos, e podemos usar o que a natureza nos proporciona para a saúde da humanidade. Quando Deus fala da "natureza" em geral, Ele se refere não apenas à terra e ao mar, mas também aos animais, às plantas, às sementes etc. "Tomou, pois, o Senhor Deus ao homem e o colocou no jardim do Éden para o cultivar e o guardar" (GÊNESIS 2:15). Isso implica que cada pessoa pode encontrar parte do seu sentido na vida no trabalho que o seu coração mais deseja.

O domínio sobre toda a criação abre milhares de expectativas, não somente quanto ao trabalho físico, mas também intelectual, social, artístico... cada um de acordo com o que mais lhe agrada fazer e com as características que Deus lhe tem dado. Isso era assim no começo dos tempos, e a Bíblia nos ensina que será da mesma forma na eternidade quando o Senhor Jesus voltar e o pecado for completamente derrotado. Porque a Trindade continua agindo na vida das pessoas e sustentando tudo o que foi criado (JOÃO 5:17) e continuará fazendo isso por toda a eternidade.

E nós também!

Esse simples detalhe serve para revermos por completo todos os argumentos sobre o trabalho e o estilo de vida da nossa sociedade. Atualmente, observo que há certas coisas que têm adentrado à Igreja até limites inimagináveis e que nos fazem abandonar verdades fundamentais como esta: *Tudo* o que fazemos tem valor eterno, tanto a proclamação do evangelho como o confeccionar de uma simples mesa! Quando fazemos tendas (não se esqueça de que Áquila e Priscila são os nossos heróis!), estamos transformando o mundo porque, ao fazermos bem o nosso trabalho honrando ao Senhor, estamos "revertendo" o processo pelo qual o homem se rebelou contra Deus e introduziu a morte no mundo. Quando servimos a Deus em qualquer trabalho que fazemos, estamos dando à luz uma vida nova.

> QUANDO FAZEMOS TENDAS, ESTAMOS TRANSFORMANDO O MUNDO.

Então qual é o problema? Dito de uma forma simples e direta, é a nossa rebeldia contra Deus. O pecado trouxe consigo a destruição de tudo que era bom, não somente em nosso relacionamento com Deus, mas também com os outros. O pecado nos fez perder a perspectiva eterna do trabalho e do domínio sobre a natureza. A partir do dia de nossa rebelião contra Deus, começamos a destruir a nós mesmos, a natureza e as bênçãos que Deus nos havia concedido. E a natureza produziu espinhos por nossa culpa.

Quando chegamos a conhecer o mal de forma direta, Deus se afastou, não tanto porque Ele quisesse (também porque o pecado nos afasta dele), mas, acima de tudo, porque nós lhe demos as costas. A partir desse momento, também perdemos nosso valor como pessoa, então começamos a procurar atividades que nos fizessem recuperar nossa dignidade e pensamos que o conseguiríamos dominando os outros, afirmando "quem somos" por meio do que fazemos e do que temos. Essa simples maldade se tornou tão evidente que o trabalho deixou de ser bênção para se transformar em fardo.

Agora, o que mais queremos é dominar as outras pessoas, ganhar mais do que elas, ter o que não nos pertence ou enganar nos acordos firmados; guardamos as aparências do que fazemos e não sabemos ser bons empregados nem bons chefes; e assim poderíamos ir nos lembrando de cada uma das ações que todos nós sofremos diariamente em nosso trabalho e que acabam gerando opressão, engano, escravidão, corrupção e muitas outras coisas que fazem com que este mundo seja realmente injusto.

É o nosso pecado que traz como consequência a desigualdade no trabalho; é a nossa rebeldia contra Deus que nos leva a enganar naquilo que fazemos; é o esquecimento de que Deus está presente que torna a corrupção em moeda de troca na contemporaneidade, e que muitos querem ganhar o máximo possível a qualquer preço escravizando os outros e, inclusive, à custa da vida deles.

Como se não bastasse, a partir do momento que desobedecemos a Deus, nosso trabalho deixa de ser motivo de satisfação e se transforma em fadiga e sofrimento. No melhor dos casos, quem sabe possamos trabalhar em algo que nos satisfaça e nos realize como pessoas, mas, mesmo assim, sempre estaremos acompanhados pelo cansaço, pela rotina, pelo enfado e até pelo sofrimento quando não somos capazes de fazer bem as coisas. Alguém que teve tudo (dinheiro, posição, trabalho, diversão etc.) definiu essa sensação de forma admirável:

> *Então, considerei outra vaidade debaixo do sol, isto é, um homem sem ninguém, não tem filho nem irmã; contudo, não cessa de trabalhar, e seus olhos não se fartam de riquezas; e não diz: Para quem trabalho eu, se nego à minha*

alma os bens da vida? Também, isto é, vaidade e enfadonho trabalho. (ECLESIASTES 4:8)

Esta foi a terrível descoberta do ser humano —, uma bênção, o trabalho, se convertera praticamente em maldição devido à culpa pela rebeldia contra Deus. Essa sensação de vazio tomou conta da nossa vida de tal maneira que tudo se tornou em "vaidade de vaidades" (ECLESIASTES 1:3) ou, como o autor explica de forma sublime em uma imagem conclusiva... é "correr atrás do vento" (ECLESIASTES 2:11). Essa é a sensação que muitos têm ao pensar em seu trabalho e na própria vida. Pois vivem constantemente correndo atrás de algo que não podem alcançar.

> A PARTIR DO MOMENTO QUE DESOBEDECEMOS A DEUS, NOSSO TRABALHO DEIXA DE SER MOTIVO DE SATISFAÇÃO E SE TRANSFORMA EM FADIGA E SOFRIMENTO.

"Que proveito tem o homem de todo o seu trabalho, com que se afadiga debaixo do sol?" (ECLESIASTES 1:3). O que fazemos, não apenas deixa de nos satisfazer, mas também vemos como os outros se aproveitam do nosso trabalho. "Também aborreci todo o meu trabalho, com que me afadiguei debaixo do sol, visto que o seu ganho eu havia de deixar a quem viesse depois de mim" (ECLESIASTES 2:18). Com ele nasce em nós o desejo de sermos melhores do que os outros, chegar mais alto e ganhar mais dinheiro do que as outras pessoas; já não trabalhamos para satisfazer e desenvolver a criatividade com a qual Deus nos dotou, mas para competir: "Então, vi que todo trabalho e toda destreza em obras provêm da inveja do homem contra o seu próximo. Também isto é vaidade e correr atrás do vento" (ECLESIASTES 4:4).

Deus quer que retomemos a ideia original do trabalho como um presente dele; e para que entendamos o que isso significa em nossa realização pessoal, Ele dedica vários versículos de um dos livros mais práticos da Bíblia, o livro de Provérbios, para falar sobre os problemas que as pessoas preguiçosas têm na vida. É pelo menos curioso que esse livro (escrito por Salomão) dedique tanto espaço para falar sobre a preguiça e os problemas ocasionados pela língua. É como se dissesse: "Ser preguiçoso e não trabalhar, não somente vai contra a vontade de Deus e impede nossa realização como pessoa, mas também, quando temos excessivo tempo 'livre', costumamos falar mais do que nos convêm". Deus não admite a preguiça, jamais em Seu nome! Recorde que foi esta a situação à qual chegaram na igreja de Tessalônica: alguns deixaram de trabalhar pensando que Jesus voltaria naqueles dias. Paulo teve de escrever de forma muito clara: "...se alguém não quer trabalhar, também não coma..." (2 TESSALONICENSES 3:10-12). O trabalho faz parte da vida espiritual que Deus nos tem concedido!

EXISTE UMA DIMENSÃO ESPIRITUAL E ETERNA EM TUDO O QUE FAZEMOS

Quando voltamos a enxergar o trabalho como Deus o planejara, percebemos que existe uma dimensão espiritual e eterna em tudo o que fazemos, seja qual for a nossa atividade. Paulo explica isso ao escrever como deviam se comportar os escravos e os senhores em sua época, não porque aprovasse a escravidão (Deus não a admite), mas porque os relacionamentos trabalhistas se mediam nestes termos:

> *Servos, obedecei em tudo ao vosso senhor segundo a carne,*
> *não servindo apenas sob vigilância, visando tão somente*
> *agradar homens, mas em singeleza de coração, temendo*
> *ao Senhor. Tudo quanto fizerdes, fazei-o de todo o coração,*
> *como para o Senhor e não para homens, cientes de que*
> *recebereis do Senhor a recompensa da herança. A Cristo, o*
> *Senhor, é que estais servindo; pois aquele que faz injustiça*

receberá em troco a injustiça feita; e nisto não há acepção de pessoas. (COLOSSENSES 3:22-25)

A chave para o nosso relacionamento com o trabalho está no versículo 23 quando Paulo diz que devemos fazer tudo "como para o Senhor". Onde quer que estejamos, com as habilidades que temos. O nosso trabalho é um serviço a Deus. Teresa de Ávila afirmou em várias ocasiões: "Deus está entre as panelas". Essa famosa religiosa espanhola desejava explicar que o Senhor era encontrado não somente na meditação e na oração, mas também nas atividades corriqueiras do dia a dia. A verdadeira bênção é viver na presença de Deus em tudo quanto fizermos: quando fazemos "para o Senhor", preparar a comida é tão espiritual como pregar a mensagem do evangelho do reino.

Essa é a razão por que a simples frase "como para o Senhor" tem a ver também com o trabalhar da melhor forma que pudermos. Paulo havia dito antes em sua carta: "E tudo o que fizerdes, seja em palavra, seja em ação, fazei-o em nome do Senhor Jesus, dando por ele graças a Deus Pai" (COLOSSENSES 3:17). Não se trata apenas de nos esforçarmos, mas de fazer tudo muito bem, porque, assim fazendo, nos parecemos com o nosso Pai Celestial.

> QUANDO FAZEMOS "PARA O SENHOR", PREPARAR A COMIDA É TÃO ESPIRITUAL COMO PREGAR A MENSAGEM DO EVANGELHO DO REINO.

Apenas mais alguns detalhes. Já que nos parecemos com o nosso Pai, nosso trabalho também é diferente quanto aos objetivos, os valores, as motivações e a confiança em nossas forças dos que não o conhecem. Deus está no centro de tudo que fazemos; nosso amor a Ele e aos outros é a fonte da nossa motivação, os valores que defendemos em nosso trabalho têm relação com a Sua vontade e todo o nosso serviço se apoia nas forças que Ele nos dá. Se assim não for, nossa vida pode perder o sentido, mesmo sendo cristãos!

> *Atendei, agora, vós que dizeis: Hoje ou amanhã, iremos para a cidade tal, e lá passaremos um ano, e negociaremos, e teremos lucros. Vós não sabeis o que sucederá amanhã. Que é a vossa vida? Sois, apenas, como neblina que aparece por instante e logo se dissipa. Em vez disso, devíeis dizer: Se o Senhor quiser, não só viveremos, como também faremos isto ou aquilo.* (TIAGO 4:13-15)

O próprio irmão de Jesus, Tiago, nos diz que não se trata apenas de abandonar a arrogância e descansar em Deus em tudo que fazemos (alguém pode garantir que terá vida e forças no dia de amanhã para continuar trabalhando?), como também, acima de tudo, sermos sempre justos. A justiça social não é uma invenção dos revolucionários, mas é um mandamento de Deus.

DEVEMOS SER RADICALMENTE DIFERENTES

Deus deseja que Seus filhos sejam diferentes, e como se não bastasse, a própria natureza o espera também. Talvez não possamos compreender o que a Bíblia nos ensina quanto a isso em toda a sua profundidade, mas sabemos que a criação aguarda a nossa manifestação como filhos de Deus. Ela espera que tudo volte ao que era no princípio e que Deus restaure todas as coisas.

> *Porque para mim tenho por certo que os sofrimentos do tempo presente não podem ser comparados com a glória a ser revelada em nós. A ardente expectativa da criação aguarda a revelação dos filhos de Deus. Pois a criação está sujeita à vaidade, não voluntariamente, mas por causa daquele que a sujeitou, na esperança de que a própria criação será redimida do cativeiro da corrupção, para a*

liberdade da glória dos filhos de Deus. Porque sabemos que toda a criação, a um só tempo, geme e suporta angústias até agora. E não somente ela, mas também nós, que temos as primícias do Espírito, igualmente gememos em nosso íntimo, aguardando a adoção de filhos, a redenção do nosso corpo.

(ROMANOS 8:18-23)

Já que é assim, vivamos de modo diferente, usufruindo de tudo o que Deus nos concede, seja qual for o lugar onde Ele nos tiver colocado. Continuemos trabalhando sem que a motivação econômica seja o mais crucial, mas, sim, tudo quanto possamos fazer para o Senhor e para os outros... "Nada há melhor para o homem do que comer, beber e fazer que a sua alma goze o bem do seu trabalho. No entanto, vi também que isto vem da mão de Deus" (ECLESIASTES 2:24).

Para concluir, não será demais dizer que Jesus escolheu Seus discípulos entre os pescadores que trabalhavam arduamente, e não dentre os líderes religiosos, despreocupados e preguiçosos. Deus deseja sempre ter ao Seu lado pessoas que se esforcem no trabalho do Reino e procurem fazê-lo bem, para a Sua glória e para ajudar todos. O Senhor não patrocina preguiçosos nem pessoas que passam o dia "contemplando as nuvens". O mundo foi transformado por pescadores e fabricantes de tendas, por homens e mulheres que trabalhavam duro, por famílias que abriram suas casas para hospedar e dar de comer aos necessitados, e, na sequência, reunirem-se nelas como Igreja. Assim viviam Áquila e Priscila. Assim viveram Paulo, os demais apóstolos e as mulheres que seguiram a Jesus.

Continuemos a fabricar tendas e a viver o evangelho para transformar o mundo.

6

ARAÚNA: O DINHEIRO NÃO TEM VALOR

Na década de 1960, retiraram da conhecida atriz de Hollywood, Mae West, um dos seus espetáculos em Nova Iorque, depois que vários líderes de igrejas apresentaram uma denúncia contra ela por obscenidade. O juiz disse em seu parecer que uma parte do espetáculo era de fato indecente; mas o verdadeiro "escândalo" aconteceu quando ela disse à imprensa: "O obsceno é que muitos falem em nome de Deus sem se opor à guerra, que vivam como ricos enquanto milhares de pessoas morrem de fome, que gastem milhões de dólares em suas igrejas e ainda por cima querem fazer todos acreditarem que Jesus faria o mesmo".

É claro que não estou de acordo com a vida libertina e as performances de Mae West, mas creio que deveríamos pensar e refletir sobre o que ela declarou e orar pedindo a Deus sabedoria quanto ao que está acontecendo agora em algumas igrejas. Pode ser que tenhamos muitas surpresas quando o Senhor responder!

Não é demais lembrar que a Bíblia diz que o amor ao dinheiro é a raiz de todos os males (1 TIMÓTEO 6:10); porque, às vezes me pergunto se todos na igreja sabem disso. Alguns líderes parecem viver com a única obsessão de recolher os dízimos e as ofertas dos participantes em suas congregações. Essa é a impressão que fica naqueles que nos visitam se compararmos o tempo que alguns líderes dedicam para falar de dinheiro, com a energia e o entusiasmo que têm ao falarem de Jesus, do Seu caráter, da evangelização, da adoração e do serviço, da ajuda ao próximo ou da família, apenas para dar alguns exemplos.

Cremos, de fato, que a realidade material não é mais importante? Se pregamos que tudo vai ficar aqui e que nada levaremos para a outra vida, por que então damos tanta importância ao dinheiro? Por que avaliamos as bênçãos de Deus somente em termos econômicos? Se queremos examinar nosso coração quanto a esse assunto, simplesmente precisamos fazer algumas perguntas bem simples. O que preferimos: que um amigo conheça Jesus ou o nosso negócio cresça uma porcentagem elevada durante esse ano? A que dedicamos mais tempo e interesse em oração: aos nossos problemas econômicos e nosso trabalho ou a um familiar que não conhece Jesus? Em que investimos mais energia e dinheiro: em nossa igreja, para que esteja radiante e conte com o melhor conforto possível, ou na parte da cidade onde vivemos para que não haja pobres ali?

Falamos daquilo que nos preocupa. Para mim é profundamente claro que a maioria das pregações que ouço em algumas igrejas se relaciona com o dinheiro e as atividades econômicas. Inclusive em algumas igrejas não acontece qualquer reunião em que não se fale de dinheiro, e ofertas sejam recolhidas. Há sempre ali a "ministração do dinheiro"; é impossível ouvir sobre o amor de Deus sem que ao mesmo tempo haja a pregação sobre dízimos e ofertas.

> A QUE DEDICAMOS MAIS TEMPO E INTERESSE EM ORAÇÃO: AOS NOSSOS PROBLEMAS ECONÔMICOS E NOSSO TRABALHO OU A UM FAMILIAR QUE NÃO CONHECE JESUS?

Se realmente conhecemos nosso Pai Celestial e o amamos, seremos como Ele, que doa incondicionalmente e não necessita que o lembremos a cada momento. O amor compõe a essência de seu ser? Se nas igrejas tanto se fala em dinheiro é porque não conhecemos de verdade o nosso Pai, e por outro lado, não confiamos que Ele vá cuidar sempre de nós, independentemente do dinheiro que tenhamos.

UM ESTRANGEIRO SALVA A VIDA DO POVO DE DEUS

Um estrangeiro, Araúna, é o nosso herói neste capítulo. A rapidez e a coragem em sua maneira de atuar salvou a vida de milhares de pessoas. Araúna não precisou que alguém lhe lembrasse o que era importante, não lhe pediram seus "dízimos e ofertas" para o Senhor: ele entregou tudo. Ele sabia que os bens materiais tinham pouco valor diante de Deus. Compreendeu que o dinheiro nada vale.

> *Naquele mesmo dia, veio Gade ter com Davi e lhe disse: Sobe, levanta ao SENHOR um altar na eira de Araúna, o jebuseu. Davi subiu segundo a palavra de Gade, como o SENHOR lhe havia ordenado. Olhou Araúna do alto e, vendo que vinham para ele o rei e os seus homens, saiu e se inclinou diante do rei, com o rosto em terra. E perguntou: Por que vem o rei, meu senhor, ao seu servo? Respondeu Davi: Para comprar de ti esta eira, a fim de edificar nela um altar ao SENHOR, para que cesse a praga de sobre o povo. Então, disse Araúna a Davi: Tome e ofereça o rei, meu senhor, o que bem lhe parecer; eis aí os bois para o holocausto, e os trilhos, e a apeiragem dos bois para a lenha. Tudo isto, ó rei, Araúna oferece ao rei; e ajuntou: Que o SENHOR, teu Deus, te seja propício. Porém o rei disse a Araúna: Não, mas eu to comprarei pelo devido preço, porque não oferecerei ao SENHOR, meu Deus, holocaustos que não me custem nada. Assim, Davi comprou a eira e pelos bois pagou cinquenta siclos de prata. Edificou ali Davi ao SENHOR um altar e apresentou holocaustos e ofertas*

pacíficas. Assim, o Senhor *se tornou favorável para com a terra, e a praga cessou de sobre Israel.* (2 SAMUEL 24:18-25)

Araúna não fazia parte do povo de Deus, então, o que estava acontecendo não devia preocupá-lo. Além disso, Davi era quem havia derrotado o seu povo, os jebuseus. Podia ter chegado a pensar que a praga era um castigo de Deus (e não teria se equivocado). Mas a Bíblia diz que ele amava ao Senhor e que Deus o escolhera para curar o Seu povo. O profeta disse a Davi que fosse diretamente ao campo de Araúna porque era ali que Deus queria se encontrar com esse rei. Deus o escolheu.

> ARAÚNA OFERTOU NÃO SOMENTE O TERRENO, MAS TAMBÉM OS BOIS, OS TRILHOS, AS JUNTAS E A MADEIRA QUE TINHA PARA TRABALHAR. ELE FICOU SEM NADA!

Mesmo que tivesse razões para odiá-lo, Araúna deu a Davi tudo o que possuía para que pudesse salvar a vida do povo. Deus costuma usar as pessoas que menos imaginamos! Um estrangeiro ofertou tudo para que o povo de Deus não perecesse. E, quando dizemos "tudo", é literalmente assim: não somente o terreno, mas também os bois, os trilhos, as juntas e a madeira que tinha para trabalhar. Ele ficou sem nada!

Mas isso não o preocupou em nada porque desejava salvar os que estavam morrendo ao seu redor, e, também salvar a sua família. Araúna estava com seus quatro filhos quando viu o anjo do Senhor. Sabemos disso pela passagem paralela no primeiro livro de Crônicas, onde ele aparece com o nome de Ornã devido a uma pequena diferença na raiz da palavra. Tanto Araúna como Ornã significam "nobre". Na verdade, seria difícil encontrar-lhe um nome mais apropriado.

Virando-se Ornã, viu o Anjo; e esconderam-se seus quatro filhos que estavam com ele. Ora, Ornã estava debulhando trigo. Quando Davi vinha chegando a Ornã, este olhou, e o viu e, saindo da eira, se inclinou diante de Davi, com o rosto em terra. Disse Davi a Ornã: Dá-me este lugar da eira a fim de edificar nele um altar ao Senhor, para que cesse a praga de sobre o povo; dá-mo pelo seu devido valor. Então, disse Ornã a Davi: Tome-a o rei, meu senhor, para si e faça dela o que bem lhe parecer; eis que dou os bois para o holocausto, e os trilhos, para a lenha, e o trigo, para oferta de manjares; dou tudo. Tornou o rei Davi a Ornã: Não; antes, pelo seu inteiro valor a quero comprar; porque não tomarei o que é teu para o Senhor, nem oferecerei holocausto que não me custe nada. (1 CRÔNICAS 21:20-24)

A reação de Davi naquele momento foi notável. Davi sabia que o que estava acontecendo era por sua culpa, assim, não aceitou a oferta de Araúna e quis lhe pagar por isso. A frase que ele usa é uma total declaração de intenções: "nem oferecerei holocausto que não me custe nada" (v.24). O curioso é que essa frase tem sido interpretada de forma contrária ao que Davi quis dizer. Sempre se diz que devemos dar ao Senhor algo que nos tenha custado, inclusive alguns chegam a dizer que devemos dar "até que nos doa", enquanto que a Bíblia nos ensina que Deus ama a pessoa que dá com alegria, a pessoa que é desprendida. Aquela que não se preocupa com o que dá, mas é capaz de ofertar tudo se necessário for.

Davi ensina a todos que ao Senhor se deve dar o melhor, não o pior ou que nada nos custe, o que as pessoas nos dão "gratuitamente" ou inclusive, o que é da nossa "obrigação". Dar é uma das formas que temos de agradecer a Deus; e, de fato, Davi fez isso em muitas ocasiões em sua vida quando entregou ao Senhor todas as riquezas que tinha. Nesse sentido, o que Deus nos ensina é que não importa se temos muito ou pouco. O essencial é colocar tudo em Suas mãos! Você se lembra quando Jesus usou como exemplo aquela viúva que não tinha praticamente nada?

> *Estando Jesus a observar, viu os ricos lançarem suas ofertas no gazofilácio. Viu também certa viúva pobre lançar ali duas pequenas moedas; e disse: Verdadeiramente, vos digo que esta viúva pobre deu mais do que todos. Porque todos estes deram como oferta daquilo que lhes sobrava; esta, porém, da sua pobreza deu tudo o que possuía, todo o seu sustento.* (LUCAS 21:1-4)

EXISTEM DOIS DEUSES NO UNIVERSO?

Vivemos numa sociedade que valoriza somente os que possuem muito. Deus vê tudo de forma bem diferente! Ele jamais deprecia os que não têm nada ou quase nada! Ele não dá atenção àqueles que ofertam grandes quantias; ao contrário, os que têm pouco costumam ser os Seus heróis como essa viúva pobre. Como também o próprio Araúna, pois a Bíblia diz que o seu campo era "de pouco valor". Deus pode usar o pouco que temos para "salvar" o Seu povo e para executar Seus planos no futuro.

Não tenha qualquer dúvida de que é assim, pois o campo que Araúna vendeu a Davi em Jerusalém seria mais tarde o lugar onde se construiria o Templo de Deus. Nada mais e nada menos! Uma propriedade com pouco valor? No entanto, Deus mesmo a escolhe para enchê-la da Sua glória. Assim é o nosso Pai Celestial.

No campo de Araúna estava o lugar no qual Abraão fora com seu filho Isaque para oferecê-lo em sacrifício diante do Senhor, o monte Moriá. Quando lemos a história, não podemos deixar de nos emocionar, pois ali o amigo de Deus disse ao seu filho: "Deus proverá o cordeiro". E o Senhor assim o fez. Ele ofereceu o Seu perdão, fruto da Sua graça eterna, a Abraão na antiguidade, a Davi naquele momento, a milhares de pessoas por meio dos sacrifícios no Templo e a milhões mais tarde com o sacrifício do Cordeiro divino, o Senhor Jesus!

Deus entregou tudo por nós sem duvidar nem medir. Seu amor é o mais sublime que alguém jamais possa imaginar. A graça de Deus continua sendo incompreensível para nós.

> DEUS ENTREGOU TUDO POR NÓS SEM DUVIDAR NEM MEDIR.

Assim é o nosso Pai, e esse é o caráter que o Seu Espírito põe dentro de nós. Quando doamos, oferecemos vida e vivenciamos o sobrenatural porque levamos o bem aos que nos rodeiam. O próprio Senhor Jesus falou várias vezes para não nos preocuparmos com as coisas materiais, mas para vivermos sempre confiando em Deus e ajudando o próximo; mas como Ele conhecia perfeitamente a todos, tanto naquele tempo como ao longo da história, deixou-nos uma sentença definitiva: "Ninguém pode servir a dois senhores; porque ou há de aborrecer-se de um e amar ao outro ou se devotará a um e desprezará ao outro. Não podeis servir a Deus e às riquezas" (LUCAS 16:13).

O que Jesus nos diz já é suficiente para chegarmos à conclusão do que pode vir a acontecer em nossa vida! Mesmo assim, existe um pormenor significativo em Suas palavras, algo que não devemos esquecer. Quando Ele fala de "riquezas", usa um termo que em grego significa literalmente: "Aquilo em que uma pessoa confia, ou aquilo em que apoiamos a nossa vida". Uma verdade que é totalmente esclarecedora? Em que confiamos? Qual é o ponto de apoio da nossa vida? Deus, ou as riquezas?

Se o dinheiro é a fonte da nossa segurança, estamos caindo na idolatria. Essa idolatria adentra ao nosso interior sem quase nos darmos conta, com uma aparência espiritual praticamente impossível de desconstruir. Buscamos dinheiro para os nossos projetos espirituais, dinheiro para o ministério, para a igreja, para as atividades; pedimos várias vezes e chegamos a pensar que essa é a vontade de Deus, em vez de confiarmos nele!

Se algo é de Deus, Ele nos dará o necessário para realizá-lo. Todos os recursos do mundo estão em Suas mãos, e Ele nos dará, não precisamos pedir a outras pessoas. Se fazemos isso, é porque realmente não confiamos nele. É impressionante que nos últimos anos têm se desenvolvido ministérios evangélicos, inclusive para mostrar como levantar fundos e pedir dinheiro! Isso é confiar nas riquezas e não em Deus. Todos os que vivem dessa maneira, ou lideram seu ministério assim, perdem completamente a bênção de orar e descansar em Deus, e ver como Ele responde às orações e nos concede o necessário para cada situação, sem que tenhamos de pedir nada a qualquer pessoa!

O DINHEIRO, O QUE HÁ DE MAIS FALSO

Esse amor pelos bens materiais tem chegado ao extremo tal que muitas pessoas cobram cachê para pregar: se não lhes for dado uma certa quantia e uma série de condições e de conforto não forem atendidos, não pregam. Você pode imaginar Paulo enviando uma carta dizendo: "Vou visitá-los se me pagarem tantos milhares de...", ou "se me enviarem uma passagem de primeira classe num barco, então irei", ou ainda "preciso de um hotel cinco estrelas na cidade; caso contrário, não irei". Ele nunca agiu assim, em nada ele agiu assim! Paulo, inclusive, trabalhava para se manter economicamente, e os que o acompanhavam em suas viagens. Ele e os outros apóstolos deram o exemplo sobre como se preocupar com as pessoas, entregar-se a todos, viajar por todos os lugares, inclusive enfrentando naufrágios, trabalhando semanas inteiras para terem a possibilidade de ir a determinado lugar. Certa vez, Paulo e Silas chegaram ao extremo de ficar na prisão de forma injusta para levar a salvação aos que os haviam açoitado (ATOS 16). Para eles, o importante não era sequer suas próprias vidas, mas o bem-estar dos outros. Portanto, a vida de luxo, conforto e abundância que alguns "servos" usufruem hoje no ministério nada tem a ver com o que a Bíblia ensina.

Confiar no dinheiro não é somente idolatria, mas é também descansar no que existe de mais falso. O dinheiro nos torna falsos a nós mesmos porque deixamos de ver as pessoas como elas são: somente nos relacionamos com aqueles que possuem mais ou que acreditamos serem mais importantes. Respeitamos as opiniões dos que são ricos e lhes dedicamos tempo, mas não costumamos nos aproximar dos que nada têm. O dinheiro escraviza o nosso coração porque nos leva a tomar decisões impensadas. Imagine que você tenha visto uma nota de cem reais no chão do outro lado da rua. Com certeza você atravessaria a rua independentemente do que estivesse fazendo, mesmo se estivesse chovendo ou se tivesse dificuldade para chegar até lá. Você faria o mesmo, caso alguém estivesse precisando de ajuda?

Os imperadores romanos colocavam a sua imagem nas moedas porque consideravam que isso era a coisa mais importante na vida. Deus colocou a Sua imagem em cada um de nós; para Ele o importante são as pessoas, e não o dinheiro. As moedas ficam aqui e nos fazem viver de maneira falsa; são para César ou para quem as queira.

As pessoas pertencem a Deus; levamos a Sua imagem! Todos nós somos imortais porque Deus nos tem concedido a vida que não tem fim. Somos nós quem damos a importância ao que nos cerca. O sistema econômico do mundo exalta o dinheiro e, infelizmente, grande parte das igrejas faz o mesmo. Você não acredita? Permita-me colocar outro exemplo: imagine que você tenha uma hora para estar com uma pessoa e deva escolher passar esse tempo com o dono de uma empresa ou com alguém que está dormindo na rua. O que você faria?

VOCÊ PODE IMAGINAR O SENHOR JESUS FALANDO SOBRE "COMO ARRECADAR DINHEIRO"?

Quando confiamos no dinheiro e não em Deus, deixamos de orar e abandonamos nossa dependência no Senhor. Inclusive, não gostamos que ninguém nos lembre disso (de fato, não sei se algum de vocês está a ponto de parar de ler este capítulo e passar diretamente para o próximo). Quando o brilho do dinheiro preenche o nosso coração, abandonamos a vontade de Deus para vivermos de acordo com os princípios econômicos. Admiramos e imitamos as grandes igrejas, as que têm dinheiro para executar seus projetos, vemos os grandes edifícios e fazemos deles os nossos modelos, sem pensarmos no que Deus deseja realizar no lugar onde estamos. Ninguém organiza seminários ou congressos para explicar como ajudar melhor as pessoas. Somente nos preocupa a liderança vitoriosa e os orçamentos avantajados!

Você pode imaginar o Senhor Jesus falando sobre "como arrecadar dinheiro"?

Muitas vezes pregamos que, se damos a Deus, Ele nos devolverá muito mais; e dizemos que precisamos ter grandes sonhos porque as bênçãos virão. A única coisa que nos preocupa é a prosperidade econômica! E as pessoas que não conhecem Jesus? Estaríamos dispostos a dar tudo pelos que estão morrendo sem Ele? Estamos ajudando aos que estão passando por necessidade ao nosso redor?

A quem servimos? A Deus ou ao dinheiro? Inclusive, se queremos ir um pouco além, teremos de nos perguntar: Qual é o nosso chamado? Alguns querem trabalhar para o Senhor, mas viver com o mesmo luxo e conforto que teriam caso fossem donos de grandes empresas.

> POR QUE NÃO VOLTAR A FAZER O MESMO HOJE E DAR TUDO O QUE SE TEM, SE VAI RECEBER MUITO MAIS DEPOIS?

É perfeitamente lícito ter uma grande empresa (ou qualquer outra condição) e ganhar dinheiro. Deus tem chamado muitas pessoas para viverem dessa forma a fim de poderem ajudar outros. O problema é quando queremos ser "servos" e viver assim. Infelizmente, tenho visto pessoas discutindo acaloradamente antes de uma programação musical ou de uma campanha evangelística (dando apenas alguns exemplos) quanto ao pagamento adiantado pelos "serviços" ou a categoria do hotel, ou do meio de transporte; e, mais tarde (quando tudo já está solucionado, é claro) saírem para falar da paz do Senhor e das bênçãos que Ele concede, como se nada tivesse acontecido. Então, o que era mais importante? Ganhar dinheiro ou alcançar a vida das pessoas? Nossa fama, conforto, luxo etc. ou a glória de Deus?

A BATALHA ESPIRITUAL MAIS CRUEL E ÁRDUA

Não existe batalha espiritual mais importante (e mais cruel!) do que aquela que acontece entre o deus "mamon" (o dinheiro) e o único Deus verdadeiro. Essa luta acontece a cada dia, em cada decisão dos filhos de Deus, tanto individualmente, como em família, em nosso trabalho, e como igreja. Se é o dinheiro que conduz as nossas decisões em qualquer uma dessas áreas, estamos vivendo na idolatria, por mais que nos consideremos cristãos ou procuremos defender o evangelho. De fato, existe até um chamado "evangelho da prosperidade" para enganar a consciência dos que desejam viver dessa maneira; um evangelho engendrado à altura de todos os que desejam ganhar tudo e perder a sua alma.

Muitos parecem esquecer que Jesus entrou no Templo para derrubar as mesas dos cambistas, no único momento em que a ira de Deus se tornou humana. Deveríamos tremer só em pensar e ver como estamos vivendo! Jesus estava mostrando a todos que não há coisa mais terrível do que usar a casa de Deus para ganhar dinheiro. Deveríamos voltar a escutá-lo quando nos diz que somente Ele tem o direito de ser o nosso Deus, porque, cada vez que confiamos no dinheiro, nos tornamos idólatras.

E se não formos capazes de escutar o Senhor, deveríamos nos lembrar do que aconteceu poucos anos mais tarde: o Templo foi destruído. Se a casa de Deus não for casa de oração, não tem qualquer sentido para existir.

QUAL É O NOSSO CHAMADO?

Que podemos, então, fazer? Como saber se estamos seguindo a vontade de Deus? Como estarmos seguros do nosso chamado se queremos segui-lo? Existe um teste muito simples que todos nós que estamos servindo o Senhor podemos fazer, a única forma de estarmos seguros da nossa vocação para Ele. Faríamos o mesmo que estamos fazendo se não ganhássemos nada?

Continuaríamos servindo ao Senhor caso tivéssemos de trabalhar para pagar nossas viagens e manter nossa família, assim como muitos dos discípulos e o próprio Paulo faziam? Mais ainda, vamos a muitos lugares para servir ao Senhor porque estamos convencidos de que é a Sua vontade, mesmo que nada nos deem e pagando todos os custos?

Se não pudermos responder afirmativamente, é porque estamos servindo ao dinheiro e não, a Deus. Temos então uma profissão, e não um chamado. Exercemos nosso trabalho pelo que ganhamos, e não pela nossa vocação. Chegamos ao ponto onde estamos pelos nossos esforços e não pela graça de Deus, e será melhor não continuarmos enganando a nós mesmos e aos outros. Quando Deus nos chama, nós o servimos sem nos importarmos com o que vamos ganhar. Inclusive, muitas vezes sem que alguém o saiba! O Eterno é a nossa recompensa e isso nos basta.

É certo que a Bíblia nos ensina que somos dignos do nosso salário; a bondade de Deus é insuperável! Mas trabalhamos e servimos por amor ao nosso Salvador. Jamais exigiremos coisa alguma! "De graça recebestes, de graça dai!" (MATEUS 10:8), foi o que Jesus disse aos Seus discípulos. Qualquer um que não entenda e exija pagamento por algo espiritual, vive muito longe da vontade de Deus.

E não somente isso, perdeu a maior bênção que o Novo Testamento descreve para todos quantos servem o Senhor: compartilhar o Seu chamado, Seu caráter e a compreensão do Seu sofrimento pela humanidade. Isso é o que significa a palavra "vitupério". Não é estranho que muitos vivam frustrados sem entender a glória que o Senhor coloca nas lágrimas dos Seus servos quando vivem de acordo com a Sua vontade e são capazes de compreender a dor que Ele experimentou por todos nós.

Você pode ter tudo o que quiser e ter uma vida de aparente sucesso, inclusive espiritualmente! Pode viver assim, caso queira, mas jamais chegará a entender que a presença de Deus tem valor infinitamente maior do que todo o dinheiro do mundo.

Por isso, quando conhecemos o Senhor e o amamos acima de todas as coisas, não nos importa em absoluto renunciar qualquer coisa e dar tudo a Ele se for necessário. Assim como Araúna fez, porque, para ele, Deus era Deus, o único. Não havia outro.

Ele é o único também para nós, ou o dinheiro está ocupando o Seu lugar?

7
UMA PESSOA EM QUEM TODOS CONFIAM: A MELHOR QUALIDADE QUE UM HOMEM PODE TER

Peço as suas desculpas antecipadamente. Sei que conto muitas histórias sobre o que minhas filhas me dizem, mas não posso deixar de fazê-lo. Todos os que têm filhos vão compreender perfeitamente o que estou dizendo; então, sinto-me tranquilo; mas por outro lado, não gostaria que você pensasse que me julgo ser o melhor pai do mundo, pois não é verdade. O que realmente penso é que sou o pai mais feliz do mundo!

E mesmo isso poderia ser questionado, não é verdade? Permita-me contar uma história que pode ser conhecida e já lhe direi o motivo. Estávamos em casa juntos, minha filha mais velha e eu. Por 20 anos, nossa família viveu em uma casa muito pequena; tinha apenas dois quartos, então a família passava a maior parte do tempo juntos. Se eu precisasse fazer algum trabalho em casa ou estudar, dividia o cômodo com uma das minhas filhas. Iami tinha 12 anos nesta ocasião, e eu observava que, de vez em quando, ela levantava os olhos do livro que estava lendo e me olhava. De repente, ela disse: "Vou para o outro quarto, não consigo me concentrar porque você é muito bonito". Ri às gargalhadas e lhe dei um abraço, pois somente alguém que o ama muito pode falar dessa maneira.

Agora você entende por que me sinto o pai mais feliz do mundo. Quase toda semana acontece algo em nossa casa que me faz lembrar o quanto Deus é bom para cada um de nós em colocar ao nosso lado uma família que nos ama.

> *E, com ele, enviamos o irmão cujo louvor no evangelho está espalhado por todas as igrejas. E não só isto, mas foi também eleito pelas igrejas para ser nosso companheiro no desempenho desta graça ministrada por nós, para a glória do próprio Senhor e para mostrar a nossa boa vontade; evitando, assim, que alguém nos acuse em face desta generosa dádiva administrada por nós; pois o que nos preocupa é procedermos honestamente, não só perante o Senhor, como também diante dos homens.* (2 CORÍNTIOS 8:18-21)

Como em outras ocasiões, desconhecemos o nome desse nosso herói, e, embora pareça mentira, isso o torna mais importante porque Paulo diz que ele era conhecido por todas as igrejas, logo não se tratava de alguém que precisasse ter seu nome dito para que todos entendessem de quem se tratava.

Ele era amigo de Paulo e o acompanhou em várias ocasiões. O apóstolo menciona que foi seu companheiro numa viagem na "obra da graça", que é uma forma agradável para falar da proclamação do evangelho quando é acompanhada por uma ajuda material. Todos confiavam nele, até para o trabalho mais complexo, o que poderia ser mais "tentador", como era o caso de levar dinheiro de um lugar para outro. Sendo assim, ele era uma pessoa digna; um homem de honra, acima de qualquer suspeita, alguém merecedor de toda confiança.

> ERA TÃO CONHECIDO DE TODOS
> PELA SUA FIDELIDADE QUE PAULO NÃO
> PRECISOU MENCIONAR SEU NOME.

Quero agradecer a John Eldredge por ter escrito o livro *Coração Selvagem* (Ed. CPAD, 2014). Se você ainda não o leu, leia-o, pois você terá muito a ganhar. Algumas das ideias que vou apresentar vêm diretamente dele. Eldredge desenvolve de uma maneira genial o tema da honra e da coragem no homem. Desde que li esse livro, decidi dedicar um dos capítulos sobre heróis aos homens em geral, porque, assim como o autor disse em várias ocasiões, nosso mundo precisa ver homens que vivam de acordo com o caráter que Deus lhes deu. Não sei se é politicamente correto o que vou escrever (nos dias de hoje nunca se sabe), mas, se você é mulher, pode passar deste capítulo ao próximo, a não ser que você queira entender um pouco melhor o caráter dos homens.

Nós, homens, gostamos de conquistar, parece que fomos feitos para isso... o que muitos esquecem é que a maior conquista tem a ver conosco, com o fato de encontrarmos o nosso lugar na vida e saber quem realmente somos. Muitos homens têm fugido de todo tipo de luta e sobrevivem nas suas casas, com o sutil encanto do que existe na sua geladeira e na televisão. Suspiram por paixão, liberdade, vida, aventura, conquista etc., mas vivem satisfeitos com o que os outros fazem e são simplesmente espectadores das vitórias alheias.

Cada dia, mais pessoas seguem os seus heróis desportivos, sociais, econômicos, políticos etc., como se fossem seus deuses e "vivem" em função dos resultados desportivos e dos sucessos financeiros. As empresas comerciais sabem disso e conseguem vendas milionárias de camisetas, fotos, calçados, bandeiras, escudos etc. A nossa sociedade transformou os homens em espectadores, e eles pensam que são felizes vivendo dessa maneira. O problema é que muitos cristãos vivem assim também: enfadados, sobrevivem dominados pela angústia, sentem o cansaço da rotina... abandonaram a luta e a conquista! E nesse abandono eles estão perdendo a si mesmos.

A NOSSA SOCIEDADE TRANSFORMOU
OS HOMENS EM ESPECTADORES, E ELES PENSAM
QUE SÃO FELIZES VIVENDO DESSA MANEIRA.

Não pense que isso é algo novo. Uma das grandes surpresas na Bíblia é ver como a rebelião do ser humano contra Deus se baseou no abandono do primeiro homem: Adão; a mesma indolência que nos conduz à "morte" dia após dia, talvez não a morte física, mas, sim, a morte da alma.

O HOMEM DEIXOU DE LUTAR PELO QUE VALE A PENA

Deus havia dado a Adão tudo o que poderia ter sonhado, mas ele nada fez, entregou-se às circunstâncias e deixou de lutar para viver da maneira que Deus lhe havia pedido. Não fez nada quando ele e sua mulher, Eva, foram tentados pelo inimigo; não argumentou nem disse uma única palavra, não defendeu Aquele que era seu melhor Amigo (o Criador) nem foi buscá-lo para que os ajudasse; não lutou para vencer a tentação e defender o paraíso que lhe fora entregue; não enfrentou o diabo para desmascarar suas mentiras; nem mesmo se colocou entre ele e sua mulher para que, pelo menos, o inimigo tivesse de derrotar os dois; não quis enfrentar o mal... Não! *Ele nada fez!*

Ele simplesmente se deixou levar... E esse continua a ser o pecado de muitos homens ainda hoje, pois não se arriscam e nada fazem para resgatar suas famílias de situações difíceis, para honrar a Deus e lutar contra o mal; para ajudar outras pessoas e viver a aventura de transformar o mundo. Adão tem mais seguidores do que qualquer outro personagem bíblico. São milhões os que nada fazem e vivem calmamente sob a tortura diária da apatia e do enfado.

A partir do momento que o primeiro homem deixou de lutar, a maioria dos homens busca o seu significado como pessoa em milhares de situações diferentes. Alguns, nos negócios e no dinheiro, pensam que, tendo mais ou sendo mais populares, satisfarão seu anseio de conquista, mas não dá certo. A ambição nunca tem limites. Exatamente como bem disse um dos homens mais ricos do século 20, John D. Rockefeller, quando lhe perguntaram quanto dinheiro se necessita para ser feliz, e ele respondeu: "Só um pouquinho mais".

Outros buscam a resposta no sexo. Nos dias de hoje, ele tem se tornado um "deus" para muitos, pois quando vemos os bilhões de dólares que a pornografia movimenta em todo o mundo, concluímos que os homens (principalmente), adoram o prazer do sexo. Sempre estão buscando novas sensações e usando outras mulheres, procurando preencher o vazio que têm dentro de si mesmos.

Outros acreditam que seu lugar está na busca pelo poder; mas a presunção, a arrogância e o vazio acabam destruindo o seu coração. Outros exibem seus troféus materiais para mostrar suas próprias misérias: milhares de homens pensam que um carro novo, um barco, uma nova casa etc., demonstram aos outros uma satisfação que jamais conseguem ter, pois, por trás de cada "símbolo" de sua presumida hombridade, escondem-se suas mais profundas frustrações.

Muitos buscam o reconhecimento pessoal por meio de pequenos troféus "inúteis", procurando ir mais depressa no seu carro deixando todos para trás, ou usando as vitórias do seu time para se gabar, ou centenas de pequenas futilidades para lhes satisfazer os desejos por aventura.

UMA VIDA CHEIA DE VERDADEIRAS AVENTURAS

A grande maioria dos homens de hoje não sabe quem é e nem o que faz no mundo; por isso se deixa levar pelas circunstâncias e para de lutar. A Bíblia nos mostra uma forma de viver totalmente diferente. Concentre-se nestes versículos do Salmo 45. Sei que eles se referem ao rei de Israel e contêm forte conteúdo profético relacionado ao Senhor Jesus, mas lembram-nos também de que podem ser aplicados a cada um de nós. Quando você os ler entenderá por que as palavras da minha filha me emocionaram tanto.

> *Tu és o mais formoso dos filhos dos homens; nos teus lábios se extravasou a graça; por isso, Deus te abençoou para sempre. Cinge a espada no teu flanco, herói; cinge a tua glória e a tua majestade! E nessa majestade cavalga prosperamente, pela causa da verdade e da justiça; e a tua destra te ensinará proezas. As tuas setas são agudas, penetram o coração dos inimigos do Rei; os povos caem submissos a ti.* (SALMO 45:2-5)

1. Precisamos voltar para Deus

Nossa vida encontra seu significado quando voltamos para o nosso Criador. Ele nos enxerga de forma completamente diferente: "Tu és o mais formoso dos filhos dos homens". É óbvio que o sentido espiritual nada tem a ver com a beleza exterior, mas com a maneira como Deus fez cada um de nós. Precisamos nos voltar a Ele; o segredo da nossa vida é passar um tempo a sós com o Senhor. Não saberemos quem somos nem o que fazemos aqui se não nos encontrarmos todos os dias com o nosso Criador. Davi, o rei mais importante na história de Israel, resumiu o sentido da sua vida ao dizer:

> *Uma coisa peço ao Senhor, e a buscarei: que eu possa morar na Casa do Senhor todos os dias da minha vida, para contemplar a beleza do Senhor e meditar no seu templo.* (SALMO 27:4)

Somente a beleza do Senhor pode satisfazer a nossa alma. Somente o fato de conhecermos o Senhor fará que nosso coração encontre o seu lar. Porque, quando nos encontramos com Deus, não temos necessidade de fingir; somos nós mesmos porque Ele nos criou assim. Quando falamos com o Senhor e o escutamos, sabemos o que significa ser respeitado e amado. A decisão mais importante em nossa vida pessoal e na história da humanidade é se voltar para Deus.

2. Precisamos voltar à nossa esposa e à nossa família

Todos nós que somos casados temos alguém por quem lutar, uma família para ajudar e proteger. Nossa esposa quer que lutemos por ela e a ajudemos em seus problemas, que trabalhemos para conquistar seu amor cada dia, que a conheçamos e passemos tempo com elas para enfrentarmos todas as situações juntos. Da mesma forma que Adão perdeu sua credibilidade como homem quando deixou de lutar por Eva, muitas mulheres hoje estão passando por dificuldades em suas famílias, ou têm depressão e problemas físicos porque seus maridos não estão ao seu lado, não lhes dedicam tempo, nem a elas nem a seus filhos, nem são suficientemente corajosos para tratá-las de forma carinhosa e digna, ajudando-as no que precisam. Tudo está ao contrário! Muitos homens dedicam seu tempo livre para assistir às atividades esportivas ou para beber com os seus "amigos", enquanto seus filhos brincam sozinhos e não têm com quem conversar, nem têm quem lhes ensine o que é realmente importante na vida.

Alguns satisfazem sua necessidade de aventura com outras mulheres, não tanto por amor ou sexo, mas simplesmente pelo desafio da conquista, para sentirem-se "novos" por dentro. Não querem reconhecer que essa forma de viver é puro engano. Caso tivessem investido o mesmo tempo, imaginação e esforço em sua família, não apenas o casamento seria diferente, como também eles seriam muito mais felizes. A aventura de buscar um novo relacionamento jamais cessa, pois sempre novas emoções são necessárias.

Entretanto, a luta pela família e a conquista do amor dos que estão ao nosso lado sempre nos enche de satisfação porque trabalhamos pelo que perdura. As aventuras que vivenciamos com as nossas famílias e o nosso esforço para amá-las e compreendê-las têm a maior recompensa em si mesmas, porque estamos trabalhando pelas pessoas que amamos e as quais nos amam. Essa luta nos torna felizes sempre!

3. Temos de voltar a sermos nós mesmos

"Nos teus lábios se extravasou a graça; por isso, Deus te abençoou para sempre". Cada um de nós precisa tomar suas próprias decisões e tem de saber que decisões deve tomar. A grande maioria das pessoas vive permanentemente cedendo aos desejos e às pressões dos outros. Grande parte das conquistas na vida consiste em sermos diferentes e encontrarmos o nosso lugar porque Deus nos criou para que sejamos assim. Temos de achar quem somos e vivermos exatamente como somos. O mundo estabelece padrões e todos devem se comportar de acordo com eles. Fomos planejados por Deus para sermos completamente diferentes. A sociedade necessita de pessoas que pensam, que refletem, que lutam pelo que é justo, que tomam decisões baseadas no que acreditam, que são realmente originais e que não se deixam levar pela onda!

A grande maioria das pessoas tem duas caras e se especializa em fingir porque procura somente a aprovação dos outros em todas as situações. Como podemos saber se somos nós mesmos? Permita-me lhe fazer uma pergunta: se você pudesse fazer o que quisesse na vida, o que faria? A verdadeira conquista começa quando fazemos desaparecer o nosso falso eu, aquele que todos esperam que sejamos e somos suficientemente corajosos para abandonar nossa máscara, embora nós a tenhamos usado por muito tempo.

Quando permitimos que Deus nos mostre quem realmente somos, começamos então a viver.

4. Voltar à Palavra de Deus, a única maneira de se viver uma aventura diária

"Cinge a espada no teu flanco, herói." Deus nos ensina que a Sua Palavra é como espada; portanto, devemos estar preparados para usá-la. Nenhum guerreiro tem uma espada para analisá-la minuciosamente, explicá-la, tê-la como enfeite ou ensinar a sua utilidade aos outros, mas, sim, para usá-la. Podemos vivenciar uma aventura constante somente quando a Palavra de Deus enche o nosso coração, pois a partir desse momento, não somente aprendemos a confiar no Senhor em todas as situações, como também sabemos que Sua honra jamais será vencida e esta é a razão porque nossa honra tampouco será vencida! Confiamos nas promessas do nosso melhor Amigo porque a Sua Palavra sempre se cumpre, e é isso que nos faz sentir seguros num mundo desonrado pela fraude e engano.

Cingir a nossa espada é também voltar a orar, estar todos os dias em permanente contato com o nosso Deus, o Senhor dos exércitos celestiais, como Ele aparece várias vezes na Bíblia. Esse diálogo contínuo e diário não só nos torna mais sábios, como também nos ajuda a conhecê-lo melhor e a nós também. Essa é a única maneira de estarmos preparados para a luta espiritual a cada momento. Orar é o segredo da vitória em qualquer situação; falar com Deus é a essência da vida.

5. Voltar a conquistar

Nossa vida é uma aventura, e não uma sequência de problemas sem solução ou um passeio enfadonho. "Cinge a tua glória e a tua majestade! E nessa majestade cavalga prosperamente", assim escreveu o salmista; e o próprio Senhor Jesus declarou certa feita: "Eu vim para que tenham vida e a tenham em abundância" (JOÃO 10:10). Se não vivemos dessa maneira é porque ainda não entendemos a mensagem do evangelho nem a razão pela qual Deus nos criou. Um homem jamais será feliz enquanto sua vida, seu trabalho, sua família e, acima de tudo, sua vida espiritual não representar uma conquista diária!

É curioso ver como a maioria das pessoas investe seu tempo e suas energias para eliminar todo tipo de risco para levar a vida do modo mais confortável possível. É certo que devemos viver em segurança, mas existem circunstâncias na vida em que o desconhecido nos confronta e nos leva a provar nossa confiança em Deus. Não devemos fugir dessas situações! O Senhor nos propõe defender o que é certo, justo, o que deve ser feito, o que é digno de louvor... e podemos fazer isso somente ao assumirmos alguns riscos. É impossível ter uma vida cristã segundo a vontade de Deus com base na indolência, no enfado e no conforto!

Para se caminhar sobre a água é preciso sair do barco!

Quando Deus criou o Universo, moldou em Adão (e desde então, a cada um de nós) a necessidade de descobrir, dar nomes, de desfrutar, de explorar a natureza e os relacionamentos, de descansar no amor e na amizade para transformar o mundo, e somos felizes apenas quando vivemos dessa maneira junto ao nosso Criador.

A cada dia tomamos decisões muito importantes. Decidimos se defenderemos o que é justo vivendo de forma diferente daquilo que nos indicam; se nos colocaremos ao lado daqueles que precisam de nós; decidimos se compartilharemos a graça com todos, a começar pela nossa família etc. O reino de Deus é para os corajosos, e somente eles são capazes de vivenciá-lo em toda a sua plenitude, porque a vida abundante que Jesus nos oferece não tem a ver apenas com a eternidade, mas sim com o dia a dia neste mundo.

6. Voltar a ajudar os outros

Essa é a decisão mais prática que podemos tomar! Viver lutando "pela causa da verdade, da humildade e da justiça". A maioria das pessoas busca profissões nas quais possam ganhar muito dinheiro, adquirir mais poder, obter mais conforto e recursos etc. No presente século, poucos pensam em ajudar os outros. Temos nos tornado pessoas insensíveis como se tudo girasse em torno de nós e do nosso bem-estar pessoal.

O mundo precisa desesperadamente de pessoas que lutem pela justiça e liberdade; que entreguem suas vidas para ajudar aqueles que nada possuem! Impressiono-me com o fato de milhões de homens admirarem certos heróis e se empolgarem com filmes no estilo de

Robin Hood, em que alguns personagens são capazes de arriscar a vida para estar ao lado dos marginalizados, e ao mesmo tempo esses milhões de homens nada fazem pelos que estão ao seu redor. Vivemos em uma sociedade que admira as aventuras do mundo virtual, porém deixa de lutar pelos que realmente precisam de ajuda.

7. Voltar à amizade

Os amigos são um presente de Deus. Ele nos criou de tal maneira que o nosso coração não pode alcançar Sua plenitude se lhe dermos as costas, mas também nos fez dependentes uns dos outros para aprendermos sobre a verdadeira amizade... "e a tua destra te ensinará proezas", disse o salmista. A mão direita é aquela que estendemos aos amigos, o lugar onde colocamos as pessoas que amamos.

Não podemos nos deixar levar por um mundo individualista que premia os sucessos dos que se "fazem a si mesmos". Todas as revoluções que transformaram a humanidade para o bem foram executadas por quem pagou o preço por trabalhar em equipe. "Amigo dos seus amigos", como se diz muitas vezes em velórios, podem ser todos, mas amigos leais, apesar das diferenças e das dificuldades, são bem poucos. Necessitamos aprender a ter um "grupo" de amigos dispostos a dar a sua vida por nós, e nós, caso necessário, façamos o mesmo por eles, enquanto trabalhamos para o bem de todos os que estão ao nosso redor.

Precisamos ter amigos para orarmos e lermos a Palavra de Deus juntos; para nos apoiarem espiritualmente e nos ajudarem a lutar por nossas famílias. Amigos dispostos a trabalhar para Deus e para nos defender contra as forças do mal. O reino dos Céus não foi planejado para aqueles que passam a vida sentados no sofá assistindo TV ou enredados todos os dias nas redes sociais. O reino de Deus é para aqueles que lutam e são feridos, para os que sofrem, para os que vivem em batalha e estão cansados; para os que nos ajudam a nos mantermos fiéis e nos fortalecem para sermos diferentes. O reino dos Céus é para aqueles que sabem desfrutar do que Deus concede, porque sabem que a vida não é apenas aquilo que se vê. O reino de Deus é para os que vivem a amizade.

8. Voltar a criar

A primeira coisa que sabemos a respeito de Deus na Bíblia é que Ele é o Criador (GÊNESIS 1:1). Nós, que somos os Seus filhos, devemos viver da mesma forma. "As tuas setas são agudas", disse o salmista para nos ensinar que o homem vive trabalhando, criando, desenvolvendo algo seja lá o que for! Vivemos em alguma missão unidos a Deus em Sua vontade de acordo com o caráter que Ele deu a cada um de nós, desde o nascimento até a morte, a partir daqui e por toda a eternidade.

Se não nos envolvermos em nossa missão, nenhuma outra pessoa poderá executá-la, pois Deus nos fez únicos. Muitos homens se tornam viciados em muitas coisas (trabalho, prazer, dinheiro, posição, ociosidade...) como consequência da rejeição a sua hombridade, de não fazerem o que Deus tinha planejado para eles. Pensam que sua vida tem sentido pelo que conseguem ganhar e não pelo que são. Nada melhor do que o exemplo do próprio Senhor Jesus: ao longo da Sua vida o acusaram, insultaram, maltrataram e inclusive, crucificaram... mas nada puderam fazer contra Ele. Cumpriu a Sua missão vencendo todas as circunstâncias e nos ensinou a viver de acordo com a vontade do Pai acima de todas as coisas.

Deus nos concede os dons e as habilidades que temos para que possamos servir aos outros e ajudá-los, começando pela igreja, *o lugar mais natural para desenvolver nossa criatividade comprometendo-nos com todos*, tanto cristãos quanto incrédulos. Poderemos constatar isso nos vários capítulos dedicados aos heróis e heroínas de Deus neste livro.

9. Voltar ao "perigo"

Falamos anteriormente da necessidade de abandonarmos o nosso conforto para vivermos de forma diferente; o salmista define isso nos termos: "os povos caem submissos a ti". O reino de Deus é diferente porque envolve a coragem daqueles que se arriscam a entrar nele. O desafio para o cristão não é seguir mais uma religião, tampouco ter mais conhecimento ou informação sobre certas doutrinas, mas, sim, viver como Deus vive. Viver em Sua presença, sabendo que o Senhor está conosco em todo tempo e vê tudo o que fazemos.

O reino de Deus tem a ver com a luta, o perigo a ponto de se perder a vida no propósito de ajudar os outros, exatamente como acontece hoje em alguns países onde falar do evangelho publicamente é proibido. O chamado de Deus para cada um de nós é convencer outras pessoas a conhecê-lo; um chamado para arriscar o que somos e temos para que muitos possam usufruir da graça e do amor de Deus. Se não somos capazes de enfrentar essa luta espiritual é porque estamos "mortos", embora digamos que estamos vivos. Deus espera que entreguemos a nossa vida em Suas mãos, não somente para conhecê-lo mais, como também para transformar o mundo. As nossas feridas nessa luta são a fonte da nossa hombridade.

Embora pareça um pouco cruel dizer isto, não confio num homem que não tenha sofrido. Não me serve para nada a experiência de quem não tenha lutado pelo Senhor e tenha sido ferido, inclusive derrotado, em algum momento! Os fingidos não podem nos ajudar; os que anunciam verdades a partir do conforto e descanso não nos defenderão quando precisarmos deles. Somente os que aceitam os perigos, sendo capazes de sofrer pelos outros, conquistam o direito de nos resgatar. Você os chamaria de madrugada para o ajudar, quando tudo estivesse a ponto de ruir, aqueles que têm resposta para tudo, mas jamais sofreram por alguém? Você os buscaria quando todos lhe tivessem dado as costas? Em quem confiaremos quando estivermos dominados pelo desespero? A quem o Senhor enviará para estar ao nosso lado? Alguém que somente finge ser espiritual ou aquele que tenha sido ferido por ajudar outras pessoas?

10. Voltar à luta

Esse é o final do chamado! Voltar a lutar contra o mal e todo o seu poder: "As tuas setas são agudas, penetram o coração dos inimigos do Rei" (SALMO 45:5). Qualquer outra coisa que fizermos será simplesmente perda de tempo. Porque somos cidadãos do Céu e lutamos para que esta Terra seja melhor, batalhamos com o poder do Espírito de Deus "Para que Satanás não alcance vantagem sobre nós, pois não lhe ignoramos os desígnios" (2 CORÍNTIOS 2:11). A ideia de uma luta espiritual pode soar como algo medieval e fora de moda, mas essa é uma estratégia que o inimigo põe em nossa mente para nos derrotar. A luta está relacionada aos nossos pensamentos, com as decisões que tomamos, com os problemas que enfrentamos, com as desavenças que o inimigo desperta. Tem a ver com toda a nossa vida!

Jamais esqueçamos que o mais furioso ataque do diabo se dirige contra o casamento e a família, pois ele sabe que são parte essencial do plano de Deus. Por isso, o inimigo atacou Eva na primeira tentação. Ele sabia que era a melhor forma de desestabilizar o casamento. O problema é que conseguiu uma vez, e continua obtendo a vitória hoje! Quando Adão respondeu a Deus, ele culpou o Senhor e a Eva por sua própria covardia. Você se lembra disso? "A mulher que me deste...". A Bíblia nos ensina que a família é um "espelho" da glória de Deus, e também é a imagem do relacionamento entre Cristo e a Igreja (EFÉSIOS 5:32). Esse é o contexto da nossa vida em que mais temos de lutar, onde precisamos dedicar a maior parte do nosso esforço.

Quando chegam as dúvidas, os sentimentos contraditórios, as dificuldades ou qualquer outra situação complicada, *jamais* devemos nos esquivar, e sim lutar com o poder do Espírito de Deus. Lutar contra os nossos próprios temores e descansar no Senhor, seja qual for a prova ou a tentação, porque a pessoa mais vitoriosa na Terra é aquela que se relaciona com a sua própria morte. "Eles, pois, o venceram por causa do sangue do Cordeiro e por causa da palavra do testemunho que deram e, mesmo em face da morte, não amaram a própria vida" (APOCALIPSE 12:11).

Que jamais nos afastemos dessa luta, embora nos custe a vida! Seguiremos lutando contra o mal e o pecado, mas também contra a ociosidade e o desânimo, que são as duas armas preferidas do inimigo. Lutamos também contra a comodidade e a preguiça, não só porque nos levam para o mau caminho, mas por se tornarem verdadeiros tiranos. É mais fácil viver "na tranquilidade" do que cumprir a nossa missão. É mais fácil assistir TV do que enfrentar um problema. É mais simples buscar qualquer tipo de satisfação sexual do que conversar com a esposa, solucionar as dificuldades e perdoar, para depois se alegrarem juntos. É mais fácil passar o tempo no computador ou nas redes sociais do que conversar toda tarde com os próprios filhos...

> DEUS NOS CHAMA PARA SERMOS DIFERENTES; ESSE CHAMADO É PARA TODOS, INDEPENDENTEMENTE DE QUEM SEJAMOS OU DE ONDE ESTEJAMOS.

Deus nos chama para sermos diferentes; esse chamado é para todos, independentemente de quem sejamos ou de onde estejamos. Deus espera que vivamos como esse "Alguém em que todos confiam" sem que haja falta e tampouco se mencione o nosso nome, porque todos sabem de quem estão falando.

Falando de nós?

8
BARUQUE: NÃO BUSQUE GRANDEZAS

Todos deram risada ao ouvirem a sua resposta quando estávamos no museu do Real Madrid Club de Fútbol. Depois de termos visto os troféus, fotos, vídeos etc. do considerado o melhor clube de futebol do século 20, as atendentes nos levaram a um lugar onde poucas pessoas podiam entrar. Isso foi um privilégio "adquirido" pela a amizade com o vice-presidente do time naquele tempo, Emilio Butraguenho, que era uma pessoa fantástica. A possibilidade que tínhamos era de nos aproximarmos de qualquer jogador do time para tirarmos uma foto. Quando perguntamos a Mel, nossa filha menor (com 8 anos): "Com quem você quer tirar uma foto?", ela não pestanejou e disse deslumbrada: "Com o meu pai".

Todos olharam para mim e garanto a você que naquele momento me senti a pessoa mais importante naquela sala, e consequentemente, o pai mais feliz do mundo. Eu não poderia imaginar nada melhor.

*Palavra que falou Jeremias, o profeta, a Baruque, filho de Nerias, escrevendo ele aquelas palavras num livro, ditadas por Jeremias, no ano quarto de Jeoaquim, filho de Josias, rei de Judá, dizendo: Assim diz o S*ENHOR*, Deus de Israel,*

> *acerca de ti, ó Baruque: Disseste: Ai de mim agora! Porque me acrescentou o* SENHOR *tristeza ao meu sofrimento; estou cansado do meu gemer e não acho descanso. Assim lhe dirás: Isto diz o* SENHOR*: Eis que estou demolindo o que edifiquei e arrancando o que plantei, e isto em toda a terra. E procuras tu grandezas? Não as procures; porque eis que trarei mal sobre toda carne, diz o* SENHOR*; a ti, porém, eu te darei a tua vida como despojo, em todo lugar para onde fores.* (JEREMIAS 45:1-5)

"Grandezas!" Que palavra! Parece que sintetiza o desejo da metade da humanidade e a necessidade da outra metade. Todos sonhamos com "grandezas", mas poucos podem alcançá-las. Será que realmente precisamos delas? Baruque teve de ouvir da parte de Deus que não tinha de almejar vivenciar grandezas em sua vida, mas desejar algo muito melhor. É sério? Pode parecer-nos algo incrível, mas esse é o desafio para a nossa vida também.

Baruque era o secretário pessoal de Jeremias e, além disso, era seu melhor amigo. Era o seu escriba, aquele que editou o livro que tem o nome do profeta, e como se fosse pouco, Baruque levava as mensagens de Jeremias aos reis, sacerdotes e aos nobres do povo. Ele estava preparado para isso. Entre os seus cargos estava o de conselheiro do rei, escriba e doutor. Era um homem muito inteligente e admirado por todos. Era neto de Maaseias, governador da cidade (2 CRÔNICAS 34:8). O nome dele significa "abençoado", e era verdade, pois sua influência junto ao povo era muito grande. Talvez fosse essa a razão de ele pensar que merecia um trabalho melhor, ou pelo menos, ser melhor reconhecido pelos outros.

Deus fala e lhe diz, primeiramente, que a profecia de que o povo pagaria pela sua idolatria se cumpriria. O maior responsável pela deportação do povo para Babilônia era o próprio Deus! Era como se Ele lhe dissesse: "Estamos no momento crucial na história do povo de Israel, quando a maioria das pessoas vai perder tudo, inclusive a própria vida. Não é o momento para grandezas!".

Em seguida, Deus fala a Baruque de algo muito pessoal: o escriba estava passando por dificuldades, então Deus quer fortalecê-lo e livrá-lo de todos os seus temores, e também de todos os seus inimigos! Desta vez a mensagem do Senhor não é para o povo, para o rei ou para Jeremias, mas, sim, para o próprio Baruque. Deus conhece o seu coração e sabe que ele está triste, receoso por sua vida, assustado e sem encontrar descanso em lugar algum. Deus sabe também que grande parte dos seus problemas é consequência da sua coragem na proclamação da Sua palavra, por isso o Senhor decide consolar a alma de Baruque, mas o faz de forma completamente inesperada.

> BARUQUE HAVIA SIDO PERSEGUIDO DEVIDO À SUA FIDELIDADE A DEUS, MAS O SENHOR SEMPRE O PROTEGEU!

Antes de fortalecê-lo com Suas promessas, Deus deseja que ele descubra as verdadeiras motivações em sua vida, então lhe pergunta: "E procuras tu grandezas?". Baruque havia sido perseguido por sua fidelidade a Jeremias. Além disso, estava passando por um momento espiritual muito difícil, porque acreditava que tudo o que estava acontecendo não tinha sentido e os outros não entendiam o que ele estava fazendo. Nós também nos sentimos assim em muitos momentos!

UMA VIDA POR DEMAIS ARRISCADA

Como secretário de Jeremias, Baruque teve de enfrentar as pessoas da elite em várias ocasiões. No quarto ano do rei Jeoaquim, um dos mais perversos na história do povo de Israel, Baruque teve a ousadia de ler perante o próprio rei a mensagem que Jeremias havia ditado, e isso quase lhe custou a vida. Como veremos, Deus o protegeu para escapar do rei, mas a situação que ele enfrentou foi terrível. E não era para menos! Com certeza, ele se lembrou do rei anterior, que mandou matar Urias, um outro profeta (JEREMIAS 26), porque havia se ofendido com as suas palavras.

No quarto ano de Jeoaquim, filho de Josias, rei de Judá, veio esta palavra do SENHOR *a Jeremias, dizendo: Toma um rolo, um livro, e escreve nele todas as palavras que te falei contra Israel, contra Judá e contra todas as nações, desde o dia em que te falei, desde os dias de Josias até hoje. Talvez ouçam os da casa de Judá todo o mal que eu intento fazer-lhes e venham a converter-se cada um do seu mau caminho, e eu lhes perdoe a iniquidade e o pecado. Então, Jeremias chamou a Baruque, filho de Nerias; escreveu Baruque no rolo, segundo o que ditou Jeremias, todas as palavras que a este o* SENHOR *havia revelado. Jeremias ordenou a Baruque, dizendo: Estou encarcerado; não posso entrar na Casa do* SENHOR*. Entra, pois, tu e, do rolo que escreveste, segundo o que eu ditei, lê todas as palavras do* SENHOR*, diante do povo, na Casa do* SENHOR*, no dia de jejum; e também as lerás diante de todos os de Judá que vêm das suas cidades. Pode ser que as suas humildes súplicas sejam bem-acolhidas pelo* SENHOR*, e cada um se converta do seu mau caminho; porque grande é a ira e o furor que o* SENHOR *tem manifestado contra este povo. Fez Baruque, filho de Nerias, segundo tudo quanto lhe havia ordenado Jeremias, o profeta, e leu naquele livro as palavras do* SENHOR*, na Casa do* SENHOR*. Ouvindo Micaías, filho de Gemarias, filho de Safã, todas as palavras do* SENHOR*, naquele livro, desceu à casa do rei, à câmara do escrivão. Eis que todos os príncipes estavam ali assentados: Elisama, o escrivão, Delaías, filho de Semaías, Elnatã, filho de Acbor, Gemarias, filho de Safã, Zedequias, filho de Hananias, e todos os outros* *príncipes. Micaías anunciou-lhes todas as palavras que ouvira, quando Baruque leu o livro diante do povo. Então, todos os príncipes mandaram Jeudi, filho de Netanias, filho de Selemias, filho de Cusi, dizer a Baruque: O rolo que leste diante do povo, toma-o contigo e vem. Baruque, filho de Nerias, tomou o rolo consigo e veio ter com eles. Disseram-lhe: Assenta-te, agora, e lê-o para nós. E Baruque o leu diante deles. Tendo eles ouvido todas aquelas palavras, entreolharam-se atemorizados e disseram a Baruque: Sem dúvida nenhuma, anunciaremos ao rei todas estas palavras. E perguntaram a Baruque, dizendo: Declara-nos, como escreveste isto? Acaso, te ditou o profeta todas estas palavras? Respondeu-lhes Baruque: Ditava-me pessoalmente todas estas palavras, e eu as escrevia no livro com tinta. Então, disseram os príncipes a Baruque: Vai, esconde-te, tu e Jeremias; ninguém saiba onde estais. Foram os príncipes ter com o rei ao átrio, depois de terem depositado o rolo na câmara de Elisama, o escrivão, e anunciaram diante do rei todas aquelas palavras. Então, enviou o rei a Jeudi, para que trouxesse o rolo; Jeudi tomou-o da câmara de Elisama, o escrivão, e o leu diante do rei e de todos os príncipes que estavam com ele. O rei estava assentado na casa de inverno, pelo nono mês, e diante dele estava um braseiro aceso. Tendo Jeudi lido três ou quatro folhas do livro, cortou-o o rei com um canivete de escrivão e o lançou no fogo que havia no braseiro, e, assim, todo o rolo se consumiu no fogo que estava no braseiro. Não se atemorizaram, não rasgaram as vestes, nem o rei nem nenhum dos seus servos que ouviram todas aquelas palavras. Posto que Elnatã, Delaías e Gemarias tinham insistido com o rei que não queimasse o rolo, ele não lhes deu ouvidos. Antes, deu ordem o rei a Jerameel, filho de Hameleque, a Seraías, filho de Azriel, e a Selemias, filho de Abdeel, que prendessem a Baruque, o escriváo, e a Jeremias, o profeta; mas o* SENHOR *os havia escondido.* (JEREMIAS 36:1-26)

A coragem de Baruque foi admirável: ele não só falou a Palavra de Deus ao povo como também foi capaz de ficar diante de todos os oficiais e do rei para lhes transmitir a mensagem que Deus havia entregue. Literalmente, ele arriscou a sua vida... Mas Deus cuidou tanto dele quanto de Jeremias, premiando a coragem dos dois. Não foi a primeira vez que isso aconteceu. Baruque era o encarregado de levar as mensagens do profeta, de tal forma que, com o tempo, todos o culpavam pelo que Jeremias escrevia sob as ordens de Deus. Baruque era acusado por todos em meio à grande violência que existia naquele momento.

> *Tendo Jeremias acabado de falar a todo o povo todas as palavras do* SENHOR, *seu Deus, palavras todas com as quais o* SENHOR, *seu Deus, o enviara, então, falou Azarias, filho de Hosaías, e Joanã, filho de Careá, e todos os homens soberbos, dizendo a Jeremias: É mentira isso que dizes; o* SENHOR, *nosso Deus, não te enviou a dizer: Não entreis no Egito, para morar. Baruque, filho de Nerias, é que te incita contra nós, para nos entregar nas mãos dos caldeus, a fim de nos matarem ou nos exilarem na Babilônia. Não obedeceu, pois, Joanã, filho de Careá, e nenhum de todos os capitães dos exércitos, nem o povo todo à voz do* SENHOR, *para ficarem na terra de Judá.* (JEREMIAS 43:1-4)

Os nobres (impressiona ver que a Bíblia os define como "soberbos") acusavam mais a Baruque do que a Jeremias. Não se davam conta de que lutavam contra o próprio Deus, porque não se tratava da palavra de Baruque ou de Jeremias, mas, sim, da palavra do Senhor! Quantas vezes nós também podemos ser mal interpretados por falarmos aquilo que Deus quer que falemos. Jeremias até foi acusado de mentiroso.

> ÀS VEZES SOMOS MAL INTERPRETADOS POR FALARMOS AQUILO QUE DEUS QUER QUE FALEMOS.

Deus jamais abandona os Seus. O Senhor se preocupa com o Seu servo e o defende. Sabe que ele poderia ter dedicado a vida a qualquer outra profissão que fosse mais vantajosa e menos arriscada, mas Baruque quis ser fiel a Deus e entregou sua vida ao Seu serviço, e Deus lhe agraciou com Seu cuidado como recompensa.

AS GRANDES ATIVIDADES E A FAMA NOS PREOCUPAM?

E quanto a nós? Buscamos grandezas? As vezes não nos sentimos amados pelo que fazemos, e chegamos a pensar que seguir a Deus é perda de tempo. Quando vemos que outros alcançam "sucesso" no contexto espiritual e material, reunindo multidões e sendo admirados por muita gente, como acontecia com os falsos profetas que viviam ao lado do rei no tempo de Baruque, nosso coração se pergunta: "Estou fazendo a vontade de Deus? Será que errei em alguma coisa? Será que estou tomando as decisões certas?".

A verdadeira pergunta é: Que faremos da nossa vida? Não me refiro ao que possa acontecer nos próximos meses ou anos, mas me refiro à verdadeira razão da nossa existência. Quem somos? Essa é a pergunta-chave, e para respondê-la, devemos deixar de nos preocupar com as "grandezas" ou com as "pessoas importantes", porque isso não é o essencial. Vivemos numa sociedade que admira as pessoas famosas, aquelas pessoas que ocupam as primeiras páginas, os vencedores e os que têm mais dinheiro, aqueles que as multidões seguem porque têm poder... Enquanto isso, Deus nos ensina que não nos preocupemos com nenhuma outra coisa a não ser segui-lo.

Precisamos nos lembrar do que significa a "beleza" do segundo lugar. Na Bíblia encontram-se pessoas que serviram a Deus de forma excelente ocupando o segundo lugar, porque Deus não mede as nossas realizações, mas, sim, a honradez do nosso coração. Para Ele não são tão importantes os seguidores que temos, mas a quem seguimos. Você consegue se lembrar de alguns que foram "segundos"? Aarão sempre viveu à sombra de Moisés, entretanto ele foi imprescindível na realização dos planos de Deus para o Seu povo. Enquanto foi feliz no seu trabalho, Deus o honrou, porém quando quis ocupar o lugar de Moisés, fracassou.

Jônatas era filho de Saul e, portanto, o herdeiro do trono, mas colocou sua amizade com Davi em primeiro lugar e não se importou em ocupar o segundo lugar no futuro reino. Foi feliz sendo fiel a Davi e jamais se preocupou em ser o rei de Israel.

João Batista foi um profeta por excelência após 400 anos em que Deus guardou silêncio. Todos chegavam até ele para ouvir suas palavras e serem batizados, pois sabiam que Deus o havia ungido. Até os líderes religiosos o respeitavam porque viam que o povo o seguia. Entretanto, quando apresentou Jesus, ele disse: "É necessário que Ele cresça e que eu diminua". Ele se colocou voluntariamente no segundo lugar porque amava a Jesus.

Barnabé acompanhou Paulo na primeira viagem missionária e se manteve em segundo lugar. A pessoa escolhida por Deus para "revolucionar" o mundo era Paulo, e Barnabé sabia disso. Por esse motivo, ele o apresentou a todos, arriscou sua vida por ele e o acompanhou quando ninguém acreditava em Paulo... Barnabé soube cumprir a missão que Deus lhe confiara porque, se não fosse assim, Saulo de Tarso não teria chegado a ser Paulo.

Poderíamos continuar dando outros exemplos, mas talvez, nesse momento, baste recordar que o Senhor Jesus tomou o segundo lugar por nós. Quando Pilatos apresentou Barrabás à multidão para que ela escolhesse entre o Messias e esse ladrão, todos gritaram dizendo que prefeririam Barrabás. Jesus quis ser rejeitado porque estava indo à cruz no meu e no seu lugar... e não se importou em assumir esse lugar por nós.

Jamais deveríamos nos preocupar. Às vezes, a vontade de Deus para a nossa vida é que estejamos em segundo lugar. Muitos cristãos chegam a ser escravos de suas ambições e dos seus sonhos, sem recordar que Deus não se importa com as pessoas de projeção, nem com os títulos, nem com o dinheiro, nem com a fama. Ele não está preso às grandes multidões ou aos grandes eventos. As mudanças no mundo sempre começam por intermédio de uma mulher ou de um homem a quem Deus chamou sem que ninguém percebesse. Deus não se faz presente nos meios de comunicação nem faz soar os tambores para ser aclamado ou para apresentar os Seus servos. Ele simplesmente executa a Sua vontade com aqueles que lhe obedecem com sinceridade. O próprio Paulo definiu a perfeição dizendo: "Estamos orando a Deus para que não façais mal algum, não para que, simplesmente, pareçamos aprovados, mas para que façais o bem, embora sejamos tidos como reprovados" (2 CORÍNTIOS 13:7). Esse é o segredo no trabalho para o Senhor.

PROCURAMOS SER OS PRIMEIROS EM TUDO

Não é demais recordar as palavras de Deus a Baruque, porque, às vezes, temos a impressão de que a igreja atual se encanta com "grandezas". Parece que a autoestima de muitos depende daquilo que fazem, dos lugares aos quais podem chegar, das suas conquistas ou do dinheiro que possuem. Eles esquecem que, quando amamos a Deus, nosso valor não depende do que fazemos ou do que temos. Deus nos ama muito mais do que podemos imaginar, embora aparentemente seja bem pouco o que podemos fazer, ou julguemos que aquilo que fazemos não tenha muito valor.

> QUANDO AMAMOS A DEUS, NOSSO VALOR
> NÃO DEPENDE DO QUE FAZEMOS OU TEMOS.

No idioma espanhol existe um ditado ("Más vale ser cabeza de ratón que cola de león") que declara que é melhor ser cabeça de rato do que a cauda do leão. Às vezes, tenho a impressão de que alguns acreditam que essa expressão se encontra na Bíblia porque todos preferem estar na frente de alguma coisa, por menor que seja. Gostamos de liderar, mesmo que seja um grupo de uma dezena de pessoas. Gostamos de ter seguidores e fazemos qualquer coisa para podermos ver alguém sempre que olhamos para trás!

O problema é que, na obra de Deus, temos milhares de "ratos" correndo alucinados de um lado para outro, e fazendo cada um o que julga ser mais conveniente na sua ótica, mas participando muito pouco na expansão do evangelho; apesar de chegarem a muitos lugares, existe "muita palha e poucos grãos"!

Essa atitude é a raiz da maioria dos problemas nas igrejas, a causa de quase todas as divisões. Alguns cristãos não sabem quem eles próprios são, nem compreendem qual é o plano de Deus para a vida deles; dessa forma, somente encontram sentido em sua existência quando alguém os segue, qualquer que seja o motivo. É curioso ver que muitos encontram seu valor como pessoas vencendo as discussões "espirituais". Grande parte das divisões nas igrejas são promovidas por homens de meia idade que se sentem infelizes na vida e, de repente, encontram umas poucas pessoas que os seguem (mesmo tendo uma motivação espiritual) para uma completa satisfação do seu "ego". Enquanto isso acontece, a unidade da igreja desaparece...

Parece que muitos têm esquecido que, em vez de sermos "cabeça de rato", somos de verdade "cauda de leão", pois o Leão (com letra maiúscula) da tribo de Judá é o próprio Senhor Jesus! Às vezes parece que não tomamos jeito, porque as "grandezas" nos deslumbram tanto que terminamos amando-as mais do que a Jesus, embora nos custe muito reconhecer esse fato.

Estamos perdendo de vista que o reino dos Céus está baseado no amor aos humildes. Deus preparou um exército formado por pessoas mansas e simples, que são capazes de revolucionar tudo, amando, servindo e oferecendo a outra face quando necessário. Na casa de Deus, vivem felizes aqueles que estão cheios do Seu Espírito, esbanjando "amor, alegria, paz, longanimidade, benignidade, bondade, fidelidade, mansidão, domínio próprio". Fazem isso porque conhecem suas limitações e sabem que somente pelo poder desse mesmo Espírito podem viver dessa maneira.

Entre os que seguem o Senhor, não existe lugar para os orgulhosos, os arrogantes e os que se julgam fortes e poderosos; e não é tanto porque Ele não os receba, mas aqueles que assim agem demonstram que não precisam de Deus, ainda que seus lábios afirmem que estão seguindo-o.

Precisamos aprender a mesma lição que Baruque. As "grandezas" não podem ser o objetivo da nossa vida, mas, sim, o serviço ao Senhor no lugar onde Ele quiser nos colocar. Fazendo isso, não estamos renunciando coisa alguma, pois Deus conhece nossas limitações, e sabe também dos nossos anseios. Como Ele é infinitamente bom, sempre nos recompensa apesar das nossas dúvidas, e Ele conhece perfeitamente nosso chamado e nosso futuro.

> AS "GRANDEZAS" NÃO PODEM SER O OBJETIVO DA NOSSA VIDA, MAS, SIM, O SERVIÇO AO SENHOR NO LUGAR ONDE ELE QUISER NOS COLOCAR.

Esta é uma das razões pela qual a coisa mais importante do mundo continua sendo a palavra do Senhor: "Vou lhe dar o maior tesouro que existe, a maior recompensa, a sua própria vida... Veja como você a usará!". Outros perderão tudo; assim sendo, lembre-se de que a sua vida é mais importante do que todas as recompensas e todos os bens. Poucas vezes pensamos nisto! Nossa vida está escondida em Cristo. Deus nos criou como somos e esse é o nosso maior tesouro!

Enquanto lutamos para sermos "algo" e corremos de um lugar para outro buscando grandezas e trabalhando o máximo possível para que todos vejam o que estamos fazendo, perdemos os momentos eternos que Deus tem planejado para nós: a conversa com nossa família e nossos amigos, a ajuda que podemos prestar aos outros, momentos marcantes usufruídos na presença de Deus com as bênçãos que Ele nos concede... Ficamos encantados com as grandezas enquanto, pouco a pouco, perdemos o melhor da vida.

Baruque aprendeu que a sua vida era o tesouro que Deus lhe concedia, e ele continuou servindo ao seu Criador... e a Jeremias. Continuou em seu lugar executando a tarefa que ninguém mais podia realizar a não ser ele mesmo; um trabalho para o qual ele havia se preparado muito bem. Compreendeu que a sua vida era um presente e, mesmo nos momentos mais difíceis, quando o povo foi deportado, continuou confiando em Deus, e Ele cuidou de Baruque. Essa é a lição que temos de aprender com o herói que soube ocupar o segundo lugar.

Deus nos concede a vida! Temos de nos esquecer das grandes realizações para, simplesmente, inflamar-nos em amor pelo Senhor. Lembre-se de que só se vive uma única vez. Temos somente uma oportunidade para dedicar a nossa vida a Ele; somente uma oportunidade para entregá-la, não importa o lugar onde estejamos ou as oportunidades que tenhamos. Isso é muito mais importante do que a fama, o dinheiro ou o poder!

Estar no coração de Deus é a maior façanha que podemos imaginar!

9
OS BEREANOS: A BELEZA DA PALAVRA DE DEUS

Quando li o que haviam feito, fiquei impactado. Era uma coisa muito simples, mas me fez pensar em milhares de pessoas. Na cidade onde se realizou um congresso dos Testemunhas de Jeová, uma igreja imprimiu e distribuiu milhares de panfletos em que aparecia uma única frase: "Leia mais a Bíblia, e menos a revista 'ced *A Sentinela*'".

Simples, fácil, direto. Sem necessidade de mais complicações nem explicações. Às vezes, falar demais nos leva a esquecer o mais importante. Parece que, quando alguns recebiam essa simples mensagem, ficavam olhando e pensando, como um "choque" momentâneo que os fazia refletir sobre a sua vida. Dizer-lhes que estavam indo contra a vontade de Deus, não provocaria qualquer reação a muitos deles. Quando estamos enganados e não queremos reconhecer isso, nada nos tira do nosso pedestal da ignorância... mas enfrentar os integrantes de uma seita com a Palavra de Deus... essas são palavras mais poderosas, muito bem articuladas!

Realmente, as mensagens que Deus nos envia são simples assim. Nisso, o Senhor Jesus era o melhor especialista. Com uma simples frase era capaz de chegar ao mais íntimo do ser humano para desfazer todos os argumentos e preconceitos.

Como eu disse, impressionou-me a coragem das pessoas que distribuíram uma mensagem tão objetiva, mas... nos últimos anos tenho perguntado se não deveríamos ir à porta de alguma igreja evangélica e entregar folhetos com a mensagem: "Leia mais a Bíblia e menos..." (nas reticências o nome do autor ou autora que se achar por bem incluir).

No capítulo de hoje, nossos heróis são os membros de uma igreja muito simples; são heróis porque fizeram algo simples, mas que pode chegar a ser fundamental na vida!

> *E logo, durante a noite, os irmãos enviaram Paulo e Silas para Bereia; ali chegados, dirigiram-se à sinagoga dos judeus. Ora, estes de Bereia eram mais nobres que os de Tessalônica; pois receberam a palavra com toda a avidez, examinando as Escrituras todos os dias para ver se as coisas eram, de fato, assim. Com isso, muitos deles creram, mulheres gregas de alta posição e não poucos homens.* (ATOS 17:10-12)

Os habitantes de Bereia receberam a Palavra de Deus com confiança, deslumbrados, inclusive apaixonados pelo que ouviram! Não queriam perder um único dia sem conhecer algo mais; não ficaram extasiados ouvindo os apóstolos, mas foram verificar tudo em sua "Bíblia" (é uma simples atualização no tempo, porque naquela altura eles possuíam apenas o Antigo Testamento), para saberem se aquilo que estavam ouvindo era certo ou não. Examinavam na Lei e nos profetas se aquilo que Paulo e Silas pregavam estava de acordo, ou não, com a Palavra de Deus, mesmo Paulo sendo o apóstolo mais conhecido em todo o Império Romano na época.

LEIA MAIS A BÍBLIA... E MENOS AS OUTRAS COISAS

Lucas diz que eram nobres, homens e mulheres de destaque, eram nobres. Não tanto pela situação econômica, mas pela maneira de entender a vida. Haviam tido a possibilidade de estudar e, quem sabe, de viajar, de tal forma que se preocupavam com a verdade. Não queriam ser enganados por ninguém.

Às vezes tenho a impressão de que alguns esquecem que a mente é um presente de Deus, de tal forma que aquilo em que acreditamos deve passar pelo intelecto. Embora Paulo fosse o pregador, e os demais apóstolos o apoiassem, eles não se conformavam, pois precisavam da confirmação na Palavra de Deus. Esse é um dos melhores exemplos que podemos seguir nos dias de hoje, porque as pessoas precisam fundamentar sua vida na Palavra de Deus. E não, naquilo que nós dizemos!

Temos poucas pessoas de "destaque" em nossas igrejas, quer dizer, mulheres e homens que buscam a verdade em tudo. Por esse motivo, muitas vezes damos tão pouca importância à Bíblia. A igreja precisa de pessoas desejosas de investigar profundamente a Palavra de Deus e que se preocupem com todas as esferas do conhecimento.

É verdade que muitos pregam, escrevem e até exortam os outros, mas o fazem pelos seus próprios meios e com suas ideias peculiares, sem saber ou sem querer reconhecer que não são as nossas palavras que transformam as pessoas, mas, sim, a Palavra de Deus. Não são os nossos argumentos que convencem, mas é o que o Senhor diz. Não é o nosso espírito que penetra no mais íntimo do coração humano para discernir os pensamentos, motivações e atitudes, mas é o Espírito de Deus.

> NÃO SÃO AS NOSSAS PALAVRAS QUE TRANSFORMAM AS PESSOAS, MAS, SIM, A PALAVRA DE DEUS.

Se não reconhecermos o nosso erro, cairemos no mesmo problema dos cristãos da Galácia, que se afastaram do evangelho do Senhor; não porque existisse um evangelho diferente, mas porque, desde o dia que Jesus ascendeu aos Céus, o ser humano deseja acrescentar ou retirar algo do que Ele fez ou disse. Esse é o problema de todas as seitas e das igrejas que se afastam do evangelho da graça do Senhor Jesus. Muitos falam da graça, contudo sempre com algum acréscimo. Os "judaizantes" jamais deixaram de existir.

A QUEM REALMENTE SEGUIMOS?

Nos dias de hoje, ao ouvir uma pregação ou ler algo sobre Jesus, você se depara com muitas citações que os homens e mulheres ensinam, mas pouquíssimo do que a Bíblia diz. Os cristãos falam sobre o que este ou aquele líder, pastor, mestre, evangelista, apóstolo ou profeta dizem, mas falam pouco do que Deus diz. Deveríamos ter em algum lugar da igreja um cartaz que dissesse: "Leia mais a Bíblia, e menos o que diz determinado autor, ou a Internet, ou este ou aquele canal de televisão etc."

Por muito tempo éramos chamados de "povo da Bíblia". De fato, a Reforma Protestante se baseou nos cinco princípios: "Somente a graça, somente a fé, somente as Escrituras, somente Cristo, somente a Deus a glória"; mas, se formos sinceros, teremos de reconhecer que a Palavra de Deus tem perdido a sua centralidade em nossa vida e, de modo geral, na vida da igreja. A maioria dos cristãos vive do que outros dizem: os livros de muitos autores são "devorados" ao passo que a Bíblia vai perdendo seu encanto para muitas pessoas. Inclusive poderíamos dizer que algumas igrejas são mais "_____" (você pode completar o espaço com o que quiser) do que cristãs!

Aliás, eis a causa da maioria dos problemas na igreja: viver do que os outros dizem, e não do contato diário com o Senhor. Recordo-me sempre do meu amado irmão Fernando Vangioni, que já está com o Senhor. Certo dia (em outubro de 1987), no final de uma das suas pregações em nossa igreja em Ourense, ficamos em casa falando sobre o Senhor como muitas vezes fazíamos. Eu estava com pouco mais de 20 anos e ele era alguém conhecido mundialmente como evangelista, mas ficava em nossa casa quando vinha pregar em nossa cidade, e nós conversávamos e orávamos com frequência. Com a sua vida, ele me ensinou a paixão de Deus pelas almas e o seu conselho naquela ocasião foi inesquecível: "Jaime, não importa a posição que você alcance no ministério, o importante é você nunca estar vazio por dentro; renove-se no Espírito e no conhecimento de Deus a cada dia, e mantenha-se sempre perto da fonte, sempre perto do Senhor!".

Creio que Deus lhe mostrou de alguma forma o que aconteceria com a Igreja anos depois. O cristão dos dias de hoje tem pouco tempo para compartilhar sobre as coisas de Deus porque não bebe diretamente da Fonte. Os cristãos do século 21 conhecem melhor o rosto dos seus autores ou ministros preferidos do que a face de Deus. Muitos vivem dos livros e das pregações para estar cada dia com o Senhor, para evangelizar, para viver de maneira cristã ou para viver em família... simplesmente porque não investem tempo com o Senhor diariamente, não falam com Ele nem o ouvem, não o vivenciam no contexto familiar, não o adoram... inclusive existe igrejas nas quais as pregações e a ordem do culto seguem o estilo de outros países, vem do que outras pessoas decidem!

> ALIÁS, EIS A CAUSA DA MAIORIA DOS PROBLEMAS NA IGREJA: VIVER DO QUE OUTROS DIZEM E NÃO DO CONTATO DIÁRIO COM O SENHOR.

Seja qual for o assunto em que se busca a vontade de Deus, já não vamos à Bíblia para saber o que Ele deseja, mas vamos a outros autores. Se você não acredita, faça um pequeno exercício e descubra onde você buscou referências para qualquer situação em sua vida ultimamente. Para citar apenas um exemplo, recentemente participei de uma conferência para pastores onde discorri sobre os temas: dinheiro, ofertas, dízimo etc., e todos defendiam sua própria opinião, com veemência até, todavia, ao me referir a vários versículos, muitos nem sabiam que estes faziam parte da Bíblia. O que todos haviam feito foi ler ou escutar o que este ou aquele autor dizia, mas ninguém havia se preocupado com a leitura da Palavra de Deus, de Gênesis à Apocalipse, para saber o que Deus fala realmente sobre o tema.

Como resultado disso temos uma infinidade de livros sobre evangelização, igreja, santificação, vida cristã, liderança, dinheiro etc., que têm pouquíssimo a ver com o que Deus diz em Sua Palavra. E o mesmo acontece com muitas pregações que ouvimos! (A propósito, um breve parêntese, para dizer que, não somente na questão do dinheiro, mas com qualquer outro "detalhe" em que você queira conhecer a vontade de Deus sobre determinado tema, recomendo que você leia toda a Bíblia para saber o que Deus diz! Isso lhe trará muitas surpresas! Muitas vezes defendemos ideias que nem mesmo aparecem na Palavra de Deus!)

> INFELIZMENTE, A LEITURA DA PALAVRA DE DEUS EM CASA, A ORAÇÃO E A ADORAÇÃO ETC. ESTÃO DESAPARECENDO NA PRÁTICA DO CRISTÃO DO SÉCULO 21.

O que está acontecendo? Por que já não somos mais o "povo da Bíblia"? Simplesmente porque nos tornamos espectadores preguiçosos. Essa é uma situação conveniente para todo o mundo. Aos cristãos, porque já não precisam se preocupar com nada além de ir à igreja e ouvir (porque isso não os compromete); e aos líderes, porque têm os seus "súditos" sempre comendo de suas mãos e dependendo do que dizem. Educamos as "crianças espirituais" desde o momento em que recebem Jesus em sua vida até o momento de o Senhor levá-las à Sua presença; como consequência todos ficam bem "gordinhos" e cansados de comer em excesso e de não fazer qualquer exercício espiritual!

JÁ NÃO SOMOS MAIS "O POVO DA BÍBLIA"

Infelizmente, a leitura da Palavra de Deus em casa, a oração e a adoração, o falar e refletir sobre o que Deus diz para a vida da família etc., está desaparecendo na prática do cristão do século 21.

É verdade que temos mais recursos e ferramentas do que jamais tivemos para conhecer a Palavra de Deus, entretanto não se vê o impacto na vida pessoal dos cristãos e tampouco na transformação do mundo. Deixe-me dar um exemplo... Imagine se eu o convidar para comer no melhor restaurante da cidade todos os domingos e saborear uma excelente comida que lhe faça bem e o leve a agradecer a Deus. Você se satisfaz, mas não volta a comer até o domingo seguinte. Inclusive, sentindo fome, você vai comer algumas vezes na semana. Seja como for, em pouco tempo ficará doente e sentirá falta de tudo; e, a não ser que tome uma importante decisão (comer todos os dias), sua vida acabará depressa. Assim vive a maioria dos cristão nos dias de hoje. Participam de um banquete espiritual no domingo em sua igreja (temos os melhores músicos e pregadores), mas deixam de orar e ler a Palavra de Deus durante a semana. Não é de se estranhar que vivenciemos uma geração de cristãos espiritualmente raquíticos e em vias de extinção!

Como se não bastasse, quando muitos expõem a Palavra do Senhor, simplesmente se baseiam na informação de outros. Somente se preocupam que a nossa mente esteja "repleta" de conhecimento sobre o que Deus diz, mas tudo para aí. Outros se preocupam com a diversão e com o que é excepcional, e não tanto com o que Deus diz. Um terceiro grupo é formado pelos que introduziram princípios sociais, psicológicos, políticos, culturais e empresariais na pregação, de tal forma que esses princípios norteiam a vida espiritual dos cristãos. Lamentavelmente, hoje quase 70% dos cristãos são motivados por alguma dessas tendências. A igreja-espetáculo não tem espaço para mais nada.

Somente quando a Palavra de Deus habita o nosso coração e transforma a nossa vida com a presença do Senhor em nós, podemos tornar nosso o caráter de Jesus, incorporando a Sua Palavra em todas as circunstâncias do nosso dia a dia. Jesus é a Palavra "encarnada" no corpo humano, e, da mesma forma, Ele precisa nos encher completamente por meio do Seu Espírito para que essa Palavra, depois de nos transformar, possa modificar o nosso pequeno mundo também.

Permita-me dizer, embora pareça ser um simples parêntese (mas é muito mais do que isso), que essa é a razão mais importante pela qual, em vários países do mundo, quase a metade da população se defina como "cristão evangélico" e, entretanto, nada mude na vida cotidiana. Continuam existindo os mesmos problemas, enganos, violência, corrupção, mentiras, vida dissoluta, maus tratos etc., que havia nos anos anteriores à "conversão" de tantas pessoas. Quando Jesus adentra a vida de alguém, realiza uma transformação completa. Quando a Palavra norteia a vida de uma família, as mudanças são profundas. Quando o Espírito de Deus age na vida dos cristãos tudo quanto os rodeia sofre uma mudança para melhor.

A IGREJA DEVE VIVENCIAR A PALAVRA DE DEUS OU ACABARÁ PERDENDO SUA IDENTIDADE

Este é o momento dos cristãos radicais, ou seja, enraizados, porque nossa raiz é a Palavra de Deus. Em todos os avivamentos, a Bíblia tem exercido um papel central, de tal maneira que qualquer tipo de renovação virá por meio de pessoas que amam a Palavra de Deus e são capazes de dar a vida por ela. Muito além do que outros possam dizer ou ensinar. Ou confiamos totalmente na Palavra de Deus ou perdemos todo o nosso significado como cristãos, como evangélicos, e também como indivíduos.

Queremos viver como Jesus viveu? Precisamos deixar que o Espírito de Deus nos conduza através da Sua Palavra. Necessitamos ouvir o Senhor porque o que Ele fala sempre se cumpre. O que prometemos nem mesmo sabemos se cumpriremos. Nossas pregações somente podem tocar a mente de alguns ou motivar por algumas horas o coração de outros. É a Palavra de Deus que transforma a vida!

"Respondeu-lhes Jesus: Errais, não conhecendo as Escrituras nem o poder de Deus" (MATEUS 22:29). A Bíblia nos ensina e o poder dela nos transforma. Se não compreendermos isso, toda a nossa vida poderá ser um engano. A Bíblia é, primeiramente, um livro para ser amado; e depois, estudado e entendido, posto que o amor vem do estudo e da compreensão. Jesus precisou dizer isso aos líderes religiosos, escribas e mestres da Lei, que viviam de forma equivocada por não entenderem a Palavra de Deus, embora muitos deles pudessem recitar livros inteiros de cor! Nossa vida é transformada quando amamos ao Senhor e amamos as Suas promessas. A Palavra de Deus é a única coisa que pode restaurar nossa alma, dar-nos sabedoria, encher nosso coração de alegria, guiar-nos, fazer-nos deleitar no Senhor...! O salmista resume isso de modo admirável:

> *A lei do* Senhor *é perfeita e restaura a alma; o*
> *testemunho do* Senhor *é fiel e dá sabedoria aos símplices.*
> *Os preceitos do* Senhor *são retos e alegram o coração;*
> *o mandamento do* Senhor *é puro e ilumina os olhos. O*
> *temor do* Senhor *é límpido e permanece para sempre;*
> *os juízos do* Senhor *são verdadeiros e todos igualmente,*
> *justos. São mais desejáveis do que ouro, mais do que muito*
> *ouro depurado; e são mais doces do que o mel e o destilar*
> *dos favos. Além disso, por eles se admoesta o teu servo; em*
> *os guardar, há grande.* (SALMO 19:7-11)

Neste momento, deveríamos nos perguntar: Como está a nossa Bíblia? Eu me refiro à Bíblia que temos conosco. Nós a conhecemos de verdade ou existem partes que nunca lemos? Muitos têm versículos preferidos e não são capazes de sair deles. Como resultado, perdem grande parte do que Deus é e ensina. O que preenche nossa vida é a leitura de toda a Palavra de Deus, repetidas vezes, para ouvir o Senhor e encontrar verdadeiros tesouros escondidos, especialmente preparados para nós em todos os livros da Bíblia! Esta é a grandeza da Palavra de Deus: é o único livro que fala conosco quando o lemos. Pois é o próprio Deus que fala ao leitor de Sua Palavra!

USAMOS NOSSA BÍBLIA?

Pode parecer uma pergunta sem qualquer sentido, mas nossa Bíblia está desgastada? Às vezes me assusto quando vejo a Bíblia de alguns irmãos perfeitamente conservada como no primeiro dia que a adquiriram; não se percebe sinais de uso com a passagem do tempo. Existem páginas nas quais podemos ver marcas de manuseio? Como estão os evangelhos? Vê-se que essas páginas estão mais desgastadas do que as outras? Não deveríamos deixar passar um único dia sem ler algo sobre o Senhor Jesus, pois Ele é o fundamento da nossa fé. Ele é tudo! Muitas vezes conhecemos mais as doutrinas e a história do que o nosso Senhor, assim corremos o mesmo risco que os mestres do Seu tempo, de que as Escrituras sejam mais importantes para nós do que o Seu Autor. Você está lembrado? "Examinais as Escrituras, porque julgais ter nelas a vida eterna, e são elas mesmas que testificam de mim" (JOÃO 5:39). O Senhor Jesus é a Palavra com letra maiúscula; devemos ler toda a Bíblia à luz dos evangelhos, tal como Paulo e os demais apóstolos fizeram ao escreverem suas epístolas, e não o contrário, como muitos hoje em dia fazem, procurando interpretar a vida de Jesus à luz das doutrinas que defendem.

> NOSSA BÍBLIA ESTÁ CHEIA DE ANOTAÇÕES E DETALHES? ELA CONTÉM OS SINAIS DE NOSSAS LÁGRIMAS?

Deixamos de tremer diante da Palavra de Deus (ISAÍAS 66:2)? Escolhemos somente os versículos que falam do que queremos ou desejamos? Nossa Bíblia está cheia de anotações e detalhes? As datas quando Deus nos falou, orações respondidas, súplicas quase desesperadas ao nosso Pai Celestial. Há textos sublinhados através dos quais Deus nos falou quando estávamos necessitados, lições que aprendemos em momentos difíceis... Está cheia de diálogos com o nosso Pai? Está repleta de momentos em que Ele falou e respondeu?

Existem sinais de lágrimas em sua Bíblia? Há páginas molhadas por momentos em que Deus falou ao nosso coração; sinais de lágrimas buscando o perdão quando fizemos algo que o desagradou? Lágrimas derramadas por outras pessoas quando nos fizeram mal, ou quando praticamos o mal contra elas, por vezes não nos dando conta; lágrimas de solidão quando pensávamos que Deus estava longe...

Compartilhamos mensagens sobre o que Deus nos falou? Nossa Bíblia está "cheia" de oração? Intercessão por outros crentes, por situações familiares difíceis, por pessoas que não conhecem Jesus...? Temos datas anotadas em suas páginas, momentos quando Deus respondeu nossas orações? Nossa Bíblia está desgastada? Pode parecer uma pergunta inoportuna, mas fala muito sobre a nossa vida espiritual se a capa da nossa Bíblia estiver desgastada pelas marcas das nossas mãos, porque a levamos aos momentos de oração, ao falarmos com outras pessoas, a temos sempre conosco em nossas viagens... por vezes me entristeço ao ver escaninhos em algumas igrejas para deixar ali as Bíblias até o domingo seguinte, e penso: *Espero que tenham outra em casa para ler*. Ou nossa Bíblia está "gasta" pelo uso, ou os desgastados somos nós!

Permita-me dar-lhe um conselho, algo que transformará a sua vida e o manterá sempre perto do Senhor: Leia mais a Bíblia e menos de tudo o que os outros recomendarem!

10

BARNABÉ: O IMENSO VALOR DE UMA PESSOA SIMPLES

Uma das viagens mais marcantes da qual me lembro nada tinha a ver com um local paradisíaco, em que poderíamos ter ido, tampouco com a história da cidade, nem com o seu contexto turístico. Tenho de reconhecer que poucas pessoas o visitam, mas é um lugar que "fala" por si mesmo e do qual jamais se poderá esquecer. Fui com minha família a Bristol (Inglaterra) única e exclusivamente para visitar o local onde, no século 19, George Müller construiu os orfanatos nos quais desenvolveu uma obra impressionante. Confiando em Deus de forma absolutamente extraordinária, ele chegou a ter sob seus cuidados mais de 10 mil órfãos e apoiou financeiramente cerca de mil missionários na África e Ásia. Seu trabalho evangelístico também foi enorme, distribuiu mais de 2 milhões de Bíblias e 3 milhões de livros. Lembre-se de que estamos falando do século 19!

Eu falo sobre a confiança em Deus, porque George Müller jamais pediu dinheiro a alguém. Simplesmente orava ao Senhor, e Ele lhe respondia. Cada manhã dizia: "Senhor, quero usufruir da Tua presença e do que tu és, a cada momento deste dia". E assim ele viveu mais de 90 anos. Para nós, mudou a nossa vida ver com os nossos próprios olhos os edifícios onde ele havia vivido e ajudado tantas crianças. Deus nos falou de forma clara sobre o que uma pessoa simples pode fazer, desde que tenha extraordinária confiança no Senhor.

O FILHO DA CONSOLAÇÃO

Barnabé aparece pela primeira vez no livro de Atos: "José, a quem os apóstolos chamavam de Barnabé, que quer dizer filho da consolação…" (4:36 NAA). Apenas com esse versículo já podemos começar a descobrir a grandeza do seu caráter. Os apóstolos deixaram de chamá-lo por seu nome (José) para chamá-lo de "filho da consolação". Era uma pessoa que amava, ajudava e consolava os outros! Este nome "Barnabé" vem de uma raiz em comum com outras palavras, então poderia também ser traduzido por "estimado, amado". É uma perfeita definição do seu caráter. Cada vez que Barnabé aparece na Palavra de Deus, ele está ajudando ou doando algo a alguém. A motivação da sua vida era servir aos outros.

A Bíblia declara que ele não era um evangelista qualquer. Quando o Espírito de Deus falou à igreja de Antioquia para que dois de seus líderes saíssem para a obra missionária, Barnabé é citado por primeiro. Era a forma como a cultura judaica destacava as pessoas mais importantes: "E, servindo eles ao Senhor e jejuando, disse o Espírito Santo: Separai-me, agora, Barnabé e Saulo para a obra a que os tenho chamado" (ATOS 13:2).

> SE JULGAR OS OUTROS FOSSE UM DOM, TERÍAMOS DE RECONHECER QUE QUASE TODOS O TEMOS.

Barnabé é exemplo pelo seu caráter e por sua maneira de tratar os outros, em contraste com uma das características mais comum hoje em dia —, julgar todo o mundo. Em seguida você saberá onde quero chegar e perdoe-me por começar de forma tão direta. Gostamos de acusar, de apontar quem faz o que é certo ou não, quem erra ou quem vive de modo correto, quem segue o verdadeiro evangelho e quem não o segue, quem é cristão e quem não é. Gastamos grande parte do nosso tempo e de nossas forças destacando os defeitos daqueles que não seguem o que cremos, e discutindo sobre detalhes para provar que temos "razão". Isso é o que mais nos preocupa na vida. Se o julgar os outros fosse um dom, teríamos de reconhecer que quase todos o temos.

Com toda certeza, Barnabé não era assim! Essa é a razão pela qual sua participação no livro de Atos dos apóstolos é fundamental. Seu trabalho consistia em refletir a graça de Deus ajudando a todos; tanto é que, aparentemente, não lhe preocupavam os erros cometidos ou o passado de ninguém; simplesmente ele se colocava ao lado do fraco para encorajá-lo e restaurá-lo. Era um batalhador das causas perdidas.

Sem Barnabé não teria "existido" Paulo, nem João Marcos, nem muitos outros.

Quando Saulo de Tarso era um novo convertido, ninguém da igreja queria se aproximar dele por medo. O que era normal porque ele tinha sido um grande perseguidor dos cristãos. Mas nesse momento... "Barnabé, tomando-o consigo, levou-o aos apóstolos; e contou-lhes como ele vira o Senhor no caminho, e que este lhe falara, e como em Damasco pregara ousadamente em nome de Jesus" (ATOS 9:27).

Barnabé se comprometeu publicamente com ele, arriscando a própria vida e consequentemente a sua reputação. Não se importava, em absoluto, de perder tudo, pois ele sabia que Deus havia escolhido aquele fariseu, perseguidor e assassino para revolucionar o mundo; sendo assim ele quis ser o braço "estendido" da graça de Deus e abraçá-lo ainda que isso lhe custasse a vida. Lembre-se de que ninguém podia garantir, naquele momento, que Saulo não era um impostor. Barnabé sabia que poucas coisas precisavam ser defendidas com maior coragem do que o amor incondicional.

BARNABÉ QUIS SER O BRAÇO "ESTENDIDO" DA GRAÇA DE DEUS PARA ABRAÇAR A TODOS.

Essa renúncia de todos os seus direitos e o compromisso para com os outros não foi algo de apenas um dia. Barnabé entendeu que a graça de Deus abrangia absolutamente a todas as pessoas; tanto é que, quando seu grande amigo Paulo descartou João Marcos porque este tivera medo e os abandonara no momento mais difícil de testemunhar do evangelho, Barnabé ficou com o jovem para restaurá-lo e fortalecer a sua fé. Ele não desistiu de João Marcos, apesar de Paulo já tê-lo feito. Isso causou um desentendimento tão grande entre Barnabé e Paulo que os dois deixaram de caminhar juntos.

> *E, navegando de Pafos, Paulo e seus companheiros dirigiram-se a Perge da Panfília. João, porém, apartando-se deles, voltou para Jerusalém.* (ATOS 13:13)
> *Alguns dias depois, disse Paulo a Barnabé: Voltemos, agora, para visitar os irmãos por todas as cidades nas quais anunciamos a palavra do Senhor, para ver como passam. E Barnabé queria levar também a João, chamado Marcos.* (ATOS 15:36,37)

Barnabé não desistiu de continuar abençoando a todos. Não podemos nos esquecer de que, quando um grave problema é resolvido, é sempre porque uma das partes cede e não se importa em deixar a "razão" de lado. Para essa pessoa, os relacionamentos podem chegar a ser mais importantes do que as ideias. Barnabé ficou com a parte mais fraca até que Paulo reconheceu que a graça de Deus havia restaurado João Marcos de tal forma que ele retornou para buscá-lo. O próprio Paulo escreveu mais tarde pedindo que João Marcos viesse ter com ele. Reconhecia publicamente não apenas o valor do jovem, como também a graça que Deus havia derramado sobre ele, e que Barnabé havia tido a sensibilidade para percebê-la.

Barnabé é um exemplo do que um evangelista deve ser, pois está sempre pensando nos outros em primeiro lugar. Não somente compreende o que é a graça de Deus, mas também deseja que todos usufruam dela. Ele é uma das poucas pessoas na Bíblia de quem não se menciona nenhum dos seus defeitos; e, embora seja claro que ele não era perfeito (pois ninguém o é), viveu tão "imerso" no amor de Deus que essa mesma graça o preenchia completamente; tanto a ele quanto aos que o cercavam.

Basta recorrer ao livro de Atos para ver que, quando a igreja enfrentava problemas e precisavam designar alguém para "promover a paz", orar e procurar resolver todas as questões, enviavam sempre o evangelista Barnabé. Ele era um homem que confiava em todos, a pessoa que transbordava a graça de Deus por todos os lugares que passava. "A notícia a respeito deles chegou aos ouvidos da igreja que estava em Jerusalém; e enviaram Barnabé até Antioquia" (ATOS 11:22). Ele entendeu a graça de Deus de uma forma extraordinária, porque, da mesma maneira como a recebera do Senhor, ele a repartia com outros. Não existe outra maneira de se viver a fé cristã.

UMA DAS PRIMEIRAS CARACTERÍSTICAS DO SENSO DE HUMOR DE DEUS É NOS ENSINAR A RIRMOS DOS NOSSOS ERROS PARA QUE, DEPOIS DESTE PRIMEIRO PASSO, CONSIGAMOS APRENDER COM ELES.

Eu me lembrei de Barnabé algumas semanas atrás quando enviei um artigo que havia preparado; na pressa para terminá-lo, ao escrever uma frase, omiti uma letra sem perceber e, em vez de dizer "devemos evangelizar", coloquei "devemos evangeliar".

Quando reli o que eu havia escrito, perdi a respiração por alguns segundos... e depois dei risada, lembrando-me de um e-mail que eu havia recebido nos últimos anos. Sim, porque até por meio dos nossos erros podemos aprender. Uma das primeiras características do senso de humor de Deus é nos ensinar a rir dos nossos erros para que, depois desse primeiro passo, consigamos aprender com eles.

Digo isso porque, qualquer um que esteja lendo este livro terá ouvido alguma destas frases relacionadas com o evangelho da graça de Deus, tantas vezes repetidas em diferentes situações: que "não se prega o evangelho", que "dizemos umas poucas coisas"; que "não somos tão enfáticos como deveríamos"; que "com nossa maneira de pregar tudo é muito fácil"; e inclusive alguns não deixam de dizer, de vez em quando, que "estamos adulterando" o evangelho se não oferecermos condições para que as pessoas sejam salvas... este não é o momento de entrarmos em discussões doutrinárias, pois acredito ser muito mais importante chegarmos à essência de tudo. Precisamos aprender com o exemplo de Barnabé.

NOSSA MANEIRA DE PROCLAMAR O EVANGELHO

Para começar, gostaria de lembrá-lo de que muitas pessoas que dizem algumas dessas frases são exatamente as que quase nunca falam do evangelho aos seus familiares, amigos e ou vizinhos. Às vezes até usam essas palavras como armas contra alguém que, seja como for, está procurando levar outros a conhecerem Jesus. Sempre me lembro da história de alguém que se aproximou do conhecido evangelista Dwight Lyman Moody para lhe dizer que não gostava da forma como ele pregava o evangelho. Com toda a humildade que o caracterizava, Moody lhe perguntou como ele fazia isso, e o "inquiridor" lhe respondeu que "estava se preparando para não dizer nada equivocado e aguardava o momento oportuno". Ao que Moody respondeu: "Pois tenho de lhe dizer que minha forma de pregar o evangelho me parece melhor do que a sua".

Por outro lado, quando finalmente decidimos anunciar a obra do Senhor Jesus por nós, temos de reconhecer que às vezes, durante o evangelismo, despejamos mais conteúdo sobre as pessoas do que o necessário. Falamos muito mais do que elas conseguem entender e lhe explicamos mais coisas do que precisam saber nesse primeiro momento, para poder compreender o que Deus fez.

Como disse, não se trata de entrar em discussões; o que desejo é expressar o que os incrédulos sentem quando lhes falamos. Muitas vezes nos sentimos em paz porque afirmamos que lhes anunciamos o evangelho; mas eles pouco entenderam e retornam às suas casas com muito mais informação do que poderão assimilar durante semanas. Em contraste com a nossa maneira de agir, o Senhor Jesus deixava com as pessoas uma pergunta pertinente que precisavam responder, e isso era suficiente para se alcançar o coração deles.

O que realmente me parece importante é a atitude, o desejo, a necessidade de se anunciar a todas as pessoas e por todos os meios o que Deus tem feito em nossa vida. Refiro-me à ardente compaixão que devemos ter com aqueles que nos rodeiam, amando a todos e refletindo, como num espelho, o amor que Deus tem por cada um de nós.

Destaco o exemplo de Barnabé em se aproximar dos outros para ajudá-los, abraçá-los e restaurá-los pelo poder do Espírito de Deus. Que nos vejam oferecendo a graça de Deus, e não evangelizando-os com base em nosso "grau" de conhecimento espiritual e em nosso quase perfeito comportamento exterior.

> JESUS SIMPLESMENTE DEIXOU UMA PERGUNTA NO CORAÇÃO DA HUMANIDADE, NO ÂMAGO DA SUA HISTÓRIA.

Porque desde o começo até o fim, tudo depende do que o Espírito de Deus faz na vida de cada pessoa. Mais ainda, *nada* do que possamos fazer tem valor se Ele não intervir. Complicamos demais a vida acreditando que somos de alguma forma imprescindíveis, e por causa disso queremos manifestar todos os nossos argumentos a cada pessoa que encontrarmos.

O Senhor Jesus falava de maneira incrivelmente simples apesar de todos os Seus ouvintes conhecerem a Lei e os profetas, e a cultura do povo de Deus ser muito mais "espiritual" do que a das pessoas que nos ouvem hoje. Veja este exemplo: Suponhamos que nos peçam para fazermos um estudo sobre materialismo e/ou que apresentemos uma palestra abordando esse tema. Com certeza nos prepararíamos dedicando horas para explicar como o materialismo exerce influência em nossa vida, nos relacionamentos, na família, em nossa dignidade como indivíduos, na sociedade etc... Certamente, todos ficariam impressionados depois de ouvirem nossa exposição! O Mestre por excelência, o Senhor Jesus, simplesmente perguntou: "Pois que aproveitará o homem se ganhar o mundo inteiro e perder a sua alma?" (MATEUS 16:26).

Aí está... simples assim. Ele sequer deu uma definição. Simplesmente deixou uma pergunta no coração da humanidade, no âmago da sua história.

É disso que se trata. A imensa eternidade de Deus pode ser expressa com algumas frases. A infinitude do Seu caráter se reduz a quatro ou cinco linhas para que todos possam compreender a sua importância. O amor sobrenatural do Criador precisa ser vivido acima de todas as coisas, porque é impossível entendê-lo. E o evangelho, a realidade mais extraordinária que jamais existiu em todo o Universo, fruto da inesgotável sabedoria do Ser com letra maiúscula, fonte e origem, não somente da vida, como também de tudo o que é compreensível e incompreensível, o Espírito de Deus resume em uma única sentença: "Porque Deus amou ao mundo de tal maneira que deu o seu Filho unigênito, para que todo o que nele crê não pereça, mas tenha a vida eterna" (JOÃO 3:16).

Precisamos voltar a proclamar a graça do Deus Pai, a fé no Senhor Jesus (o princípio e o fim em tudo na evangelização) e a Palavra inspirada pelo Espírito Santo. Precisamos voltar ao Deus Trino, ao único que existe, já que Ele é a fonte da vida, e sempre depender da Sua soberania em tudo o que somos e fazemos. Necessitamos voltar a admirar e a adorar o Salvador que transcende todo o nosso conhecimento, e, ao mesmo tempo, torna-se uma criança para que possamos abraçá-lo.

Precisamos transbordar graça, abençoar, ajudar, consolar, animar aos outros, arriscar nossa reputação para estarmos ao lado do necessitado, assim como Barnabé o fez. E como o nosso Pai Celestial sempre faz.

Simples assim!

11

BOAZ: A BELEZA DO RISCO ESPIRITUAL

O filme *Até o último homem*, do diretor Mel Gibson, narra a história de um herói da Segunda Guerra Mundial, Desmond T. Doss (falecido no final do século 20), membro do exército americano. Doss tinha uma convicção tão forte quanto ao valor da vida humana e da Palavra de Deus, que não queria usar armas, e muito menos matar alguém; por isso foi declarado objetor de consciência [N.E.: Pessoas que por princípios religiosos, morais ou éticos são incompatíveis com o uso de armas na prestação do serviço militar.] e foi preso. Mais tarde pôde fazer parte da equipe médica na Divisão de Infantaria e, durante um ataque a uma fortaleza no Japão, salvou a vida de 75 soldados, quando todos o tinham dado como desaparecido e seu próprio destacamento se retirado. Ele sozinho elaborou um plano para resgatar um a um os feridos que, de outra maneira, teriam perecido.

Com o tempo, Doss foi condecorado com a Medalha de Honra dos Estados Unidos, o mais alto prêmio a um membro do exército, que lhe foi entregue pelo próprio presidente Harry S. Truman no final da guerra. Ele foi o único objetor de consciência a receber tal honraria em toda a história! A coragem desse soldado foi impressionante. No filme, podemos ver alguns dos momentos mais importantes de sua vida, principalmente um deles em que devia deixar o local da batalha, pois todo o seu regimento havia se retirado, e Doss pede a Deus sabedoria quanto ao que fazer, pois sabe que muitos de seus companheiros estão feridos no campo de batalha e ninguém os resgatará.

Nesse momento, o soldado-médico ouviu a voz de alguém pedindo ajuda e, sem se preocupar com a aproximação do exército inimigo, partiu em busca de todos os feridos para levá-los ao acampamento, pois tinha a convicção de ser essa a missão que Deus lhe confiara. Doss ouviu a voz de Deus nos gritos por socorro dos que estavam feridos. Essa é uma história única e uma lição para a vida que jamais devemos nos esquecer: Deus também fala por meio daqueles que precisam de nós.

UMA HISTÓRIA DE AMOR IMPRESSIONANTE

Boaz foi um homem que decidiu ajudar duas mulheres em um momento crucial de suas vidas e na história do povo de Israel. Como era costume entre os judeus, seu nome era parte da sua bênção. O nome dele se relacionava com a raiz da palavra "força" ("nele há força" traduzido literalmente) e, ao mesmo tempo, a agilidade para desempenhar essa força e lealdade aos seus princípios, de maneira física e também criativa. É uma perfeita definição do seu caráter.

A sua história tem lugar no período dos Juízes e, em princípio, tanto o nome do livro como o desenrolar dos acontecimentos nos fazem pensar que tudo tem a ver com a mulher moabita, Rute, e sua sogra, Noemi. Mas em pouco tempo nos deparamos com Boaz como personagem imprescindível em todos os acontecimentos:

Morreu Elimeleque, marido de Noemi; e ficou ela com seus dois filhos, os quais casaram com mulheres moabitas; era o nome de uma Orfa, e o nome da outra, Rute; e ficaram ali quase dez anos. Morreram também ambos, Malom e Quiliom, ficando, assim, a mulher desamparada de seus dois filhos e de seu marido. Então, se dispôs ela com as suas noras e voltou da terra de Moabe, porquanto, nesta, ouviu que o SENHOR *se lembrara do seu povo, dando-lhe pão. Saiu, pois, ela com suas duas noras do lugar onde estivera; e, indo elas caminhando, de volta para a terra de Judá, disse-lhes Noemi: Ide, voltai cada uma à casa de sua mãe; e o* SENHOR *use convosco de benevolência, como vós usastes com os que morreram e comigo. O* SENHOR *vos dê que sejais felizes, cada uma em casa de seu marido. E beijou-as. Elas, porém, choraram em alta voz e lhe disseram: Não! Iremos contigo ao teu povo. Porém Noemi disse: Voltai, minhas filhas! Por que iríeis comigo? Tenho eu ainda no ventre filhos, para que vos sejam por maridos? Tornai, filhas minhas! Ide-vos embora, porque sou velha demais para ter marido. Ainda quando eu dissesse: tenho esperança ou ainda que esta noite tivesse marido e houvesse filhos, esperá-los-íeis até que viessem a ser grandes? Abster-vos-íeis de tomardes marido? Não, filhas minhas! Porque, por vossa causa, a mim me amarga o ter o* SENHOR *descarregado contra mim a sua mão. Então, de novo, choraram em voz alta; Orfa, com um beijo, se despediu de sua sogra, porém Rute se apegou a ela. Disse Noemi: Eis que tua cunhada voltou ao seu povo e aos seus deuses; também tu, volta após a tua cunhada. Disse, porém, Rute: Não me instes para que te deixe e me obrigue a não seguir-te; porque, aonde quer que fores, irei eu e, onde quer que pousares, ali pousarei eu; o teu povo é o meu povo, o teu Deus é o meu Deus. Onde quer que morreres, morrerei eu e aí serei sepultada; faça-me o* SENHOR *o que bem lhe aprouver, se outra coisa que não seja a morte me separar de ti. Vendo, pois, Noemi que de todo estava resolvida a acompanhá-la, deixou de insistir com ela. Então, ambas se foram, até que chegaram a Belém; sucedeu que, ao chegarem ali, toda a cidade se comoveu por causa delas, e as mulheres diziam: Não é esta Noemi?* (RUTE 1:3-19)

A beleza da história de Rute, sua lealdade e amor solidário à sua sogra Noemi é conhecida e admirada por todos. Não é para menos! Rute era moabita, ou seja, não fazia parte do povo de Israel, porém sua fidelidade com o falecido marido e com a mãe dele foi tão notória que toda a cidade se comoveu pelas duas. Todos falavam sobre esse exemplo de lealdade, de tal forma que as notícias também chegaram aos ouvidos de Boaz.

Tinha Noemi um parente de seu marido, senhor de muitos bens, da família de Elimeleque, o qual se chamava Boaz. Rute, a moabita, disse a Noemi: Deixa-me ir ao campo, e apanharei espigas atrás daquele que mo favorecer. Ela lhe disse: Vai, minha filha! Ela se foi, chegou ao campo e apanhava após os segadores; por casualidade entrou na parte que pertencia a Boaz, o qual era da família de Elimeleque. Eis que Boaz veio de Belém e disse aos segadores: O Senhor *seja convosco! Responderam-lhe eles: O* Senhor *te abençoe! Depois, perguntou Boaz ao servo encarregado dos segadores: De quem é esta moça? Respondeu-lhe o servo: Esta é a moça moabita que veio com Noemi da terra de Moabe. Disse-me ela: Deixa-me rebuscar espigas e ajuntá-las entre as gavelas após os segadores. Assim, ela veio; desde pela manhã até agora está aqui, menos um pouco que esteve na choça. Então, disse Boaz a Rute: Ouve, filha minha, não vás colher em outro campo, nem tampouco passes daqui; porém aqui ficarás com as minhas servas. Estarás atenta ao campo que segarem e irás após elas. Não dei ordem aos servos, que te não toquem? Quando tiveres sede, vai às vasilhas e bebe do que os servos tiraram. Então, ela, inclinando-se, rosto em terra, lhe disse: Como é que me favoreces e fazes caso de mim, sendo eu estrangeira? Respondeu Boaz e lhe disse: Bem me contaram tudo quanto fizeste a tua sogra, depois da morte de teu marido, e como deixaste a teu pai, e a tua mãe, e a*

terra onde nasceste e vieste para um povo que dantes não conhecias. O Senhor retribua o teu feito, e seja cumprida a tua recompensa do Senhor, Deus de Israel, sob cujas asas vieste buscar refúgio. Disse ela: Tu me favoreces muito, senhor meu, pois me consolaste e falaste ao coração de tua serva, não sendo eu nem ainda como uma das tuas servas. À hora de comer, Boaz lhe disse: Achega-te para aqui, e come do pão, e molha no vinho o teu bocado. Ela se assentou ao lado dos segadores, e ele lhe deu grãos tostados de cereais; ela comeu e se fartou, e ainda lhe sobejou. Levantando-se ela para rebuscar, Boaz deu ordem aos seus servos, dizendo: Até entre as gavelas deixai-a colher e não a censureis. Tirai também dos molhos algumas espigas, e deixai-as, para que as apanhe, e não a repreendais. Esteve ela apanhando naquele campo até à tarde; debulhou o que apanhara, e foi quase um efa de cevada. Tomou-o e veio à cidade; e viu sua sogra o que havia apanhado; também o que lhe sobejara depois de fartar-se tirou e deu a sua sogra. Então, lhe disse a sogra: Onde colheste hoje? Onde trabalhaste? Bendito seja aquele que te acolheu favoravelmente! E Rute contou a sua sogra onde havia trabalhado e disse: O nome do senhor, em cujo campo trabalhei, é Boaz. Então, Noemi disse a sua nora: Bendito seja ele do Senhor, que ainda não tem deixado a sua benevolência nem para com os vivos nem para com os mortos. Disse-lhe mais Noemi: Esse homem é nosso parente chegado e um dentre os nossos resgatadores. Continuou Rute, a moabita: Também ainda me disse: Com os meus servos ficarás, até que acabem toda a sega que tenho.
Disse Noemi a sua nora, Rute: Bom será, filha minha, que saias com as servas dele, para que, noutro campo, não te molestem. Assim, passou ela à companhia das servas de Boaz, para colher, até que a sega da cevada e do trigo se acabou; e ficou com a sua sogra. (RUTE 2:1-23)

Boaz era rico, não precisava se envolver com problemas e nem se preocupar com ninguém. Sua posição estava consolidada e sua vida transcorria normalmente, mas existem alguns detalhes na história que nos mostram a firmeza do seu caráter e seu amor ao Senhor. Primeiro, ele se interessava pelas pessoas que estavam ao seu redor. Ele viu Rute colhendo espigas e foi verificar se ela estava bem. Queria saber quem era ela.

Naquele tempo, devido às leis sociais que Deus havia estabelecido ao Seu povo para que ninguém passasse necessidade, aos pobres era permitido que levassem as sobras das colheitas, e também o direito de apanhar em uma décima parte do terreno que lhes era destinado. Assim, Deus garantia que ninguém passasse fome e aqueles que nada possuíam, podiam juntar alimento trabalhando com dignidade. Tanto Rute como sua sogra não tinham nada para comer, então a moabita se aproximou do campo.

Boaz não somente permitia que os pobres se aproximassem e levassem a comida que sobrava, mas também se interessava em saber quem eram e se tinham o que lhes era suficiente. Seu coração ia muito além do que a Lei determinava. Ele era uma boa pessoa! Havia compreendido perfeitamente o desejo do coração de Deus. A Bíblia ensina que aquele que doa ao pobre oferta também ao seu Criador.

Continuando a leitura, percebemos que sua maneira de falar com Rute demonstra o seu amor ao Senhor. Boaz sabe que Deus está por trás de todas as circunstâncias e fala para a moabita. Mais tarde, ele se interessa em saber sua história e agradece a Rute por ter sido fiel à sua sogra, Noemi. A lealdade era um valor muito importante para ele. Tanto que decidiu recompensar sua fidelidade. Não somente permitiu que ela colhesse em seus campos, como também lhe pediu que voltasse e disse a todos que a ajudassem.

A história fala mais do caráter desse homem: ele ofereceu comida a Rute, algo que ninguém da sua posição naquele tempo faria com uma trabalhadora, e muito menos com uma mulher pobre. Boaz estava demonstrando extraordinária sensibilidade, uma característica rara, mas imprescindível hoje em dia em todas as áreas.

> BOAZ ESTAVA DEMONSTRANDO EXTRAORDINÁRIA SENSIBILIDADE, UMA CARACTERÍSTICA RARA, MAS IMPRESCINDÍVEL HOJE EM DIA EM TODAS AS ÁREAS.

Rute percebeu que esse homem, que já estava com certa idade, era amável, leal, cuidava das pessoas e amava a Deus. Não podemos ler nas entrelinhas o que aconteceu, contudo, sem sombra de dúvida, a admiração da moabita por ele ia crescendo à medida que o conhecia melhor. As mulheres costumam dar atenção aos valores, à amabilidade e ao cuidado quando escolhem amar alguém.

DEUS, COMO SEMPRE, CONDUZ TODAS AS CIRCUNSTÂNCIAS

Assim como em outras ocasiões, existe um detalhe no começo da história, que nos traz luz para tudo o que está acontecendo: a Bíblia diz que Deus conduziu Rute ao campo de Boaz (v.3). Quando lemos "foi ao campo…", literalmente se diz "sua sorte caiu nesse campo"; porque, quando as pessoas pobres chegavam para acompanhar os trabalhadores, a sorte era lançada para saber aonde cada uma delas devia se dirigir, e a "sorte" levou Rute ao campo de Boaz. A mão de Deus estava por trás de tudo o que estava acontecendo, logo não se tratava de sorte como alguns pensam, mas era o Senhor que desejava que Rute encontrasse o seu remidor.

Assim é o nosso Pai Celestial. Podemos confiar totalmente nele porque sempre "conduz" as circunstâncias de forma impressionante. Quando amamos ao Senhor jamais devemos nos preocupar com o que possa acontecer, ou inclusive, com as decisões de outras pessoas que venham a influenciar nossa vida. Deus controla todas as situações; a nossa "sorte" está em Suas mãos.

Ele sempre nos conduzirá em todas as circunstâncias para que nos encontremos com o nosso Redentor!

Disse-lhe Noemi, sua sogra: Minha filha, não hei de eu buscar-te um lar, para que sejas feliz? Ora, pois, não é Boaz, na companhia de cujas servas estiveste, um dos nossos parentes? Eis que esta noite alimpará a cevada na eira. Banha-te, e unge-te, e põe os teus melhores vestidos, e desce à eira; porém não te dês a conhecer ao homem, até que tenha acabado de comer e beber. Quando ele repousar, notarás o lugar em que se deita; então, chegarás, e lhe descobrirás os pés, e te deitarás; ele te dirá o que deves fazer. Respondeu-lhe Rute: Tudo quanto me disseres farei. Então, foi para a eira e fez conforme tudo quanto sua sogra lhe havia ordenado. Havendo, pois, Boaz comido e bebido e estando já de coração um tanto alegre, veio deitar-se ao pé de um monte de cereais; então, chegou ela de mansinho, e lhe descobriu os pés, e se deitou. Sucedeu que, pela meia-noite, assustando-se o homem, sentou-se; e eis que uma mulher estava deitada a seus pés. Disse ele: Quem és tu? Ela respondeu: Sou Rute, tua serva; estende a tua capa sobre a tua serva, porque tu és resgatador. Disse ele: Bendita sejas tu do Senhor, *minha filha; melhor fizeste a tua última benevolência que a primeira, pois não foste após jovens, quer pobres, quer ricos. Agora, pois, minha filha, não tenhas receio; tudo quanto disseste eu te farei, pois toda a cidade do meu povo sabe que és mulher virtuosa. Ora, é muito verdade que eu sou resgatador; mas ainda outro resgatador há mais chegado do que eu. Fica-te aqui esta noite, e será que, pela manhã, se ele te quiser resgatar, bem está, que te resgate; porém, se não lhe apraz resgatar-te, eu o farei, tão certo como vive o* Senhor; *deita-te aqui até à manhã. Ficou-se, pois, deitada a seus pés até pela manhã e levantou-se antes que pudessem conhecer um ao outro; porque ele disse: Não se saiba que veio mulher à eira. Disse mais: Dá-me o manto que tens sobre ti e segura-o. Ela o segurou, ele o encheu com seis medidas de cevada e lho pôs às costas; então, entrou ela na cidade. Em chegando à casa de sua sogra, esta lhe disse: Como se te passaram as coisas, filha minha? Ela lhe contou tudo quanto aquele homem lhe fizera. E disse ainda: Estas seis medidas de cevada, ele mas deu e me disse: Não voltes para a tua sogra sem nada. Então, lhe disse Noemi: Espera, minha filha, até que saibas em que darão as coisas, porque aquele homem não descansará, enquanto não se resolver este caso ainda hoje.* (RUTE 3:1-18)

Quando chegamos ao clímax da história, deparamo-nos com outras quatro características do nosso herói: primeiro, era uma pessoa justa. Poderia ter enganado Rute, ou talvez pudesse encontrar mil desculpas para não cumprir sua responsabilidade como remidor; mas não o fez. Pelo contrário, deu todos os passos com sabedoria admirável. Aceitou sua responsabilidade perante o Senhor e tomou cada decisão de acordo com a orientação divina.

Segundo, Boaz abençoou Rute e não se aproveitou dela. Embora tivesse todo o poder em suas mãos numa época em que as mulheres não tinham valor algum, e muito menos uma mulher estrangeira, Boaz a trata de maneira digna e honrada. Poderíamos dizer que ele foi aprovado com nota máxima num dos testes mais difíceis da vida! Ele quer honrar a Deus antes de satisfazer seus desejos!

Terceiro, Boaz se convenceu de que aquilo que estava acontecendo era resposta à sua oração, porque, além de orar, ele se interessara por Rute... inclusive procurando conhecer a sua história. Ele sabia que existia outro parente mais próximo que tinha todos os direitos, mas Boaz deixou a situação nas mãos de Deus para que o Senhor pudesse solucioná-la. Aquela mulher o agradava e muito!

E por último, Boaz era diligente, sábio e trabalhador. Todos o conheciam, inclusive a própria Noemi, que garantiu a Rute: "Ele não descansará até que...". Não havia nada para se preocupar. Tanto Rute como sua sogra podiam se tranquilizar; Boaz não era preguiçoso. Sabiam que ele faria tudo de forma correta e rapidamente!

DEUS SEMPRE NOS CONDUZIRÁ EM TODAS AS CIRCUNSTÂNCIAS PARA QUE NOS ENCONTREMOS COM O NOSSO REDENTOR!

Todos nós gostaríamos de ter um amigo assim; alguém diligente, apaixonado, amável, sensível, sábio e que ame o Senhor. Qualquer um de nós brilharia em um mundo como o nosso caso tivesse essas qualidades.

Boaz subiu à porta da cidade e assentou-se ali. Eis que o resgatador de que Boaz havia falado ia passando; então, lhe disse: Ó fulano, chega-te para aqui e assenta-te; ele se virou e se assentou. Então, Boaz tomou dez homens dos anciãos da cidade e disse: Assentai-vos aqui. E assentaram-se. Disse ao resgatador: Aquela parte da terra que foi de Elimeleque, nosso irmão, Noemi, que tornou da terra dos moabitas, a tem para venda. Resolvi, pois, informar-te disso e dizer-te: compra-a na presença destes que estão sentados aqui e na de meu povo; se queres resgatá-la, resgata-a; se não, declara-mo para que eu o saiba, pois outro não há senão tu que a resgate, e eu, depois de ti. Respondeu ele: Eu a resgatarei. Disse, porém, Boaz: No dia em que tomares a terra da mão de Noemi, também a tomarás da mão de Rute, a moabita, já viúva, para suscitar o nome do esposo falecido, sobre a herança dele. Então, disse o resgatador: Para mim não a poderei resgatar, para que não prejudique a minha; redime tu o que me cumpria resgatar, porque eu não poderei fazê-lo. Este era, outrora, o costume em Israel, quanto a resgates e permutas: o que queria confirmar qualquer negócio tirava o calçado e o dava ao seu parceiro; assim se

*confirmava negócio em Israel. Disse, pois, o resgatador a
Boaz: Compra-a tu. E tirou o calçado. Então, Boaz disse
aos anciãos e a todo o povo: Sois, hoje, testemunhas de que
comprei da mão de Noemi tudo o que pertencia a Elimeleque,
a Quiliom e a Malom; e também tomo por mulher Rute, a
moabita, que foi esposa de Malom, para suscitar o nome
deste sobre a sua herança, para que este nome não seja
exterminado dentre seus irmãos e da porta da sua cidade;
disto sois, hoje, testemunhas. Todo o povo que estava na porta
e os anciãos disseram: Somos testemunhas; o* Senhor *faça
a esta mulher, que entra na tua casa, como a Raquel e como
a Lia, que ambas edificaram a casa de Israel; e tu, Boaz,
há-te valorosamente em Efrata e faze-te nome afamado em
Belém. Seja a tua casa como a casa de Perez, que Tamar teve
de Judá, pela prole que o* Senhor *te der desta jovem. Assim,
tomou Boaz a Rute, e ela passou a ser sua mulher; coabitou
com ela, e o* Senhor *lhe concedeu que concebesse, e teve um
filho. Então, as mulheres disseram a Noemi: Seja o* Senhor
*bendito, que não deixou, hoje, de te dar um neto que será teu
resgatador, e seja afamado em Israel o nome deste. Ele será
restaurador da tua vida e consolador da tua velhice, pois tua
nora, que te ama, o deu à luz, e ela te é melhor do que sete
filhos. Noemi tomou o menino, e o pôs no regaço, e entrou a
cuidar dele. As vizinhas lhe deram nome, dizendo: A Noemi
nasceu um filho. E lhe chamaram Obede. Este é o pai de
Jessé, pai de Davi. São estas, pois, as gerações de Perez: Perez
gerou a Esrom, Esrom gerou a Rão, Rão gerou a Aminadabe,
Aminadabe gerou a Naassom, Naassom gerou a Salmom,
Salmom gerou a Boaz, Boaz gerou a Obede, Obede gerou a
Jessé, e Jessé gerou a Davi.* (RUTE 4:1-22)

Boaz agiu rapidamente. Apesar de existir um dia fixado para que os julgamentos fossem realizados, ele não quis esperar por essa data. Não havia tempo a perder! Ele reuniu dez homens (o número mínimo estabelecido pela legislação judaica para se estabelecer um acordo público) e lhes explicou a situação. Será que ele havia se apaixonado por Rute? Creio que sim! Pode ser que esse tenha sido o motivo por que não quis esperar. Queria solucionar logo o assunto. Boaz tinha um plano bem preparado com base no que encontramos na Bíblia. Com certeza havia orado ao Senhor pedindo-lhe sabedoria para resolver a situação; e ele usa toda a sua imaginação para enfrentar o problema.

Uma lição crucial para todos: a oração aliada à sabedoria e à imaginação dá lugar ao plano perfeito.

UMA ORAÇÃO "ARRISCADA", PORÉM RESPONDIDA

Tudo estava decidido! Como o parente mais próximo não quis perder seu nome e nem sacrificar coisa alguma por amor a Rute, Boaz aproveitou a situação e renunciou a tudo para trazer descendência a Malom, o primeiro marido e Rute. A mesquinhez do primeiro remidor ficou evidente, pois teria simplesmente que ceder uma parte de suas posses a Rute, mas pensou que não lhe convinha ter ao seu lado alguém que não possuía absolutamente nada o que lhe oferecer como dote, isto é, ele pensou que não ganharia nada! Por outro lado, Salmom era o marido de Raabe (a ex-prostituita que acolheu os espias em Jericó) e é possível que ele tenha se lembrado disso. Não se esqueça desses pormenores porque serão fundamentais para se entender algo muito importante em nossa vida, conforme veremos no final deste capítulo. Tratava-se de perder o nome e a glória, e Boaz aceitou isso. Deus o recompensou colocando seu nome na genealogia de Jesus. O risco que assumiu bem que valeu a pena!

Quando lemos a história de Boaz, percebemos que ele tinha uma vida tranquila, confortável, tendo tudo que precisava para viver e todos o admiravam. Pode-se dizer que era feliz apesar dos percalços da vida que todos nós também suportamos. Mas Boaz não venerava a tranquilidade como alguns o fazem. Quando viu que algo novo vinha da parte de Deus, não duvidou nem por um momento: ele quis experimentar a beleza do risco espiritual.

> UMA LIÇÃO CRUCIAL PARA TODOS: A ORAÇÃO ALIADA À SABEDORIA E À IMAGINAÇÃO DÁ LUGAR AO PLANO PERFEITO.

No mundo desenvolvido, as pessoas vivem cada vez mais confortáveis e tranquilas, sem anelar nem ter a necessidade de mudar coisa alguma e muito menos de se envolver em "complicações" de qualquer tipo, porque sua existência transcorre num calmo remanso de paz. Muitos cristãos vivem assim, amam ao Senhor, têm uma posição confortável, bons amigos, um trabalho que Deus lhes deu e quem sabe também um ministério que ocupe o seu tempo... Melhor não mexer em nada! Boaz se arriscou para ajudar alguém a quem não conhecia e fez isso seguindo a vontade de Deus: ele deu um passo decisivo para se lançar numa aventura espiritual impressionante.

Você pode dizer que "se tratava da mulher que seria sua esposa! Isso sim valeria a pena!". Você tem razão, mas, quando lemos as histórias bíblicas, Deus sempre quer nos conduzir além dos detalhes para que possamos aprender lições eternas. Existem centenas de pessoas as quais podemos ajudar no dia de hoje de várias maneiras. Gente que vive sozinha ou necessita do que temos; pessoas que podemos ajudar economicamente e lhes falar do evangelho. Mulheres e homens os quais Deus ama. Não podemos fechar nossos olhos e continuar sendo insensíveis por mais confortável que vivamos! Precisamos sonhar e mudar o futuro transformando o mundo mediante o poder de Deus. É necessário experimentar a beleza do risco espiritual.

> PRECISAMOS SONHAR E MUDAR O FUTURO TRANSFORMANDO O MUNDO MEDIANTE O PODER DE DEUS

Boaz recebeu muito mais do que poderia imaginar: depois de se casar com Rute e ter descendentes. Ele foi o bisavô de Davi — o grande rei de Israel! Ele não viveu para poder vê-lo, mas estou certo de que o Senhor de alguma forma o fez saber. Você está sozinho ou sozinha? Pensa que já tem idade? O próximo herói que vamos estudar (Calebe) sacudirá nossa consciência completamente, mas basta por enquanto que você faça um pequeno "exercício": olhe para os seus filhos, netos etc... Abençoe-os! Importe-se com eles e ore por eles todos os dias! Ajude-os para que experimentem a beleza do Senhor em suas vidas! Quem sabe eles sejam parte da revolução que Deus tem preparado para os próximos anos neste mundo.

E se, por algum motivo, você não tem descendentes, ore ao Senhor e lhe peça sabedoria e imaginação para encontrar alguém a quem ajudar. Ele o guiará ao lugar e às pessoas que precisam de você; lembre-se de que a "sorte" está em suas mãos.

Um último detalhe: Boaz é um tipo (uma figura) do Senhor Jesus como Redentor. Nós não éramos ninguém e não possuíamos nada (também éramos estrangeiros, não fazíamos parte do povo de Deus), mas o Senhor Jesus nos redimiu e nos recebeu em Sua família. Agora somos filhos do nosso Pai Celestial! E como se isso não bastasse, um dia Ele se casará com a Sua noiva (a Igreja) da qual fazem parte todos quantos creem nele. Não preciso me alongar mais, basta que nos lembremos de que Jesus renunciou a tudo, inclusive a glória do Seu nome, por amor a nós! De tal forma que, quando viveu nesta Terra fisicamente, chegaram a chamá-lo de "filho da prostituição" devido às circunstâncias especiais do Seu nascimento. Jesus não se preocupou; o Seu amor por nós é absolutamente extraordinário e eterno, ilimitado e infinito. Quando puder, leia calmamente Filipenses 2:5-11. Os detalhes são incríveis!

Nossa admiração pelo Senhor Jesus não tem limites; nossa vida está escondida e guardada nele por toda a eternidade. Essa é uma das razões pelas quais Deus sempre conduzirá todas as circunstâncias para que estejamos próximos ao Redentor.

12

CALEBE: NÃO HÁ IDADE PARA DEIXAR DE CONQUISTAR... DEUS NÃO "APOSENTA" NINGUÉM

Se você já leu algum dos meus livros, já sabe que me empolgo com as histórias, de indivíduos em particular, e também com a história do mundo em geral. O que aconteceu no passado nos ajuda a viver melhor se formos capazes de aprender algo sobre o que já vimos ou conhecemos. Por exemplo, Giuseppe Verdi foi um dos compositores musicais mais conhecidos. Dizem que todos os dias do ano alguma de suas óperas é interpretada em algum lugar do mundo. O que poucos sabem é que ele compôs sua melhor obra, "Otelo", quando estava com 74 anos.

Olga Kotelko foi uma atleta fantástica. Conquistou mais de 30 recordes mundiais e acumulou cerca de 800 medalhas de ouro. A surpresa ao conhecermos a sua história é o fato de ela ter começado a competir aos 77 anos. Aos 95 anos, ela continuava competindo e ganhando medalhas. Um dia ela comentou: "A idade é somente um número. O mais importante é a atitude em relação as coisas que acontecem".

Penso que muitos estarão de acordo comigo ao afirmar que Michelangelo foi um dos maiores artífices que a humanidade já gerou em toda a sua história. Como ele poucos dominaram a pintura, a escultura, as belas artes... um importante detalhe sobre a sua vida: ele pintou o célebre Juízo Final na Capela Sistina, em Roma, após ter completado 62 anos.

Poderíamos passar horas recordando histórias de homens e mulheres que alcançaram suas melhores conquistas depois dos 60, 70, 80 anos... mas o que acontece é que vivemos numa sociedade que aplaude as vitórias dos mais jovens, e deixa de lado as pessoas mais idosas. O problema é que nós permitimos que isso ocorra quando chegamos a essa idade e começamos a "sobreviver" como se a vida já não oferecesse mais nada, e não pudéssemos fazer nada para ajudar os outros.

A CONFIANÇA EM DEUS É O SEGREDO DE TUDO

Este é um dos maiores erros que podemos cometer. Deus não "aposenta" ninguém. Precisamos aprender muito de um dos maiores heróis da Bíblia: Calebe. Nós o encontramos pela primeira vez quando ele participou de uma importante missão para o povo de Israel: foi com outros 11 espias à terra que Deus lhes havia prometido.

> *Disse o Senhor a Moisés: Envia homens que espiem a terra de Canaã, que eu hei de dar aos filhos de Israel; de cada tribo de seus pais enviareis um homem, sendo cada qual príncipe entre eles. Enviou-os Moisés do deserto de Parã, segundo o mandado do Senhor; todos aqueles homens eram cabeças dos filhos de Israel [...] Enviou-os, pois, Moisés a espiar a terra de Canaã; e disse-lhes: Subi ao Neguebe e penetrai nas montanhas. Vede a terra, que tal é, e o povo que nela habita, se é forte ou fraco, se poucos ou muitos. E qual é a terra em que habita, se boa ou má; e que tais são as cidades em que habita, se em arraiais, se em fortalezas. Também qual é a terra, se fértil ou estéril, se nela há matas ou não. Tende ânimo e trazei do fruto da*

terra. Eram aqueles dias os dias das primícias das uvas. Assim, subiram e espiaram a terra desde o deserto de Zim até Reobe, à entrada de Hamate. E subiram pelo Neguebe e vieram até Hebrom; estavam ali Aimã, Sesai e Talmai, filhos de Anaque (Hebrom foi edificada sete anos antes de Zoã, no Egito). Depois, vieram até ao vale de Escol e dali cortaram um ramo de vide com um cacho de uvas, o qual trouxeram dois homens numa vara, como também romãs e figos. Esse lugar se chamou o vale de Escol, por causa do cacho que ali cortaram os filhos de Israel. Ao cabo de quarenta dias, voltaram de espiar a terra, caminharam e vieram a Moisés, e a Arão, e a toda a congregação dos filhos de Israel no deserto de Parã, a Cades; deram-lhes conta, a eles e a toda a congregação, e mostraram-lhes o fruto da terra. Relataram a Moisés e disseram: Fomos à terra a que nos enviaste; e, verdadeiramente, mana leite e mel; este é o fruto dela. O povo, porém, que habita nessa terra é poderoso, e as cidades, mui grandes e fortificadas; também vimos ali os filhos de Anaque. Os amalequitas habitam na terra do Neguebe; os heteus, os jebuseus e os amorreus habitam na montanha; os cananeus habitam ao pé do mar e pela ribeira do Jordão. Então, Calebe fez calar o povo perante Moisés e disse: Eia! Subamos e possuamos a terra, porque, certamente, prevaleceremos contra ela. Porém os homens que com ele tinham subido disseram: Não poderemos subir contra aquele povo, porque é mais forte do que nós. E, diante dos filhos de Israel, infamaram a terra que haviam espiado, dizendo: A terra pelo meio da qual passamos a espiar é terra que devora os seus moradores; e todo o povo que vimos nela são homens de grande estatura. Também vimos ali gigantes (os filhos de Anaque são descendentes de gigantes), e éramos, aos nossos próprios olhos, como gafanhotos e assim também o éramos aos seus olhos. (NÚMEROS 13:1-33)

Esse primeiro encontro com Calebe é suficiente para desvendarmos seu coração. Calebe significa literalmente "intrépido" e, de verdade, não podiam ter lhe dado um nome melhor. Era capaz de se colocar diante de amigos e inimigos para lhes mostrar sua confiança em Deus. Não é demais afirmar que pessoas assim são necessárias na Igreja e na obra de Deus. Assim como o povo de Israel naquele tempo, temos hoje negativismo e incredulidade em excesso. As palavras que não edificam estão na ordem do dia; costumam calar os corajosos!

Qual é o nosso problema? É o mesmo do povo de Israel: não confiar em Deus. Algo tão simples como isso, porque o Senhor havia garantido ao Seu povo que ninguém poderia resistir-lhe e que Ele próprio lutaria por eles, como também expulsaria todos os seus inimigos da Terra Prometida. Inclusive usando meios naturais como vespas (ÊXODO 23:20-28). Deus queria que o Seu povo confiasse nele, mas eles não o fizeram.

No tempo dessa missão, Calebe estava com 40 anos, e é a primeira vez que aparece na Bíblia. Parece que isso concorda com o ditado que diz que "a vida começa aos 40"! Brincadeiras à parte, Calebe nos ensina que devemos confiar no Senhor a partir do momento que o conhecemos não importa a idade que tenhamos, pois isso de alguma forma marcará toda a nossa vida. Se você não tem uma atitude correta agora, não terá quando completar 30 ou 40 anos. Se você simplesmente sobrevive e não pensa em mudar o mundo, continuará vivendo da mesma forma quando se aposentar. Deixe-me dizer, com todo respeito, que esse dia chegará muito mais depressa do que você possa imaginar! Há pessoas que morrem aos 40 anos e são sepultadas aos 70 anos, porque em toda sua vida foram "mortos-vivos"!

AS PALAVRAS QUE NÃO EDIFICAM ESTÃO NA ORDEM
DO DIA; COSTUMAM CALAR OS CORAJOSOS!

Calebe demonstra uma atitude evidente. Deus o agraciou com esse caráter ousado. Onde alguns viram gigantes, ele viu somente o alimento: "como pão, os podemos devorar" (NÚMEROS 14:9). Literalmente, Calebe usou esta expressão que todos conhecemos bem: "estão no papo". Essa é a atitude que temos de pedir ao Senhor. Ele é quem faz nossa coragem crescer com o passar dos anos, pois tudo quanto nos acontece nos fortalece e nos torna cada vez mais corajosos; não porque tenhamos mais força, mas porque estamos aprendendo a confiar no Senhor.

> *Levantou-se, pois, toda a congregação e gritou em voz alta; e o povo chorou aquela noite. Todos os filhos de Israel murmuraram contra Moisés e contra Arão; e toda a congregação lhes disse: Tomara tivéssemos morrido na terra do Egito ou mesmo neste deserto! E por que nos traz o Senhor a esta terra, para cairmos à espada e para que nossas mulheres e nossas crianças sejam por presa? Não nos seria melhor voltarmos para o Egito? E diziam uns aos outros: Levantemos um capitão e voltemos para o Egito. Então, Moisés e Arão caíram sobre o seu rosto perante a congregação dos filhos de Israel. E Josué, filho de Num, e Calebe, filho de Jefoné, dentre os que espiaram a terra, rasgaram as suas vestes e falaram a toda a congregação dos filhos de Israel, dizendo: A terra pelo meio da qual passamos a espiar é terra muitíssimo boa. Se o Senhor se agradar de nós, então, nos fará entrar nessa terra e no-la dará, terra que mana leite e mel. Tão somente não sejais rebeldes contra o Senhor e não temais o povo dessa terra, porquanto, como pão, os podemos devorar; retirou-se deles o seu amparo; o Senhor é conosco; não os temais. Apesar disso, toda a congregação disse que os apedrejassem; porém a glória do Senhor apareceu na tenda da congregação a todos os filhos de Israel.* (NÚMEROS 14:1-10)

A maioria do povo teve medo. Não haviam aprendido a confiar no Senhor como Calebe; então, em lugar de seguir a vontade de Deus, rebelaram-se contra Ele. Assim, a lição primeira e imprescindível para nossa vida nos dias de hoje é: a maioria nem sempre tem razão, e, muito menos no âmbito espiritual!

Como fez em todas as ocasiões em que o povo desconfiou de Deus e se rebelou contra Ele, Moisés intercedeu por eles e Deus os perdoou. Mas essa desconfiança estava tão arraigada no coração do povo escolhido, que Deus teve de permitir que eles recebessem as consequências de sua falta de fé. Não é possível fazer parte do povo do Senhor e não crer nele!

Tornou-lhe o Senhor: *Segundo a tua palavra, eu lhe perdoei. Porém, tão certo como eu vivo, e como toda a terra se encherá da glória do* Senhor, *nenhum dos homens que, tendo visto a minha glória e os prodígios que fiz no Egito e no deserto, todavia, me puseram à prova já dez vezes e não obedeceram à minha voz, nenhum deles verá a terra que, com juramento, prometi a seus pais, sim, nenhum daqueles que me desprezaram a verá. Porém o meu servo Calebe, visto que nele houve outro espírito, e perseverou em seguir-me, eu o farei entrar a terra que espiou, e a sua descendência a possuirá. Depois, disse o* Senhor *a Moisés e a Arão: Até quando sofrerei esta má congregação que murmura contra mim? Tenho ouvido as murmurações que os filhos de Israel proferem contra mim. Dize-lhes: Por minha vida, diz o* Senhor, *que, como falastes aos meus ouvidos, assim farei a vós outros. Neste deserto, cairá o vosso cadáver, como também todos os que de vós foram contados segundo o censo, de vinte anos para cima, os que dentre vós contra mim murmurastes; não entrareis na terra a respeito da qual jurei que vos faria habitar nela, salvo Calebe, filho de Jefoné, e Josué, filho de Num.* (NÚMEROS 14:20-30)

A segunda lição da história é a descrição que Deus faz a respeito de Calebe
1. "Meu servo"
2. "Nele houve outro espírito"
3. "Perseverou em seguir-me"

Essas três características impressionantes podem ser comuns a todos. Pois, não são dons extraordinários! Primeiro, quando obedecemos a Deus, somos Seus servos. Servos inúteis muitas vezes, mas no fim das contas somos servos, não se esqueça disso! Segundo, temos o Espírito de Deus habitando em nós a partir do momento que o recebemos; sendo assim, podemos viver de acordo com esse Espírito: "Porque Deus não nos tem dado espírito de covardia, mas de poder, de amor e de moderação" (2 TIMÓTEO 1:7). Leia esse versículo com frequência, porque a Bíblia nos mostra que não se trata do que fazemos, mas, sim, do que Deus coloca em nosso interior. Muitas vezes vivemos debaixo do espírito de fraqueza e temor porque nos preocupamos mais com o que os outros fazem (o inimigo, outras pessoas, as circunstâncias etc.) do que a confiança que Deus nos proporciona.

A terceira característica que Deus destaca em Calebe: "Perseverou em seguir-me". Isso deve definir a nossa maneira de viver: seguir o Senhor 100%, sermos radicais, não guardar nada para nós mesmos, não calcular o que damos, mas entregar tudo. Temos muitos especialistas em dançar na corda bamba, com parte do coração amando ao Senhor e a outra sem querer abandonar o que lhes agrada no mundo.

ATRAVESSAR O DESERTO, A MESMA PENITÊNCIA PARA TODOS

Depois da manifestação de incredulidade do povo, Deus os obrigou a passar 40 anos vagando pelo deserto... todos eles! Incluindo Calebe. Isso parece injusto, e, por vezes, as circunstâncias podem chegar a nos desesperar ao sofrermos as consequências da escolha feita pela maioria, mesmo que não estivéssemos de acordo com ela. Assim, somos obrigados a viver no deserto por 40 anos carregando a culpa pelo erro que outros cometeram. Às vezes pagamos pela falta de visão de outras pessoas (na igreja, no ministério, e até no trabalho...) mas não devemos desanimar! Precisamos seguir adiante, conquistando! Deus sempre age no momento certo.

> SOFREMOS AS CONSEQUÊNCIAS DA ESCOLHA FEITA PELA MAIORIA, MESMO NÃO ESTANDO DE ACORDO COM ELA.

Se você está sofrendo agora pela falta de fé dos que o cercam, siga em frente! É preciso saber esperar. Calebe pagou pela incredulidade do povo e não pôde entrar na Terra Prometida antes de passarem-se os 40 anos. Você pode imaginar alguém com um espírito tão intrépido, sendo "amansado" no deserto por 40 anos? Muitas vezes temos que esperar, não por nossa culpa, mas pela de outras pessoas. Não importa! Não se desespere! Deus está no controle de tudo, e se tivermos de esperar até os 85 anos para conquistar a herança que o Senhor nos prometeu, permaneçamos firmes!

Uma pequena observação aos desconfiados. (Espero que depois desta leitura eles sejam cada vez em número menor!) Quando se passaram os 40 anos, Deus perdoou o Seu povo para que os filhos dos que não creram no Senhor entrassem na Terra Prometida, mas os pais pereceram no deserto. Se não confiamos no Senhor não podemos usufruir de todas as bênçãos que Ele nos concede desde que o recebemos em nossa vida. O autor do livro de Hebreus explica isso de forma sublime a partir do capítulo 4 dessa epístola (quando nos fala de "descansar" no Senhor) até praticamente o seu final. Se não crermos em tudo o que o Senhor nos concede, jamais desfrutaremos de todas as Suas bênçãos. Paulo diz que alguns serão salvos "como pelo fogo", quer dizer, como alguém que escapa de um incêndio em sua casa e foge com a roupa do corpo e nada mais.

Está salvo, mas fica sem nada. Seria como chegar ao Céu despido para se dizer de forma gráfica, sem receber qualquer prêmio pelo que tenha feito.

Essa é a razão pela qual o Espírito inspirou o escritor da epístola aos Hebreus para nos explicar que é impossível voltar atrás. Ou cremos e descansamos no Senhor, ou nossa vida cristã será um deserto permanente. É impossível retornar ao Egito, voltar a sacrificar o cordeiro pascal e passar o mar Vermelho, voltarmos a explorar a terra para demonstrar que agora confiamos. Quando murmuramos contra Deus vez por outra, não existe forma de se adentrar a Terra Prometida (viver descansando no Senhor) mesmo que sejamos salvos. Não herdaremos as bênçãos que o Senhor tem para nós nesta Terra! Embora tenhamos sido libertados e perdoados, e um dia cheguemos a viver em novo Céu e nova Terra!

PARA DEUS NÃO HÁ PESSOAS "APOSENTADAS"

Precisamos voltar a Calebe. A lição mais importante da sua vida está para acontecer!

> *São estas as heranças que os filhos de Israel tiveram na terra de Canaã, o que Eleazar, o sacerdote, e Josué, filho de Num, e os cabeças dos pais das tribos dos filhos de Israel lhes fizeram repartir por sorte da sua herança, como o* Senhor *ordenara por intermédio de Moisés, acerca das nove tribos e meia. Porquanto às duas tribos e meia já dera Moisés herança além do Jordão; mas aos levitas não tinha dado herança entre seus irmãos. Os filhos de José foram duas tribos, Manassés e Efraim; aos levitas não deram herança na terra, senão cidades em que habitassem e os seus arredores para seu gado e para sua possessão. Como o* Senhor *ordenara a Moisés, assim fizeram os filhos de Israel e repartiram a terra. Chegaram os filhos de Judá a Josué em Gilgal; e Calebe, filho de Jefoné, o quenezeu, lhe*

disse: Tu sabes o que o Senhor *falou a Moisés, homem de Deus, em Cades-Barneia, a respeito de mim e de ti. Tinha eu quarenta anos quando Moisés, servo do* Senhor*, me enviou de Cades-Barneia para espiar a terra; e eu lhe relatei como sentia no coração. Mas meus irmãos que subiram comigo desesperaram o povo; eu, porém, perseverei em seguir o* Senhor*, meu Deus. Então, Moisés, naquele dia, jurou, dizendo: Certamente, a terra em que puseste o pé será tua e de teus filhos, em herança perpetuamente, pois perseveraste em seguir o* Senhor*, meu Deus. Eis, agora, o* Senhor *me conservou em vida, como prometeu; quarenta e cinco anos há desde que o* Senhor *falou esta palavra a Moisés, andando Israel ainda no deserto; e, já agora, sou de oitenta e cinco anos. Estou forte ainda hoje como no dia em que Moisés me enviou; qual era a minha força naquele dia, tal ainda agora para o combate, tanto para sair a ele como para voltar. Agora, pois, dá-me este monte de que o* Senhor *falou naquele dia, pois, naquele dia, ouviste que lá estavam os anaquins e grandes e fortes cidades; o* Senhor*, porventura, será comigo, para os desapossar, como prometeu. Josué o abençoou e deu a Calebe, filho de Jefoné, Hebrom em herança. Portanto, Hebrom passou a ser de Calebe, filho de Jefoné, o quenezeu, em herança até ao dia de hoje, visto que perseverara em seguir o* Senhor*, Deus de Israel. Dantes o nome de Hebrom era Quiriate-Arba; este Arba foi o maior homem entre os anaquins. E a terra repousou da guerra.* (JOSUÉ 14:1-15)

Se para nós Calebe já era uma pessoa extraordinária, agora não podemos deixar de admirá-lo. Aos 85 anos, ele pede a Deus aquilo que o Senhor lhe prometera quando estava com 40 anos (v.6). Mais ainda, declara a todos que tem forças para conquistar sua herança, pois sabe que Deus o ajudará. Isso é confiar e descansar no Senhor!

Reivindicar as promessas de Deus em relação a todas as Suas bênçãos, porque a Bíblia afirma que Ele já nos concedeu todas elas! Trata-se de o inimigo não as tirar de nós!

Calebe não só sabe que pode confiar em Deus para conquistar a cidade inimiga (ali habitava um gigante de nome Arba), como muda o nome do monte principal para "Hebrom", que significa "lugar do pacto". Deus havia feito um pacto com ele. Havia prometido que aquela terra seria dele, então Calebe não só a reivindica e a conquista, como também honra a Deus colocando esse nome na cidade. Ao longo dos séculos, todos aqueles que chegassem ao monte Hebrom (até o dia de hoje) teriam de recordar algo importante sobre o nosso relacionamento com Deus: *Ele sempre cumpre Sua Palavra*. Essa lição é para cada um de nós, embora nunca tenhamos pisado naquele monte. Precisamos crer no que a Bíblia diz! Ainda que os céus e a terra passem, a Palavra de Deus não deixará de se cumprir, você está lembrado disso?

JAMAIS DEIXE DE CONQUISTAR PARA O SENHOR
E DE SERVIR-LHE, POIS ESSA É A ESSÊNCIA DA VIDA.

Temos de seguir ao Senhor de forma "corajosa" e não importa a idade que tenhamos. Não pense em se aposentar agora. Se você quer fazer isso em relação ao seu trabalho, não há problema, porém jamais deixe de conquistar para o Senhor e servir-lhe, pois essa é a essência da vida.

Não se trata de sermos pessoas de valor extraordinário, mas de aprendermos a confiar no Senhor. Na introdução deste livro, falei de Francisco Lacueva, um dos meus mestres no reino de Deus. Ele continuou pregando, escrevendo e ajudando a muitos até o momento em que, com mais de 90 anos, foi chamado à presença de Deus. Certo dia, quando eu era adolescente e enfrentava situações difíceis em minha vida, ele me ensinou a confiar no Senhor independentemente das circunstâncias, inclusive quando eu pensava que Deus estava longe. O conselho que ele me deu... todos devemos colocar em prática, não importa a idade que tenhamos: "Se algum dia você estiver com medo, jogue-se nos braços do Senhor! É o melhor lugar onde você pode estar".

Quando, em todo tempo, descansamos dessa forma em nosso Criador, nada nem ninguém pode nos derrotar.

O VALOR DAS PESSOAS CORAJOSAS É EXTRAORDINÁRIO

> *Dali expulsou Calebe os três filhos de Anaque: Sesai, Aimã e Talmai, gerados de Anaque. Subiu aos habitantes de Debir, cujo nome, dantes, era Quiriate-Sefer. Disse Calebe: A quem derrotar Quiriate-Sefer e a tomar, darei minha filha Acsa por mulher. Tomou-a, pois, Otniel, filho de Quenaz, irmão de Calebe; este lhe deu a filha Acsa por mulher. Esta, quando se foi a Otniel, insistiu com ele para que pedisse um campo ao pai dela; e ela apeou do jumento; então, Calebe lhe perguntou: Que desejas? Respondeu ela: Dá-me um presente; deste-me terra seca, dá-me também fontes de água. Então, lhe deu as fontes superiores e as fontes inferiores.* (JOSUÉ 15:14-19)

Você pensa que a vida de Calebe tinha terminado? Não! Ainda continuou a fazer coisas depois dos seus 85 anos! Tanto é que volta a aparecer no livro de Josué e Juízes. Às vezes penso que, se Calebe tivesse vivido tantos anos como Matusalém, ainda estaria conquistando na época dos evangelhos! Brincadeiras à parte, o livro de Josué nos diz que ele derrotou os filhos de Anaque (os gigantes) que tanto amedrontaram a todos e de lá ele foi buscar os de outras cidades. Não deixou nenhuma área sem conquistar (v.14)! É impressionante como Calebe foi o único que expulsou todos os seus inimigos da herança que Deus lhe havia concedido. Todos os demais não foram capazes disso. Um homem de 85 anos deu lições de coragem a todos os jovens!

Não pense que estou exagerando; essas lições foram obrigatórias para muitos. Calebe não quis que sua filha se casasse com qualquer homem (esse é o desejo de todos os pais), mas não somente quanto à literalidade da frase: ele não se importava em ser o futuro sogro de alguém com dinheiro, com poder, preparado ou com bens. Não! Calebe queria que sua filha se casasse com um homem conquistador! Um homem tão corajoso quanto ele! Creio que todos já tenhamos imaginado isso!

> UM HOMEM DE 85 ANOS DEU LIÇÕES
> DE CORAGEM A TODOS OS JOVENS!

A passagem paralela da história que acabamos de ler encontra-se no livro de Juízes (1:10-21) porque Otniel (esse era o nome do conquistador que entrou para fazer parte da família de Calebe) foi o primeiro Juiz de Israel. Mas não pense que a ideia de ter um coração ousado fosse somente coisa de Calebe. Não! A Bíblia diz que Acsa (sua filha), ao se casar com Otniel, quis aumentar a herança do seu marido, então pediu a seu pai as melhores terras, as que tinham mais fontes de água. Tal pai, tal filha! Não é demais recordar que, quando somos valentes e lutamos para o Senhor, costumamos passar também esses mesmos traços de caráter aos nossos filhos.

Calebe atendeu o pedido com satisfação. Essa é também a característica dos homens valentes: da mesma forma que recebem de Deus, sentem prazer em dar. Se Deus nos abençoa em qualquer aspecto da vida, é para que estendamos essas bênçãos aos outros. Inclusive que aprendamos a nos cercar de pessoas que amam ao Senhor, sejam corajosas e abençoem da mesma forma. Acredito que às vezes perdemos muito tempo procurando agradar aos medrosos deixando que eles tomem as decisões importantes. Lembre-se de que esse "simples" detalhe custou ao povo o passar 40 anos no deserto.

Creio ser suficiente por ora. Poderíamos salientar alguma outra lição sobre a vida de Calebe, mas penso que basta observar como Deus o recorda de vez em quando ao longo da história de Israel: "Porque o Senhor dissera deles que morreriam no deserto; e nenhum deles ficou, senão Calebe, filho de Jefoné, e Josué, filho de Num" (NÚMEROS 26:65). "Exceto Calebe, filho de Jefoné, o quenezeu, e Josué, filho de Num, porque perseveraram em seguir ao Senhor" (NÚMEROS 32:12). "...salvo Calebe, filho de Jefoné; ele a verá, e a terra que pisou darei a ele e a seus filhos, porquanto perseverou em seguir ao Senhor" (DEUTERONÔMIO 1:36).

Não era para menos. Calebe era da tribo de Judá, a tribo que ia à frente nas batalhas, e era o reflexo do "Leão" da tribo de Judá, o próprio Senhor Jesus (APOCALIPSE 5:5). Conquistador pacífico na cruz, Rei dos reis e Senhor dos senhores em Sua segunda vinda; o único capaz de abrir os selos da história porque teve a primeira palavra e um dia terá a última no Universo; aquele que nos protege e sempre nos defende.

Tenhamos a idade que for, esse é o momento de seguir o Senhor. Que ninguém pense nos anos que tem ou no tempo perdido! O Senhor Jesus contou a história dos trabalhadores na vinha, entre outras coisas, para que não percamos a esperança (MATEUS 20:1-16). Os que chegaram por último ao trabalho receberam o mesmo prêmio dos que chagaram primeiro. A graça de Deus é absoluta! Devemos servir-lhe a partir de agora! O tempo de conquistar é agora!

ENFRENTANDO OS GIGANTES

Algo mais antes de concluir, permita-me voltar a um detalhe na vida de Calebe ao qual nos referimos há pouco. Quando estava com 85 anos, Calebe venceu Anaque, o maior gigante, e também os seus três filhos gigantes. Embora em tom descontraído, gostaria de lhe dizer que, antes de você colocar um pôster de Davi com Golias em seu escritório, lembrando-se da história tantas vezes ouvida desde criança, deveria ter um quadro com Calebe! Ele sempre nos lembrará de que não importa os gigantes que tenhamos de enfrentar, Deus nos dará as forças para vencê-los!

Vamos! Mãos à obra! Primeiramente, não se preocupe com a idade que tem. Você está na melhor idade para permanecer fiel ao Senhor. Não importa o que tenha acontecido até este momento.

Segundo, não olhe para trás nem lamente. Calebe passou 40 anos "desperdiçados" no deserto... porém ele nunca perdeu o seu desejo de conquistar para o Senhor.

Terceiro, não encontre culpados para o que aconteceu. Se você não pôde entrar na "terra prometida" (seja lá o que for que Deus lhe tenha prometido) deixe de culpar a incredulidade dos que o cercaram durante anos, a cidade onde mora ou a igreja que você frequenta, ou inclusive você mesmo!

Quarto, tampouco culpe a Deus por ter sido injusto com você. Se você sofre pela desconfiança de outras pessoas, não tenha qualquer dúvida de que Deus sabe de tudo. Ele continua ao seu lado e restaurará todas as coisas de acordo com a sua confiança nas promessas dele!

Esse é o momento de decidir que dedicaremos a vida que temos diante de nós (não importa se são dias, meses ou anos) ao Senhor, vivendo nele, falando do evangelho e compartilhando o que Deus nos tem dado com todos quantos necessitarem.

Conquistemos tudo o que o Senhor colocar diante de nós!

13

O CRUCIFICADO: EU LHE DISSE QUE ESTARIA COMIGO NO PARAÍSO... LEMBRA-SE?

O veredito não admitia apelação: "Condenado!". Teríamos de começar dizendo que aquele era o pior dia de sua vida, e, além disso, o último sem qualquer dúvida. Ele havia chegado tão baixo em sua vida pessoal que o lugar preparado para ele era a cruz. Teria de pagar pelos seus erros e havia sido declarado um amaldiçoado! Somente os maiores criminosos morriam numa cruz, para serem expostos diante de todos como a escória da humanidade. A história nos lembra que até os familiares mais próximos costumavam abandonar os crucificados, porque ninguém queria ver seu nome ligado a uma pessoa maldita. Poderia ser dito que o castigo pessoal, social e espiritual do crucificado era muito superior ao sofrimento físico.

Como se fosse pouco, penduravam uma placa com o nome do crucificado e o motivo da sua condenação, de tal maneira que todos pudessem "aprender" a não seguir maus exemplos, desprezando assim quem tivesse vivido daquela maneira que terminava numa morte tão horrível. No presente caso, sabemos apenas que havia sido um ladrão e terrorista; ele não se preocupava em roubar e matar ao executar seus planos. Nem sabemos qual era seu nome.

Condenado pelos romanos, o fim era simplesmente terrível. Alguns chegavam a pensar que era pior do que o próprio inferno. As horas de sofrimento físico pareciam intermináveis, pois a cruz era preparada de maneira que a dor fosse a mais intensa possível, além do imaginável. Pendurado no madeiro, o crucificado ia se dilacerando pouco a pouco internamente enquanto a gangrena que surgia dos ferimentos dos cravos ia passando por todo o corpo e uma terrível sede se apoderava de seu interior. Nos últimos anos, os romanos haviam retirado um pequeno apoio no meio da cruz onde o condenado podia se apoiar em alguns momentos para não suster todo o seu peso nas feridas das mãos e na força (cada vez menor) das pernas. As descrições que os médicos fazem de todos os processos que aconteciam no corpo de um crucificado durante essas horas agonizantes nos fazem tremer.

Jamais poderíamos imaginar que os homens pudessem ter um comportamento tão terrível contra os seus semelhantes. Não entra em nossa mente a ideia de provocar tanto sofrimento em alguém, apesar de tudo o que tenha feito. Mas, para aquele condenado, tudo mudou a partir do momento que sua história foi registrada por um médico:

> *Um dos malfeitores crucificados blasfemava contra ele, dizendo: Não és tu o Cristo? Salva-te a ti mesmo e a nós também. Respondendo-lhe, porém, o outro, repreendeu-o, dizendo: Nem ao menos temes a Deus, estando sob igual sentença? Nós, na verdade, com justiça, porque recebemos o castigo que os nossos atos merecem; mas este nenhum mal fez. E acrescentou: Jesus, lembra-te de mim quando vieres no teu reino. Jesus lhe respondeu: Em verdade te digo que hoje estarás comigo no paraíso.* (LUCAS 23:39-43)

A história não se lembraria desse malfeitor, mas, sim, daquele que estava morrendo ao seu lado. Porém esse ladrão, que viveu acostumado a dor e à morte devido às suas maldades, jamais havia visto coisa igual. Não podia deixar de se impressionar! Ele havia sido colocado a tão pouca distância de uma pessoa absolutamente extraordinária.

E, de fato, o Cristo não era extraordinário? Poderia uma pessoa comum e ordinária fazer o que Ele fez? A única coisa que o malfeitor sabia a respeito daquele que sofria a mesma condenação é que ele era o motivo da Sua crucificação. O malfeitor sabia disso mediante a placa que Pilatos mandara colocar no alto de Sua cruz com a descrição: "Jesus Nazareno, rei dos Judeus". A partir do exato momento em que o colocaram ao seu lado, esse ladrão não podia deixar de se perguntar: Rei? Um rei crucificado? Que tipo de rei permite que o crucifiquem?

QUE TIPO DE REI PERMITE QUE O CRUCIFIQUEM?

No começo ele zombou de Jesus, assim como todos. Se tu és rei, não estás numa cruz; então entendeu que a placa transmitia mais zombaria do que qualquer outra coisa... mas as dúvidas sobre seu companheiro na condenação começaram a crescer a cada momento que passava, até que a incompreensão mais absoluta inundou sua razão e a surpresa o deixou perplexo em meio ao seu sofrimento. Ele concluiu que o proclamado Rei dos judeus havia se "deixado" crucificar! E muito mais do que isso, ouviu como perdoava a todos pelo que estavam fazendo! Observou como Ele se dirigiu a Deus como se fosse Seu Pai! Viu como se preocupava com um dos Seus seguidores e com Sua própria mãe!

Porém, acima de tudo, mais do que qualquer outra coisa, ele se impressionava ao ver que Jesus suportava cada zombaria, cada desprezo, cada ferida e cada dor, mergulhado na mais profunda resignação. Sem uma única palavra de recriminação, sem um olhar desafiador para com os que lhe causavam sofrimento... Como se todas as zombarias fossem dele, como se todas as manifestações de desprezo lhe pertencessem; como se todas as feridas e a dor de todo o mundo fossem crucificadas com Ele!

Muitos gritavam ao chamado Rei dos judeus: "Salvou os outros, a si mesmo não pode salvar-se" (MATEUS 27:42), sem saber que essa zombaria era uma perfeita revelação do evangelho. O ladrão na cruz deve ter entendido que, se o Messias tivesse atendido à multidão e se livrado da morte, ele próprio não teria solução para a sua condenação (e tampouco para nós), embora tenha sido ele o único que não pediu, o único que não disse àquele rei para se salvar descendo da cruz! Quem sabe esse ladrão, que sempre foi considerado um ignorante, compreendeu o que os sábios jamais puderam entender, que Aquele ao seu lado era um ser humano mais que extraordinário. Era o Messias!

Todos zombavam de Jesus ao afirmar que Ele era um trapaceiro. Pediram que descesse da cruz, sacudiam a cabeça fazendo gracejos à Sua custa, gritaram contra Ele com a fúria da deslealdade invejosa e cruel. Taxaram-no de maldito porque desejavam acabar com Ele. Todos... menos um!

UM ASSASSINO DEFENDEU O REI DOS REIS

"Nem ao menos temes a Deus, estando sob igual sentença?", disse o ladrão crucificado, mas ainda teve a ousadia de dizer algo mais. Talvez o seu pedido lhe parecesse muito arrogante, mas vendo a ternura com a qual o Messias havia tratado Seus traidores, empenhou toda a sua vida em uma súplica: "Jesus, lembra-te de mim".

Não estava pedindo clemência, mas abrigo.

Não desejava que o salvasse da morte, mas que não o abandonasse nesse terrível momento. Não lhe suplicou que o livrasse das consequências do seu pecado, nem da morte que ele merecia. Sabia que estava pagando pelos seus próprios atos, sabia que era culpado. Simplesmente pediu a Jesus que se lembrasse dele quando voltasse como Rei. Ele sabia que uma simples recordação do Messias poderia transformar completamente a sua vida. "Sei que o que estás sofrendo é passageiro... Tu não mereces estar aqui. Sei que és Rei. Lembra-te de mim quando vieres em Teu reino, não para sofrer como agora, mas quando voltares para seres proclamado Rei!"

> ELE SABIA QUE UMA ÚNICA RECORDAÇÃO DO MESSIAS PODERIA TRANSFORMAR COMPLETAMENTE A SUA VIDA.

O crucificado ao lado de Jesus era um terrorista que nunca aceitara estar sob a autoridade de ninguém. Lutava pelo que achava ser justo, mas nunca admitiu que ser humano algum lhe dissesse o que fazer. Ele era quem tomava suas próprias decisões e não hesitava em tirar a vida de quem se colocasse contra ele. Agora, no último instante de sua vida, quando havia perdido todas as suas batalhas, ele entregava publicamente a um rei a única coisa que lhe restava: a morte. O único realmente digno de receber, não somente sua morte, mas também sua vida!

Isso foi o que impressionou esse malfeitor... e a nós também. O motivo do castigo de Jesus, de Sua maldição e de Sua culpa era o que Pilatos havia mandado escrever no alto da cruz: "Rei dos judeus". Todos o acusavam pelo que havia feito e gritaram que fosse crucificado porque ninguém aceitava a Jesus como Rei.

O ladrão entendeu que essa era a declaração mais verdadeira e, ao mesmo tempo, mais controvertida da história; uma definição contraditória em si mesma. De um lado, os que amavam Jesus não foram capazes de compreender que Ele iria voluntariamente à cruz e, nesse momento, não conseguiam vê-lo como Rei. Por outro lado, os que o acusaram falsamente e o levaram à cruz jamais quiseram aceitar que Ele era o Rei porque foi esse um dos motivos para a Sua condenação.

O governador romano mandou escrever porque achava ser essa a melhor definição que se podia dar ao réu naquele momento. O Deus Pai assim permitiu porque Seu Filho era Rei com letra maiúscula, aquele que estava entregando Sua vida por amor a todos. Tanto pelos que o amavam como pelos que o desprezavam.

Esse é um dos pormenores mais notáveis da história: o malfeitor pendurado numa cruz a pouca distância do seu Criador foi o único que acreditou nele. Ele entregou, não somente o coração, como também sua vida segundo as palavras desta frase: "Lembra-te de mim, agora estamos juntos e padecendo do mesmo sofrimento e da mesma morte, mas sei que para ti tudo isso é passageiro. Sei que um dia voltarás como Rei!".

O que os discípulos não foram capazes de entender depois de três anos ouvindo o Mestre, o ladrão na cruz compreendeu em poucos minutos. O que os principais escribas, sacerdotes e doutores da Lei jamais foram capazes de reconhecer depois de ver uma infinidade de milagres e prodígios realizados pelo Filho de Deus, um condenado à morte percebeu em pouco tempo. Os ensinamentos que a multidão havia escutado em inúmeras ocasiões, enquanto se alimentavam com fartura devido aos milagres que Ele realizava, mas que nunca conseguiram aceitar, o homem na cruz aceitou sem ter visto absolutamente nada de extraordinário.

UM LADRÃO É O PRIMEIRO RESULTADO DA CRUCIFICAÇÃO DO MESSIAS

Sim, o primeiro "fruto" da morte do Salvador foi alguém cuja vida era um verdadeiro desastre, alguém que jamais teve inclinações religiosas e jamais viu qualquer milagre, porém descobriu que Aquele que estava na cruz, condenado como ele, era o próprio Filho de Deus!

QUANDO O SENHOR JESUS ENTROU TRIUNFANTE NO CÉU DEPOIS DE HAVER ENTREGADO A SUA VIDA PELA HUMANIDADE, NÃO CHEGOU SOZINHO. ELE TRAZIA OUTRO QUE FORA CRUCIFICADO COM ELE!

Quando Jesus voltou ao Céu depois de entregar Sua vida e vencer a morte, os anjos e as hostes celestiais o aclamaram; e com certeza, "arregalaram os olhos" cheios de admiração e perplexidade ao verem o que o Filho de Deus tinha feito... mas Ele não chegou sozinho. Trazia um dos crucificados com Ele. Permita-me imaginar o que talvez os anjos tenham pensado: que o Rei dos reis tivesse conquistado alguém do Sinédrio, alguma pessoa importante, quem sabe o imperador ou o sumo sacerdote. Pode ser que todos pensassem que o fruto da alma do Salvador fosse alguém famoso! Mas Jesus entrou no Céu com o primeiro "troféu" da Sua vitória na cruz: um malfeitor arrependido.

Sei que estou falando de uma forma figurada e lhe peço perdão por isso. Mas lembre-se de que o próprio Rei dos Céus e da Terra foi quem prometeu ao ladrão na cruz que nesse mesmo dia estariam juntos no paraíso. E as promessas de Deus sempre se cumprem. Não posso explicar como foram os detalhes, mas estou absolutamente certo de que o Salvador cumpriu a Sua palavra.

Preciso escrever algo para terminar. Por vezes, a vida de algumas pessoas pode parecer um autêntico desastre. Quem sabe, você esteja lendo estas linhas e nunca tenha tido pensamentos religiosos e nem tenha se interessado por pregações, milagres, rituais ou coisas parecidas. Não importa! Você tem a possibilidade de olhar ao seu lado e ver que o Filho de Deus está tão perto de você como jamais imaginou. Você pode conversar com Ele agora mesmo. Seja qual for a sua situação, e ainda que lhe reste pouco tempo para pedir que se lembre de você, faça-o agora!

Não pense que ainda há muitos dias para pensar nessas coisas, porque essa é a pior mentira que pode tomar conta do seu coração. Ninguém sabe quanto tempo ainda lhe resta! Não deixe passar um minuto sequer, porque Deus pode transformar nossa vida numa porção do Céu, apesar das circunstâncias que estivermos enfrentando. A memória dele é infinita; Ele pode se lembrar de todos nós. Seus desejos de restaurar vidas são eternos. Seu olhar de salvação chega a qualquer parte do mundo, até ao mais íntimo do coração mais solitário ou rebelde. Peça que Ele se lembre de você, porque estar no coração de Deus é estar seguro por toda a eternidade.

O Senhor Jesus é um especialista em restaurar todas as coisas, portanto, embora você acredite estar no pior momento por já não haver mais "tempo", lembre-se de que nada termina ao findar a nossa vida. Se você confia em Deus, Ele o fará encontrar-se não num buraco debaixo da terra, mas num paraíso acima dela. Chegará o momento quando alguns pensarão que você morreu, mas você estará mais vivo do que nunca. Muitos dirão que você deixou tudo para trás, mas a verdade é que levará consigo o que jamais poderá perder. Alguém poderá falar no seu velório sobre a solidão dos mortos, enquanto milhares de anjos e milhões de heróis da fé o receberão de braços abertos.

E mais do que tudo, você verá resplandecer o rosto do seu melhor Amigo com um sorriso eterno, enquanto as palavras dele estarão gravadas no seu coração para sempre: "Eu lhe disse que você estaria comigo no paraíso. Está lembrado?".

14
EPAFRODITO: O HEROÍSMO DA GRAÇA

No começo dos anos 40 do século passado, toda a Europa estava envolvida na Segunda Guerra Mundial, a conflagração mais cruel da história até aquele momento. Melhor seria dizer que "quase" toda a Europa, porque o general Franco conseguiu que a Espanha participasse apenas com alguma ajuda material ao Eixo, formado pela Alemanha, Itália e Japão. Entretanto, como acontecia em todos os países do mundo, a população estava sujeita às ações bélicas, conquistas e batalhas.

Na região da Galícia, onde morávamos, um homem de negócios falava com seus amigos sobre os acontecimentos na Europa, ao mesmo tempo que procurava entender e saber como acabaria esse conflito entre tantas nações. Um dos seus amigos lhe disse:

—Tenho um livro num baú do meu avô, que diz tudo o que vai acontecer no futuro.

—Traga-o, temos de lê-lo, disse-lhe Pegerto, esse era o nome do nosso amigo, que havia começado uma pequena indústria no ramo do automobilismo, e que, com o tempo, chegaria a ser uma das maiores naquela região.

Aquele livro era uma Bíblia, um livro não apenas desconhecido na Espanha naquela época, como também sua leitura era proibida pelo poder eclesiástico e político. Quando os dois amigos começaram a ler, souberam que as profecias relacionadas com o futuro da humanidade estavam no livro de Apocalipse; então, decidiram dedicar várias horas cada semana para entender sobre que países o profeta estava falando e qual seria o final da Guerra Mundial. Haviam dito a eles que a Bíblia era a Palavra de Deus; sendo assim, se alguém sabia o que aconteceria era Ele, sem qualquer sombra de dúvida.

Cada vez que se reuniam para a leitura, aumentavam as discussões sobre a que cada capítulo se referia, e então decidiram pedir ajuda a alguém que soubesse realmente como aplicar cada frase do Apocalipse ao conflito em que a Europa se encontrava envolvida. Eles conseguiram falar com um pastor evangélico chamado Edmundo e passaram a se reunir com ele para que lhes explicasse o que a Bíblia dizia.

O pastor morava em outra cidade, mas todas as semanas se encontrava com Pegerto e seu amigo para juntos lerem a Bíblia. Não passou muito tempo até que os dois aceitaram o Senhor Jesus como Salvador em sua vida e concluíram que a mensagem da Palavra de Deus era em primeiro lugar para eles. Logo chegaria o momento em que poderiam compreender melhor as profecias! Aquilo resultou numa verdadeira revolução naquela cidade, porque começaram a falar às suas famílias da mensagem de salvação, e em poucos meses já havia um bom grupo de cristãos que tinham aceitado o evangelho.

Pegerto Caride, com o tempo, chegou a ser um dos pastores da Igreja Evangélica de Ourense. Lembro-me dele desde os meus primeiros passos com Jesus na infância. Ao longo do tempo, ele chegou a ser um amigo muito querido apesar da diferença de idade. Até o Senhor o levar, sempre podíamos falar de todas as situações relacionadas à obra de Deus, e a ajuda dele no ministério foi de imenso valor.

OS AMIGOS "DESCONHECIDOS" QUE NOS AJUDAM NO MINISTÉRIO

Quando leio a história de Epafrodito, lembro-me do nosso amigo Pegerto, porque, como ele, cumpriu uma missão determinada por Deus: ser um "agente" da Sua graça. O que Epafrodito fez por Paulo vai muito além do que qualquer amigo teria feito; por isso o apóstolo estava tão grato por sua vida.

> *E estou persuadido no Senhor de que também eu mesmo, brevemente, irei. Julguei, todavia, necessário mandar até vós Epafrodito, por um lado, meu irmão, cooperador e companheiro de lutas; e, por outro, vosso mensageiro e vosso auxiliar nas minhas necessidades; visto que ele tinha saudade de todos vós e estava angustiado porque ouvistes que adoeceu. Com efeito, adoeceu mortalmente; Deus, porém, se compadeceu dele e não somente dele, mas também de mim, para que eu não tivesse tristeza sobre tristeza. Por isso, tanto mais me apresso em mandá-lo, para que, vendo-o novamente, vos alegreis, e eu tenha menos tristeza. Recebei-o, pois, no Senhor, com toda a alegria, e honrai sempre a homens como esse; visto que, por causa da obra de Cristo, chegou ele às portas da morte e se dispôs a dar a própria vida, para suprir a vossa carência de socorro para comigo.* (FILIPENSES 2:24-30)

Embora Paulo mencionasse isso em várias ocasiões, esses versículos nos ajudam a entender quão importante é a graça de Deus na vida da Igreja. O apóstolo escreve que Epafrodito era um exemplo de honradez e humildade; duas qualidades notáveis desconhecidas nos dias de hoje. A honradez quase desapareceu da nossa sociedade porque a palavra que se dá aos outros como garantia e os princípios éticos das pessoas costumam brilhar pela sua ausência! Da humildade é melhor nem falar! Se compararmos Epafrodito com alguns dos "líderes" das igrejas de hoje, isso nos levaria a sentir profunda tristeza.

Epafrodito trabalhava com Paulo, mas era muito mais do que um auxiliar; ele era um companheiro de oração e de batalha espiritual; era considerado como um irmão. Foi preso com o apóstolo por pregar o evangelho, embora isso não fosse qualquer novidade. Qualquer um que acompanhasse Paulo sabia que, cedo ou tarde, acabaria sofrendo pelo evangelho! Quando o apóstolo escreve aos filipenses, lembra-nos também que ele era um enviado da igreja, e não apenas isso, mas também que havia suprido as necessidades econômicas de Paulo e o havia acompanhado em várias viagens. Na verdade, não podemos ler a respeito das qualidades de Epafrodito sem nos impressionarmos. Todos nós gostaríamos de ter amigos, companheiros e irmãos assim!

> A HONRADEZ QUASE DESAPARECEU DA NOSSA SOCIEDADE. A PALAVRA QUE SE EMPENHA E OS PRINCÍPIOS ÉTICOS DAS PESSOAS COSTUMAM BRILHAR PELA SUA AUSÊNCIA!

Paulo recomenda à igreja que honrem Epafrodito. Os heróis de Deus têm seus nomes escritos na eternidade! "Recebei-o, pois, no Senhor, com toda a alegria, e honrai sempre a homens como esse". Vivemos um momento na história da Igreja em que todos admiram os "grandes" homens e mulheres de Deus, mas não seria demais analisarmos nossas atitudes e nossos princípios para começarmos a imitar "homens como esse (Epafrodito)", como nos diz a Bíblia, aos que Deus considera dignos de imitar.

Como temos dito várias vezes, esses são os Seus heróis: as pessoas humildes e dignas de honra, aquelas em quem se pode confiar de olhos fechados porque são fiéis em tudo o que fazem. Epafrodito era um dos líderes da igreja e havia sido comissionado para levar um donativo a Paulo, o que significa que era uma pessoa altamente confiável. "Recebi tudo e tenho abundância; estou suprido, desde que Epafrodito me passou às mãos o que me veio de vossa parte como aroma suave, como sacrifício aceitável e aprazível a Deus" (FILIPENSES 4:18).

O que Epafrodito fez por seu amigo e irmão Paulo vai além do que poderíamos imaginar. Estamos falando de um momento-chave na história do cristianismo, quando os cristãos eram perseguidos e a vida corria perigo a cada momento. Epafrodito procurou Paulo quando ele estava em Roma e ficou com ele quando se encontrava preso. Estamos dizendo que precisou perguntar e se arriscou muitas vezes até chegar a ele. Queria encontrá-lo para o ajudar e estar ao seu lado, mas também para lhe entregar a oferta que a igreja de Filipos destinara a ele. Epafrodito chegou a adoecer durante o tempo que procurou Paulo, de tal forma que Paulo temeu pela vida desse cooperador. Deus o curou e tudo não passou de um grande susto, contudo Paulo jamais se esqueceu de que seu amigo arriscou a vida por ele quando todos o haviam abandonado.

A INQUESTIONÁVEL DIFERENÇA ENTRE UNIDADE E UNIFORMIDADE

A vida de Epafrodito nos lembra que, naquele tempo, o simples fato de se ter comunhão na igreja era algo extraordinário, apesar das dificuldades devido à perseguição. Todos aprenderam a viver como irmãos, embora fossem diferentes no caráter, no contexto social e inclusive na nacionalidade. Precisamos voltar ao conceito de Igreja que Jesus estabeleceu, quer dizer, uma comunidade que compartilha, ama, ajuda e aceita o próximo de forma incondicional, sem considerar as diferenças entre os seus membros.

> PAULO JAMAIS SE ESQUECEU DE QUE SEU AMIGO ARRISCOU A VIDA POR ELE QUANDO TODOS O HAVIAM ABANDONADO.

No mundo atual fala-se muito em tolerância, mas a verdade é que na maioria das organizações somente são aceitos os iguais e bem poucas exceções são admitidas. Infelizmente, essa mesma atitude começa a ser vista na igreja porque, quando alguém é "diferente" do que cremos ser "nossos costumes e tradições", nós o colocamos de lado e, em muitos casos, procuramos mudar seus princípios ou então incentivar que busque outro caminho. Muitos não entendem que a Igreja do Senhor é um exemplo de unidade por excelência, unidade na diversidade, unidade nas dificuldades, unidade dos que são diferentes, mas filhos do mesmo Deus.

Lembre-se de que estamos falando de unidade e não, "uniformidade", como muitos defendem.

Da mesma forma que nossos filhos são diferentes entre si, e, portanto, esperamos que conversem conosco e se comportem de modo diferente um do outro, assim Deus espera que Seus filhos tenham diferentes comportamentos como membros do Corpo de Cristo, que é a Igreja. De fato, esse mesmo exemplo, um corpo, já nos fala muito do que podemos imaginar sobre a unidade na diversidade. Talvez seja útil lermos com mais frequência os capítulos 12 a 14 da primeira epístola aos Coríntios para podermos entender isso. Deus espera que nos aceitemos uns aos outros e vivamos em amor, que adoremos juntos, pois o que nos une não são nossas qualidades ou proximidades, mas sim o sangue de Cristo. E o sangue dele é igual para todos.

Deus planejou Sua Igreja de tal forma que viva e mostre ao mundo a beleza da Sua graça. Ninguém mais poderá viver dessa maneira! Nenhuma outra comunidade pode expressar a graça de Deus! Se falarmos de boa música, conferências, comunhão, amizade, sentimento de pertencer, ajuda social e econômica etc..., muitas outras organizações podem oferecê-las também, mas a graça ninguém mais a vivencia a não ser a Igreja. A aceitação incondicional e o amor sem reservas são um presente de Deus. A Igreja aprendeu a perdoar, a não julgar, a aceitar indiscriminada e totalmente, porque é dessa maneira que todos os que a compõem têm recebido o amor de Deus, e é assim que a Igreja reflete o caráter de Cristo. Ser uma pessoa espiritual é viver transbordando a graça de Deus para todos, aos crentes e aos incrédulos.

Temos de voltar a essa graça com urgência porque vejo que as igrejas estão cheias de "irmãos mais velhos", mas de poucos filhos pródigos. Temos muitas pessoas quase perfeitas, porém faltam pecadores imperfeitos.

> O QUE NOS UNE NÃO SÃO NOSSAS QUALIDADES OU PROXIMIDADES, MAS SIM O SANGUE DE CRISTO. E O SEU SANGUE É IGUAL PARA TODOS.

Precisamos desejar que chegue o dia em que as pessoas venham à igreja para observar a liberdade que temos e como nos relacionamos uns com os outros. Isso aconteceu nos tempos da Igreja Primitiva (GÁLATAS 2:4) e pode voltar a acontecer nos dias de hoje se deixarmos de lado nossas ideias, nossos princípios e nossa forma de "dar um jeitinho" e permitirmos de fato que Jesus seja o Senhor e que Sua graça se manifeste entre nós. Ele nos ensinou que a verdade nos tornaria livres (JOÃO 8:32), sendo assim, a Igreja deve ser um exemplo de liberdade. Temos de aprender a discordar e inclusive a duvidar, porque essa liberdade nos faz chegar mais perto de Deus e da própria Verdade. Fazemos parte de uma igreja que sempre tem um lugar para aqueles que retornam, para os que caem, para os filhos pródigos.

O PREÇO DA NOSSA LIBERDADE FOI EXTRAORDINÁRIO

Quando lemos sobre a vida de Jesus, sabemos qual foi o custo para que todos pudéssemos viver em liberdade. A dor, o sofrimento, as lágrimas que Deus quis torná-las Suas por amor a nós são a expressão de um amor muito maior do que jamais seríamos capazes de imaginar. O próprio Senhor Jesus aprendeu a obedecer e soube o que era o sofrimento para nos restaurar. Não como alguém que precisasse de algo para ser melhor, mas como alguém que decidiu abraçar o que até então lhe era desconhecido! Essa liberdade que Ele nos concedeu é deveras preciosa para que recusemos oferecê--la aos outros. O seu preço é demasiadamente alto para ficar unicamente para nós!

É essa liberdade que nos permite viver de forma diferente, porque, uma vez que o nosso Pai celestial é santo, queremos ser como Ele. E conseguimos isso através do Seu Espírito! A proclamação do evangelho é o resultado do nosso entusiasmo com Deus porque sabemos que fomos perdoados e somos santos apesar de todas as nossas imperfeições. Amamos os outros, cristãos e incrédulos, porque nossa maior alegria é que a graça de Deus seja derramada na vida de todos. A graça é o que nos mantém vivos!

Quando não vivemos dessa maneira, nós nos aprisionamos com as ataduras da religiosidade, o julgamento de outros e a arrogância por acreditar que somos melhores do que todos. A satisfação e a alegria de viver com o Senhor vão desaparecendo aos poucos em nossa vida porque não estamos mais "dominados pela graça", pois, se criticamos os outros em vez de ajudá-los, teremos caído da graça como aconteceu com os cristãos da Galácia. Temos descido de tal forma no declive da religiosidade que, julgando-nos superiores aos outros cristãos, simplesmente acabamos beijando o solo da nossa indignidade em lugar de estarmos prostrados aos pés de Jesus.

> INFELIZMENTE, OS FARISEUS NUNCA DESAPARECERAM DA HISTÓRIA DO CRISTIANISMO.

Não pense que isso seja algo novo. Os doutores da Lei acusaram Jesus porque diziam que o evangelho do reino que Ele anunciava era demasiadamente simples. Segundo eles, Jesus não poderia ser o Messias porque vivia cercado de pecadores, prostitutas, cobradores de impostos, leprosos e uma infinidade de pessoas desqualificadas. Se Ele fosse realmente Deus teria de valorizar os fariseus!

Essa tem sido a luta dos fariseus desde então porque, infelizmente, eles nunca desapareceram da história do cristianismo. Eles acusaram Paulo porque ele pregava o evangelho da graça de Deus de maneira muito fácil e simples. Ainda mais que o apóstolo afirmasse ser o principal dos pecadores! De forma alguma podiam aceitar algo assim!

Mais tarde, durante a Reforma Protestante, também acusaram Lutero por ele retornar à graça, e até foi acusado de estar pregando: "peque muito e creia muito". E, da mesma forma, os fariseus dos nossos dias continuam criticando todos quantos não pensam como eles, porque desejam impor a escravidão do medo. Mesmo que aparentemente falem da graça! Por isso precisamos voltar à liberdade para a qual Cristo nos chamou. Ele nos fala de vencermos o medo de sermos julgados, o medo de fazer as coisas de modo perfeito e assim perdermos o relacionamento com Deus, o medo de sermos acusados pelos outros... Os fariseus modernos chegam a escravizar muita gente porque não entendem que o amor lança fora o medo, e que a graça de Deus não nos tornou súditos de um feitor, mas, sim, filhos do nosso Pai Celestial! "Porque não recebestes o espírito de escravidão, para viverdes, outra vez, atemorizados, mas recebestes o espírito de adoção, baseados no qual clamamos: Aba, Pai" (ROMANOS 8:15).

Não se preocupe com os que o condenam por não ser como eles. Ore e peça a Deus sabedoria, meditando na Sua Palavra sobre como viver na liberdade para a qual você foi chamado. Somente Deus tem o direito de orientar a sua vida; somente Ele sabe quem de fato pertence à Sua Igreja, portanto, essa questão não está nas mãos de nenhum ser humano. Se você tiver alguma dúvida, ore e coloque tudo nas mãos de Deus, e jamais nas mãos de algum homem.

É bom que algumas vezes nos digam tudo isso a respeito de nós! Porque, se ninguém nos critica talvez seja porque estamos pregando uma religião baseada no esforço humano e, portanto, muito longe do evangelho da graça de Deus.

Há esperança para a Igreja porque ela é a Igreja do Senhor. Jesus deseja nos ver felizes e nos deleitando nele, porque fazemos parte da Sua Igreja, do Seu próprio corpo. Quanto mais perto estivermos do Pai, melhor. Quanto mais entusiasmados e apaixonados estivermos pelo Senhor Jesus, melhor! Quanto mais buscarmos a liderança do Espírito Santo, Sua presença reveladora de Cristo e Sua plenitude em uma vida abundante, melhor.

No entanto, ainda temos muito que aprender em nossa vida para usufruirmos da graça e sempre descansarmos em nosso Pai Celestial.

15

ESTÊVÃO: QUANDO A BELEZA DE DEUS SE REVELA NA FACE

Os anos em que o general Franco governou a Espanha foram muito difíceis para os evangélicos. Os casos de perseguição, problemas no trabalho, desterro, e inclusive morte, infelizmente eram frequentes, principalmente no período de 1940 a 1960. Dizer que era cristão, ou simplesmente que outros o soubessem, significava que a vida tinha bem pouco valor e a qualquer momento podia ser levado preso.

Pode ser que algum dos leitores conheça o livro que meu pai, Jaime Fernández Vásquez, escreveu falando de situações muito cruéis da igreja em Infesta (Ourense); tanto que chegaram a apedrejar o prédio da igreja e a colocar bombas para desativá-lo. Certa ocasião, os emissários dos perseguidores recolheram assinaturas para matar algum "protestante" e que todos se autoculpassem para que desta forma ninguém fosse encarcerado.

Naqueles tempos difíceis, onde a vida de todos corria perigo, meu pai continuou fiel ao Senhor a despeito de todas as dificuldades. Apesar também de ser atacado fisicamente a ponto de quase morrer. Este é o relato que fez sobre algo que lhe aconteceu naquela época:

"Em certa ocasião, uma multidão de homens e mulheres, gritando como loucos contra os protestantes e com paus nas mãos, veio à nossa casa onde estávamos reunidos com um grupo de cristãos. A casa de meus pais tem um quintal na entrada e no andar térreo ficava a cozinha. Subindo as escadas, chegava-se aos quartos e à sala onde habitualmente nos reuníamos. Nesse grande quintal, havia uma porta que dava para a rua e que normalmente ficava aberta, e, ao nos verem, continuaram a nos insultar. Nesse momento, meu tio se aproximou e me deu um golpe na cabeça com um pau. Caí no chão e o sangue começou a escorrer da minha cabeça. Quando minha mãe me viu, começou a chorar e a gritar para o seu próprio irmão: "Você o matou! Você o matou!" Já se passaram 65 anos e ainda se pode ver a cicatriz na minha cabeça; mas, embora o golpe fosse mortal, Deus não quis que eu morresse ali. Sem dúvida, Deus tinha um propósito a cumprir em minha vida e, naquela ocasião, como diz Hebreus 12:4, Deus me permitiu resistir a ponto de derramar sangue, combatendo contra o mal, por amor ao seu nome". (HISTORIA DE UN PUEBLO, JAIME FERNÁNDEZ VÁSQUEZ, EDITORIAL NOUFRONT, p.128)

A BELEZA DE UMA PESSOA TOTALMENTE RADIANTE

Estêvão ocupa um pouco mais de um capítulo da Bíblia, mas ele é uma peça-chave para entendermos como Deus atuou na Igreja Primitiva, e para sabermos como foi o início da expansão do evangelho conforme o relato no livro de Atos dos Apóstolos. Sem Estêvão, Paulo não teria "existido". Claro que Deus teria executado Seus planos de outra forma, mas foi Estêvão quem tocou no coração de Saulo pela primeira vez. O Senhor havia determinado assim, pois sabia que Seu servo não hesitaria em entregar tudo (inclusive sua própria vida) pelo bem do evangelho.

Quando encontramos Estêvão pela primeira vez, percebemos que foi uma das pessoas mais amadas da Igreja Primitiva:

> *Mas, irmãos, escolhei dentre vós sete homens de boa reputação, cheios do Espírito e de sabedoria, aos quais encarregaremos deste serviço; e, quanto a nós, nos consagraremos à oração e ao ministério da palavra.*
> *O parecer agradou a toda a comunidade; e elegeram Estêvão, homem cheio de fé e do Espírito Santo, Filipe, Prócoro, Nicanor, Timão, Pármenas e Nicolau, prosélito de Antioquia. Apresentaram-nos perante os apóstolos, e estes, orando, lhes impuseram as mãos. Estêvão, cheio de graça e poder, fazia prodígios e grandes sinais entre o povo. Levantaram-se, porém, alguns dos que eram da sinagoga chamada dos Libertos, dos cireneus, dos alexandrinos e dos da Cilícia e Ásia, e discutiam com Estêvão; e não podiam resistir à sabedoria e ao Espírito, pelo qual ele falava. Então, subornaram homens que dissessem: Temos ouvido este homem proferir blasfêmias contra Moisés e contra Deus. Sublevaram o povo, os anciãos e os escribas e, investindo, o arrebataram, levando-o ao Sinédrio. Apresentaram testemunhas falsas, que depuseram: Este homem não cessa de falar contra o lugar santo e contra a lei; porque o temos ouvido dizer que esse Jesus, o Nazareno, destruirá este lugar e mudará os costumes que Moisés nos deu. Todos os que estavam assentados no Sinédrio, fitando os olhos em Estêvão, viram o seu rosto como se fosse rosto de anjo.* (ATOS 6:3-15)

A primeira impressão que temos ao ler esse capítulo nos faz pensar que os chamados heróis de hoje pouco se parecem com Estêvão. As características desse homem muito nos impressionam, a ponto de algumas delas parecerem desnecessárias. Consequentemente, você não ouvirá sobre elas nos seminários que acentuam o sucesso no ministério, nem tampouco nos mais conhecidos congressos sobre liderança espiritual. É curioso ver que, enquanto buscamos atalhos para alcançarmos a fama, Deus chama pessoas como Estêvão. Pode ser que tenham nesta vida apenas um capítulo no livro de Atos da Igreja, e que jamais apareçam nas capas das revistas cristãs ou nos canais evangélicos de TV, mas para Deus elas são pessoas imprescindíveis.

> SEU ANSEIO NÃO ERA OCUPAR PÚLPITOS FAMOSOS; SIMPLESMENTE QUERIA FAZER BEM O SEU MINISTÉRIO. ELE VIVENCIAVA AQUILO PARA O QUAL DEUS O HAVIA CHAMADO.

Por vezes esquecemos que Deus nos ama exatamente como somos, e lhe honramos quando usamos os dons que Ele nos concedeu, seja no lugar que for. Tudo quanto fazemos tem valor para o Senhor. Estêvão servia às mesas e isso ele fazia não somente para ajudar os outros, mas também porque reconhecia que fazia parte da vontade do Senhor para a sua vida. E Deus reconheceu o trabalho do Seu servo.

Devemos observar com muita atenção cada detalhe do caráter de Estêvão:

1.Ele tinha boa reputação
Todos falavam bem dele porque sabiam que era honesto (6:3). Tanto os cristãos como os incrédulos confiavam nele. Estêvão era uma dessas pessoas que não queriam enganar ninguém. Anos mais tarde quando Paulo menciona as qualidades dos líderes da igreja, citando o bom testemunho diante de todos (1 TIMÓTEO 3:7). Jamais devemos esquecer isso porque a honra é uma graça de Deus, e a fidelidade à nossa palavra junto com a honestidade é uma característica dos

filhos de Deus. O nosso Pai Celestial sempre cumpre o que promete e, portanto, nós devemos fazer o mesmo.

A boa reputação de Estêvão ia muito além do seu caráter porque permeava também o seu trabalho. Esse servo de Deus havia aprendido que não existe separação entre o secular e o sagrado, por isso fazia seu trabalho de maneira fiel ao Senhor (6:2,4). Ele servia às mesas, sim, mas com a mesma eficácia e com o mesmo compromisso como se estivesse pregando ou evangelizando (6:13-15). É algo que não devemos esquecer, pois, no mundo de hoje, muitos "servos" vivem nas nuvens, pregando, ensinando, evangelizando ou cantando, e não são capazes de ajudar nem servir em nenhuma atividade secular. Ainda mais, sequer permitem que alguém se aproxime deles! A santidade deles é por demais elevada para que possam se misturar com o "povão". Uma simples comparação com as qualidades de Estêvão poderia deixar muitas pessoas sem palavras.

2. Cheio do Espírito Santo
Quando Lucas fala das qualidades necessárias aos que serviriam às mesas, diz que deviam ser "cheios do Espírito Santo". Nada mais e nada menos! Apesar de se tratar simplesmente de um trabalho físico, o Espírito de Deus devia estar presente em sua vida. Estêvão era um deles. Mas, quando o autor descreve a forma como esse servo vivia e falava, isso vai muito além do que podemos imaginar, pois literalmente afirma que "Estêvão, cheio do Espírito Santo, fitou os olhos no céu e viu a glória de Deus e Jesus, que estava à sua direita" (ATOS 7:55).

De certa maneira, resistir a Estêvão era como resistir ao próprio Espírito de Deus, pois ele se identificava tanto com o Senhor, que vivia cheio dele (7:51). Ele falava a Palavra de Deus de modo direto, não temia o que outros pudessem pensar, e, apesar de não ser perfeito (assim como nenhum de nós o é), sua vida era íntegra e o seu coração era puro. A Bíblia declara que somente o que tem o coração limpo pode "ver" a Deus. Somente de um coração assim pode surgir a coragem para anunciar a mensagem e enfrentar até mesmo a morte. É uma coragem impossível de ser entendida pelos que não permitiram que o Espírito de Deus os transformasse completamente.

3. Era um homem sábio

A Bíblia diz que ele era "cheio de sabedoria". Quando lemos o capítulo 7 do livro de Atos, não podemos deixar de nos perguntar: Quantos de nós poderiam relatar a história de Israel com tantos detalhes e de forma tão vívida de memória? Os doutores da Lei, escribas, fariseus e sacerdotes o escutaram referir-se à Palavra de Deus de maneira tão extraordinária que não puderam deixar de o ouvir. O coração deles se inflamou contra Estêvão, mas suas mentes se admiravam com a sabedoria com que falava.

Seria muito bom se você abrisse sua Bíblia agora e lesse esse capítulo, mas recomendo que o faça de modo diferente: coloque-se no lugar de Estêvão diante das pessoas mais sábias do país que o acusam por sua crença, e sua vida está em perigo! Lembre-se de que cada coisa que disser poderá testemunhar contra você e poderão condená-lo por suas palavras. Você poderia resumir as histórias bíblicas com tal precisão? "Então, lhe perguntou o sumo sacerdote: Porventura, é isto assim? Estêvão respondeu: Varões irmãos e pais, ouvi. O Deus da glória apareceu a Abraão, nosso pai, quando estava na Mesopotâmia..." (ATOS 7:1,2). Você leu todo o capítulo? Observe como ele termina o seu discurso:

> *O céu é o meu trono, e a terra, o estrado dos meus pés; que casa me edificareis, diz o Senhor, ou qual é o lugar do meu repouso? Não foi, porventura, a minha mão que fez todas estas coisas? Homens de dura cerviz e incircuncisos de coração e de ouvidos, vós sempre resistis ao Espírito Santo; assim como fizeram vossos pais, também vós o fazeis. Qual dos profetas vossos pais não perseguiram? Eles mataram*

os que anteriormente anunciavam a vinda do Justo, do qual vós agora vos tornastes traidores e assassinos, vós que recebestes a lei por ministério de anjos e não a guardastes (ATOS 7:49-53).

4. Cheio da graça

Estêvão usufruía da graça de Deus. Ele tomou posse dessa graça porque sabia que dela vinha sua força: "Estêvão, cheio de graça e poder, fazia prodígios e grandes sinais entre o povo" (ATOS 6:8). Quando lemos esses versículos, lembramo-nos de algo que a Palavra de Deus nos ensina: o poder sempre vem depois da graça. A fonte de todas as bênçãos em nossa vida é a graça de Deus, e não há jamais outra origem. O poder vem dessa graça para que a glória sempre seja de Deus, e não nossa.

Se cometemos o erro de colocar o poder em primeiro lugar e buscamos os prodígios e os sinais como o item mais importante em nossa vida e em nosso serviço ao Senhor, acabaremos caindo no pecado de querer receber a glória pelo que fazemos, e isso pode nos tornar inúteis como servos.

5. Cheio de poder

Portanto, esta é a única sequência possível: os sinais e prodígios vêm da graça e do amor de Deus. Estêvão vivia cheio de poder porque sua única motivação era que as pessoas chegassem a conhecer o evangelho de Cristo. Por essa razão Deus concedeu aos apóstolos a capacidade de realizar prodígios e sinais. Qualquer coisa que eles fizessem "obrigava" as pessoas a olharem para o Senhor Jesus. O Messias, ressuscitado pelo poder do Espírito de Deus, era quem podia transformar todas as coisas. E Estêvão não apenas sabia disso como também o vivenciava!

Ainda mais, esse poder que Deus havia concedido ao Seu servo era tão extraordinário que seus inimigos não conseguiam lhe opor: "...e não podiam resistir à sabedoria e ao Espírito, pelo qual ele falava" (ATOS 6:10). O próprio Deus confirmava cada palavra de Estêvão com o poder do Seu Espírito!

6. Não lhe puderam acusar

Os membros do Sinédrio, os doutores da Lei e o sumo sacerdote tiveram de arranjar falsas testemunhas para acusar Estêvão porque nada de mal encontraram em sua vida. Eles haviam feito a mesma coisa com Jesus! "Então, subornaram homens que dissessem: Temos ouvido este homem proferir blasfêmias contra Moisés e contra Deus. Sublevaram o povo, os anciãos e os escribas e, investindo, o arrebataram, levando-o ao Sinédrio. Apresentaram testemunhas falsas, que depuseram: Este homem não cessa de falar contra o lugar santo e contra a lei; porque o temos ouvido dizer que esse Jesus, o Nazareno, destruirá este lugar e mudará os costumes que Moisés nos deu" (ATOS 6:11-14).

As únicas coisas com que eles se preocupavam eram as tradições de Moisés e o Templo. Deus havia sido colocado em segundo plano. Estêvão lhes falou do Messias que Deus havia enviado, a quem eles não quiseram escutar. Moisés lhes era mais importante do que o próprio Messias! Antes de apedrejarem Estêvão, o próprio Jesus respondeu aos que afrontavam Seu nome. Para eles, Moisés era o profeta por excelência, não apenas pelo que havia feito pelo seu povo, mas, acima de tudo, porque todas as vezes que subia à montanha para falar com Deus, o seu rosto brilhava e o povo percebia como Deus o transformava, inclusive fisicamente. Deus fez o rosto de Estêvão brilhar da mesma maneira diante de todos! Com toda a certeza, ficaram admirados quando viram isso. Aquele a quem queriam matar brilhava como o profeta mais amado por eles!

Este fato deixou todos completamente desarmados: que Estêvão falasse em nome de Deus era uma coisa, mas que sua aparência física lhes lembrasse de Moisés quando este estava diante do Senhor... significava muito mais! Nesse momento decidiram matá-lo! "Todos os que estavam assentados no Sinédrio, fitando os olhos em Estêvão, viram o seu rosto como se fosse rosto de anjo" (ATOS 6:15).

7. Ele brilhava diante de todos

Deus quis que o rosto do primeiro mártir brilhasse com Sua glória. O rosto de Estêvão resplandecia quando lhe caluniavam porque a face do Senhor se refletiu nele como num espelho. O próprio Saulo se lembraria desse momento em várias ocasiões, como deixou bem explícito em sua segunda epístola aos coríntios. A argumentação no final do capítulo três e todo o capítulo quatro é simplesmente admirável. Não deixe de ler! Deus deseja que os Seus filhos brilhem diante de todos e que reflitam a face do Senhor Jesus. Acontecer dessa maneira quando estão nos tirando a vida está reservado somente àqueles que amam a Deus de forma extraordinária! Era esse o caráter daquele que seria o primeiro mártir da Igreja.

Estêvão possuía uma beleza interior irresistível. Ele era capaz de transformar um trabalho aparentemente insignificante, como servir às mesas, em algo sobrenatural, porque fazia isso cumprindo a vontade de Deus de forma digna (6:3). O anseio dele não era as grandes multidões nem os grandes eventos, ele simplesmente queria cumprir bem o seu ministério, vivenciava aquilo para o qual Deus o havia chamado. Era uma boa pessoa que ajudava a todos. Foi exatamente isso que despertou a oposição dos religiosos! Quando alguém brilha dessa maneira, sempre surgem os arrogantes que não podem permitir que pessoa alguma esteja acima deles porque a inveja não lhes permite serem felizes.

8. Ele vivia acima das circunstâncias, confiando em Deus.

Nos últimos momentos de sua vida, Estêvão demonstrou o que havia em seu coração: seu amor incondicional pelo Senhor e sua confiança nele. Podemos fingir muitas coisas por muito tempo, mas, quando nos defrontamos com as provas mais duras, o sofrimento, a dor ou a morte, demonstramos então quem realmente somos.

> *Ouvindo eles isto, enfureciam-se no seu coração e rilhavam os dentes contra ele. Mas Estêvão, cheio do Espírito Santo,*

fitou os olhos no céu e viu a glória de Deus e Jesus, que estava à sua direita, e disse: Eis que vejo os céus abertos e o Filho do Homem, em pé à destra de Deus. Eles, porém, clamando em alta voz, taparam os ouvidos e, unânimes, arremeteram contra ele. E, lançando-o fora da cidade, o apedrejaram. As testemunhas deixaram suas vestes aos pés de um jovem chamado Saulo. E apedrejavam Estêvão, que invocava e dizia: Senhor Jesus, recebe o meu espírito! Então, ajoelhando-se, clamou em alta voz: Senhor, não lhes imputes este pecado! Com estas palavras, adormeceu. (ATOS 7:54-60)

As circunstâncias podem nos vencer apenas se permitirmos. As provas, as tentações ou as lutas só podem nos derrotar se não formos capazes de confiar em nosso Pai Celestial. Cada vez que nos encontrarmos cercados pelo mal, nosso olhar só pode se dirigir para o Alto. Deus sempre cuida de nós! Foi isso que Estêvão fez; ele foi capaz de elevar seu coração acima das dificuldades e ver o Senhor. Assim também devemos viver, pois esse é o segredo da vida cristã: manter o olhar sempre em Jesus (HEBREUS 12:1-3).

Tudo o mais, tanto o mal quanto o bem, é transitório.

9. Ele era firme e radical

Um pouco acima, escrevi que poucos de nós seríamos capazes de descrever o que a Bíblia ensina de forma tão precisa como Estêvão o fez quando sua vida corria perigo! Penso que quase ninguém seria capaz de manter suas ideias e defendê-las em uma situação dessas diante do sumo sacerdote, dos doutores da Lei, dos escribas e fariseus, dos membros do Sinédrio... Estavam todos ali! Prontos a demover Estêvão de sua opinião ou a lhe tirar a vida! O que nós teríamos feito?

Ninguém conseguiu mudar as convicções de Estêvão nem a sua total confiança no Senhor Jesus. Não puderam lhe fazer titubear em sua atitude ao defender o Messias acima de tudo e de todos.

Estêvão se pôs acima de qualquer dubiedade a respeito da Palavra de Deus porque ele era radical em suas ideias, pois sabia que estava seguindo a vontade do Eterno! Seu amor a Jesus foi firme e a ele não lhe importou perder sua vida.

10. A sua mensagem era sempre a mesma: Jesus!
Este era o segredo da sua força: Jesus é o Messias! A mensagem do evangelho se resume em uma Pessoa. O amor de Deus se manifesta na vida de Seu Filho, em Sua morte e ressurreição. Estêvão declarou isso várias vezes. Não podia e nem queria falar sobre outro assunto!

O amor inquebrantável de Estêvão por Jesus teve consequências inesperadas. Justo nesse momento, quando todos o acusavam e o apedrejavam até à morte, a Bíblia nos reserva uma impressionante "surpresa": o surgimento de um homem sem igual, um apaixonado defensor da Lei e dos profetas, que mais tarde se depararia com o verdadeiro significado da Palavra de Deus ao se encontrar face a face com a Palavra viva. "E Saulo consentia na sua morte. Naquele dia, levantou-se grande perseguição contra a igreja em Jerusalém; e todos, exceto os apóstolos, foram dispersos pelas regiões da Judeia e Samaria. Alguns homens piedosos sepultaram Estêvão e fizeram grande pranto sobre ele. Saulo, porém, assolava a Igreja, entrando pelas casas; e, arrastando homens e mulheres, encerrava-os no cárcere" (ATOS 8:1-3).

As horas após o martírio de Estêvão acabaram por lhe honrar mais ainda. A história nos diz que homens piedosos prantearam grandemente sobre ele (8:2). Os que o sepultaram não podiam deixar de recordar a vida de um servo de Deus e sua influência sobre todos. Estêvão era uma pessoa muito amada. Ele mostrou que aqueles que realmente amam a Deus se entregam totalmente, tanto ao Senhor como aos outros. Eles se entregam incondicionalmente! O choro sincero dos que aqui ficam é uma prova irrefutável da bondade daqueles a quem o Senhor toma para si.

Exatamente nesse momento encontramos o extraordinário fato que há pouco mencionamos. Quando Estêvão foi apedrejado, Saulo de Tarso estava ali assistindo a tudo. Ele ficou impressionado com tudo o que presenciou.

ESTÊVÃO ERA ALGUÉM ACOSTUMADO A PERDOAR (ATOS 7:60)

Quem foi o vencedor no relato que lemos? Estêvão ou seus assassinos? A transbordante graça do mártir ou o poder religioso e político de todos os que ali se encontravam, inclusive Saulo? O espírito do servo de Deus ou as pedras que extinguiram a sua vida aqui na Terra? O perdão ou o rancor e o ódio? O olhar claro e brilhante do primeiro mártir ou a ira manifesta na face daqueles que afirmavam falar em nome de Deus?

Mas, se ainda estivermos em dúvida, a Bíblia nos lembra que, a partir desse momento, Saulo era "perseguido" pelo rosto de Estêvão, tanto é que isso chegou a ser um "aguilhão" que lhe inquietava. Ninguém poderia imaginar uma coisa dessas. Quando Saulo estava a caminho de Damasco para perseguir e encarcerar outros seguidores de Cristo, o próprio Senhor Jesus o recordou disso. Esta foi a grande vitória do servo de Deus, pois o aguilhão de Saulo era Estêvão! Ele o tinha visto e escutado. Saulo presenciara como o rosto de Estêvão resplandecia ao falar do Messias!

Esse "simples" fato jamais pôde deixar seu coração.

Saulo havia cumprido a Lei rigorosamente e sabia que não estava salvo, que não tinha acertado suas contas com Deus apesar de tudo o que havia feito por Ele. Quando viu o rosto de Estêvão, não conseguiu tirá-lo de sua alma. Estêvão resplandecia na presença de Deus! E Saulo não podia entender aquilo! Mas, quando Jesus lhe apareceu no caminho de Damasco e lhe transformou completamente, Saulo foi convertido no maior defensor da graça! Esse mesmo fariseu que amava a Lei e a defendia com todas as suas forças entregou toda a sua vida por amor à graça de Deus.

EM PÉ PARA RECEBER SEU SERVO

Alguns pensam que a vida de Estêvão foi um pequeno fracasso: ele pôde falar em público apenas uma vez e Deus permitiu que o apedrejassem..., contudo essa é apenas nossa forma de ver as coisas, pois, para o Senhor, Estêvão foi a pessoa fundamental na história da recém-nascida Igreja. Sem Estêvão não "haveria" Paulo, se você entende o que quero dizer...

Os argumentos de Paulo em suas epístolas são os mesmos de Estêvão em Atos 7. Não podemos deixar de ler as cartas de Paulo e ver como ele argumentava sobre o amor de Deus! Temos sempre a impressão de estarmos escutando o eco das palavras de Estêvão. Soa como se o Espírito de Deus estivesse inspirando na mente de Paulo cada frase que Estêvão havia pronunciado. A graça de Deus revelada por Estêvão quebrantou o coração de Paulo. O poder do perdão na vida do primeiro mártir deixou Saulo deslumbrado de tal maneira que, a partir daquele momento, somente pôde viver lutando conta si mesmo. Ele dava golpes contra a parede. Pelo menos na vida de Saulo, o perdão derrotou as pedras. A graça venceu a Lei; o coração de carne, fortalecido no amor do Criador, ultrapassou, em muito, o poder do coração de pedra esculpido pela religião e pelas tradições.

Como em outras ocasiões, Deus revela em Sua Palavra um último detalhe simplesmente impressionante, pois Estêvão ao entregar sua vida ao Senhor Jesus declara: "Eis que vejo os céus abertos e o Filho do Homem, em pé à destra de Deus". É a única vez em que Jesus aparece em pé depois de ter ascendido ao Céu, pois nas demais ocasiões Ele é visto sentado no trono como Rei e Senhor.

Jesus ficou em pé para receber Estêvão em Sua glória, para lhe dar "boas-vindas" da maneira como se recebe um herói.

Os exércitos celestiais viram o Filho de Deus se erguer para honrar o primeiro mártir. O Rei dos reis, Jesus, sentado à direita de Deus, coloca-se em pé para receber Seu amigo. O Céu inteiro se levantou para aclamar sua coragem.

Conseguiram matar Estêvão, mas não lhe puderam tirar a vida!

16
FILIPE: O HOMEM QUE SEMPRE DIZIA SIM

Penso que com você, algumas vezes, isto também tenha acontecido: você se encontra perdido em algum lugar ou precisa de alguém que o ajude a fazer algo. Olha ao redor e, embora não conheça ninguém, percebe que você tem uma sensibilidade especial para saber quem pode ajudá-lo. Às vezes vemos pessoas que parecem ter no rosto escrita a palavra "Não". Seu olhar é desafiador e o semblante reflete dureza. Outros esboçam um sorriso, dando a impressão de que estão dispostos a ajudar antes de saber do que você precisa.

Filipe era uma pessoa que sempre dizia "Sim", sempre achava uma possibilidade ou maneira de ajeitar as coisas ou de ajudar a quem precisasse. Ele nunca desanimava! Todos sabiam que esse era o seu caráter. Sabiam que podiam contar com ele em todo momento! Você o reconheceria em qualquer lugar antes mesmo que o apresentassem, pois Filipe possuía um rosto que espelhava o "sim".

Na sua primeira aparição nos evangelhos, Filipe está ajudando alguém. Tão logo ele conheceu Jesus, comunicou esse fato à primeira pessoa que encontrou!

No dia imediato, resolveu Jesus partir para a Galileia e encontrou a Filipe, a quem disse: Segue-me. Ora, Filipe era

> de Betsaida, cidade de André e de Pedro. Filipe encontrou a Natanael e disse-lhe: Achamos aquele de quem Moisés escreveu na lei, e a quem se referiram os profetas: Jesus, o Nazareno, filho de José. Perguntou-lhe Natanael: De Nazaré pode sair alguma coisa boa? Respondeu-lhe Filipe: Vem e vê.
> (JOÃO 1:43-46)

Filipe ocupava seu tempo falando de Jesus a todos quantos encontrava pelo caminho, e procurava levar todos a conhecerem o Mestre. Essa tática funcionava com a maioria das pessoas, mas Natanael era uma pessoa especial, pois gostava de pensar e tomar decisões sensatas, tanto é que, quando ele fez uma pergunta objetiva, Filipe não questionou. Ele era uma pessoa prática que não se deixava levar na conversa! Ele disse simplesmente: "Vem e vê".

Genial!

Essa é a melhor forma de convencer uma pessoa. Quando as palavras não podem chegar ao coração, os atos nos ajudam a expor a realidade.

Esse caráter de Filipe era digno de admiração. Ele sempre aparece nos evangelhos quando alguém precisa de ajuda! Como eu dizia, com certeza no seu rosto aparecia escrito um "sim" esclarecedor para todos, um sorriso que dava um "bem-vindo" a todos quantos precisassem de alguma coisa.

> Ora, entre os que subiram para adorar durante a festa, havia alguns gregos; estes, pois, se dirigiram a Filipe, que era de Betsaida da Galileia, e lhe rogaram: Senhor, queremos ver Jesus. Filipe foi dizê-lo a André, e André e Filipe o comunicaram a Jesus. Respondeu-lhes Jesus: É chegada a hora de ser glorificado o Filho do Homem. Em verdade, em verdade vos digo: se o grão de trigo, caindo na terra, não morrer, fica ele só; mas, se morrer, produz muito fruto. Quem ama a sua vida perde-a; mas aquele que

odeia a sua vida neste mundo preservá-la-á para a vida eterna. Se alguém me serve, siga-me, e, onde eu estou, ali estará também o meu servo. E, se alguém me servir, o Pai o honrará. (JOÃO 12:20-26)

De alguma forma que não podemos explicar, Filipe já sabia que aquelas pessoas vindas da Grécia queriam ver Jesus, então foi chamar André para juntos falarem com o Messias. A Bíblia diz que os gregos "foram a Filipe", talvez porque viram nele alguém que pudesse ajudá-los. Se tivéssemos de defini-lo, diríamos que Filipe era o "herói dos desconhecidos", aquele que sempre se preocupava com os outros.

Filipe ouviu o que Jesus disse a todos naquela ocasião, como o Mestre descreveu a beleza em ser um seguidor dele, unido ao Seu próprio desejo de entregar Sua vida por todos. Talvez os gregos (e eles também) estivessem esperando a chegada de um Messias triunfante, entretanto Jesus teve de lhes falar que lutar pelo reino não seria coisa fácil. Implicava em morrer para dar fruto!

> FILIPE ERA O "HERÓI DOS DESCONHECIDOS", AQUELE QUE SEMPRE SE PREOCUPAVA COM OS OUTROS.

Filipe também nos mostra que as pessoas que costumam ajudar têm uma característica extra: gostam de perguntar e conhecer todas as coisas, não podem ficar caladas. Em várias ocasiões, ele consultou Jesus sobre as dúvidas que carregava no coração.

Se vós me tivésseis conhecido, conheceríeis também a meu Pai. Desde agora o conheceis e o tendes visto. Replicou-lhe Filipe: Senhor, mostra-nos o Pai, e isso nos basta. Disse-lhe Jesus: Filipe, há tanto tempo estou convosco, e não me tens conhecido? Quem me vê a mim vê o Pai; como dizes tu: Mostra-nos o Pai? Não crês que eu estou no Pai e que o

Pai está em mim? As palavras que eu vos digo não as digo por mim mesmo; mas o Pai, que permanece em mim, faz as suas obras. Crede-me que estou no Pai, e o Pai, em mim; crede ao menos por causa das mesmas obras. (JOÃO 14:7-11)

Não havia limites para Filipe; ele sempre queria ir além, queria conhecer a Deus! Quando Jesus estava falando, pouco antes de ser traído, Filipe foi o único que desejou chegar até o mais profundo do coração de Deus. Ele queria ver o próprio Deus! As pessoas que gostam de ajudar costumam ser as que desejam estar mais perto de Jesus, pois entendem a grandeza do Seu caráter.

FILIPE IA AONDE NINGUÉM QUERIA IR

Poucos dias depois, quando Jesus ressuscitou e enviou Seus seguidores a fazerem discípulos em Jerusalém, Judeia, Samaria e até os confins da Terra, a maioria dos discípulos e as mulheres que o seguiam permaneceram em sua região. Era normal, pois se encontravam em segurança ali e inclusive muitos pensavam que o evangelho era somente para os judeus, apesar dos ensinamentos de Jesus... Porém, você já pode imaginar quem foi o primeiro a ir a Samaria para compartilhar o evangelho com os "inimigos" do povo de Israel. Tinha que ser Filipe!

Ele foi a um lugar no qual ninguém queria ou ousava ir, pois os samaritanos não se davam bem com os judeus. Filipe foi o primeiro a responder ao chamado do Senhor e a cumprir Sua vontade: "Entrementes, os que foram dispersos iam por toda parte pregando a palavra. Filipe, descendo à cidade de Samaria, anunciava-lhes a Cristo. As multidões atendiam, unânimes, às coisas que Filipe dizia, ouvindo-as e vendo os sinais que ele operava. Pois os espíritos imundos de muitos possessos saíam gritando em alta voz; e muitos paralíticos e coxos foram curados. E houve grande alegria naquela cidade" (ATOS 8:4-8).

Quando começou a perseguição, todos os discípulos foram dispersos e buscaram onde poderiam anunciar o evangelho e continuar com seu ministério para o Senhor. Filipe percebeu que ninguém ajudaria os samaritanos e se lembrou das palavras de Jesus: "Mas recebereis poder, ao descer sobre vós o Espírito Santo, e sereis minhas testemunhas tanto em Jerusalém como em toda a Judeia e Samaria e até aos confins da terra" (ATOS 1:8). Sendo assim, não titubeou um momento sequer e partiu para anunciar o evangelho ao coração de Samaria.

Pouco tempo mais tarde, Deus "precisou" enviar alguém a uma missão especial, tratava-se de ir a um lugar distante para falar do evangelho a uma pessoa de outra nação. Para dizer de outra forma, Jesus procurou, entre todos os discípulos, um que Ele sabia que responderia com o "sim", e você pode imaginar quem Ele chamou: Filipe!

Um anjo do Senhor falou a Filipe, dizendo: Dispõe-te e vai para o lado do Sul, no caminho que desce de Jerusalém a Gaza; este se acha deserto. Ele se levantou e foi. Eis que um etíope, eunuco, alto oficial de Candace, rainha dos etíopes, o qual era superintendente de todo o seu tesouro, que viera adorar em Jerusalém, estava de volta e, assentado no seu carro, vinha lendo o profeta Isaías. Então, disse o Espírito a Filipe: Aproxima-te desse carro e acompanha-o. Correndo Filipe, ouviu-o ler o profeta Isaías e perguntou: Compreendes o que vens lendo? Ele respondeu: Como poderei entender, se alguém não me explicar? E convidou Filipe a subir e a sentar-se junto a ele. Ora, a passagem da Escritura que estava lendo era esta: Foi levado como ovelha ao matadouro; e, como um cordeiro mudo perante o seu tosquiador, assim ele não abriu a boca. Na sua humilhação, lhe negaram justiça; quem lhe poderá descrever a geração? Porquê da terra a sua vida é tirada. Então, o eunuco disse a Filipe: Peço-te que me expliques a quem se refere o profeta.

Fala de si mesmo ou de algum outro? Então, Filipe explicou; e, começando por esta passagem da Escritura, anunciou-lhe a Jesus. Seguindo eles, caminho fora, chegando a certo lugar onde havia água, disse o eunuco: Eis aqui água; que impede que seja eu batizado? [Filipe respondeu: É lícito, se crês de todo o coração. E, respondendo ele, disse: Creio que Jesus Cristo é o Filho de Deus.] Então, mandou parar o carro, ambos desceram à água, e Filipe batizou o eunuco. Quando saíram da água, o Espírito do Senhor arrebatou a Filipe, não o vendo mais o eunuco; e este foi seguindo o seu caminho, cheio de júbilo. Mas Filipe veio a achar-se em Azoto; e, passando além, evangelizava todas as cidades até chegar a Cesareia. (ATOS 8:26-40)

Um estrangeiro está lendo o livro do profeta Isaías, mas não é capaz de entender o que está escrito, e ninguém se aproxima dele. Deus sabe disso e não tem qualquer dúvida de que Filipe está disposto a ajudar aquele homem e a permanecer com ele o tempo que for necessário. Por isso o Senhor o envia!

> IMAGINE QUE O SENHOR O ENVIE A UMA ESTRADA DESERTA PARA SE ENCONTRAR COM ALGUÉM QUE VOCÊ NÃO CONHECE. TALVEZ SUA PRIMEIRA REAÇÃO SEJA: "PARA QUÊ?".

Lembre-se de que Filipe ia com prazer a qualquer lugar, ajudava qualquer pessoa fosse quem fosse... e onde fosse! A Bíblia nos diz que era uma estrada deserta, ninguém passava por ali. Esse pequeno detalhe nos leva a admirar ainda mais a obediência de Filipe. Imagine se o Senhor o enviasse a uma estrada deserta para se encontrar com alguém que você não conhece. Talvez sua primeira reação seja: "Para quê? Se ali não há nada!". O apóstolo sabia que os planos de Deus sempre são bons, e devemos ter essa lição no coração em todo tempo. Nossa resposta deve ser sempre afirmativa, custe o que custar.

Quando lemos a história, ficamos impressionados com a sabedoria de Filipe em explicar o evangelho ao etíope; tanto é que, quando terminaram de conversar, o oficial quis ser batizado ali mesmo! Filipe deve ter sido uma pessoa excepcionalmente clara e simples para que os outros pudessem compreender tão bem o que ele falava. Por vezes nós nos esquecemos de que a verdade é melhor entendida quando explicada com o rosto amável.

E um último detalhe: Filipe batizou o oficial e o deixou ir. Deixou ir o responsável pelos tesouros da Etiópia! Naquele tempo, a Etiópia era um dos maiores impérios do mundo conhecido. Suponha que você seja amigo de uma das pessoas mais ricas do mundo! Qualquer pessoa dos nossos dias o teria acompanhado, seguido, discipulado, falado de dízimos e ofertas etc... Como deixar ir embora alguém tão importante? Filipe sabia que Deus cuidaria desse oficial... e Deus sabia a quem havia escolhido para esse trabalho, pois Filipe, não só era de total confiança (como qualquer um dos apóstolos) mas também porque, além disso, faria esse trabalho com prazer. Filipe sempre dizia "sim".

Eu teria muito prazer em conhecê-lo. Estou certo de que seria como uma dessas pessoas que você sempre encontra com um sorriso na face. Era otimista por natureza, procurava uma forma de resolver tudo, mesmo nos momentos mais difíceis; e se não soubesse o que fazer, buscaria a quem pudesse solucionar a questão: Jesus!

COMO ESTAMOS MAL!

Permita-me contar-lhe um pequeno segredo: cada vez que escrevo sobre ânimo, alegria, otimismo e bem-estar, imediatamente alguém me responde falando dos tempos de crise que enfrentamos, das dificuldades pelas quais atravessamos, e, como não podia deixar de ser, do mundo pecaminoso em que vivemos.

> ELE PROCURAVA UMA FORMA DE RESOLVER TUDO,
> MESMO NOS MOMENTOS MAIS DIFÍCEIS;
> E SE NÃO SOUBESSE O QUE FAZER, BUSCARIA
> A QUEM PUDESSE SOLUCIONAR: JESUS.

Para muitas pessoas, a frase preferida é: "Como estamos mal!". Essas três simples palavras teriam mais seguidores nas redes sociais do que Kate Perry, Justin Bieber e Taylor Swift juntos. Os milhões de pessoas que leem seus perfis seriam nada em comparação com os que encontram coisas erradas em tudo. O mais curioso é que muitos desses seguidores são cristãos, se é que você me permite essa observação!

Chegamos a pensar que a tristeza é mais espiritual do que a alegria, e isso é algo totalmente contrário à Palavra de Deus. É certo que em algumas ocasiões alguém pode estar triste (Jesus também esteve, como veremos em outro capítulo), mas nunca devemos esquecer que a alegria é parte do fruto do Espírito de Deus em nossa vida.

Pode ser que estejamos mal, mas lembre-se de que a tristeza como estilo de vida é uma religiosidade sem máscaras. Esse é o motivo por que muitos a seguem! A religiosidade disfarçada pela solenidade reveste a nossa aparência de santidade tão admirada que poucos conseguem deixar de viver assim. O grave problema é que essa religiosidade, embora comova a alma de muitos seres humanos, jamais chega ao coração de Deus.

O nosso Criador é a fonte e a razão de toda a nossa alegria. Quando Jesus chorou, fez isso penalizado com a dor das pessoas que estavam sofrendo, Ele estava pronto para agir nessa situação e solucioná-la, entregando-se totalmente para ajudar os demais. Por esse motivo, o Senhor disse que são bem-aventurados os que choram, porque terão dado o primeiro passo para solucionar o problema, pois até chorando são felizes! Nosso problema é que muitas vezes permanecemos lamentando por muito, muito tempo. Assim aparentamos diante de todos que somos muito espirituais, mas aparentemente jamais queremos arrumar coisa alguma.

A pessoa que vive chorando continuamente tem a desculpa perfeita para que todos tenham piedade dela.

Tal como lemos ao longo do livro de Atos dos Apóstolos, se alguém precisa defender a alegria são os filhos de Deus. Aqueles que transformaram o mundo e lhe entregaram a sua vida. Os historiadores nos dizem que, no mundo romano, o que mais impressionava a todos era o fato de os mártires morrerem nas arenas romanas cantando hinos a Deus.

Meus amigos me dizem que todos nós que nascemos na Galícia somos muito especiais por um motivo: não importa o país onde tenhamos de viver, quando ali chegamos, imediatamente fundamos um "centro galego" e conversamos, comemos, cantamos e desfrutamos do momento recordando nossa terra natal, tal como se ainda estivéssemos nela. Lamento, mas isso você só poderá sentir e entender se tiver nascido na Galícia, e essa é a razão para a existência de muitos centros galegos em quase todas as cidades importantes na maioria dos países do mundo. Podemos estar fora da Galícia, mas a Galícia nunca deixará de estar dentro de nós.

Embora esse seja um exemplo muito simples, quando amamos a Jesus nos comportamos da mesma forma: não podemos viver sem nos lembrarmos do lugar ao qual pertencemos e sem desfrutar da alegria do nosso Deus. Por sermos cidadãos do Céu fazemos todo o possível para vivermos aqui como o faríamos no Céu. Quanto mais falamos do Céu, mais trabalhamos para que este mundo se pareça com ele. Quanto mais amamos a Deus, mais entregamos cada minuto de nossa vida para que as pessoas saibam que Ele é o ser mais extraordinário que existe. Por sermos Seus filhos, não podemos viver sem ser como Ele é.

Quando lemos na Bíblia que o fruto do Espírito é, primeiramente, amor (sempre o primeiro e mais importante) e em seguida vem a alegria (e os demais: paz, paciência, bondade...), não podemos deixar de nos sentir alegres e tranquilos apesar de tudo o que vier a acontecer. A tristeza não faz parte do nosso estilo de vida; ela é somente algo circunstancial. O caráter de Jesus não reflete o desânimo, embora por vezes possamos nos sentir desanimados.

> SEMBLANTES TRISTES JAMAIS ESTARÃO NA MODA NO REINO DO PAI CELESTIAL.

É bastante curioso que muitos argumentem que devemos ficar sérios e tristes ao nos lembrarmos do Messias crucificado e como Ele sofreu por todos nós. Realmente, Seu amor e Sua dor por nós foi muito além de todos os limites imagináveis... mas por vezes pergunto-me se essa lembrança recorrente do Cristo crucificado não reflete mais intensamente a nossa religiosidade e o fato de que é muito mais fácil "vivenciar" um Salvador morto do que o Cristo ressurreto, vencedor e que tem todo o direito sobre nós! Sinceramente creio que não se trata de amor ao Salvador, mas, sim, dessa religiosidade que quer prender e dominar a todos, incluindo o próprio Deus, se isso fosse possível!

Quando decidimos seguir o Messias ressuscitado e vencedor, falamos de algo maior. Quando nos encontramos face a face com o Jesus que tem a última palavra em tudo e que um dia voltará como Rei dos reis e Senhor dos senhores, nossa religiosidade não serve para nada. Ou o seguimos com toda a alegria do nosso ser, ou melhor seria que nos escondêssemos (caso conseguíssemos).

A MUDANÇA COMEÇA COM CADA UM DE NÓS
Viver seguindo a Jesus ressuscitado tem a ver com o ajudar sempre, assim como Filipe fazia. O segredo é obedecer ao Senhor para transformar o mundo, pois o pior que podemos fazer é nos lamentarmos e não exercermos o direito de amar de modo incondicional. A Bíblia diz que se não amamos é porque não o conhecemos. Se de fato estamos tão mal, nossa reação deve ser a de ajudar e darmos a

nossa vida pelos outros. Com nossa "pequena" ajuda muitas coisas poderiam mudar.

Se você é um empresário, ore e peça ao Senhor sabedoria para renunciar a parte dos seus lucros e, dessa forma, conceder condições de trabalho para outra família. Você verá como a tristeza dessa família desaparecerá.

Se você exerce uma profissão que lhe deixa viver de modo um pouco mais tranquilo financeiramente, ajude a pagar o aluguel ou a hipoteca, por algum tempo, de alguém que esteja em necessidade. Garanto que você lhe dará um novo ânimo.

Se a sua igreja tem um local que pode ser adequado, busque pessoas que estejam morando na rua para que possam ficar ali. No mínimo você conseguirá ver o seu sorriso.

Fale com os seus familiares, vizinhos, colegas de trabalho que porventura estejam enfrentando o câncer ou uma enfermidade grave, e ajude-os naquilo que estiverem precisando. Quem sabe, em algum dia da semana os filhos dessas pessoas possam ficar em sua casa, ou você pode convidá-los para alguma refeição, ou levá-los em seu carro ao hospital para ver seus familiares. Essa é uma forma muito simples de vencer a tristeza que nos rodeia.

Existe alguém doente perto de você? Pode ser que seja difícil para seus familiares cuidarem dele com os recursos disponíveis. Vá à casa deles e diga-lhes que deseja ajudar. Ao verem você, começarão a pensar que não estão tão mal quanto imaginavam.

Em todas as cidades, existem mães solitárias cuidando de seus filhos e além disso precisam trabalhar para lhes dar o sustento. Abra sua casa algumas vezes para as crianças a fim de que essas mães possam descansar. Leve-as ao colégio ou para brincar... ajude-as a derrotarem a angústia em que vivem.

Quem sabe você é um profissional "liberal": médico, arquiteto, advogado etc... Procure seguir o que Deus diz em Sua Palavra e cobre menos das pessoas necessitadas, mesmo que isso signifique renunciar a parte de seus lucros.

Não preciso citar mais exemplos. Poderíamos apresentar uma infinidade de situações diferentes! Há centenas de pessoas as quais podemos ajudar a vencer a tristeza da maneira mais prática possível!

> SE DE FATO ESTAMOS TÃO MAL,
> NOSSA REAÇÃO DEVE SER A DE AJUDAR
> E A DAR NOSSA VIDA PELOS OUTROS.

Ou, pelo contrário, você pode continuar dizendo aos quatro ventos quão mal está e falando da reconhecida crueldade do nosso mundo. Podemos escolher se queremos seguir reclamando de tudo, ou podemos tomar a decisão de viver de acordo com o fruto do Espírito.

Filipe era apenas um dos Doze, mas como as coisas mudariam se tivéssemos um Filipe para cada doze cristãos! Ajudando, trabalhando, obedecendo ao Senhor, repartindo cuidado e alegria mesmo nos momentos mais difíceis. Sempre abençoando!

Como em outras ocasiões, a última frase na Bíblia com referência a Filipe define-o perfeitamente. É a única lembrança que o Senhor deixou do Seu herói: "por onde ia, anunciava o evangelho em todas as cidades". Essa é a última coisa que sabemos desse servo de Deus antes de o perdermos de vista. Ele se comprometeu com o Senhor para mudar o mundo e cumpriu seu propósito. Assim fizeram todos, cada um com seu caráter!

Sim, já sei que as coisas não andam bem, mas a resignação não faz parte do caráter de Deus e nem do nosso.

Essa palavra sequer aparece na Bíblia!

Filipe nunca soube o que era resignação. A única coisa que sabia dizer era "sim" cada vez que alguém lhe pedia ajuda. A única coisa que saltava do seu coração quando Deus lhe pedia algo era: "Vou... A qualquer lugar, sem problemas. Estou pronto!".

A Igreja seria bem diferente (e o mundo também!) se muitos de nós seguíssemos seu exemplo.

NOTA DO AUTOR

Embora muitos comentaristas admitam que o protagonista da história com o eunuco tenha sido Filipe, o diácono, e não Filipe, o apóstolo, não se pode afirmar com certeza que seja assim. Embora esse dado seja relevante, não tem tanta importância para o objetivo deste capítulo, que é destacar a total disponibilidade do servo de Deus.

17

GAIO: OS DONS QUE DEUS NOS DÁ SÃO BÊNÇÃOS PARA OS OUTROS

Há pouco tempo, um bom amigo me enviou por e-mail uma história verdadeira:

O conselho executivo de uma empresa, ao ver que as vendas nos últimos anos haviam diminuído, decidiu contratar um novo diretor-geral, muito competente, para efetuar as mudanças necessárias a fim de que a empresa voltasse a crescer.

No primeiro dia de trabalho, o novo diretor visitou as instalações da fábrica acompanhado por alguns executivos, no intuito de constatar por si mesmo os pontos fortes e os defeitos da empresa. Quando chegou aos escritórios, viu que todos estavam trabalhando, menos um homem ainda jovem que estava encostado numa parede com as mãos nos bolsos.

Querendo dar a "primeira lição", falou alto com jovem, para que todos pudessem ouvir:

—Quanto você ganha por mês?

—Quinhentos dólares, senhor, respondeu o jovem sem saber quem era o homem que lhe falava.

O novo diretor retirou 500 dólares de sua carteira e deu ao jovem dizendo-lhe:

—Aqui está seu pagamento deste mês. Agora vá e não volte mais a esta empresa.

—Mas, senhor, deixe-me explicar...

—Não existe nenhum "mas". Não quero sequer que me responda! Aqui se trabalha! Vá de uma vez!

O jovem ficou olhando para todos por um momento, guardou o dinheiro e saiu tal como o diretor o havia mandado.

O novo diretor olhou para todos com um olhar desafiador depois de mostrar seu poder. Ele sabia que ninguém se esqueceria dessa lição e, a partir daquele momento, todos trabalhariam com mais vontade e seriedade em sua nova empresa. Todos ficaram observando-o como se esperassem que ele dissesse algo mais. Naquele instante ele perguntou:

—Alguém sabe o que esse jovem fazia e em qual repartição trabalhava?

—Sim, senhor, disse um deles com uma voz trêmula após um profundo silêncio. Ele veio entregar uma pizza.

Muitos querem sempre mandar, vivem para dar ordens. Parece que para eles é impossível viver sem que outros lhe obedeçam! Gaio recebeu uma carta pessoal do apóstolo João exatamente por esse motivo. Na igreja havia um homem chamado Diótrefes, que gostava de mandar. Se lhe permitissem, ele seria capaz de passar por cima do próprio Deus! Existem pessoas assim, embora penso que, se permitíssemos, todos nós teríamos um comportamento semelhante.

UMA MANEIRA DE VIVER MUITO DIFERENTE

Nem todos! Gaio era diferente, por isso João sabe que pode confiar nele porque procurará cumprir a vontade de Deus; portanto ele é a pessoa certa para enfrentar uma situação tão complicada.

O presbítero ao amado Gaio, a quem eu amo na verdade.
Amado, acima de tudo, faço votos por tua prosperidade

e saúde, assim como é próspera a tua alma. Pois fiquei sobremodo alegre pela vinda de irmãos e pelo seu testemunho da tua verdade, como tu andas na verdade. Não tenho maior alegria do que esta, a de ouvir que meus filhos andam na verdade. Amado, procedes fielmente naquilo que praticas para com os irmãos, e isto fazes mesmo quando são estrangeiros, os quais, perante a igreja, deram testemunho do teu amor. Bem farás encaminhando-os em sua jornada por modo digno de Deus; pois por causa do Nome foi que saíram, nada recebendo dos gentios. Portanto, devemos acolher esses irmãos, para nos tornarmos cooperadores da verdade. [...] Muitas coisas, tinha que te escrever; todavia, não quis fazê-lo com tinta e pena, pois, em breve, espero ver-te. Então, conversaremos de viva voz. A paz seja contigo. Os amigos te saúdam. Saúda os amigos, nome por nome. (3 JOÃO)

Uma vez mais as características do nosso herói nos impressionam. Primeiro, ele era hospitaleiro; sua casa estava sempre aberta. Lembre-se de que, naquele tempo, os cristãos recebiam em suas casas irmãos que eram perseguidos; então, literalmente, estavam abrindo suas casas a desconhecidos. Podiam correr o risco de serem inimigos que tinham vindo para lhes denunciar. Mas Gaio não se preocupava com isso. Sua amizade com João era sólida, por isso recebia em sua casa qualquer um que viesse em seu nome. Assim o amor e a comunhão de Deus se estendiam não somente à igreja como também a todas as pessoas. Embora alguns estudiosos não concordem, pode ser que ele tenha sido o mesmo Gaio que o apóstolo Paulo conheceu, pois as qualidades no caráter de ambos são semelhantes.

"Saúda-vos *Gaio*, meu hospedeiro e de toda a igreja. Saúda-vos Erasto, tesoureiro da cidade, e o irmão Quarto" (ROMANOS 16:23, ÊNFASE ADICIONADA). Se eram de fato a mesma pessoa, significa que ele acompanhou Paulo em suas viagens, não apenas anunciando a mensagem do evangelho, como também ajudando-o em seu sofrimento. "Foi a cidade tomada de confusão, e todos, à uma, arremeteram para o teatro, arrebatando os macedônios *Gaio* e Aristarco, companheiros de Paulo" (ATOS 19:29, ÊNFASE ADICIONADA).

A vida de Gaio nos ensina que é o Espírito de Deus que trabalha em nós todos os dias para produzir em nós o fruto da Sua essência. Esse fruto é que mostra se estamos perto do coração de Deus: "Mas o fruto do Espírito é: amor, alegria, paz, longanimidade, benignidade, bondade, fidelidade, mansidão, domínio próprio. Contra estas coisas não há lei" (GÁLATAS 5:22,23). As atividades, os ministérios e os dons que Deus nos deu são para glorificá-lo e para servir aos outros, mas não são (biblicamente falando) a prova do nosso amor ao Senhor.

A grande surpresa ao lermos a Bíblia é perceber que pessoas incrédulas podem fazer a vontade de Deus em determinado momento e até exercer os dons espirituais, simplesmente porque Ele quer usá-los em Seus planos. Isso não acontece com o fruto do Espírito porque é impossível adulterá-lo ou imitá-lo; ou nós o temos ou não! Infelizmente, a Igreja nos dias de hoje enfrenta situações difíceis por não entender essa diferença. Posso lhe dar um simples exemplo para afirmar isso: temos centenas de livros dedicados aos dons, às atividades, aos ministérios, à liderança etc., mas bem poucos livros que falem do fruto do Espírito e do caráter dos filhos de Deus.

> PESSOAS INCRÉDULAS PODEM FAZER
> A VONTADE DE DEUS E ATÉ EXERCER OS
> DONS ESPIRITUAIS SIMPLESMENTE
> PORQUE ELE QUER USÁ-LOS EM SEUS PLANOS.

Se examinarmos cuidadosamente os capítulos dedicados aos dons, ministérios e atividades no Novo Testamento (1 CORÍNTIOS 12-14; EFÉSIOS 4; ROMANOS 12), poderemos entender o plano de Deus para Sua Igreja e, ao mesmo tempo, o lugar onde podemos nos encontrar.

> *A respeito dos dons espirituais, não quero, irmãos, que sejais ignorantes. Sabeis que, outrora, quando éreis gentios, deixáveis conduzir-vos aos ídolos mudos, segundo éreis guiados. Por isso, vos faço compreender que ninguém que fala pelo Espírito de Deus afirma: Anátema, Jesus! Por outro lado, ninguém pode dizer: Senhor Jesus!, senão pelo Espírito Santo. Ora, os dons são diversos, mas o Espírito é o mesmo. E também há diversidade nos serviços, mas o Senhor é o mesmo. E há diversidade nas realizações, mas o mesmo Deus é quem opera tudo em todos.* (1 CORÍNTIOS 12:1-6)

DONS, MINISTÉRIOS E ATIVIDADES... NEM TUDO É O QUE PARECE

Na primeira epístola aos coríntios, capítulo 12, Paulo começa a falar dos dons, primeiro ele diz que sermos ignorantes quanto a esse assunto é um grande problema (v.1). Essa é uma ideia importante, pois ele volta a mencioná-la em Efésios 4:14, onde declara que podemos ser como crianças levadas de um lugar para outro para cairmos no erro, caso não conheçamos o que Deus ensina sobre esse tema. Não será demais dizer que temos visto e ouvido dessas "idas e vindas" em relação aos dons centenas de vezes na história da Igreja.

A segunda ideia-chave é o fato de Deus estar vivo e, portanto, não somente nos ouve como também intervém em nossa vida, em contraste com os ídolos daquele e de todos os tempos (12:12). Essa não é uma ideia irrelevante! Pelo contrário, quando esquecemos de algo tão simples, pensamos que somos nós que "controlamos" a Deus e que nossos dons, atividades ou ministérios são as coisas que realmente importam. Esse é um dos maiores perigos da religiosidade que pode inclusive nos levar à idolatria, quando "adoramos" nossos dons, atividades e ministérios como se a obra de Deus "girasse" em torno de nós.

Em terceiro, Paulo escreve que Jesus, o Senhor, é a pessoa mais importante em nossa vida. Se não o amarmos acima de tudo em nossa vida, na igreja, no ministério, em tudo (mais até do que a nós mesmos), teremos muitos problemas (12:3).

Em seguida, o Espírito de Deus, por intermédio de Paulo, nos apresenta a chave para a interpretação de todo o tema, não somente na teoria, como também no dia a dia da igreja:

- Quem concede os dons é o Espírito de Deus (12:4), pois tudo o que é espiritual só pode vir do Espírito Santo. Isso é tão óbvio que a maioria das pessoas esquece disso.
- Os ministérios vêm do Senhor Jesus (12:5).
- As atividades (ações) são elaboradas pelo Pai e Ele as executa por nosso intermédio (v.6).

CAÍMOS NA IDOLATRIA QUANDO "ADORAMOS" NOSSOS DONS, ATIVIDADES E MINISTÉRIOS COMO SE A OBRA DE DEUS "GIRASSE" EM TORNO DE NÓS.

A trindade divina intervém na vida cristã "concedendo-nos" dons, ministérios e atividades para a Sua glória e com um propósito: o bem de todos. O crescimento e maturidade da Igreja e a expansão do evangelho em toda a sua plenitude diante dos incrédulos jamais o serão para nossa glória nem para o nosso crescimento pessoal conforme muitos pensam. Então, com esse simples detalhe, caem por terra todas as interpretações e as consequências que se originam no fato de que "os que têm dons, são ministros ou trabalham para o Senhor têm mais importância ou merecem um tratamento melhor do que os outros".

Não é assim! Nas três passagens a palavra-chave é "edificação". Isso é repetido para que ninguém esqueça! Tudo o que temos e fazemos é para o bem de todos, para servir aos demais, e não para a nossa ambição e muito menos para a nossa própria glória.

Como se não fosse suficientemente clara a ideia de edificar e ajudar os outros sempre, Deus acrescenta uma motivação definitiva: o amor, que aparece em várias frases para nos mostrar que nada somos sem ele. De fato, o "âmago" do argumento de Paulo na primeira carta aos coríntios nos mostra um caminho mais excelente (1 CORÍNTIOS 13) que ultrapassa tudo: os dons, os ministérios e as atividades. É impossível realizar qualquer um dos três sem amor.

Lembre-se de que o próprio Senhor Jesus disse que todos chegariam a conhecer os Seus seguidores pelo amor entre eles. Quanto mais ao se falar dos dons do Espírito, pois a essência dessa Pessoa divina é o amor e a comunhão. Se não tivermos aprendido a amar os outros, não importa os dons que tenhamos nem o muito que trabalhemos, porque essa falta de amor mostra que não é o Espírito de Deus que nos guia.

1. Os dons e sua aplicação
Lendo o Novo Testamento, aprendemos que os dons são sempre para o bem da Igreja e para a evangelização e ajuda aos que não fazem parte dela. Chega a nos "surpreender" que Deus possa usar um incrédulo para Sua glória. (O exercício dos dons não exige que alguém ame a Deus; basta simplesmente que Deus use essa pessoa!) O Espírito coloca os dons em nós de acordo com Sua vontade e Ele pode modificar os nossos dons em função das circunstâncias, conforme Ele "necessitar". A pessoa pode ter um dom para um determinado momento e nada mais. (Podemos nos lembrar, por exemplo, daquele momento quando o rei Saul profetizou e todos se perguntavam: "Está também Saul entre os profetas?".) Creio que Deus faz isso dessa forma para não darmos importância a nós mesmos, para não pensarmos que os dons dependem de nós, do nosso compromisso com o Senhor e de nossa espiritualidade. Nada disso! O Espírito Santo age como Ele quer!

Nos capítulos que foram mencionados aparecem diferentes listas de dons. Embora haja alguns repetidos, os que são mais úteis para o bem de todos, os que são mais excepcionais aparecem somente em algumas listas, como se lhes fosse dado menor importância. E o Espírito de Deus é quem toma as decisões no tocante aos dons que recebemos: "Mas um só e o mesmo Espírito realiza todas estas coisas, distribuindo-as, como lhe apraz, a cada um, individualmente" (1 CORÍNTIOS 12:11).

Também é muito importante que consideremos o argumento quanto à Igreja como "corpo" de Cristo. O corpo é um, mas os dons, ministérios e atividades são diferentes, portanto, primeiramente, nenhuma pessoa é mais importante do que outra. (Em nosso corpo todos os membros são imprescindíveis e ninguém pensa que um é melhor do que o outro.) Segundo, ninguém pode ocupar o lugar de outro nem pode desprezar o outro. Nenhuma pessoa trocaria um olho para ter uma orelha a mais, ou qualquer exemplo parecido (vv.12-24). O Espírito é quem concede os dons, e, como em Sua essência Ele é amor e comunhão, logo o que Ele nos concede não deve ser posto como motivo para divisões no "corpo". Será bom ler com calma Romanos 12:4, como também todo o capítulo 12 de 1 Coríntios, para se entender este exemplo: os membros do corpo cuidam uns dos outros e jamais competem entre si. Essa é a maneira como nós devemos viver (12:25-27).

Necessitamos recordar novamente que Deus determina os dons de acordo com a Sua vontade e o faz com base no que a Igreja precisa para a edificação e a evangelização. Neste sentido é dito que primeiro foram os apóstolos (v.28), depois profetas, mestres etc. Não se fala de uma sequência de autoridade ou importância, mas de uma ordem temporária. Inclusive é dedicado todo um capítulo para se estabelecer os princípios quanto ao uso dos dons "espetaculares", porque eram os mais desejados em Corinto, uma igreja imatura e repleta de situações conflitantes (1 CORÍNTIOS 14).

Devemos ser sinceros e reconhecer que continuamos tendo os mesmos problemas, porque muitas igrejas procuram o que aparenta ser mais evidente e espetacular. Quando nos fixamos nisso, e não no bem da igreja, acabamos vivendo num corpo em que há membros mais importantes do que outros; e um corpo deformado não funciona bem e deixa de ser atraente. Menos atraente ainda para os incrédulos! Esse é o motivo por Deus nos advertir quanto aos problemas que surgem quando admitimos que existem dons mais importantes do que outros. Devemos nos lembrar que na igreja de Corinto não faltava dom algum (1 CORÍNTIOS 1:7-9) apesar de ser a igreja mais carnal do primeiro século. Estar perto de Deus e fazer a Sua vontade não se mede prioritariamente pelos dons que temos ou quão espetaculares sejam nossas ações.

> OS MEMBROS DO CORPO CUIDAM UNS DOS OUTROS E JAMAIS COMPETEM ENTRE SI. ESSA É A MANEIRA COMO NÓS DEVEMOS VIVER.

Em Romanos 12:1-16, o Espírito de Deus nos ensina que o segredo na prática dos dons é que os dediquemos totalmente ao Senhor (v.1), como um sacrifício vivo, sem nos acomodarmos ao que o mundo quer de nós, e que a nossa maneira de pensar seja transformada por Cristo para conhecermos a vontade de Deus (v.2) e fazermos tudo com a mesma humildade com a qual Jesus vivia (v.3). É a graça de Deus que nos concede os dons (v.6) e é o Espírito que nos ajuda a entender como usar cada dom em particular (vv.7,8), sempre com uma atitude humilde. A arrogância no uso dos dons ou o orgulho pela posse de algum deles em particular nada tem a ver com o Espírito de Deus.

Essa é a razão pela qual a Bíblia nos ensina que não existe um critério que abranja o caráter de cada pessoa, tampouco a necessidade de que todos tenham um determinado dom. Devemos nos lembrar (mais uma vez) de que o segredo em tudo é o amor: "O amor seja sem hipocrisia. Detestai o mal, apegando-vos ao bem" (ROMANOS 12:9). Deus sabe que muitas vezes temos problemas em definir esse amor de maneira correta, daí a explicação de modo muito claro: "Tende o mesmo sentimento uns para com os outros; em lugar de serdes orgulhosos, condescendei com o que é humilde; não sejais sábios aos vossos próprios olhos" (ROMANOS 12:16).

Sentirmos a mesma coisa,
não nos julgarmos superiores aos outros,
trabalharmos em equipe e
sermos humildes.
É suficientemente claro para que jamais venhamos a esquecer.

Em Efésios 4, a lista dos dons volta a aparecer, mas desta vez somente com aqueles dons que são imprescindíveis para a edificação da Igreja e a evangelização: apóstolos, evangelistas, pastores e mestres (EFÉSIOS 4:12,13). Deus nos lembra, no começo desse capítulo, de que a base para tudo é a unidade, que temos de preservar sem julgar que um talvez seja mais importante do que o outro, sem pressionar ninguém, e vivendo sempre na graça de Deus (vv.1-3).

É significativo que a Bíblia repita essas palavras com frequência porque poucas coisas destroem tanto a unidade visível do Corpo de Cristo como o uso dos dons e as centenas de teorias sobre o que se deve ou não fazer. Por isso a tão sublime argumentação quanto ao fato de haver um só corpo, da mesma forma que existe só um Espírito (vv.4-8), lembrando que o amor é a base de tudo. "Mas, seguindo a verdade em amor, cresçamos em tudo naquele que é a cabeça, Cristo, de quem todo o corpo, bem-ajustado e consolidado pelo auxílio de toda junta, segundo a justa cooperação de cada parte, efetua o seu próprio aumento para a edificação de si mesmo em amor" (EFÉSIOS 4:15,16). É tão claro que não precisa de comentários extras.

> SENTIRMOS O MESMO, NÃO NOS JULGARMOS SUPERIORES AOS OUTROS, TRABALHARMOS EM EQUIPE E SERMOS HUMILDES. É SUFICIENTEMENTE CLARO PARA QUE JAMAIS VENHAMOS A ESQUECER.

Como trabalhar com os dons que o Espírito coloca em nós? Mais uma vez a Palavra de Deus é enfática: "Por esta razão, pois, te admoesto que reavives o dom de Deus que há em ti pela imposição das minhas mãos. Porque Deus não nos tem dado espírito de covardia, mas de poder, de amor e de moderação" (2 TIMÓTEO 1:6,7). Será muito bom ler não apenas estes dois versículos, mas todo o seu contexto (1:6-14) para compreender que nada podemos fazer sem a chama do Espírito de Deus, e, ao mesmo tempo, sem sofrer os embates da batalha espiritual no dia a dia. O ministério não é apenas um trabalho que deve ser feito ou um chamado para participar numa obra, mas, acima de tudo, é uma luta contínua. Precisamos estar sempre "em sintonia" com o nosso Senhor. Pedro explica isso de forma admirável quando diz como usar os dons (1 PEDRO 4:7-11), rogando-nos que não deixemos de orar e sejamos fervorosos em amor.

Quem trabalha na obra do Senhor sem orar, ou não conhece a Deus, ou não conhece a obra, ou não conhece a si mesmo!

Por último, para deixar claro que é uma ideia do Espírito de Deus ao longo de todo o Novo Testamento, e não somente de um dos autores, Pedro enfatiza o que vimos com frequência: "Servi uns aos outros, cada um conforme o dom que recebeu, como bons despenseiros da multiforme graça de Deus" (1 PEDRO 4:10). O propósito é que em tudo Deus seja glorificado por meio de Jesus Cristo. Os dons são concedidos pelo Espírito Santo, portanto a glória jamais nos pertence.

2. Os ministérios dentro e fora da igreja

A Bíblia nos ensina que existe diversidade de ministérios. Aqui temos de partir do começo porque, infelizmente, quando falamos de "ministros", logo vem a nossa mente os dirigentes de um país e o contexto das suas atividades. Nada mais distante da realidade no campo espiritual. Literalmente, o ministro é "aquele que faz menos para servir aos outros" (a primeira parte da palavra vem do latim *minus*, menos, em contraste com o "magistério", que vem de *magis*, maior). O Senhor Jesus é um exemplo quanto ao ministério porque

Ele se despojou de si mesmo e tomou a forma de servo para ir à cruz em nosso lugar (FILIPENSES 2). Isso significa que jamais devemos ser os donos da igreja, porém, servos de todos. Essa é a razão por Jesus dizer aos Seus discípulos que aquele que quisesse ser o maior deveria ser o servo de todos. Na obra de Deus não existe lugar para os que se julgam superiores. Se não entendemos esse princípio, melhor não estarmos no "ministério".

Quando Paulo escreve aos Efésios (4:11), ele ensina que todos os ministérios e serviços procedem do Senhor Jesus exatamente por esse motivo, porque é Ele quem "concede" obreiros para a Igreja e os concede especialmente para que as pessoas possam compreender a Palavra de Deus e aplicá-la em sua vida. Jesus não apenas é nosso exemplo como "ministro", mas também é Mensagem em si mesmo e é Aquele que deve brilhar em nossa vida como Palavra encarnada.

Não é preciso argumentar muito para se entender que a vida no ministério é complicada e só pode ser exercida em resposta ao chamado de Deus, o qual reflete Jesus na nossa vida pelo poder do Espírito Santo. Paulo explica em 2 Coríntios 6 e 7 algumas características do ministério, primeiramente para que ele não seja "desacreditado", mas também para que os que servem não sejam motivo de tropeço a ninguém, nem aos crentes, nem aos incrédulos. Todos os que trabalham no ministério — pastores, mestres, evangelistas, músicos, diáconos, líderes de áreas etc. — devem se lembrar daquele a quem servem, para não se preocuparem com as honras e os ganhos que desejam receber.

> *Pelo contrário, em tudo recomendando-nos a nós mesmos como ministros de Deus: na muita paciência, nas aflições, nas privações, nas angústias, nos açoites, nas prisões, nos tumultos, nos trabalhos, nas vigílias, nos jejuns, na pureza, no saber, na longanimidade, na bondade, no Espírito Santo, no amor não fingido, na palavra da verdade, no poder de Deus, pelas armas da justiça, quer ofensivas, quer*

defensivas; por honra e por desonra, por infâmia e por boa fama, como enganadores e sendo verdadeiros; como desconhecidos e, entretanto, bem-conhecidos; como se estivéssemos morrendo e, contudo, eis que vivemos; como castigados, porém não mortos; entristecidos, mas sempre alegres; pobres, mas enriquecendo a muitos; nada tendo, mas possuindo tudo. (2 CORÍNTIOS 6:4-10)

Se prosseguirmos na leitura, perceberemos que Deus nos ensina que jamais devemos limitar os cristãos (vv.12,13), nem ofender a ninguém (7:1-4), nem fazer mal a alguém, nem buscar vantagens econômicas ou de qualquer outro tipo, mas, sim, sofrer com todos e consolar a todos (vv.5-7). É claro que a vida na igreja seria bem diferente se os ministros (e aí entram todos os que fazem algum trabalho para o Senhor) vivessem assim: "Recomenda estas coisas. Dá testemunho solene a todos perante Deus, para que evitem contendas de palavras que para nada aproveitam, exceto para a subversão dos ouvintes. Procura apresentar-te a Deus aprovado, como obreiro que não tem de que se envergonhar, que maneja bem a palavra da verdade. Evita, igualmente, os falatórios inúteis e profanos, pois os que deles usam passarão a impiedade ainda maior" (2 TIMÓTEO 2:14-16).

> A VIDA NA IGREJA SERIA BEM DIFERENTE SE OS MINISTROS (E AÍ ENTRAM TODOS OS QUE FAZEM ALGUM TRABALHO PARA O SENHOR) VIVESSEM ASSIM.

De certa maneira, esse problema não tem solução. Na obra de Deus existem bons e maus exemplos, vasos de honra e vasos de desonra, como Paulo os define (vv.17-19). Nossa oração é que Deus nos use como vasos de honra (vv.20,21) em tudo quanto fizermos, e o "modo" como devemos viver pode ser aplicado integralmente em todos os ministérios da igreja e também fora dela. "Ora, é necessário que o servo do Senhor não viva a contender, e sim deve ser brando para com todos, apto para instruir, paciente, disciplinando com mansidão os que se opõem, na expectativa de que Deus lhes conceda não só o arrependimento para conhecerem plenamente a verdade" (2 TIMÓTEO 2:24,25). Como foi dito, o fato de não impormos sempre as nossas ideias, sermos amáveis com todos e aptos para ensinar, humildes e ministrando graça, inclusive àqueles que não gostam de nós, são qualidades imprescindíveis para todos.

Se queremos compreender o verdadeiro ministério, temos de ler com atenção o texto em 2 Coríntios 10–12, a fim de aprendermos que nossas "armas" são espirituais (10:1-6), que vivemos para a edificação de todos e a não "assustar" com nossas palavras (vv.7-12), que não nos julguemos superiores aos outros, e que somente o serviço ao Senhor e o nosso trabalho para Ele sejam a nossa glória (vv.13-17). Não estamos na obra para competir, mas para vivermos juntos e ajudar-nos mutuamente!

Como se isso não bastasse, Paulo "desvenda" as motivações de muitos ministérios nos dias de hoje ao dizer que aquele que serve (o ministro) é aquele que deve doar aos outros, e não deve esperar dinheiro de ninguém e nem pedir coisa alguma (2 CORÍNTIOS 11:1-8). Ele mesmo precisou trabalhar duro em muitas ocasiões para poder viajar e pregar o evangelho (vv.9-12). Lembre-se de que todo o argumento surge da verdadeira motivação do servo de Deus disposto a sofrer e a morrer, se for preciso, pela Igreja do Senhor e para que o evangelho seja anunciado em todos os lugares (vv.13-33). Assim, não é surpresa constatar que a Igreja Primitiva tenha atingido, com a mensagem da graça de Deus, praticamente todo o mundo conhecido na época e chegasse a transformá-lo com o poder de Deus ao ver a atitude de seus líderes.

A diferença em relação aos nossos dias é gritante, muito mais ao nos depararmos com Filipenses 2:1-11, esse texto nos confronta não somente pelo exemplo do Senhor Jesus, mas também pela necessidade de se viver com o mesmo sentimento, conservando o mesmo amor, dedicados ao mesmo propósito e unidos no Espírito de Deus. Assim como o Senhor Jesus se humilhou ao máximo, nossa atitude deve ser a mesma! Se o que buscamos é a nossa glória, não deveríamos nos dedicar ao ministério visto que estaríamos vivendo de uma forma contrária ao que o Senhor Jesus vivenciou. Assim como uma sinfonia interpretada por uma orquestra nos encanta quando todos ocupam seu lugar e ninguém se afasta do que a partitura determina, também a inigualável sinfonia de Deus se torna real quando, sintonizados ao Espírito de Deus, o toque da melodia que tocamos se torna sublime pela pessoa do Senhor Jesus.

3. As atividades e ações de Deus por meio de cada um de nós
Em último lugar aparecem as atividades oriundas do poder de Deus Pai, da Sua criatividade e, se me permite usar o termo, da Sua "imaginação". Toda a beleza do Universo vem dele porque surge do Seu caráter, de tal forma que, quando "criamos" algo, fazemos brotar em nós o resultado da imaginação que Deus colocou em nosso interior. A Bíblia nos ensina que Deus trabalha por intermédio dos Seus filhos; somos Seus embaixadores, aqueles que executam a obra que Ele realiza no mundo. Deus pode intervir na criação quantas vezes quiser, pois tem todo o direito, mas Ele se "limitou" a si mesmo para que tenhamos parte no Seu trabalho de reconciliação e restauração.

Vimos há pouco (FILIPENSES 2:13,14) que o Pai age em nós para transbordar beleza e graça a fim de que nos deleitemos nele de tal maneira para que todos cheguem a conhecê-lo (MATEUS 5:16, 1 PEDRO 2:12), pois, ao fazermos qualquer tipo de trabalho e o executarmos bem, nós o glorificamos. Por esse motivo não encontramos na Bíblia qualquer diferença entre o que é e o que não é para Deus: tudo o que fazemos de uma maneira correta em nome de Deus o honra — tanto em nos alimentarmos como na pregação (lembra-se do capítulo dedicado a Priscila e Áquila?).

É IGUALMENTE HONROSO FABRICAR UMA MESA PARA
O SENHOR COMO PRESIDIR A MESA DO SENHOR.

O perigo que muitas vezes enfrentamos é tornar as atividades que desenvolvemos na igreja mais importantes do que o próprio Deus. O inimigo é muito astuto e sempre consegue distorcer os princípios para que acabemos vivendo de forma errada. Deus nos concede dons para fazermos coisas, dá-nos a capacitação para executá-las, a vida e o poder para vivenciá-las, mas nós acabamos lhes atribuindo maior valor do que ao Senhor. Acabamos amando mais as bênçãos do que Àquele que é o doador delas. Quando nos equivocamos nos conceitos espirituais, fazemos nossa vida girar em torno das atividades, do lugar, das tradições, dos objetivos, dos orçamentos, do êxito espiritual e material, dos dons, dos programas e de uma infinidade de outras coisas... ao invés de vivermos na presença de Deus. Quando isso acontece, não só negligenciamos a vontade divina em nossa vida e na vida da igreja, como também somos incapazes de conhecê-lo, amá-lo e nos deleitarmos nele. Com o passar do tempo acabamos não nos sentindo bem até no que fazemos para Deus, pois Ele não está presente em nossas atividades.

O "último" detalhe tem a ver com o trabalho em equipe. O Senhor Jesus sempre executou a Sua obra com os discípulos e as mulheres que o acompanhavam. Da mesma maneira, na Igreja Primitiva, conforme o livro de Atos, todos participavam! O próprio Paulo dedica capítulos inteiros em suas epístolas para falar de todos os seus companheiros de trabalho (ROMANOS 16:1-16; COLOSSENSES 4:10-18; 2 TIMÓTEO 4:9-22). A obra de Deus sempre se faz em equipe. De fato, Deus é um ser perfeito, formado pela união eterna de três Pessoas!

SE NÃO SOMOS GUIADOS PELO ESPÍRITO DE DEUS É IMPOSSÍVEL VIVENCIAR A VIDA ESPIRITUAL

Para terminar, precisamos recordar que somente o Espírito de Deus pode nos fazer entender a realidade espiritual (1 CORÍNTIOS 2:9-12). E isso Ele realiza quando amamos o Senhor! O amor continua sendo o segredo porque, quando amamos com todo o nosso ser, podemos chegar às profundezas de Deus (1 CORÍNTIOS 2:10-12). O Espírito Santo trabalha em nosso interior para desenvolver as características de Deus: amor, alegria, paz, paciência, amabilidade etc. Essa é a diferença! Não se trata de nós, mas de Deus. Quanto mais nos focarmos nele, mais perto estaremos de encontrar o nosso lugar, não apenas no tocante aos dons que o Espírito tenha nos concedido como "ministros" ou nas atividades onde Deus nos colocar, mas também como pessoas. Quanto mais glorificamos a Deus com nossas ações e palavras, mais usufruímos da vida que Ele nos proporciona.

Você se lembra? Sabemos que Gaio possuía vários dons, mas João sequer os menciona. O que realmente ajudava as pessoas era o seu amor pelo Senhor, pela Igreja, pelos outros e até pelos desconhecidos... O Espírito de Deus continua trabalhando na Igreja do Senhor Jesus para que Seu caráter seja formado e se manifeste acima de qualquer outra coisa, dentro dela e de cada um de seus membros: "Mas o fruto do Espírito é: amor, alegria, paz, longanimidade, benignidade, bondade, fidelidade, mansidão, domínio próprio" (GÁLATAS 5:22,23). Deus concede de acordo com a Sua vontade os dons, ministérios e atividades. Nossa principal responsabilidade é vivermos cheios do Espírito Santo! Da outra parte o nosso Pai Celestial se encarrega! O objetivo em nossa vida é que o Espírito de Deus nos guie e nos encha completamente.

Dessa maneira o Seu fruto se verá refletido todos os dias em cada um de nós, tanto dentro como fora da igreja, entre os cristãos e incrédulos.

18

HUR: DIZER "NÃO" À IDOLATRIA MESMO QUE LHE CUSTE A VIDA

Não resta dúvida de que o esporte é um dos "deuses" deste mundo. Pode parecer uma afirmação um tanto ousada, mas, quando vemos as reações das pessoas diante dos seus ídolos de chuteiras, o tempo que dedicam para seguir seus passos e a necessidade que têm de festejarem suas vitórias e suas conquistas, descubro que não estou totalmente equivocado em minha afirmação.

Se você não acredita, preste atenção a tudo o que acontece ao seu redor na próxima vez que for a um estádio de futebol. As pessoas costumam assistir às partidas desse jogo num dia da semana (quarta-feira, sábado ou domingo), vestidas para o evento geralmente com as cores do seu clube, vão com sua família e amigos e, por quase duas horas, prestam atenção a tudo o que ocorre no campo, cantam com desconhecidos canções dedicadas aos seus "deuses" (jogadores) e ao clube que "veneram", vibram com as vitórias como se tivessem ganhado uma promoção no seu trabalho, choram nas derrotas como se tivesse falecido alguém conhecido, e, quando deixam o estádio, a semana toda é dedicada ao resultado do último jogo.

E como se não bastasse, o que mais me impressiona é ver como muitos deles permanecem com os seus familiares (e assim ensinam a seus filhos) esperando durante horas apenas para ver o seu time preferido atuar diante dos seus olhos. Mais tarde voltam felizes para suas casas depois de conseguirem ver seus ídolos bem de perto. E não digo nada se algum deles se detém a fim de conseguir uma *selfie*, ou um autógrafo! A felicidade então é completa.

Não pense que são pessoas "simples" porque você vai encontrar entre eles pessoas de todo tipo e de toda condição social e política. Para muitas pessoas, o esporte se transformou em "pão e circo" — referência à política na Roma antiga. E se você não gosta de esporte, não pense que está distante dessa "adoração". Muitos outros fazem o mesmo seguindo atores, políticos, pessoas famosas nos meios de comunicação etc.

NOSSO CORAÇÃO ESTÁ PROGRAMADO PARA ADORAR

Todos adoram algo ou alguém. Nosso coração está programado para abrigar a eternidade, e todos satisfazem esse desejo com algo ou alguém. Porém, se não for o Deus eterno a preencher a nossa alma, seremos sempre órfãos do infinito. Seja o que for aquilo em que confiamos, acrescentará mais vazio à nossa vida e poderá nos satisfazer por algum tempo. Somente Deus pode entender o nosso coração. Somente o que for eterno pode preencher nossa necessidade do infinito.

Algo tão simples como isso não pode ser entendido pelos incrédulos. O problema é que, em algumas ocasiões, o mesmo acontece entre o povo de Deus. Hur foi um dos heróis que soube enfrentar a idolatria, entretanto a história nos diz que quase ninguém quis ouvi-lo.

Como sempre, não existe melhor maneira de começar do que pelo início! A primeira vez que Hur aparece na Bíblia, ele está ajudando o povo de modo sobrenatural. O próprio Deus pede a Moisés que registre o fato, pois estamos diante de uma lição que deve ser lembrada por todos:

Então, veio Amaleque e pelejou contra Israel em Refidim. Com isso, ordenou Moisés a Josué: Escolhe-nos homens, e sai, e peleja contra Amaleque; amanhã, estarei eu no cimo do outeiro, e o bordão de Deus estará na minha mão. Fez Josué como Moisés lhe dissera e pelejou contra Amaleque; Moisés, porém, Arão e Hur subiram ao cimo do outeiro. Quando Moisés levantava a mão, Israel prevalecia; quando, porém, ele abaixava a mão, prevalecia Amaleque. Ora, as mãos de Moisés eram pesadas; por isso, tomaram uma pedra e a puseram por baixo dele, e ele nela se assentou; Arão e Hur sustentavam-lhe as mãos, um, de um lado, e o outro, do outro; assim lhe ficaram as mãos firmes até ao pôr do sol. E Josué desbaratou a Amaleque e a seu povo a fio de espada. Então, disse o SENHOR *a Moisés: Escreve isto para memória num livro e repete-o a Josué; porque eu hei de riscar totalmente a memória de Amaleque de debaixo do céu. E Moisés edificou um altar e lhe chamou: O* SENHOR *É Minha Bandeira. E disse: Porquanto o* SENHOR *jurou, haverá guerra do* SENHOR *contra Amaleque de geração em geração.* (ÊXODO 17:8-16)

O povo de Israel precisava aprender a confiar e a descansar em Deus em todas as circunstâncias, então o Senhor permitiu que uma batalha contra um rival extraordinário servisse como marco de referência para que aprendessem sobre o significado da oração. Até os dias de hoje, continua sendo uma lição difícil para nós também, porque queremos solucionar tudo à nossa maneira em vez de olharmos para o Senhor.

> HUR APRENDEU QUE A INTERCESSÃO PELO POVO DE DEUS ERA O SEGREDO PARA A VITÓRIA.

O primeiro detalhe que aparece na história é que não encontramos qualquer sinal de que o povo se cansara de lutar, mas de que eles se cansaram de orar e de estender as mãos ao Céu. Não nos importa que gastemos nossas energias trabalhando para o Senhor, porém poucas vezes encontramos tempo para orar. Se precisarmos de voluntários para lutar, vamos contar com muitos, contudo, se pedirmos ajuda para orar, talvez acabemos ficando sozinhos.

Se você quiser que haja uma verdadeira revolução espiritual em sua vida, família ou igreja, encontre companheiros de oração, pessoas que sustentem os seus braços enquanto você clama ao Senhor, irmãos e irmãs que possam ajudá-lo a clamar pelo povo de Deus. É algo tão simples e foi o que Hur fez. Sustentar os braços de Moisés, auxiliar quem estava orando. Ele aprendeu que a intercessão pelo povo de Deus era o segredo para a vitória.

Essa era a lição que Deus desejava que ficasse registrada na história! O povo a reviveu diversas vezes no futuro. Cada vez que Deus lhes proporcionou uma vitória, foi para que confiassem nele.

A TERRÍVEL INSENSATEZ DO POVO

Então, disse o Senhor a Moisés: Sobe a mim, ao monte, e fica lá; dar-te-ei tábuas de pedra, e a lei, e os mandamentos que escrevi, para os ensinares. Levantou-se Moisés com Josué, seu servidor; e, subindo Moisés ao monte de Deus, disse aos anciãos: Esperai-nos aqui até que voltemos a vós outros. Eis que Arão e Hur ficam convosco; quem tiver alguma questão se chegará a eles. Tendo Moisés subido, uma nuvem cobriu o monte. E a glória do Senhor pousou sobre o monte Sinai, e a nuvem o cobriu por seis dias; ao sétimo dia, do meio da nuvem chamou o Senhor a Moisés. (ÊXODO 24:12-16)

Mais adiante, a Bíblia nos mostra o momento em que Deus chamou Moisés para subir sozinho ao monte. Hur permaneceu com

Arão para ajudar o povo no vale. Precisavam ter paciência e esperar pelos planos que Deus tinha para eles. Era uma questão de dias, mas o povo não quis.

O processo pelo qual o povo passou foi muito simples e continua a se repetir ao longo da história até os dias de hoje. Quando não oramos, não confiamos em Deus. Quando não confiamos em Deus, desesperamo-nos. Quando nos desesperamos, acabamos acreditando que Deus nos abandonou. Quando pensamos que Deus nos abandonou, somos capazes de cometer as maiores loucuras.

> *Mas, vendo o povo que Moisés tardava em descer do monte, acercou-se de Arão e lhe disse: Levanta-te, faze-nos deuses que vão adiante de nós; pois, quanto a este Moisés, o homem que nos tirou do Egito, não sabemos o que lhe terá sucedido. Disse-lhes Arão: Tirai as argolas de ouro das orelhas de vossas mulheres, vossos filhos e vossas filhas e trazei-mas. Então, todo o povo tirou das orelhas as argolas e as trouxe a Arão. Este, recebendo-as das suas mãos, trabalhou o ouro com buril e fez dele um bezerro fundido. Então, disseram: São estes, ó Israel, os teus deuses, que te tiraram da terra do Egito. Arão, vendo isso, edificou um altar diante dele e, apregoando, disse: Amanhã, será festa ao* SENHOR. *No dia seguinte, madrugaram, e ofereceram holocaustos, e trouxeram ofertas pacíficas; e o povo assentou-se para comer e beber e levantou-se para divertir-se.* (ÊXODO 32:1-6)

Às vezes se torna difícil comentar algumas das histórias bíblicas porque nos dá a impressão de que a insensatez do ser humano não tem limites. Com o passar do tempo, entendemos que nós mesmos somos capazes de reagir da mesma forma em situações semelhantes. Não acredita? Julgue se é aceitável que um povo que vivenciou uma libertação incrivelmente milagrosa de seus opressores (a nação mais poderosa daquele tempo), que, além de ver o mar se abrir para passarem, viam todos os dias uma nuvem que os guiava durante o dia e uma coluna de fogo que os protegia à noite... fosse capaz de adorar um bezerro de ouro feito por eles mesmos, afirmando que todos os milagres que ocorreram foram graças ao poder do seu ídolo. Não parece, porventura, uma decisão resultante de tremenda imbecilidade? (Peço perdão pela colocação, mas não consigo dizê-lo de outra forma!)

A humanidade é assim mesmo, como veremos mais adiante.

Arão havia sido comissionado por Deus e por Moisés, mas ele concordou com a multidão e juntos confeccionaram um bezerro de ouro e o adoraram. Muitas pessoas, cristãs que amam o Senhor, não são capazes de confrontar a idolatria do seu povo (como acontece nos dias atuais) e se deixam levar. Não querem ter enfrentamentos!

Hur foi capaz de enfrentar todos: a tradição histórica de Israel diz que ele foi morto pela multidão ao se opor à confecção e à adoração do bezerro de ouro. O amigo de Moisés nunca mais aparece na Bíblia, nem na história de Israel, porque defendeu a verdade de Deus e pagou com sua própria vida.

ENTREGAR A VIDA POR AMOR A DEUS

Jamais se esqueça que Deus sempre recompensa a Seus heróis. Enfrentar a idolatria produz o galardão eterno. Amar ao Senhor acima de todas as coisas nos leva a abençoar a nossa família e aos que nos cercam. Embora Hur não volte a aparecer na história, Deus concedeu ao seu neto o privilégio de projetar o altar de bronze diante do qual todo o povo tinha de oferecer sacrifício de adoração ao Senhor. Embora Hur tenha sido assassinado, seus descendentes continuaram amando e adorando a Deus de maneira incondicional. Deus os chamou para Seu serviço e os honrou diante de todos!

> *Disse Moisés aos filhos de Israel: Eis que o* Senhor *chamou pelo nome a Bezalel, filho de Uri, filho de Hur, da tribo de Judá.* (ÊXODO 35:30)

> *Também o altar de bronze que fizera Bezalel, filho de Uri,*
> *filho de Hur, estava ali diante do tabernáculo do* Senhor*;*
> *e Salomão e a congregação consultaram o* Senhor*.*
>
> (2 CRÔNICAS 1:5)

Durante centenas de anos na história de Israel, quando o povo de Deus se aproximava do Tabernáculo do Senhor, símbolo da Sua presença, eles recordavam que fora o neto de Hur quem havia construído o altar. A história de sua família estava intimamente ligada à própria história do Deus de Israel. Quando alguma criança perguntava a seus pais quem havia feito aquele altar, eles lhe contavam que tinha sido o neto de Hur. E não conseguiam "escapar" de lhes explicar quem foi Hur e como ele enfrentou a idolatria do povo pagando com a própria vida.

A lealdade de Hur foi honrada por Deus.

A fidelidade dos que lutam contra a idolatria é sempre lembrada pelo Senhor, desde o primeiro até o último livro da Bíblia. Desde o começo até o fim da história. Você se lembra de Antipas, o servo de Deus que aparece no livro de Apocalipse? Ele foi capaz de permanecer fiel ao Senhor até à morte. O próprio Deus o chama de "minha testemunha, meu fiel servo". É o maior privilégio que existe!

> *Ao anjo da igreja em Pérgamo escreve: Estas coisas diz*
> *aquele que tem a espada afiada de dois gumes: Conheço*
> *o lugar em que habitas, onde está o trono de Satanás,*
> *e que conservas o meu nome e não negaste a minha fé,*
> *ainda nos dias de Antipas, minha testemunha, meu fiel,*
> *o qual foi morto entre vós, onde Satanás habita. Tenho,*
> *todavia, contra ti algumas coisas, pois que tens aí os que*
> *sustentam a doutrina de Balaão, o qual ensinava a Balaque*
> *a armar ciladas diante dos filhos de Israel para comerem*
> *coisas sacrificadas aos ídolos e praticarem a prostituição.*
>
> (APOCALIPSE 2:12-14)

CONTINUAMOS SENDO IDÓLATRAS

Nos dias de hoje, é muito simples falar de idolatria porque nenhum de nós adora um bezerro de ouro, uma estátua de mármore ou pedra, ou vive sob o domínio de várias superstições (assim espero). Mas a idolatria vai muito além do que imaginamos.

Continuamos sendo idólatras quando amamos e obedecemos a certas pessoas mais do que a Deus. Somos idólatras quando damos nosso tempo e dinheiro para ouvir o que nossos heróis dizem, em vez de buscarmos a Palavra de Deus. Somos idólatras quando confiamos mais no que temos do que nos cuidados do Senhor. Temos ídolos quando algumas atividades, quaisquer que sejam, absorvem nosso tempo e não conseguimos deixá-las. Somos idólatras quando nossa vida gira em torno de alguma pessoa, atividade, bens, habilidade e até do ministério em vez de amar a Deus sobre todas as coisas.

> CONTINUAMOS SENDO IDÓLATRAS
> QUANDO AMAMOS E OBEDECEMOS A CERTAS
> PESSOAS MAIS DO QUE A DEUS.

Quando o Espírito de Deus, por intermédio da carta do apóstolo Paulo aos romanos (12:1,2), fala de não nos "conformarmos" com este século, quer dizer, não permitir que a mentalidade e os princípios que governam a sociedade nos moldem, pois essa é a base da idolatria. A Bíblia fala de "tomar a forma" deste mundo, então nem tudo é tão fácil como parece ser. Nas últimas décadas, a cultura evangélica se entregou às forças deste século de tal maneira que, muitas vezes, já não conseguimos perceber o que vem de Deus e o que vem da nossa própria mentalidade.

Você acha que estou exagerando? Pense um pouco nas motivações que orientam a vida das pessoas que não conhecem a Deus:

- Ter mais posses e dinheiro.
- Subir na escala social e buscar o bem-estar da família.

- Ser conhecido e amado, fortalecer a autoestima.
- Realizar os sonhos.
- Ter um bom emprego, bem reconhecido por todos.
- Levar uma vida o mais confortável possível.
- Desfrutar de entretenimentos saudáveis e momentos de lazer.
- Ser socialmente aceito pelos outros...

Será que essa forma de viver é apenas dos que não conhecem o Senhor? Na próxima vez que você for à igreja, observe os temas da maioria das pregações: liderança, como realizar os sonhos, dinheiro, como viver melhor, autoestima, relacionamentos pessoais e sociais... poucos pregam como servir aos demais, doar para outras pessoas, ajudar a família, adorar, viver de maneira diferente, honrar a Deus, evangelizar etc. E como se não bastasse, cada vez mais as igrejas planejam todas as suas atividades de tal maneira que a maioria das pessoas passam a ser simples espectadores que vão ao templo uma vez por semana para desfrutar de bons cânticos e boas pregações, e nada mais. Vivemos sendo nominalmente cristãos, no entanto seguimos os princípios deste mundo; caímos na idolatria sem nos darmos conta porque não lutamos, não nos comprometemos, não servimos, não vivemos aventuras espirituais, não nos preocupamos em ser diferentes.

O cristianismo se tornou o pior inimigo do próprio cristianismo, pois muitos cristãos vivem da mesma forma que vivem os incrédulos. Em seus trabalhos, o que vão ganhar os preocupa mais do que servir aos outros. Em suas famílias, querem ser compreendidos e amados em vez de compreender e amar. Nos relacionamentos, buscam amigos que os admirem em vez de trabalhar pelo bem-estar dos outros. Em sua vida pessoal, querem se sentir realizados e desfrutar de todo o conforto em vez de se preocuparem com os que sofrem... Vivemos muito longe do que Deus quer.

FORMADORES DE UMA NOVA CULTURA

Até a subcultura evangélica é idêntica à cultura do mundo! A música, os vídeos, as palestras motivacionais, as redes sociais, as emissoras de televisão com o mesmo estilo de programas, a publicidade, os heróis, a busca do poder e do dinheiro, os meios de comunicação, a estética etc. Os valores que temos costumam ser idênticos à cultura que teoricamente deveríamos transformar; não somos diferentes em quase nada porque, no fundo, buscamos e pregamos a mesma coisa: temos direito à felicidade, à pessoa que desejamos ser, a fortalecer nossa autoestima e nossos sonhos, a ser líderes etc. Isso é o que a sociedade pós-moderna admira e é o que nós também buscamos.

Nossa vida espiritual já não tem a ver com Deus, mas, sim, com nós mesmos, e isso, embora nos custe reconhecer, torna-nos idólatras.

> BUSCAMOS E PREGAMOS A MESMA COISA: TEMOS O DIREITO À FELICIDADE, À PESSOA QUE DESEJAMOS SER, A FORTALECER NOSSA AUTOESTIMA E NOSSOS SONHOS, A SER LÍDERES ETC...

Quando nosso objetivo na vida não é glorificar a Deus e viver para Ele com tudo o que nos concede, perdemos todo o nosso sentido, não somente como cristãos, mas também como seres humanos. A cultura do êxito tem corrompido o evangelho de tal forma que muitos já não sabem a quem estão servindo. Hoje a adoração e o sentido da nossa vida já não têm a ver primeiramente com Deus, mas com nós mesmos e nossos "êxitos": as grandes igrejas, os grandes ministérios, o grande espetáculo, os grandes líderes...

Vivemos fascinados pelo brilho fugaz do que dura apenas alguns segundos ao invés de preenchermos nosso coração com a beleza eterna do Criador. As consequências são gravíssimas para todos. Impressiona saber que, no mundo desenvolvido, a principal causa na mortalidade do povo é o suicídio, e pode ser que uma das razões seja em grande parte o fato de a Igreja ter "tirado a própria vida", consciente ou inconscientemente, ao deixar que a idolatria reinasse em seu coração. Ela deixou de ser luz e produzir a vida diferente e abandonou a necessidade de ajudar a todos! Da mesma forma que muitos filhos egoístas e malcriados amam mais os seus jogos do que os seus próprios pais, muitas pessoas na igreja preferem as bênçãos materiais em vez de viverem na presença de Deus.

> VIVEMOS FASCINADOS PELO BRILHO ENGANOSO DO QUE DURA APENAS ALGUNS SEGUNDOS EM VEZ DE PREENCHERMOS O NOSSO CORAÇÃO COM A BELEZA ETERNA DO CRIADOR.

Ficamos encantados com o poder e as conquistas humanas, por isso não somos capazes de servir aos outros. Se realmente queremos viver de forma diferente e abrir o caminho da contracultura, devemos seguir o que o Senhor nos ensinou. Ou vivemos de acordo com a vida e os ensinamentos do Senhor Jesus ou então perdemos tudo, pois o cristianismo sem Cristo é nada. É até menos do que isso! É a maior aberração que alguém possa imaginar:

- Os que buscam a realização pessoal dizem estar seguindo o Servo com letra maiúscula.
- Os que somente se preocupam com seu próprio conforto pregam sobre Aquele que não tinha onde dormir.
- Os que desejam ser admirados se utilizam daquele que todos menosprezaram.
- Os que buscam o poder proclamam Aquele que morreu numa cruz...

Pode existir maior disparate?
Se de fato somos cristãos, precisamos ser semelhantes a Cristo. Apenas isso importa! Jesus nunca se preocupou com números, mas,

sim, com pessoas. Ele não viveu na escravidão do agora, mas projetou a vida de todos na eternidade. O Messias jamais buscou glória para si mesmo, mas buscou a glória para o Pai. Não veio para ser servido, mas para servir. Ele não olha para a aparência, mas para o coração. Jamais teve algo que lhe pertencesse, doou tudo. Deu-se a si mesmo! Essa é a contracultura na qual devemos viver. É o que pode realmente transformar o mundo!

Parece que esse é outro dos nossos problemas. Falo com muitos cristãos nos dias de hoje e percebo que poucos querem mudar o mundo. Eles gostam do modo como o mundo está! De fato, eles querem pregar o evangelho e alcançar as pessoas, mas sem perderem nada do "status" que conquistaram ou dos sonhos que desejamos alcançar. Nós temos nos tornado idólatras. Quem sabe tenhamos assassinado os "Hur" que se opuseram aos nossos desejos; pode ser que não tenha sido fisicamente, mas os temos mandado ao exílio, temos falado mal deles e os afastamos dos nossos púlpitos porque não nos convinha que pregassem. É triste reconhecer que algumas igrejas já não aceitam quem traga a Palavra de Deus de forma simples.

Precisamos voltar a viver segundo a escala de valores do cristianismo: o amor a todos, o serviço, a ajuda incondicional, a graça, a humildade... Uma contracultura baseada em não buscar o proveito pessoal, em preocupar-se com o dar e não com o receber, em curar e não ferir; a cultura de criar e imaginar e não de copiar; a cultura do perdão e da graça; da liberdade e da dignidade; a cultura da família e do cuidado; a cultura da investigação, do progresso e da ajuda a todos quantos necessitem; a contracultura dos novos Céus e nova Terra, aquela que nasce do Crucificado, Ressuscitado e que voltará!

É o momento de deixarmos de ser idólatras!

19
JOIADA: A IMPRESCINDÍVEL NECESSIDADE DE VIVER NA PRESENÇA DE DEUS

Todas as vezes que vou pregar em algum lugar, a primeira coisa que faço é orar e ver se existe a possibilidade de levar minha família comigo. Miriam e minhas três filhas não só fazem parte do meu ministério, como também me ajudam, mais do que alguém possa imaginar, orando, apoiando e me falando muitas vezes palavras vindas do Senhor... e me fazendo rir! Isso sempre acontece.

Lembro-me de uma viagem no verão de 2012, quando percorremos nove estados nos Estados Unidos para pregar e rever muitos amigos, e houve um dia em que preguei na cidade de Oklahoma. Cheguei à igreja com a família com bastante antecedência para o culto, pois eu não conhecia o pastor e desejava conversar e orar com ele. Nós estávamos ali porque um irmão em Cristo em comum havia nos apresentado, então pedi que Miriam e as meninas me esperassem enquanto eu cumprimentaria o pastor. Mel, a filha caçula (naquela altura com 6 anos) quis ir comigo, e embora eu argumentasse que nossa conversa a cansaria, ela insistiu e fomos juntos ao gabinete pastoral.

Conversamos por alguns minutos sobre a ordem do culto, as atividades, a família etc., e depois oramos. Orei primeiro e o pastor orou depois, e quando ele abriu os olhos para se levantar e sair, Mel começou a orar. Não me lembro exatamente o que ela disse, mas foi algo como: "Senhor, ajuda meu paizinho para que possa pregar de modo claro e que as pessoas possam entender, e o ajude muito, Senhor. Amém".

Quando Mel começou a orar, não pude deixar de abrir meus olhos para ver a reação do pastor (penso que não é normal uma criança de 6 anos orar com pessoas desconhecidas) e vi que ele a olhava surpreso. Mel abriu os olhos depois do "amém" e olhou fixamente para o pastor. Por alguns segundos ninguém falou nada, mas Mel, vendo que o pastor estava de olhos abertos, falou: "Você sabe que o Senhor Jesus morreu pelos nossos pecados, não sabe?".

Senti vontade de me esconder debaixo da mesa devido à ousadia da minha filha. O pastor sorriu, e nós dois rimos por um bom tempo. Mel me disse mais tarde que, ao ver aquele homem de olhos abertos, pensou que ele não era cristão e por isso o questionou daquele jeito...

Naquele dia aprendi através da minha filha o que significa a radicalidade de alguém que ama o Senhor de forma simples e deseja que todos o conheçam. Embora já tenham passado vários anos desde então, lembrei-me disso quando estava lendo sobre a vida de Joiada, um dos sacerdotes mais conhecidos na história do povo de Israel. Ainda que não tenha muito sentido aquilo que você lerá, gostaria de começar a partir do final da história, precisamente do tempo da sua morte.

Envelheceu Joiada e morreu farto de dias; era da idade de cento e trinta anos quando morreu. Sepultaram-no na Cidade de Davi com os reis; porque tinha feito bem em Israel e para com Deus e a sua casa. (2 CRÔNICAS 24:15,16)

UM SACERDOTE COM HONRAS DE UM REI

A pergunta é muito simples: por que Joiada foi tão importante na história do povo de Israel? Como pôde receber as homenagens dos reis na ocasião da sua morte? Por que a Bíblia afirma que praticou o bem em Israel, servindo a Deus e ao povo de um modo extraordinário? Penso que você concorda comigo no seguinte: se Deus o define desta maneira, é porque ele viveu de forma absolutamente excepcional. Por todos esses motivos, vamos começar fazendo uma pequena síntese da sua vida para podermos comprovar as qualidades do nosso herói.

> No sétimo ano, mandou Joiada chamar os capitães dos cários e da guarda e os fez entrar à sua presença na Casa do Senhor; fez com eles aliança, e ajuramentou-os na Casa do Senhor, e lhes mostrou o filho do rei. Então, lhes deu ordem, dizendo: Esta é a obra que haveis de fazer: uma terça parte de vós, que entrais no sábado, fará a guarda da casa do rei; e outra terça parte estará ao portão Sur; e a outra terça parte, ao portão detrás da guarda; assim, fareis a guarda e defesa desta casa. Os dois grupos que saem no sábado, estes todos farão a guarda da Casa do Senhor, junto ao rei. Rodeareis o rei, cada um de armas na mão, e qualquer que pretenda penetrar nas fileiras, seja morto; estareis com o rei quando sair e quando entrar. Fizeram, pois, os capitães de cem segundo tudo quanto lhes ordenara o sacerdote Joiada; tomaram cada um os seus homens, tanto os que entravam como os que saíam no sábado, e vieram ao sacerdote Joiada. O sacerdote entregou aos capitães de cem as lanças e os escudos que haviam sido do rei Davi e estavam na Casa do Senhor. Os da guarda se puseram, cada um de armas na mão, desde o lado direito da casa real até ao lado esquerdo, e até ao altar, e até ao templo, para rodear o rei. Então, Joiada fez sair o filho do

rei, pôs-lhe a coroa e lhe deu o Livro do Testemunho; eles o constituíram rei, e o ungiram, e bateram palmas, e gritaram: Viva o rei! Ouvindo Atalia o clamor dos da guarda e do povo, veio para onde este se achava na Casa do SENHOR. *Olhou, e eis que o rei estava junto à coluna, segundo o costume, e os capitães e os tocadores de trombetas, junto ao rei, e todo o povo da terra se alegrava, e se tocavam trombetas. Então, Atalia rasgou os seus vestidos e clamou: Traição! Traição! Porém o sacerdote Joiada deu ordem aos capitães que comandavam as tropas e disse-lhes: Fazei-a sair por entre as fileiras; se alguém a seguir, matai-o à espada. Porque o sacerdote tinha dito: Não a matem na Casa do* SENHOR. *Lançaram mão dela; e ela, pelo caminho da entrada dos cavalos, foi à casa do rei, onde a mataram. Joiada fez aliança entre o* SENHOR, *e o rei, e o povo, para serem eles o povo do* SENHOR; *como também entre o rei e o povo.* (2 REIS 11:4-17)

A perversa Atalia era a rainha. Ela havia mandado matar os filhos do rei que a antecedeu e fazia o que queria tanto na esfera material como no contexto espiritual. Joás foi o único filho do rei que havia escapado, e Joiada cuidava dele. Quando o menino chegou ao sétimo ano de vida, o sacerdote buscou os nobres e a todos quantos pudessem ajudá-lo para afastarem a perversa Atalia e colocaram Joás no lugar que lhe pertencia.

O começo pode parecer muito simples, mas é impactante. A história de Joiada se inicia de maneira tão natural que chegamos a dizer que ela é óbvia para qualquer cristão: a Bíblia diz que ele amava ao Senhor. Nunca devemos subestimar essa característica, porque essa é a base de tudo na vida cristã. Se não existe o amor incondicional a Deus, tudo o mais é supérfluo.

Em seguida, Joiada quase "obrigou" o povo a ir à casa do Senhor para se encontrar face a face com seu Deus, o que não era pouca coisa, visto que àquela altura o povo de Israel havia abandonado completamente o seu Criador. Joiada desejava que todos, tanto nobres como sacerdotes, reis ou súditos, mulheres, homens e crianças... todos vivessem na presença de Deus.

Joiada, era inteligente. Foi capaz de elaborar um plano para salvar o rei dos seus inimigos e coroá-lo diante de todos, incluindo ainda uma declaração pública quanto a seguir um pacto entre Deus e o Seu povo; pacto esse que obrigava o próprio rei a cumprir! Joiada fez todos compreenderem que se não vivessem como povo de Deus, a sua existência não teria qualquer sentido. A coragem e a sabedoria dele foram admiráveis porque foi exatamente isto o que aconteceu: todos aprenderam a confiar no Senhor fielmente. Isso ocorreu num único dia!

> JOIADA DESEJAVA QUE O POVO VIVESSE NA PRESENÇA DE DEUS.

Mas isso não lhe bastou; ele quis ir mais longe. "Fizeram, pois, os levitas e todo o Judá segundo tudo quanto lhes ordenara o sacerdote *Joiada*; tomou cada um os seus homens, tanto os que entravam como os que saíam no sábado; porquanto o sacerdote *Joiada* não despediu os turnos" (2 CRÔNICAS 23:8, ÊNFASE ADICIONADA).

Joiada conseguiu que os levitas se unissem num compromisso espiritual e o fez de maneira radical defendendo a legalidade, inclusive acima da própria vida (v.15). Por isso, não hesitou em punir pessoas perversas como Atalia, os quais levaram o povo à idolatria. "Porém o sacerdote Joiada trouxe para fora os capitães que comandavam as tropas e disse-lhes: Fazei-a sair por entre as fileiras; se alguém a seguir, matai-o à espada. Porque o sacerdote tinha dito: Não a matem na Casa do SENHOR" (2 CRÔNICAS 23:14).

Joiada decidiu acabar com os ídolos e conseguiu isso ao destruir todas as imagens que havia em Israel (v.18). Os resultados foram impressionantes: todo o povo começou a se regozijar na presença de Deus! Após muitos anos escravizados pelos inimigos físicos e espirituais, todos começaram a experimentar a liberdade em seu coração e em sua alma. Lembre-se de que a Bíblia nos ensina que a alegria é a primeira característica que surge em nossa vida quando decidimos seguir ao Senhor. Essa mesma alegria transbordou nos primórdios da Igreja, apesar das perseguições, do sofrimento e da morte. Quando vivemos na presença de Deus nós transbordamos graça e alegria sem qualquer limite!

> *Entregou Joiada a superintendência da Casa do Senhor nas mãos dos sacerdotes levitas, a quem Davi designara para o encargo da Casa do Senhor, para oferecerem os holocaustos do Senhor, como está escrito na Lei de Moisés, com alegria e com canto, segundo a instituição de Davi.* (2 CRÔNICAS 23:18, ÊNFASE ADICIONADA)

Frequentemente os livros históricos da Bíblia nos lembram de cada detalhe da reforma espiritual de Joiada, sempre com uma característica comum: fazer tudo em conformidade com o que Deus dizia. A sentença "como está escrito" se repete várias vezes e não é exagero. É o que faz diferença em nossa vida. Viver de acordo com a Palavra de Deus! Ele usou Joiada em um momento quando o povo não era somente idólatra, mas, além disso, havia se esquecido completamente do que o Senhor lhes havia dito. Ao lermos a história (e muito mais naquele momento), poderíamos chegar a pensar que uma pessoa não poderia fazer muito, mas isso não aconteceu: a vida e a coragem de Joiada foram essenciais para que o povo voltasse a amar o Senhor. A Bíblia nos lembra que Joás, o rei, foi fiel a Deus enquanto Joiada viveu: "Fez Joás o que era reto perante o Senhor, todos os dias em que o sacerdote *Joiada* o dirigia" (2 REIS 12:2, ÊNFASE ADICIONADA).

E não somente isso, mas também a casa de Deus foi restaurada: "Então, o rei Joás chamou o sacerdote *Joiada* e os mais sacerdotes e lhes disse: Por que não reparais os estragos da casa? Agora, pois, não recebais mais dinheiro de vossos conhecidos, mas entregai-o para a reparação dos estragos da casa. Porém o sacerdote *Joiada* tomou uma caixa, e lhe fez na tampa um buraco, e a pôs ao pé do altar, à mão direita dos que entravam na Casa do Senhor; os sacerdotes que guardavam a entrada da porta depositavam ali todo o dinheiro que se trazia à Casa do Senhor" (2 REIS 12:7-9, ÊNFASE ADICIONADA).

A influência de Joiada foi muito além do que podemos imaginar. Não houve um único dia em que não houvesse sacrifícios de adoração a Deus! Durante toda a sua vida! "Tendo eles acabado a obra, trouxeram ao rei e a *Joiada* o resto do dinheiro, de que se fizeram utensílios para a Casa do Senhor, objetos para o ministério e para os holocaustos, taças e outros objetos de ouro e de prata. E continuamente ofereceram holocaustos na Casa do Senhor, todos os dias de *Joiada*" (2 CRÔNICAS 24:14).

> A INFLUÊNCIA DE JOIADA FOI MUITO ALÉM DO QUE PODEMOS IMAGINAR. NÃO HOUVE UM ÚNICO DIA DURANTE A SUA VIDA QUE NÃO HOUVESSE SACRIFÍCIOS DE ADORAÇÃO A DEUS!

Ao encerrarem a narrativa da história de sua vida, os livros históricos nos dão um último detalhe impressionante: quando Joiada faleceu, Joás, um dos reis que viveu mais perto de Deus em toda a história do povo de Israel, desviou-se completamente. O segredo da espiritualidade do rei era a vida do sacerdote. Tão logo o Senhor levou Seu servo, aquele magnífico rei deixou de ser fiel a Deus. Ele se deixou levar por maus conselheiros sem ser capaz de enfrentá-los e continuar seguindo o Senhor. Ele sentia falta de Joiada! Ele se afastou de Deus de tal forma que foi até capaz de mandar matar o filho do seu amigo, Zacarias:

> *Depois da morte de Joiada, vieram os príncipes de Judá e se prostraram perante o rei, e o rei os ouviu. Deixaram a Casa do* Senhor, *Deus de seus pais, e serviram aos postes-ídolos e aos ídolos; e, por esta sua culpa, veio grande ira sobre Judá e Jerusalém. Porém o* Senhor *lhes enviou profetas para os reconduzir a si; estes profetas testemunharam contra eles, mas eles não deram ouvidos. O Espírito de Deus se apoderou de Zacarias, filho do sacerdote Joiada, o qual se pôs em pé diante do povo e lhes disse: Assim diz Deus: Por que transgredis os mandamentos do* Senhor, *de modo que não prosperais? Porque deixastes o* Senhor, *também ele vos deixará. Conspiraram contra ele e o apedrejaram, por mandado do rei, no pátio da Casa do* Senhor. *Assim, o rei Joás não se lembrou da beneficência que Joiada, pai de Zacarias, lhe fizera, porém matou-lhe o filho; este, ao expirar, disse: O* Senhor *o verá e o retribuirá.* (2 CRÔNICAS 24:17-22)

Por vezes não estamos conscientes do que uma única pessoa é capaz de fazer e de quanto pode influenciar quando é fiel em seu amor ao Senhor. Quando vivemos perto do Senhor e fazemos o bem a todos que nos cercam, estamos revolucionando o mundo! Como temos visto em várias ocasiões, Deus não precisa de grandes exércitos nem de equipes ministeriais impressionantes para realizar a Sua obra. Ele simplesmente busca aqueles que o amam de forma radical.

ONDE SE ENCONTRA NOSSO CORAÇÃO?

O Senhor Jesus disse isto de maneira muito clara: "Porque tudo o que dissestes às escuras será ouvido em plena luz; e o que dissestes aos ouvidos no interior da casa será proclamado dos eirados. Digo-vos, pois, amigos meus: não temais os que matam o corpo e, depois disso, nada mais podem fazer" (LUCAS 12:3,4). Isso define tudo. Nosso coração nos conduz àquilo que amamos, e nossos lábios falam do que temos no mais íntimo de nossa alma. Falamos do que amamos, vivemos em função do que se encontra dentro do nosso coração, simples assim. Não estou dizendo que precisamos falar de Deus a todo momento, mas às vezes é desconcertante (no mínimo) conhecer muitos cristãos que nunca falam a respeito de Jesus.

> DEUS NÃO PRECISA DE EQUIPES MINISTERIAIS IMPRESSIONANTES PARA REALIZAR SUA OBRA. ELE SIMPLESMENTE BUSCA ÀQUELES QUE O AMAM DE FORMA RADICAL.

O problema é que, se o Senhor não for nosso maior tesouro, não conseguiremos influenciar ninguém, como também não nos aproximaremos das pessoas que falam dele! Na sequência, afastamo-nos delas considerando-as excessivamente espirituais, pois, o que é espiritualmente correto nos dias de hoje é falarmos de Jesus somente aos domingos na igreja. Nada mais do que isso.

Esse é um problema grave, porque, quando não amamos a Jesus, não temos filhos espirituais. Lembre-se de que Deus planejou o ser humano para que seus filhos fossem fruto do amor. Ganhamos alguém para Jesus ao longo da nossa vida? Se isso não aconteceu, algo não anda bem. Não me refiro a chegar a muitas pessoas por meio do púlpito ou através de livros, conferências etc. Isso é muito fácil. Trata-se de falar pessoalmente com aqueles que nos cercam e orar por eles. Você tem falado a alguém o que Jesus significa para você? Às vezes podemos estar tão envolvidos no trabalho para o Senhor que não nos sobra tempo para falar dele com alguém.

Deixe-me contar alguns fatos que nos aconteceram nas últimas semanas. Visitei uma igreja com a família, e levamos conosco um dos nossos "filhos" espirituais, uma pessoa com poucas semanas no caminho da fé. No fim da reunião, havia uma mesa com livros evangélicos na entrada da igreja, e nosso convidado apanhou vários deles dizendo: "Tenho um amigo cuja irmã faleceu de câncer há um mês. Penso que este livro lhe fará bem."; "Estou falando a um colega sobre Jesus e vou levar para ele um Novo Testamento"; "Minha irmã está passando por um momento muito complicado e vou levar para ela algo para que o Senhor a ajude"... Enquanto conversávamos, praticamente toda a igreja passou pela mesa vendo as Bíblias e os livros... Só de vez em quando alguém parava para escutar o nosso amigo e ver como ele queria levar algo que falasse do evangelho para todos. O rosto de muitas pessoas tinha um ar de surpresa. Como poderia alguém, com tão pouco tempo ao lado de Jesus, falar dele com tanto entusiasmo?

Há relativamente pouco tempo, estivemos falando de Jesus em uma nova igreja. O local tinha sido inaugurado meses antes, e um dos pastores responsáveis pela missão nos visitava. Quando ele viu as condições do local, assim como a sua localização etc., falou: "Que sorte tiveram para encontrar algo assim". Eu pensei: "Sorte?". Quando começamos a falar dizendo que levamos muito tempo orando para que o Senhor nos trouxesse para um local como aquele, ele franziu a testa como alguém que estivesse "fora do seu lugar", e disse: "Ah, é isso!".

CORREMOS O TERRÍVEL PERIGO DE VIVER FORA DA REALIDADE DO EVANGELHO.

Muitas vezes, concluo que estamos vivendo fora da realidade do evangelho, numa anormalidade, se você me permite expressar-me dessa maneira. Porque o normal é falarmos de Jesus, o normal é termos filhos espirituais, o normal é ver a Deus nas circunstâncias da vida, o normal é saber que Ele cuida de nós e que não temos "sorte" quando algum milagre acontece. O fato é que o Senhor se encontra por trás do que ocorre, porém, às vezes, como um querido amigo, não deseja que saibamos diretamente que é Ele quem nos está ajudando. O normal é que não passe um único dia sem que eu lhe dê graças pelo que Ele faz na minha vida.

Vidas que, como a de Joiada, impactam os que as cercam deveria ser o normal; porque falar do que Deus faz por nós é a coisa mais natural do mundo, não é verdade? Se você me permite algo pessoal, eu teria de lhe dizer que ninguém precisa me pedir para falar de minha esposa Miriam e das crianças, de meus pais ou de outros familiares, de meus amigos, da Galícia, de música, de tudo o que gosto, porque isso está no meu coração.

Ninguém precisa me pedir para que eu fale de Jesus. Ele preenche tudo!

Se precisamos sempre falar na igreja e pregar desafiando a todos para que evangelizem e que compartilhem com os outros o que Deus está fazendo em suas vidas, então a coisa vai mal. Se ao longo desta semana você não falou a ninguém sobre o amor que você tem a Deus, então existe um problema; estamos vivendo fora da realidade do evangelho.

Quando as autoridades enfrentaram os discípulos publicamente e os desafiaram a não mais falarem do Senhor Jesus porque a vida deles estava em perigo, estes não hesitaram um segundo sequer e disseram: "Pois nós não podemos deixar de falar das coisas que vimos e ouvimos" (ATOS 4:20). Talvez seja por esse motivo que o livro se chame "Atos dos Apóstolos". Hoje se poderia escrever muita coisa sobre as pregações, as decisões, as comissões, as atividades, as reuniões ou a literatura evangélica, mas muito pouco se poderia falar dos seus atos.

Perdoe-me se alguma dessas frases que estou escrevendo provoque mal-estar, mas eu as aplico também a mim mesmo, pois poucas coisas são mais tristes do que não ter coisa alguma para dizer sobre Jesus e não receber nada novo da parte dele a cada dia. Se você não falar de Jesus, nunca saberá o que significa perceber a admiração nos olhos daquele a quem você estiver falando e saber que o Espírito Santo está tocando o coração dessa pessoa através de alguma frase que você tenha dito. Não existe nada mais triste do que não ter filhos espirituais que lhe telefonem ou lhe escrevam porque tenham lido algo na Bíblia que os impactou e desejam que você saiba. Poucas coisas são mais tristes do que não ter alguém com quem orar para pedir ajuda por algum motivo; alguém que lhe telefone a qualquer hora do dia ou da noite para que você ore com ele ou ela...

Por que estamos acomodados nessa "não realidade" e não falamos do maior tesouro que existe na história da humanidade? A igreja necessita da evangelização a partir do púlpito, das atividades, das campanhas e das pregações. Não existe nada de mal nisso! Entretanto as atividades têm seu lugar, mas não substituem a nossa responsabilidade. Elas se tornam nossos piores inimigos porque acreditamos veementemente que estamos fazendo o que devemos ("em tese" falando de Deus), mas não nos comprometendo com Ele em nosso dia a dia.

> DEUS CONTINUA BUSCANDO CRISTÃOS QUE NÃO VIVAM ESCONDIDOS NAS IGREJAS, ENVOLVIDOS EM UMA INFINIDADE DE ATIVIDADES DIFERENTES.

Pensando no que acontece na Espanha, por exemplo (mas você pode aplicar esta ideia no país onde vive), se durante uma semana falarmos a uma única pessoa sobre Jesus, em poucos anos teremos alcançado todas as pessoas com o evangelho. E não teríamos necessidade de campanhas nem de pregações! É muito fácil fazer as contas: 400 mil cristãos multiplicados por 104 semanas resulta em 40 milhões de pessoas. E não estamos falando apenas de números.

A igreja está sempre em busca de novos métodos, o que, de certa forma, é algo bom, visto que a sociedade está em constante mutação; mas não são os métodos que revolucionam o mundo, pelo contrário, são as pessoas. Deus continua buscando cristãos verdadeiros, apaixonados pelo Senhor Jesus, cheios do Seu Espírito, pessoas que usufruem da vida que Ele lhes concede como sendo o maior tesouro que receberam. Deus continua buscando cristãos que não vivam escondidos nas igrejas, envolvidos em uma infinidade de atividades diferentes, mas, sim, mais santos e mais evangélicos que qualquer outro! Deus continua desejando que voltemos a ser (mesmo com todos os nossos defeitos) como os primeiros cristãos, que viviam para anunciar o evangelho sem se importar com qualquer outra coisa.

Deus segue esperando que nossas famílias impactem a sociedade de tal forma que, ao término da nossa jornada na Terra, muitos chorem e nos "sepultem" com honras de rei, assim como fizeram com Joiada. E se nada disso fizerem, o próprio Deus nos receberá em Sua presença como filhos do Rei.

Em certos países da Europa, muitos incrédulos nos chamam de "evangelistas" e não de evangélicos, porque não sabem a diferença entre as duas palavras e pensam que os evangelistas são os que falam do evangelho.

Como revolucionaríamos o mundo se vivêssemos assim!

20
JOSAFÁ: ENTUSIASMADO COM O SENHOR, LONGE DO RELIGIOSAMENTE CORRETO

José Garrido Boullosa foi um condutor de barcos de pesca em alto mar, que viveu em Seixo (Pontevedra), Espanha, do início até meados do século 20. Ele se destacou não somente pela sua destreza no mar e com os motores, mas também pelos amplos conhecimentos em muitas artes e em diferentes trabalhos porque gostava de ler, não apenas em seu tempo em terra junto à família, como também nos barcos nos momentos de folga dos serviços em alto mar. Ele era uma pessoa fácil de se conversar, e você podia passar horas falando com ele sobre diversos temas (inclusive sobre a Bíblia porque ele amava ao Senhor de modo muito profundo). Esse homem despertou em mim o gosto pela leitura desde criança. E fez isso, sem mencionar a necessidade de eu ter conhecimento, mas simplesmente criando dentro de mim o desejo de conhecer mais. Pode-se dizer que ele me levou à difícil arte da curiosidade intelectual sem que eu percebesse. Ele foi o meu avô materno, e, embora o Senhor o tenha levado no começo da minha adolescência, praticamente não passa um dia sem que eu me lembre de suas frases, suas "tiradas" ou sua explicação simples e clara da realidade. Penso que Deus o usou para me "fascinar" com o gosto pelo conhecimento. Até quando leio a Bíblia, não posso deixar de me entusiasmar com as palavras e as verdades que Deus nos expõe por meio dela. Saber que aquilo que temos em nossa mente e em nosso coração pode ser verbalizado e chegar ao coração de outras pessoas, é algo extraordinário.

Nossa maneira de ver a vida, os ensinamentos que nossos pais e avós nos deixaram, são nosso legado como pessoas. Isso foi o que Josafá entendeu, pois era descendente nada menos que do rei Davi. A Bíblia diz que ele buscou ao Deus de seu pai e não caiu na idolatria como o povo fazia até àquela altura, mas o que mais nos impressiona é a Palavra de Deus afirmar que ele "se entusiasmou" nos caminhos do Senhor... Não se trata apenas de seguir a Deus, mas de segui-lo de todo o coração.

> *Em lugar de Asa, reinou seu filho Josafá, que se fortificou contra Israel; o Senhor foi com Josafá, porque andou nos primeiros caminhos de Davi, seu pai, e não procurou a baalins. Antes, procurou ao Deus de seu pai e andou nos seus mandamentos e não segundo as obras de Israel. O Senhor confirmou o reino nas suas mãos, e todo o Judá deu presentes a Josafá, o qual teve riquezas e glória em abundância. Tornou-se-lhe ousado o coração em seguir os caminhos do Senhor, e ainda tirou os altos e os postes-ídolos de Judá. No terceiro ano do seu reinado, enviou ele os seus príncipes Ben-Hail, Obadias, Zacarias, Natanael e Micaías, para ensinarem nas cidades de Judá; e, com eles, os levitas Semaías, Netanias, Zebadias, Asael, Semiramote, Jônatas, Adonias, Tobias e Tobe-Adonias; e, com estes levitas, os sacerdotes Elisama e Jeorão. Ensinaram em Judá, tendo consigo o Livro da Lei do Senhor; percorriam todas as cidades de Judá e ensinavam ao povo. Veio o terror do Senhor sobre todos os reinos das terras que estavam ao redor de Judá, de maneira que não fizeram guerra contra*

> *Josafá. Alguns dos filisteus traziam presentes a Josafá e prata como tributo; também os arábios lhe trouxeram gado miúdo, sete mil e setecentos carneiros e sete mil e setecentos bodes. Josafá se engrandeceu em extremo, continuamente; e edificou fortalezas e cidades-armazéns em Judá.* (2 CRÔNICAS 17:1,3-12)

Josafá foi o rei que Deus usou para transformar Israel. Ele se entusiasmou pelo Senhor de tal maneira que lhe serviu de todo o coração, chegando a tomar importantes decisões, não somente para ele, como também para todo o povo. Primeiro, destruiu todos os ídolos e deixou de confiar neles, voltou-se para o Deus de seus pais a fim de viver de acordo com a Sua vontade. Segundo, a Bíblia diz que andou nos mandamentos do Senhor. Não se conformou em fazer isso sozinho, mas enviou sacerdotes, oficiais e levitas por toda a nação para ensinar esses mandamentos a todos em cada cidade. A Bíblia menciona os nomes de todos eles para nos mostrar que eram amigos do rei. Ele se cercou de pessoas que amavam ao Senhor assim como ele o amava! Enviou pessoas fiéis; queria que o povo de Deus voltasse a ser o que tinha sido no passado.

Ao lermos a história, impressiona ver que, a partir de então, todas as nações ao redor de Israel souberam que Josafá honrava ao Senhor e se atemorizaram de tal forma que não mais quiseram atacá-lo! Seus inimigos lhe traziam presentes e até as nações árabes se apresentaram para ajudá-lo. Sua coragem em seguir ao Senhor frutificou em todas as áreas de sua vida e também da sociedade.

> ELE SE ENTUSIASMOU PELO SENHOR DE TAL FORMA QUE NÃO PÔDE VIVER SEM LHE SERVIR DE TODO O CORAÇÃO.

Entusiasmo, palavra simples, mas direta. Uma palavra bem conhecida, porque ninguém deseja viver sem coragem para algo. Todos querem desfrutar e se alegrar!

Todos?

Josafá é um dos melhores exemplos para o cristianismo de hoje. Creio que existem demasiadas pessoas "boas" que conhecem a Bíblia, seguem suas doutrinas, vivem de um modo "santo" e podem ser consideradas como fiéis seguidoras dos princípios e normas, entretanto não têm entusiasmo por Jesus. Como falei certa vez, são boas pessoas no pior sentido da palavra, pois, em vez de admiração, manifestam temor. Em vez de despertar uma aproximação, afastam as pessoas. Poucos conseguem perceber entusiasmo no seu olhar em fazer a vontade de Deus.

PARA UMA GRANDE PARTE DA SOCIEDADE, O CRISTIANISMO PASSOU A SER SINÔNIMO DE ENFADO

Às vezes não queremos nos "exceder" naquilo que fazemos para o Senhor, mas procuramos ficar dentro do que consideramos ser religiosamente correto. Os outros não devem pensar que somos demasiadamente espirituais! Portanto, existem muitos crentes capazes de se entusiasmar em inúmeras situações da vida, mas não com Jesus.

Isso é fácil de se perceber! Todos conhecemos pregadores, professores, evangelistas, pastores, líderes etc., os quais, quando falam de Jesus, nós poderíamos defini-los como especialistas em bocejos, doutores em enfado, bacharéis em rotinas sonolentas... Algum deles vem à sua lembrança? Não os julgue com extrema rapidez! Muitos cristãos se parecem com eles. Por que são diferentes quando falam de outros assuntos? Por que expressam entusiasmo nos estádios de futebol, nos jogos ou em alguma outra atividade?

A palavra "entusiasmo" tem sua origem no grego e significa literalmente "aquele em quem Deus vive, ter Deus dentro de si mesmo" (*Teos*: Deus). Esse é um daqueles casos em que a definição de uma palavra é uma mensagem em si mesma. Não precisamos dizer mais nada. Se Deus vive em nós, não temos outra "saída" que não sermos entusiastas. Se Jesus é o dono de nossa vida, a visão e o deslumbramento vivem dentro do nosso coração. Se não for assim, é porque Ele não se encontra dentro de nós, ou estamos "extinguindo" a chama do Seu Espírito.

Ou quem sabe, simplesmente, com o passar do tempo, temos deixado de admirá-lo e amá-lo, e temos nos acostumado a receber Suas bênçãos como se fossem algo que nós merecemos. Mas isso soa muito mal, não é verdade?

> ALGUNS, QUANDO FALAM DE JESUS, SÃO ASSIM: ESPECIALISTAS EM BOCEJOS, DOUTORES EM ENFADO, BACHARÉIS EM ROTINAS SONOLENTAS...

Nós, que amamos a Jesus, precisamos sentir entusiasmo por Ele e pela Sua Palavra. O evangelho é a mensagem mais extraordinária e excelente que existe! A vida cristã consiste em desfrutar da eternidade a cada momento. Por que não vivermos assim?

Para se conhecer as causas desse fato, devemos dar um passo além do que dissemos no capítulo anterior, quando falamos de Joiada (Você se lembra?). O evangelho não pode deixar de ser uma paixão para se transformar em um fardo para nós. Essa é uma das razões por que a evangelização é motivo de análise em seminários e oficinas de estudos em conferências e encontros evangélicos em todo o mundo. Temos equipes e grupos que nos ensinam a comunicar o evangelho "em quatro leis", "dez palavras significativas", "vida com propósito", "como falar de Jesus através de recursos audiovisuais", "como transmitir a mensagem com folhetos, livros, música, objetos etc."... A Igreja sente o peso de haver perdido seu rumo e procura achar uma solução com base em estratégias e atividades práticas. Não é capaz de se lembrar de que o amor não cresce dessa forma, mas em se viver "face a face" com a pessoa que se ama!

A pergunta pode chegar a ser cruel para cada um de nós. Amamos, de verdade, o Senhor Jesus? Vivemos entusiasmados por Ele? Se você acha que é um exagero, pense em algo muito simples:

Por que não temos seminários e oficinas para se aprender a falar de futebol, ou do nosso time preferido em qualquer modalidade de esporte? Como é que não levamos objetos ou livros para falar das nossas séries favoritas na televisão ou na Internet? Qual é a razão de não sermos treinados para iniciarmos um diálogo sobre dinheiro, política ou moda?

Mais uma vez, devemos voltar à pergunta-chave: amamos de fato a Jesus mais do que as demais coisas? Não me refiro ao tempo que lhe dedicamos nas atividades da igreja, nem nos vários ministérios dos quais fazemos parte, nem nos dias que gastamos em nosso serviço para Ele. Não me importo tampouco se somos conhecidos como "homens e mulheres de Deus". Simplesmente o que pergunto é se a Igreja de hoje ama Aquele que se entregou totalmente por ela e ofereceu tudo por todos nós.

Não será demais recordar as palavras de Penn Jillette (um ateu), ele disse: "Como deixar de odiar alguém que, crendo que a vida eterna existe, nada fala dela para você?".

ONDE ESTÁ NOSSO AMOR E NOSSO ENTUSIASMO POR JESUS?

O amor por Jesus e o nosso entusiasmo por Ele não crescem por um "passe de mágica". O Espírito de Deus colocou o amor e o entusiasmo por Jesus em nossa vida quando nos convertemos, mas, com o passar do tempo, começamos a dar mais valor a outras coisas em vez de vivermos com Jesus, e por isso nossa vida fracassou. Não evangelizamos porque não oramos nem adoramos; não falamos de Jesus porque não passamos tempo com Ele. Pode ser que saibamos muitas coisas da Bíblia, inclusive sobre o caráter de Deus, mas não o amamos como no tempo quando o conhecemos pela primeira vez.

Somente quando passamos tempo face a face com Deus, o entusiasmo surge. Só quando oramos, adoramos e escutamos a Deus através da Sua Palavra e do Seu Espírito, nosso coração encontra o seu lugar.

Além disso, a razão pela qual temos muitos livros sobre oração e adoração é porque somos falhos nessas áreas. Alguém disse que, se você quiser envergonhar a algum crente (seja quem for, até pregadores, professores ou pastores mais famosos), simplesmente lhe pergunte sobre a sua vida de oração. Fale de estar na presença de Deus e viver permanentemente sob a Sua liderança e cuidado. Diga-lhe sobre a beleza de viver escutando o Senhor e falando com Ele continuamente. Peça que lhe mostre a orientação de Deus em cada projeto realizado nos últimos anos; e se ele for sincero, reconhecerá que essa área da sua vida é a mais falha. Recentemente li um livro sobre oração escrito por uma das pessoas mais conhecidas do primeiro mundo, no qual ele reconhecia (de uma forma muito corajosa) que fazia pouco tempo que havia descoberto a bênção de orar todos os dias com sua esposa e sua família. Ainda continuo me perguntando, por que não vivemos entusiasmados por Jesus?

Todos os avivamentos começam quando buscamos a Deus a todo momento e em todas as circunstâncias, quando não somos capazes de nada fazer sem Jesus, e nem queremos fazer algo sem Ele! Quando Ele está sempre presente em nosso coração e em nossa mente, quando nada escondemos dele e vivemos amando-o acima de todas as coisas e em todas as coisas.

Quantas pessoas conseguem ver o rosto de Deus refletido em nós? Essa é uma grande pergunta. A Igreja não precisa buscar um novo avivamento, nem uma renovação, nem um novo despertar; o que realmente nos falta é buscarmos sempre a presença de Deus. Nosso maior problema é que não vivemos de joelhos. A Bíblia nos conclama a restabelecer nossas mãos decaídas e nossos joelhos trôpegos (HEBREUS 12:12). Como estão nossos joelhos e nossos braços? Sabemos o que significa erguer as mãos ao Céu em oração ou só nos preocupa nosso trabalho, nossa visão, nosso esforço?

O maior propósito de cada pessoa neste mundo é glorificar a Deus. Somente de um coração adorador, que fala e escuta a Jesus, é que surge o serviço, o evangelismo, o trabalho missionário, a assistência e todas as demais atividades em nossa vida! Amar ao Senhor de todo o coração, com toda a mente, com todo o corpo e com todas as forças é o segredo da vida cristã (MARCOS 12:30); tudo o mais virá por acréscimo. A oração, o louvor, a gratidão, o tempo com o Senhor, são muito mais do que uma simples expressão, é um estilo de vida! A vida espiritual de um cristão (e de uma igreja) nunca estará acima da sua vida de oração.

> QUANTAS PESSOAS CONSEGUEM VER
> O ROSTO DE DEUS REFLETIDO EM NÓS?
> ESSA É UMA GRANDE PERGUNTA.

Na vida cristã não existem substitutos para a oração.

O desejo do coração de Deus para com o Seu povo continua sendo o mesmo de antigamente: "Pois assim diz o SENHOR à casa de Israel: Buscai-me e vivei" (AMÓS 5:4). Deus aguarda para nos proporcionar Seu amor e também para receber o nosso. O exemplo que mais se vê no Antigo Testamento é o de um marido amoroso diante de sua esposa infiel; assim Israel se comportava e assim também nós vivemos quando perdemos o deleite da presença de Deus e não sabemos usufruir de tudo o que Ele é! A Igreja de hoje deve se lembrar do que o Senhor diz: "Porque dois males cometeu o meu povo: a mim me deixaram, o manancial de águas vivas, e cavaram cisternas, cisternas rotas, que não retêm as águas" (JEREMIAS 2:13). Vivemos nos deleitando em nossas pequenas vaidades enquanto nos esquecemos das eternas bênçãos que Deus nos concede.

Por acaso não lemos que o Senhor Jesus nunca tomou uma decisão sem orar? Às vezes, Ele passou noites inteiras em oração! Ele era o próprio Deus feito homem, mas quis nos ensinar a importância de dependermos do nosso Pai Celestial, e não apenas isso, mas também de sentir a alegria de Sua presença em todo momento! Quando algo nos preocupa, quanto tempo oramos? Jesus se retirava frequentemente a lugares isolados para estar na presença do

Pai e orar no Espírito. E nós? Será que nos julgamos tão sábios para resolvermos qualquer situação sem buscarmos Sua face?

> VIVEMOS NOS DELEITANDO EM NOSSAS PEQUENAS VAIDADES ENQUANTO NOS ESQUECEMOS DAS ETERNAS BÊNÇÃOS QUE DEUS NOS CONCEDE.

Basta lermos o livro de Atos dos Apóstolos para nos darmos conta de que esse foi o segredo da Igreja Primitiva. Dedicava mais tempo em oração do que na pregação!

"Todos estes perseveravam unânimes em oração, com as mulheres, com Maria, mãe de Jesus, e com os irmãos dele" (ATOS 1:14); "E perseveravam na doutrina dos apóstolos e na comunhão, no partir do pão e nas orações" (2:42); "Pedro e João subiam ao templo para a oração da hora nona" (3:1); "E, quanto a nós, nos consagraremos à oração e ao ministério da palavra" (6:4); "Pedro, pois, estava guardado no cárcere; mas havia oração incessante a Deus por parte da igreja a favor dele" (12:5); "Aconteceu que, indo nós para o lugar de oração, nos saiu ao encontro uma jovem possessa de espírito adivinhador, a qual, adivinhando, dava grande lucro aos seus senhores"(16:16); "Tendo eles orado, tremeu o lugar onde estavam reunidos; todos ficaram cheios do Espírito Santo e, com intrepidez, anunciavam a palavra de Deus" (4:31); "Por volta da meia-noite, Paulo e Silas oravam e cantavam louvores a Deus, e os demais companheiros de prisão escutavam" (16:25); "Passados aqueles dias, tendo-nos retirado, prosseguimos viagem, acompanhados por todos, cada um com sua mulher e filhos, até fora da cidade; ajoelhados na praia, oramos" (21:5).

Podemos continuar vivendo no "religiosamente correto" se quisermos, mas tudo o que fizermos jamais terá relevância eterna; nossa vida seguirá perdendo seu significado como filhos de Deus, e a Igreja caminhará sem saber para onde ir. A triste consequência para todos será que as pessoas não conhecerão o evangelho porque os denominados crentes têm tempo para tudo menos para falar e escutar ao seu Senhor.

Mas, se buscarmos a presença de Deus em tudo quanto fizermos e dependermos totalmente do Espírito Santo, tudo será diferente a partir da nossa própria vida. Deus encherá nosso coração de um entusiasmo tal que contagiará a todos quantos nos cercarem.

E como aconteceu com Josafá, transformará a nossa nação. Isso eu lhe garanto.

21
JOSÉ DE ARIMATEIA: QUANDO TODOS ABANDONARAM O CRUCIFICADO, ELE APARECEU

Na capa do meu livro *Coração Indestrutível* (Publicações Pão Diário, 2013), aparece a seguinte frase: "Algumas pessoas vivem, outras se conformam em sobreviver". Lembro-me de Manuel Morales, que conheci quando eu era muito jovem, mas, a partir das primeiras vezes que tive a oportunidade de conversar com ele, e mais tarde usufruir de uma amizade que perdura até hoje, comprovei que Don Manuel, como é conhecido na cidade, não se conformava em viver com menos do que o máximo possível.

Ele nasceu em 1916, então você pode se impressionar com o fato de que, quando escrevo estas linhas, ele já completou 100 anos de vida. Quando ele estava com 15 anos, chegou às suas mãos um Novo Testamento e ele começou a lê-lo, o que seria algo normal em muitos países do mundo, mas não na Espanha nos anos 1930, onde a leitura bíblica não somente estava proibida, como também era quase impossível se conseguir um exemplar. Manuel sentiu o chamado de Deus ao ler Sua Palavra e entregou sua vida a Jesus, fato este que o levou a ser rejeitado pela sua própria família. Naquela época, ter um filho "protestante" era uma vergonha. A verdade é que sua família o recriminou em várias ocasiões, e muito mais quando começou a Guerra Civil Espanhola no ano de 1936.

Ao completar 20 anos, Manuel se viu perseguido por ser considerado "comunista, maçom e protestante", embora, na realidade só podia responder por ser protestante. As duas primeiras "qualidades" eram aplicadas a todos que não professavam a fé católica. Foi obrigado a entrar no exército e esteve a ponto de ser fuzilado. Quando ele nos contava essa "façanha", soava para nós como se estivesse descrevendo um filme: "Eles me retiveram no quartel por cinco dias e me levaram a um Tenente-Coronel que me pediu para eu renunciar a minha religião, dizendo que o pelotão estava à minha espera para me fuzilarem".

Molares respondeu: "O senhor matará meu corpo, mas minha alma, nem o senhor e nem todo um exército pode destruir, porque ela pertence a Deus; e quando o senhor quiser, pode me fuzilar!". Ele se colocou em posição de "sentido" diante do seu superior, e este, vendo sua coragem, não soube o que fazer e mandou que saísse. Mais tarde, o oficial pensou numa forma "indireta" de se livrar do soldado protestante, e assim, Molares foi enviado para a frente de batalha, ao lugar mais perigoso que pudessem encontrar. Manuel simplesmente orava e confiava sua vida a Deus, e o Senhor sempre o livrou de todos os perigos até que a guerra terminou.

Ao voltar à sua cidade natal, Manuel começou a se reunir com outros crentes, mas sempre de forma clandestina. Era proibido realizar cultos em qualquer local público, portanto se reuniam nas casas, somente três ou quatro pessoas para não despertar suspeitas, pois a igreja oficial podia entregá-los à guarda civil para serem presos. Mesmo assim, todos sabiam que Manuel Morales era evangélico, então impuseram duas dezenas de ações judiciais em seu negócio para que não pudesse trabalhar, e até o padre falava publicamente aos paroquianos para que não comprassem coisa alguma do seu estabelecimento comercial porque "as barras de sabão que

Morales vendia tinha o diabo dentro". Mas Deus o ajudou em tudo e ninguém conseguiu fazê-lo fracassar.

> O SENHOR MATARÁ MEU CORPO, MAS MINHA ALMA NEM O SENHOR E NEM TODO UM EXÉRCITO PODE DESTRUIR PORQUE ELA PERTENCE A DEUS; QUANDO O SENHOR QUISER, PODE ME FUZILAR.

Quando foi promulgada a primeira lei da liberdade religiosa na Espanha (1967), Manuel não só pôde falar livremente do evangelho em todos os lugares para onde ia, como também pôde ajudar todas as igrejas, missões, organizações evangélicas etc. com seu trabalho, sua sabedoria e com todos os meios dos quais dispunha. Nós usufruímos de sua inestimável ajuda nos programas de televisão e rádio *(Nascer de Novo)* desde o primeiro momento até o dia de hoje. Sua amizade sempre foi um presente de Deus para mim e para a minha família.

A CORAGEM DE UM HOMEM EXTRAORDINÁRIO

Você está lembrado do que falamos de Áquila e Priscila? Por vezes pensamos que Deus faz diferença entre aqueles que trabalham em Sua obra e aqueles que fazem trabalho secular. Pensamos que pastores, professores, evangelistas, missionários, cantores etc. têm uma "categoria" superior em relação aos demais pelo simples fato de terem entregue suas vidas a um ministério integral. Os outros podem ajudar, mas nunca farão "tanto" como eles. Esse é um dos nossos maiores erros! A Bíblia está cheia de exemplos de pessoas que cumpriram a vontade de Deus no "contexto" do seu trabalho, inclusive quando os que haviam sido chamados para fazê-la abandonaram sua tarefa!

> *Vindo José de Arimateia, ilustre membro do Sinédrio, que também esperava o reino de Deus, dirigiu-se resolutamente*

a Pilatos e pediu o corpo de Jesus. Mas Pilatos admirou-se de que ele já tivesse morrido. E, tendo chamado o centurião, perguntou-lhe se havia muito que morrera. Após certificar-se, pela informação do comandante, cedeu o corpo a José. Este, baixando o corpo da cruz, envolveu-o em um lençol que comprara e o depositou em um túmulo que tinha sido aberto numa rocha; e rolou uma pedra para a entrada do túmulo. (MARCOS 15:43-46)

José de Arimateia era membro do Sinédrio. Existem os que pensam que ele não teve coragem para seguir Jesus publicamente, mas isso não é verdade. Conhecemos poucos detalhes da sua vida, mas sabemos que, num dos momentos mais difíceis da vida de Jesus, José de Arimateia estava ali. Teve coragem para ir a Pilatos e pedir o corpo do Messias quando todos haviam se escondido.

Se observarmos cada pormenor da sua maneira de agir, saberemos que foi uma pessoa íntegra; que gostava de fazer tudo muito bem. Primeiro, ele comprou um lençol; não usou qualquer um porque acreditava que Jesus merecia o melhor. Segundo, levou a mortalha para envolver o corpo completamente. Depois procurou um sepulcro novo e mais tarde pediu o corpo de Jesus. O cuidado com que fez o trabalho e todos esses detalhes seriam mais tarde imprescindíveis para comprovar o fato mais importante da história da humanidade: a ressurreição de Jesus.

Ninguém queria se relacionar com o Crucificado, mas José de Arimateia levou consigo o corpo de Jesus à vista de todos: fez descer o corpo da cruz, tomou-o em seus braços e levou-o até o sepulcro. Não se importou com o que os outros pudessem pensar, nem se preocupou em ser acusado por todos. Mesmo correndo perigo de vida! Pilatos era quem havia autorizado a crucificação do Messias, e não havia qualquer garantia de que não o fizesse também aos Seus seguidores; de fato, todos haviam fugido! José de Arimateia não se preocupou porque ele amava a Jesus de forma extraordinária, e a maneira de demonstrar seu amor foi o que fez nesses momentos críticos.

Falamos do que outros poderiam pensar dele e como seria criticado por todos a partir daquele momento, mas e quanto a ele? Quais teriam sido os seus sentimentos? O que teríamos pensado se estivéssemos em seu lugar? O que você teria sentido se estivesse retirando os cravos e fazendo baixar o corpo de Jesus da cruz? Ao Deus feito homem, o Criador do Universo! O que se passaria em sua mente quando estivesse levando o corpo do Messias em seus braços? Que pensaria ao colocar o corpo do Senhor no sepulcro? Qual seria sua reação ao cobri-lo e deixá-lo ali? Continuaria crendo nele? Pensaria que estava arriscando sua vida por alguém que já estava morto?

E ao rolar a pedra e fechar a entrada do sepulcro? Você continuaria acreditando que Jesus era Deus? O que teria contado à sua família ao chegar à casa? Poderia dormir naquela noite sabendo que Aquele em quem você depositou toda a sua esperança jazia no sepulcro que você mesmo preparou? O que aconteceria com a sua fé?

SEPULTANDO AQUELE QUE SALVARIA O MUNDO

Você já pensou alguma vez no que aconteceria na manhã seguinte? Quando José de Arimateia se levantou e observou o céu, teria aquele amanhecer a mesma luz e o mesmo brilho? Se eu fosse José nem desejaria sair do lugar onde me encontrava! Que fazer no sábado? Talvez José tenha voltado ao sepulcro, perguntando a si mesmo se aquilo que estava acontecendo tinha algum sentido. Tenho certeza de que ele orou perguntando a Deus o que estava acontecendo.

Era sábado, e embora fosse a única coisa que não quisesses fazer naquele dia, José de Arimateia cumpriu seu dever e foi à sinagoga onde se encontrou com os membros do Sinédrio. Não poderia ser diferente, ainda mais sendo um homem correto como era. O que lhe disseram? Quanta zombaria teria de enfrentar por ter defendido o Messias crucificado, morto e sepultado! Não pense que estou muito equivocado, pois se zombaram do Messias quando subia a via dolorosa, e ao vê-lo ferido e cravado na cruz, quanto mais estariam rindo ao saber que estava morto!

"Você sepultou aquele que salvaria o mundo?", talvez tenha sido a pergunta mais simples que lhe fizeram; a menos malvada, com certeza. O problema foi que José nada tinha para dizer, pois, aparentemente, estava tudo acabado. O Messias fora sepultado, e muito bem sepultado; disso ele sabia.

Se para os discípulos e para as mulheres esse sábado parecia interminável, muito mais longo ele o foi para José de Arimateia, o único que se comprometeu publicamente com Jesus. Os Seus discípulos não creram quando o Senhor disse que ressuscitaria. Será que José de Arimateia acreditou? Não sabemos, mas não importa; esse sábado deve ter sido o mais difícil de toda a sua vida.

Não sei se a sua fé suportou tamanha pressão. Não sabemos se José de Arimateia acreditava que o Redentor ressuscitaria. Só Deus sabe. Poucas coisas podemos garantir quanto ao que aconteceu, mas o que sabemos nos leva a admirá-lo de uma forma extraordinária. Eu não teria podido fazer o que esse homem fez. Eu jamais teria tido a coragem e a confiança em Deus tal qual ele demonstrou. Creio que eu não seria capaz de suportar a zombaria dos falsos vencedores, os que sempre se alegram com as meias vitórias, as risadas daqueles que desejam apenas ferir o nosso coração.

Deus, sim, sabia o que estava fazendo. Precisamos nos lembrar muitas vezes que o Senhor sempre tem pessoas corajosas em todas as circunstâncias por mais difíceis que sejam. Pessoas dispostas a enfrentar situações absurdas contanto que a vontade de Deus seja feita, e corajosas a ponto de aceitar a zombaria daqueles que estão por perto. Deus ama Seus heróis, às vezes desconhecidos para nós, porque são capazes de obedecer mesmo sem entender o que está acontecendo. Deus honra os heróis dos quais ninguém se lembra. Ele é glorificado pelas pessoas que obedecem, embora tudo à primeira vista possa ter pouco sentido. Você vê sentido na tarefa de sepultar o Messias?

Deus nos honra e Ele é honrado por nós quando estamos dispostos a segui-lo e servi-lo sem nada perguntar, porque muitas vezes é muito difícil entender os motivos do Senhor. Deus confia em nós e se alegra cheio de amor quando percebe como somos capazes de deixar passar o tempo à espera de uma resposta ou uma saída, por vezes quando não sabemos o que fazer ou como reagir.

Sem saber o que vai acontecer amanhã, nem quanto tempo teremos que continuar esperando, fazemos porque o amamos, e isso nos basta.

ELES PENSAM QUE NÃO SABEMOS O QUE ESTAMOS PERDENDO, MAS NÃO ENTENDEM QUE, QUANDO AMAMOS O SENHOR E LHE SOMOS FIÉIS, JAMAIS PERDEMOS COISA ALGUMA.

Sei que a história de José de Arimateia soa muito "espiritual", mas podemos aplicá-la à nossa vida de uma forma mais direta do que imaginamos. Isso é muito simples, pense nos momentos quando temos de tomar decisões certas e as outras pessoas não as entendem ou não as aceitam. Quando queremos agir de maneira correta em nossos negócios; ou temos de manter nossa palavra apesar das mentiras dos outros; ou seguir as orientações de Deus sobre os relacionamentos familiares e o sexo; ou viver dependendo totalmente dele no ministério; decidir não enganar a ninguém... poderíamos acrescentar centenas de outras situações a essa lista! Pense em quando fazemos o que é certo, e, como consequência, as pessoas zombam de nós e nos julgam como insensatos. Elas pensam que não sabemos o que estamos perdendo, mas não entendem que, quando amamos o Senhor e lhe somos fiéis, jamais perdemos alguma coisa. Pode ser que seja isso o que muitos pensem. Não sabem que nossos ganhos são eternos!

Quando somos fiéis a Deus e outros nos acusam, isso não nos preocupa. O que pensam quando estamos fazendo o que é certo não deve ocupar um só momento de nossa existência. Há apenas uma coisa importante em nossa vida, que é o coração de Deus. Assim José de Arimateia vivia e assim também nós devemos viver.

Pois, se você não se lembra (ou se alguém não quer se lembrar), chegará o dia em que Deus dirá a última palavra. O domingo está chegando, e a ressurreição a caminho!

Parecia ser uma tarde de sexta-feira normal quando José de Arimateia sepultava o Messias, mas o domingo da ressurreição chegou; nossa redenção estava chegando! O tempo de Deus sempre se cumpre! Os sofrimentos provocados pelos zombadores, amantes do temporário entretenimento, nada representarão quando comparados aos abraços que o Deus dos galardões eternos nos dará.

Seja o que for pelo que estejamos passando agora, isso não nos deve preocupar. O domingo da ressurreição está chegando!

22

JOSÉ: O ESCOLHIDO POR DEUS PARA SER O PAI DO SEU FILHO

Permita-me fazer uma pergunta, uma questão muito mais importante do que você imagina, para nos ajudar a apresentar o nosso próximo herói: O que você teria feito se tivesse tido a oportunidade de escolher seus pais? A quem teria escolhido? Seriam os mesmos que você tem agora? Gostaria que eles tivessem mais poder, melhor posição social, mais conhecimentos, mais dinheiro, ou, quem sabe, que vivessem numa cidade mais importante?

Houve alguém que pôde escolher. Deus encontrou duas pessoas dentre os mais pobres e humildes em Israel para serem os pais terrenos do Seu Filho. Escolheu aos que Ele sabia que iam esbanjar amor; escolheu pessoas humildes e completamente desconhecidas, um casal jovem sem recursos e sem qualquer valor aparente. Ninguém sabia quem eles eram e onde estavam, mas Deus sabia. Esse foi o tipo de pessoas com as quais o Criador quis se identificar.

A história do mundo inteiro dependeu de um homem desconhecido, José, e de uma adolescente, Maria. Deus colocou o futuro da salvação da humanidade nas "mãos" desse casal.

SITUAÇÕES DEVERAS HUMILHANTES

Naquele tempo, antes de se casar, o noivo entregava à noiva um "sinal" (normalmente era um anel, uma moeda ou uma carta) e ambos estavam comprometidos. A partir desse momento, a situação deles era como se já estivessem casados, mas não vivendo juntos na mesma casa e nem mantendo relações sexuais. Para isso teriam de esperar pelo dia do casamento e a sua celebração. Foi nesse tempo do relacionamento do casal que Deus colocou Seu plano em ação; um plano perfeito, absolutamente incrível... além da imaginação. Um plano que ninguém seria capaz de arquitetar: Maria ficou grávida sendo virgem, devido a ação sobrenatural do Espírito de Deus, e José não só precisou acreditar no que tinha acontecido, mas também estar com sua futura esposa e defendê-la.

> DEUS COLOCOU O FUTURO DA SALVAÇÃO DA HUMANIDADE NAS "MÃOS" DESSE CASAL.

Você alguma vez pensou nas circunstâncias humilhantes que tiveram de enfrentar? Primeiro, ninguém acreditou neles. Nunca havia acontecido de uma mulher ficar grávida sem ter tido relações sexuais, portanto, ninguém acreditaria na gravidez de uma virgem. Quem sabe eles mesmos sentiriam vergonha até em contar o ocorrido. Mais tarde, o final da gestação teve lugar em meio a uma viagem; então, quando o bebê nasceu, não contaram com ninguém para ajudá-los. Tiveram de passar por todas as dificuldades sozinhos, sem família, amigos ou pessoas conhecidas. Quando a criança estava prestes a nascer, não encontraram uma hospedaria para ficar. Pouco depois do nascimento, tiveram de fugir para outro país, visto que Herodes procurava o menino para matá-lo. Aos olhos humanos, tudo o que estava acontecendo com esse casal parecia ser um desastre após outro. Deus lhes havia comunicado que eram Seus escolhidos, mas cada nova circunstância os conduzia a uma realidade cheia de desprezo, tensão, desconhecimento e medo. A vida deles parecia ser uma absoluta e total loucura.

Mas José, seu esposo, sendo justo e não a querendo infamar, resolveu deixá-la secretamente. Enquanto ponderava nestas coisas, eis que lhe apareceu, em sonho, um anjo do Senhor, dizendo: José, filho de Davi, não temas receber Maria, tua mulher, porque o que nela foi gerado é do Espírito Santo. Ela dará à luz um filho e lhe porás o nome de Jesus, porque ele salvará o seu povo dos pecados deles. Ora, tudo isto aconteceu para que se cumprisse o que fora dito pelo Senhor por intermédio do profeta: Eis que a virgem conceberá e dará à luz um filho, e ele será chamado pelo nome de Emanuel (que quer dizer: Deus conosco). Despertado José do sono, fez como lhe ordenara o anjo do Senhor e recebeu sua mulher. Contudo, não a conheceu, enquanto ela não deu à luz um filho, a quem pôs o nome de Jesus. (MATEUS 1:19-25)

Para José tudo começou de um modo tão simples conforme lemos. De repente, ele descobre que sua futura esposa se encontra grávida e precisa decidir o que fazer com ela. José amava Maria e não queria prejudicá-la! Pretendia deixá-la secretamente, quer dizer, abandoná-la sem que ninguém soubesse. Amava tanto sua mulher que não permitiria que ela fosse declarada culpada. Ele preferia assumir a culpa. Não lhe importava que todos dissessem que ele havia violado a honra de sua noiva. Não se preocupava que todos zombassem e dissessem que o menino não era seu, embora ele soubesse que não havia tido relações sexuais com ela. Decidiu viver toda a sua existência com as zombarias e os insultos das outras pessoas. Preferiu que todos o acusassem antes que difamassem sua mulher. Quis assumir a culpa antes que ela fosse apedrejada, pois esse era o castigo para a mulher que fosse declarada adúltera. Para

José a vida não teria mais sentido, mas continuaria vivendo com uma mulher que ele amava.

Embora, no primeiro momento, tenha pensado que ela lhe fora infiel, não desejava que a acusassem publicamente e a matassem. Estava disposto a carregar a culpa ao longo de toda a sua vida. Sua honra era inquebrantável, e a honra da mulher que ele amava muito mais! Esse foi o pai que Jesus teve: um homem de absoluta lealdade. Não é de se estranhar que Deus o escolhesse, pois não se podia encontrar maior dignidade e honradez em todo Israel. *José, seu esposo, sendo justo e não a querendo infamar*, decidiu se casar com ela e com a sua vergonha. Ele se comprometeu com sua esposa, mesmo que guardasse consigo o segredo de que esse filho não era dele. Amava tanto Maria que viveria com ela para sempre, ainda que, a cada momento juntos, ele pensasse que ela o tivesse traído. Ele continuaria cuidando dela.

> ESSE FOI O PAI QUE JESUS TEVE:
> UM HOMEM DE ABSOLUTA LEALDADE.

Nesse momento, Deus enviou um anjo para lhe explicar tudo o que havia acontecido, e José respirou aliviado! Mesmo sem conseguir entender tudo, ele sabia que sua mulher lhe fora fiel, e que tudo aquilo era coisa de Deus. Mas você acredita que a vida dele foi mais fácil a partir de então? Tenho de dizer que não foi. José teve de enfrentar a culpa e a zombaria de todas as pessoas. Ninguém acreditou que Maria havia engravidado por obra do Espírito Santo, e por isso chamaram Jesus de "filho da prostituição". E todas as vezes que insultavam a Jesus também zombavam de José. Cada vez que menosprezavam a criança, muito mais menosprezavam o seu pai.

Contudo, José viveu como um verdadeiro homem de Deus. A Bíblia diz que Deus lhe falou e ele obedeceu, mesmo que soubesse que estaria marcado por toda a sua vida. O mesmo versículo nos mostra que José tomou sua mulher e se preocupou por ela. Não foi uma resposta do tipo: "Bem, vamos fazer a vontade de Deus", assim como nós muitas vezes fazemos com "santa resignação". Não! José se comprometeu totalmente com ela e sempre obedeceu a Deus até às últimas consequências. Ele foi um homem leal e corajoso.

Como se fosse pouco, não devemos nos esquecer de um detalhe muito importante. Após o anúncio do nascimento do menino, o anjo não voltou a aparecer por muito tempo. Com certeza, José sentiu a necessidade de receber conselhos sobrenaturais em várias ocasiões. Ele tinha muitas perguntas! Precisava de ajuda sobre que decisões tomar, mas o anjo não voltou. Deus permaneceu aparentemente calado enquanto José educava Seu Filho. Deus permitiu que José lhe falasse, ensinasse e lhe dissesse a cada momento o que era certo e o que não era.

DEUS CONFIOU NO QUE JOSÉ ESTAVA FAZENDO, POR ISSO NÓS OS ADMIRAMOS

Admiramos o Criador dos Céus e da Terra, que faz a história da salvação depender de um pai humano que vivia de forma correta. Lembrem-se de que o Deus feito homem, Jesus, ouviu e honrou José. Adoramos a Deus pelos "riscos" que enfrentou e que nenhum de nós teria assumido, mesmo sabendo que Ele conhecia tudo o que aconteceria. Mas também admiramos José porque Deus o reconhece como um homem justo e o escolhe para falar com Seu Filho, abraçá-lo e lhe contar histórias cada noite, para lhe ensinar o que é certo e o que é errado... Apesar do menino já saber.

Eu teria desistido rapidamente devido à forte pressão sobre mim. Teria medo de errar e tomar decisões equivocadas, medo de dizer algo errado a Jesus. Eu sentiria demasiada pressão no meu debilitado caráter cada vez que o menino visse quando eu levantasse minha voz para falar com minha esposa, ou cada vez que não fôssemos capazes de resolver um mal-entendido. Com certeza José precisou da ajuda dos anjos em várias ocasiões, mas não a recebeu. Deve ter orado centenas de vezes para que alguém viesse lhe falar, para ensinar ou para ser consolado quando se enganava, mas aparentemente Deus não se manifestou. Deus o ajudou da mesma forma como faz conosco, por meio da Sua sabedoria e de Seu Espírito. José teve de aprender que o Senhor prefere que a fé e a confiança daqueles que aparentemente nada veem, não dependa do sobrenatural e dos milagres. Além disso, muitas vezes o silêncio de Deus é um sinal de que Ele "confia" totalmente naquilo que estamos fazendo. Nada mais e nada menos.

Alguma vez você procurou se colocar no lugar de José? O anjo lhe explicou tudo através de um sonho, mas o que aconteceria no futuro quando os dias difíceis chegassem? E se tivesse sido apenas um sonho? José não pensaria que tudo não passava de uma fantasia? Imagine ver esse filho já jovem, trabalhando na carpintaria e cansado como qualquer outra pessoa. A sua fé diminuiria? O que pensou vendo Jesus todo suado ao carregar a madeira? Como podia ser Ele o Filho de Deus já que precisava descansar, esgotado pelo esforço, com a respiração ofegante e todo cheio de serragem? Que pensaria José quando seu filho lhe perguntasse como terminar um trabalho? "Ele é o Filho de Deus! Aqui estou para lhe ensinar a ser um carpinteiro, e Ele é o Filho de Deus!".

> EM MUITOS MOMENTOS, O SILÊNCIO DE DEUS SIGNIFICA QUE ELE "CONFIA" TOTALMENTE NAQUILO QUE ESTAMOS FAZENDO.

Mas talvez as questões mais difíceis surgiam nos momentos mais escuros da noite. Quando tudo ficava em silêncio e Maria, com as crianças, dormia após um dia longo e difícil, José mesclava seus questionamentos com orações que partiam do mais íntimo do seu coração. O que precisa de mim? Que tipo de pai devo ser? Estou falhando no comissionamento de Deus? Por que não acontece nada de sobrenatural? Por que nossa vida transcorre de forma tão normal, tão cansativa e por vezes desesperadora?

Todos precisamos aprender com a atitude de José: aprender com seu total descanso e confiança nas palavras de Deus; reconhecer sua coragem para prosseguir sem uma clara resposta às suas perguntas, porque a verdade é que Jesus era uma criança normal, que brincava, que sofria, que se cansava... e, pelo que sabemos mediante os evangelhos, José já não estava vivo para ver a plena manifestação do Filho de Deus, visto que Deus o levara para o Céu antes de isso acontecer. Pode ser que nunca tenha ouvido dos ensinamentos do Reino ou chegado a ver os milagres que Jesus realizava, para que sua fé descansasse totalmente nele!

O FILHO DE DEUS PRECISA FUGIR

Se voltarmos um pouco na história, vemos que houve um dia em que Deus enviou o anjo pela última vez. O problema foi que veio para colocar mais dúvidas na mente de José. A criança começou a ser perseguida e odiada de tal forma que foi preciso fugir para o Egito de acordo com a ordem de Deus. "Tendo eles partido, eis que apareceu um anjo do Senhor a José, em sonho, e disse: Dispõe-te, toma o menino e sua mãe, foge para o Egito e permanece lá até que eu te avise; porque Herodes há de procurar o menino para o matar" (MATEUS 2:13).

Fugir? Quem, nós? Não é verdade que este menino é o Messias? Não é o escolhido de Deus? Um Deus que foge? Um Deus que precisa ir para o exílio porque teme por sua vida? Como pode fazer parte do plano de Deus que Seu Filho tenha de fugir? Por que o Filho de Deus não se salva a si mesmo e também a nós? Essa última hipotética pergunta de José ecoaria na história até o dia da crucificação do Messias.

Deus não tirou a vida de Herodes apesar de suas maldades; não enviou anjos para proteger Seu Filho; tampouco fez surgir uma noite escura para escondê-lo e que ninguém pudesse lhe encontrar. O menino foi exilado porque queriam matá-lo, como acontece hoje a muita gente; como a tantas pessoas que sofrem e morrem por causa da sua fé em Jesus. Quando nos perseguem querendo nos matar e a nossos filhos, devemos nos lembrar de que o mesmo aconteceu a Jesus. De fato, se nos perseguem por causa do evangelho, estão perseguindo a Cristo também. Ele se identifica com cada um de nós!

José era de carne e osso como qualquer um de nós, pois, apesar de um anjo ter lhe falado, ele teve medo (MATEUS 2:22). Nós também teríamos medo!

Ou melhor, nós o sentimos quando parece que estamos atravessando um deserto, quando alguém nos persegue ou simplesmente quando não sabemos o que fazer. Deus não apenas admitiu que José tivesse esse medo, mas também, de certa maneira, o abençoou. Deus não se importou que ele tivesse tomado a decisão de ir morar em Nazaré devido ao seu temor. Nada disso! Deus queria que Seu Filho fosse chamado de "nazareno". Esse é o nosso Pai, o Deus que aceita nossas fraquezas. Ele é o único Deus e pode "adaptar" Seus planos para que façam parte deles pessoas cansadas e cheias de medo. Gente como nós. Pessoas como você e eu.

> POR QUE O FILHO DE DEUS NÃO SE SALVA A SI MESMO E TAMBÉM A NÓS? ESSA HIPOTÉTICA PERGUNTA DE JOSÉ ECOARIA NA HISTÓRIA ATÉ O DIA DA CRUCIFICAÇÃO DO MESSIAS.

À medida que o menino crescia, a sensação de José e Maria continuava sendo a mesma. Jesus era uma criança "normal e comum"; nada de extraordinário aconteceu nos primeiros anos de Sua vida. Só houve um dia que a rotina foi quebrada: quando retornaram ao Templo à procura de Jesus. E ninguém teria notado esse menino se Ele não tivesse permanecido ali algum tempo conversando com os sacerdotes, os escribas e os intérpretes da Lei. O Templo era a Sua "casa", foi isso que Ele disse à Maria e José. E o Deus Pai continuaria em silêncio por 30 anos enquanto Seu Filho era "apenas" um carpinteiro.

OS INTERMINÁVEIS ANOS EM "SILÊNCIO"

Temos muitas lembranças do tempo em que éramos crianças. Meu pai era carpinteiro, e, cada vez que olho para o passado, parece-me que ainda o vejo entre a serragem, as lascas e a madeira. Desde a infância entendi o que significa dedicar a vida a uma profissão difícil, programado para trabalhar duro e desenvolver um caráter firme e decidido.

Eu me lembro das feridas que meu pai teve ao trabalhar nas máquinas cortando as madeiras, ou das muitas vezes que minha mãe teve de tirar as farpas que lhe entravam na pele. O que mais me impressionava era ver que, apesar dos ferimentos, do sofrimento físico e inclusive depois de perder parte dos seus dedos nas máquinas, voltava ao seu trabalho, com uma força que somente alguém acostumado ao trabalho árduo pode ter. Voltava para transformar em mesas, cadeiras e portas aquelas madeiras retorcidas e aparentemente imprestáveis antes de serem serradas, lixadas e envernizadas.

Não posso negar que, quando eu era criança, cada vez que meu pai precisava de ajuda na carpintaria, eu inventava alguma desculpa para me safar... e minha mãe fazia o trabalho no meu lugar. Até finalmente eu entender que Jesus passou mais de 15 anos de sua vida fazendo o mesmo trabalho. Muitas vezes, quando me aproximava do meu pai, ele estava suando, cheio de serragem pelo corpo, com as mãos feridas, mas trabalhando com o entusiasmo de sempre, e eu via nele o reflexo do Messias.

Alguns pensam que o importante na vida do Senhor Jesus aconteceu após Sua aparição pública, quando aos 30 anos foi batizado. Esse é um dos nossos maiores erros. Jesus nos ensinou muita coisa antes disso. E a força do Seu ensino não fica obscurecida pelo silêncio, antes, pelo contrário: é o silêncio desses 30 anos "normais" que ecoa aos nossos ouvidos. Deus adota para si a normalidade humana, o cansaço, o ter de ganhar o pão de cada dia; Jesus suportou as injustiças e a maldade dos homens. Não fez nada de extraordinário para que as coisas se encaixassem no seu lugar. Ele era uma pessoa normal no sentido amplo da palavra. Sempre foi um ser humano e se portou como tal. Jamais caiu na tentação de se apresentar como Deus ainda que por alguns minutos. Ele era o Filho de Deus, mas ocultou isso de forma deliberada até o momento de Sua manifestação pública.

Ele se sujeitou a outras pessoas que sabiam muito menos do que Ele. Viveu admirando Seus pais terrenos; teve de aprender a obedecer e a permanecer em silêncio, duas coisas muito difíceis para todos nós. Um dia chegou a doença à Sua casa, e Ele nada pôde fazer. Quem sabe, em alguma noite mais escura de Sua juventude, a morte levou Seu pai, José, e Jesus chorou como qualquer outro filho na morte do pai. Mas Ele não fez nada. Deus decidiu sentir a dor e a frustração por experienciar a vida "normal" e sofrer como qualquer outra pessoa no mundo.

> JESUS ERA UMA PESSOA NORMAL NO SENTIDO AMPLO DA PALAVRA. SEMPRE FOI UM SER HUMANO E SE PORTOU COMO TAL. JAMAIS CAIU NA TENTAÇÃO DE SE APRESENTAR COMO DEUS AINDA QUE POR ALGUNS MINUTOS.

Quando, com os olhos da fé, o Espírito de Deus nos ajuda a "ler" o que não se encontra escrito nos evangelhos, descobrimos como Jesus nos ensina a passar tempo com a família, desfrutando do relacionamento com seus pais e irmãos, brincando, conversando, descansando... Muitas vezes nós afirmamos que o ministério é a coisa mais importante, e que a obra de Deus deve ter a primazia em tudo, e não nos damos conta de que o próprio Senhor Jesus passou 30 anos com a Sua família. Simplesmente vivendo, conversando e observando o trabalho de cada um à Sua volta, pois desse desfrutar das coisas simples mais tarde sairia a maioria dos exemplos para os Seus ensinamentos.

Jesus observou como a natureza que Ele mesmo criou levava tempo para dar fruto. Percebeu como a semente se comportava em diferentes terrenos, visto que Ele a planejara para ser assim. Viu como as rodas do moinho giravam e precisavam de vários homens para colocá-las no lugar. Conversou com Seu pai José sobre a vida e as circunstâncias que os cercavam. Ele santificou a "rotina" de cada dia ao nos ensinar que a tal rotina desaparece quando se passa tempo com as pessoas amadas.

Enquanto isso, José via que tudo seguia de uma forma normal e que nada de extraordinário acontecia com o Messias que crescia em seu lar. Talvez tenha se perguntado muitas vezes o motivo por que ele tinha sido escolhido para tal aventura... Mas o Deus Pai o escolheu para viver como um reflexo Seu na Terra, para que Seu Amado Filho o chamasse de "papai" e confiasse nele.

Uma vez mais dedico minha admiração a José... e ao nosso Pai Celestial.

23
JOÃO BATISTA: MAIS QUE UM PROFETA, O AMIGO DO NOIVO

A maior revolução da história da humanidade havia começado. O nascimento de Jesus já ocorrera, e Deus colocara em prática o Seu plano de salvação para o mundo. Nesse plano, um profeta de Israel se destacava, o homem-chave na proclamação do Messias, João Batista.

Desta maneira tão simples, começam as revoluções que Deus faz surgir no mundo: "Veio a palavra de Deus a João..." (LUCAS 3:2). As páginas da história não se escrevem com acontecimentos impressionantes, grandes homens ou grandes fortunas. As manifestações de Deus se registram com homens e mulheres simples, colocados em Suas mãos. Deus foge das manchetes dos jornais, e Ele sequer se anuncia posto que, na maioria das vezes, age de forma simples, aparentemente insignificante. "Houve um homem enviado por Deus cujo nome era João. Este veio como testemunha para que testificasse a respeito da luz, a fim de todos virem a crer por intermédio dele" (JOÃO 1:6,7). Esse foi o começo embora muitos não o percebessem. Nenhum dos sacerdotes ou estudiosos da Lei tomaram conhecimento; simplesmente aconteceu. Deus colocou Sua mão sobre uma família, e esse "toque" magnífico chegou a ser a melhor definição da vida de João: "Todos os que as ouviram guardavam-nas no coração, dizendo: Que virá a ser, pois, este menino? E a mão do Senhor estava com ele" (LUCAS 1:66).

"Escolhido" antes de nascer, os pais de João foram Zacarias e Isabel. Deus registrou que eram justos, fato este que nos atesta ser possível viver assim, procurando fazer a vontade de Deus. Isso não significa que eram perfeitos, mas, sim, que Deus os escolhera. Movendo os fios da história, o versículo 9 nos informa que coube a Zacarias "por sorte" entrar no Templo do Senhor e queimar incenso. Deus estava, e ainda está, por trás de tudo.

O MAIOR DOS PROFETAS

Nos dias de Herodes, rei da Judeia, houve um sacerdote chamado Zacarias, do turno de Abias. Sua mulher era das filhas de Arão e se chamava Isabel. Ambos eram justos diante de Deus, vivendo irrepreensivelmente em todos os preceitos e mandamentos do Senhor. E não tinham filhos, porque Isabel era estéril, sendo eles avançados em dias. Ora, aconteceu que, exercendo ele diante de Deus o sacerdócio na ordem do seu turno, coube-lhe por sorte, segundo o costume sacerdotal, entrar no santuário do Senhor para queimar o incenso; e, durante esse tempo, toda a multidão do povo permanecia da parte de fora, orando. E eis que lhe apareceu um anjo do Senhor, em pé, à direita do altar do incenso. Vendo-o, Zacarias turbou-se, e apoderou-se dele o temor. Disse-lhe, porém, o anjo: Zacarias, não temas, porque a tua oração foi ouvida; e Isabel, tua mulher, te dará à luz um filho, a quem darás o nome de João. Em ti haverá prazer e alegria, e muitos se regozijarão com o seu nascimento. Pois ele será grande diante do Senhor, não beberá vinho nem bebida forte e será cheio do Espírito Santo, já do ventre materno. E converterá muitos dos filhos de Israel ao Senhor, seu Deus. E irá adiante do Senhor no espírito e poder de

Elias, para converter o coração dos pais aos filhos, converter os desobedientes à prudência dos justos e habilitar para o Senhor um povo preparado. (LUCAS 1:5-17)

João foi uma criança escolhida e sua missão de vida foi a mais eminente de toda a história do povo de Israel: "E converterá muitos dos filhos de Israel ao Senhor, seu Deus" (LUCAS 1:16). Por isso, quando o tempo se cumpriu, João começou a pregar no deserto. "Conforme está escrito na profecia de Isaías: Eis aí envio diante da tua face o meu mensageiro, o qual preparará o teu caminho; voz do que clama no deserto: Preparai o caminho do Senhor, endireitai as suas veredas" (MARCOS 1:1,2). Era um deserto de fato (LUCAS 3:2) e também um deserto espiritual, visto que, por mais de 400 anos [N.E.: Período de silêncio profético, entre o Antigo e o Novo Testamentos, conhecido como interbíblico.], por culpa da rebeldia do povo, Deus permaneceu em silêncio. Se, no tempo de Moisés, e devido à incredulidade de todos, o povo de Israel teve que passar 40 anos no deserto, agora precisou enfrentar o silêncio do seu Criador durante quatro séculos. Se a incredulidade do povo antes da conquista da Terra Prometida foi grande, agora fora 10 vezes maior!

Quando ninguém esperava, João apareceu no deserto. Às vezes temos de buscar a Deus em lugares onde achamos impossível que Ele esteja, e inclusive, em certas ocasiões temos de reconhecer que Deus nos falará por meio de pessoas que julgamos ser impossível Ele usar. João era uma dessas pessoas. Diferente em todos os sentidos, até em sua forma de vestir: pele de camelo e cinto de couro. Essa aparência fazia parte do seu caráter, pois João era um embaixador do Messias, o precursor de um mundo completamente novo e extraordinário; um mundo virado de ponta-cabeça naquilo que as pessoas pensavam; um mundo baseado, não na reforma dos religiosos e bons, mas em um novo nascimento para os mais distantes de Deus.

João começou a pregar seis meses antes do Senhor Jesus iniciar o Seu ministério. Como terá sido sua pregação, seu poder e sua coragem visto que, em tão pouco tempo, sua vida se tornou um exemplo para todos! O povo o seguiu, escutou e o teve como um grande profeta de Deus. A missão de João Batista foi uma das mais importantes na história. Ele chegou a ver os céus abertos, o Espírito de Deus descer em forma corpórea de uma pomba e ouvir o Pai se deleitando em Seu Filho Jesus, a quem João estava batizando. João era um embaixador do Filho de Deus ao proclamar a Sua vinda.

O EMBAIXADOR DO MESSIAS

Quando um rei visitava outro país, seu embaixador chegava meses antes para preparar os lugares por onde o governante passaria, para falar às pessoas sobre aquele que estava para vir e para lhes explicar sua missão e os desejos do seu coração. João anunciou a todos que o Ungido de Deus estava chegando. "No dia seguinte, viu João a Jesus, que vinha para ele, e disse: Eis o Cordeiro de Deus, que tira o pecado do mundo! É este a favor de quem eu disse: após mim vem um varão que tem a primazia, porque já existia antes de mim" (JOÃO 1:29,30).

A mensagem de João foi extraordinária. Ninguém podia esperar algo assim: falava do Cordeiro de Deus, o Cordeiro que o Criador havia preparado para a Páscoa. Todos sabiam a que ele estava se referindo, mas o que eles não entendiam era que estava sendo anunciada a chegada do Cordeiro único e absoluto, o Cordeiro sem mancha nem defeito, enviado do Céu: o próprio Filho de Deus que tiraria o pecado do mundo inteiro; não os pecados individuais, ou um simples remédio para um a situação pessoal, familiar ou nacional, mas, sim, para o pecado em global, o grande fosso entre Deus e o homem, a barreira intransponível entre a maldade humana e a bondade do Criador. E não somente o pecado do povo escolhido, mas o pecado de toda a humanidade.

Esse foi o momento crucial na vida de João. Sua mensagem era direta, sem rodeios, dizendo a todos que o Ungido de Deus havia chegado: "...no meio de vós, está quem vós não conheceis" (JOÃO1:26). Embora suas palavras fossem perfeitas para o seu tempo, elas também são pertinentes ao nosso século 21. Jesus ainda está entre nós, embora muitos não o conheçam, ainda que uma grande maioria nem perceba Sua presença.

João vivenciava o amor e a admiração inabaláveis pelo Messias. No momento em que ele apresentou Cristo, disse que não se sentia digno de sequer desatar a correia das Suas sandálias. Esse era o trabalho de um escravo! João conhecia e amava Jesus desde a infância, mas agora, quando tem de lhe preparar o caminho, reconhece não ser digno sequer de ser Seu escravo: "...do qual não sou digno de desatar-lhe as correias das sandálias" (JOÃO 1:27).

O impressionante é que João nada fez de extraordinário, nenhum grande milagre. Sua vida não foi caracterizada por eventos espetaculares, curas, nem grandes demonstrações de poder, mas o que se diz dele é algo admirável. "E iam muitos ter com ele e diziam: Realmente, João não fez nenhum sinal, porém tudo quanto disse a respeito deste era verdade. E muitos ali creram nele" (JOÃO 10:41,42). A multidão atestava que era verdade tudo que João dissera sobre Jesus. Que exemplo para nós! Não creio que se poderia dizer algo melhor sobre qualquer um de nós. Se as pessoas puderem dizer isso quando se lembrarem de nós, é porque teremos encontrado o verdadeiro propósito para a nossa vida. Precisamos aprender a viver sempre apontando para o Messias, e que seja verdadeiro tudo quanto dissermos sobre Ele.

UM HOMEM DE VALOR INCOMPARÁVEL

João Batista jamais se deixou influenciar por quem quer que fosse. Alguém que era capaz de chamar os religiosos do seu tempo de "raça de víboras" não podia ser um tipo qualquer. Precisava viver cheio do Espírito Santo e entender qual era a sua missão no mundo. Não se preocupava em dizer a verdade a todos, e nem tornou mais "palatável" a mensagem do evangelho. Não era fácil enganá-lo. Ele possuía essa rara qualidade que Deus dá a Seus escolhidos, que permite perceber o que se passa no coração das pessoas, mesmo que queiram ocultá-lo. João declarou publicamente aos escribas e fariseus que eles precisavam produzir "frutos dignos de arrependimento" (LUCAS 3:8), pois eles queriam se batizar para mostrar a todos que também eram "pessoas boas", enquanto por dentro continuavam sendo tão orgulhosos como sempre foram. Queriam acompanhar o profeta para ficarem bem diante dos outros, sem perceber que João estava falando de um novo evangelho, um relacionamento vivo e direto com o Criador.

E foram ter com João e lhe disseram: Mestre, aquele que estava contigo além do Jordão, do qual tens dado testemunho, está batizando, e todos lhe saem ao encontro. Respondeu João: O homem não pode receber coisa alguma se do céu não lhe for dada. Vós mesmos sois testemunhas de que vos disse: eu não sou o Cristo, mas fui enviado como seu precursor. O que tem a noiva é o noivo; o amigo do noivo que está presente e o ouve muito se regozija por causa da voz do noivo. Pois esta alegria já se cumpriu em mim. Convém que ele cresça e que eu diminua. (JOÃO 3:26-30)

> A MULTIDÃO ATESTAVA QUE ERA VERDADE TUDO QUE JOÃO DISSERA SOBRE JESUS. QUE EXEMPLO PARA NÓS!

Exatamente como Deus havia planejado, João pregou sobre como escapar da ira futura, mas Jesus foi muito além e falou de nascer de novo, sendo transformado interiormente pelo Espírito de Deus. Jamais devemos nos esquecer disso, visto que as pessoas não podem ser transformadas apenas por medo do julgamento, mas por amor a Deus. A razão do evangelho não é fugir de Deus, mas se "apegar" a Ele. O homem responde a Deus, não tanto pelo medo das consequências da Sua ira, mas, acima de tudo, vivenciando Sua maravilhosa graça.

Não havia ninguém como João para executar essa obra. Não se importou em absoluto que os seus discípulos seguissem a Jesus! ("É necessário que Ele cresça e que eu diminua", você se lembra?) Nós nos preocupamos com as nossas palavras, nossa reputação e com as pessoas que nos acompanham, mas João não se preocupou com o que aconteceria a sua vida. Dia após dia, sua missão era apontar para Jesus, sem a preocupação de ficar sozinho, sem discípulos nem seguidores. Ele sabia que o Messias era digno de toda a glória. Jesus merece tudo!

O MELHOR EXEMPLO QUE PODEMOS IMAGINAR PARA OS DIAS DE HOJE

João Batista é um exemplo-chave para os nossos dias. A definição que o Senhor Jesus deu a respeito dele foi impressionante: "Mandastes mensageiros a João, e ele deu testemunho da verdade. Eu, porém, não aceito humano testemunho; digo-vos, entretanto, estas coisas para que sejais salvos. Ele era a lâmpada que ardia e alumiava, e vós quisestes, por algum tempo, alegrar-vos com a sua luz" (JOÃO 5:33-35).

Em geral, a Igreja dos nossos dias está dividida de uma forma totalmente artificial entre os que iluminam e os que ardem, sem entender que o evangelho abrange os dois grupos. Alguns apenas iluminam, dizendo que o mais importante é conhecer a luz e ser luz, enquanto vivem de uma forma controlada e metódica. Para eles nada é tão importante como o conhecimento; tudo na vida da Igreja consiste em saber mais e estudar mais. Eles se esquecem que, no hebraico, a palavra para o conhecimento sempre é um conhecimento íntimo, e não apenas intelectual. Deus não busca pesquisadores, mas adoradores. Conhecer a Deus no sentido bíblico tem a ver com a experiência que chega ao mais íntimo do nosso ser. Não se trata apenas de um conhecimento exclusivamente doutrinário, mas que deve chegar a todas as dimensões da nossa vida, um conhecimento sempre repleto de amor.

Se você me permite um exemplo, nosso médico conhece muito bem a minha esposa, Miriam. Pode dizer seu nome e definir o estado dos seus músculos, ossos, sistema nervoso etc. Poderia explicar o que acontece em seu corpo, suas fraquezas e pontos fortes de uma forma que eu jamais poderia sabê-lo! Mas ele jamais conhecerá Miriam como eu a conheço, pois ele não a ama. Se alguém perguntasse quem a conhece melhor, ninguém teria dúvidas quanto à resposta, porque eu vivo todo o tempo com ela, eu a amo, gosto de escutá-la, eu converso com ela e Miriam é a pessoa mais importante para mim. O conhecimento do médico é apenas teórico.

As pessoas sabem muitas coisas a respeito de Deus; podem "dissecá-lo" e explicar muitos detalhes e doutrinas sobre Ele, mas não o conhecem intimamente porque talvez não o amem de modo incondicional. O problema para a Igreja é que somente desse profundo amor é que nascem os filhos espirituais, e não do conhecimento frio e distante.

Se não tivermos filhos espirituais, algo vai mal em nossa vida, embora sejamos pregadores de "sucesso", escritores renomados, pastores famosos ou cantores admirados por todos. Não importa que o nosso trabalho para Deus seja "perfeito"; os filhos são fruto do amor.

No outro extremo do cristianismo, estão os que apenas "queimam"; toda a sua vida espiritual se resume em sensações e sentimentos excepcionais: fogos artificiais e falsa espiritualidade sem quase nada a ver com o que Deus diz em Sua Palavra visto que não se preocupam em conhecê-la. A única coisa que lhes importa é o ruído do que é extraordinário, sem entender que, biblicamente falando, na maioria das ocasiões, Deus age nos pequenos detalhes do dia a dia.

Muitas vezes essas pessoas acabam sendo um péssimo exemplo, não somente pelo seu desconhecimento da Palavra de Deus, como também pela sua conduta. A total confiança e a dependência do Senhor em todas as circunstâncias da vida é algo estranho para elas. Esquecem que seguir a Jesus tem a ver com humilhar-se diante dele da mesma forma como João Batista explicou que é Jesus quem precisa crescer e o "eu" deve diminuir; no entanto, infelizmente, o poder e o dinheiro parecem ter mais valor para elas do que a própria Palavra de Deus.

O que acontece é que os dois grupos se criticam; uns vivendo no "fogo" sem querer saber da verdade e os outros defendendo a verdade de maneira fria e impiedosa. Os que "queimam" dizem que aqueles que somente iluminam estão mortos. Os que iluminam dizem que os que apenas "queimam" são exageradamente "espertos", pedindo dinheiro e buscando o poder. O curioso é o que acontece na ponta dos dois extremos: os que apenas iluminam acabam se apagando (você se lembra do que aconteceu com a igreja em Éfeso?) e se afastam do Senhor. Os que somente "queimam" acabam sendo consumidos pelo dinheiro, pelo poder, pelo sexo...

O mais surpreendente de tudo é que o inimigo tenha conseguido que os dois extremos sejam os que tenham mais adeptos no cristianismo contemporâneo. Devemos ter em mente que o Senhor espera que nós sigamos o exemplo de João. Deus quer que Sua Igreja ilumine e queime ao mesmo tempo! Precisamos ser sal e luz de tal maneira que, mesmo com os nossos erros, sejamos um exemplo para todos aqueles que nos rodeiam. Nossa missão é conhecer a Jesus cada vez mais, e desse conhecimento deve surgir o entusiasmo impossível de ser apagado. Visto que a nossa sociedade de hoje não só precisa de luz, mas também de fogo.

Muitas pessoas podem ensinar a verdade, explicando-a de forma clara, mas isso é de pouco valor se a paixão por essa verdade não as absorve. João queimava e iluminava. Ardia com o coração radiante pelo Messias e iluminava com sua vida refletindo a luz de Deus para todos.

> O QUE ACONTECE É QUE OS DOIS GRUPOS SE CRITICAM; UNS VIVENDO NO "FOGO" SEM QUERER SABER DA VERDADE E OS OUTROS DEFENDENDO A VERDADE DE MANEIRA FRIA E IMPIEDOSA.

Quem não possui fogo em seu interior, apenas influenciará o mundo. As pessoas que não são radicais na mensagem, e não ousam ser diferentes e viverem o evangelho custe o que custar, passarão ignoradas pela sociedade. Não existe uma pessoa mais infeliz do que aquele que deseja viver com um pé seguindo a Jesus e com o outro satisfazendo os próprios desejos e os daqueles ao seu redor; alguém que conhece a verdade e não é capaz de amá-la e vivenciá-la fervorosamente. O mundo de hoje, não apenas necessita saber o que é a verdade, mas precisa ver pessoas vivenciando essa Verdade, inflamadas por ela. Precisamos de mais pessoas como João.

O MOMENTO MAIS DIFÍCIL NA VIDA DE UM AMIGO
Quando João estava na prisão, Jesus descreveu Seu amigo de uma forma esplêndida: disse que ele era alguém que nenhuma circunstância poderia abalar. Existem pessoas que vivem como uma cana sacudida pelo vento, dependendo de quem esteja soprando ou do que outros digam. Assim elas se comportam. João não era assim! Ele havia aprendido do Espírito de Deus que podia viver acima das opiniões dos outros. Jesus mostra Sua admiração por ele. Um homem vestido com roupas elegantes? Não! Muitos continuam se preocupando com a aparência, algo que nada vale no reino de Deus. João era um profeta! Ou melhor, mais do que um profeta, um embaixador, o mensageiro por excelência. Ninguém maior do que ele no reino dos Céus! O motivo? Sua missão era revelar Jesus (JOÃO 1:35).

> *Quando João ouviu, no cárcere, falar das obras de Cristo, mandou por seus discípulos perguntar-lhe: És tu aquele que estava para vir ou havemos de esperar outro? E Jesus, respondendo, disse-lhes: Ide e anunciai a João o que estais ouvindo e vendo: os cegos veem, os coxos andam, os leprosos são purificados, os surdos ouvem, os mortos são ressuscitados, e aos pobres está sendo pregado o evangelho. E bem-aventurado é aquele que não achar em mim motivo de tropeço. Então, em partindo eles, passou Jesus a dizer ao povo a respeito de João: Que saístes a ver no deserto?*

Um caniço agitado pelo vento? Sim, que saístes a ver? Um homem vestido de roupas finas? Ora, os que vestem roupas finas assistem nos palácios reais. Mas para que saístes? Para ver um profeta? Sim, eu vos digo, e muito mais que profeta. Este é de quem está escrito: Eis aí eu envio diante da tua face o meu mensageiro, o qual preparará o teu caminho diante de ti. Em verdade vos digo: entre os nascidos de mulher, ninguém apareceu maior do que João Batista; mas o menor no reino dos céus é maior do que ele. Desde os dias de João Batista até agora, o reino dos céus é tomado por esforço, e os que se esforçam se apoderam dele. Porque todos os Profetas e a Lei profetizaram até João. E, se o quereis reconhecer, ele mesmo é Elias, que estava para vir. Quem tem ouvidos [para ouvir], ouça. Mas a quem hei de comparar esta geração? É semelhante a meninos que, sentados nas praças, gritam aos companheiros: Nós vos tocamos flauta, e não dançastes; entoamos lamentações, e não pranteastes. Pois veio João, que não comia nem bebia, e dizem: Tem demônio! Veio o Filho do Homem, que come e bebe, e dizem: Eis aí um glutão e bebedor de vinho, amigo de publicanos e pecadores! Mas a sabedoria é justificada por suas obras. (MATEUS 11:2-19)

O final da vida de João não pode ser ignorado por ninguém: o escolhido por Deus morre numa prisão. O embaixador do Messias permanece por longos meses na obscuridade e no mais extremo desalento.

Completamente só. Aparentemente esquecido.

João fez muitas perguntas a si mesmo. Ele queria saber se a sua missão havia terminado com sucesso e se, de fato, tinha sido o precursor do Messias. Quando alguém se encontra no cárcere, pode chegar a pensar que sua vida tenha sido um autêntico fracasso. João estava em dúvida se não teria ele se equivocado, porque "aparentemente" nada acontecia. Talvez esperasse que o Messias fizesse algo extraordinário, e de uma vez vencesse o poder de Herodes e dos romanos. Nós todos teríamos feito as mesmas perguntas numa situação dessas, mas a grandeza desse mensageiro de Deus é que ele segue colocando sua vida inteira à disposição do Messias, mesmo sem saber o que estava acontecendo. Inclusive estando no cárcere!

João pensava que Jesus traria imediatamente o julgamento que ele havia anunciado. Muitas vezes nosso desânimo aparece quando pensamos que Deus não faz aquilo que consideramos ser justo. Poderíamos chamar isso de "síndrome de Jonas": tanto pregamos sobre o julgamento de Deus que nos desanimamos quando Ele aplica Sua misericórdia "sem a nossa permissão". Jesus respondeu ao Seu amigo com um texto bíblico que João conhecia muito bem. O Senhor costuma nos responder fazendo-nos lembrar do que está escrito... mas isso não significava que João estava longe da vontade de Deus. Ninguém entendeu o coração de Jesus tanto como ele! Mas somente podemos exercitar nossa fé lendo e confiando no que Deus diz. Jesus lembrou a João a profecia que estava se cumprindo, e isso bastou.

> MUITAS VEZES NOSSO MAIOR DESÂNIMO APARECE QUANDO PENSAMOS QUE DEUS NÃO FAZ AQUILO QUE CONSIDERAMOS SER JUSTO.

Diríamos que quase tudo, pois, antes que os amigos de João partissem, o Messias usou uma frase incompreensível aos demais. Ela fala de não se sentir defraudado com o que Ele faz: "Bem-aventurado é aquele que não achar em mim motivo de tropeço"; quer dizer o que não espera nada mais (nem nada menos) do que ver o próprio Deus se tornar homem; aquele que não coloca sua confiança num Messias político ou social, esperando que solucione todos os problemas pessoais e os problemas do mundo a cada momento.

Por vezes esperamos muito da parte de Deus. Permita-me explicar: pensamos que Deus precisa fazer tudo o que nós queremos e da maneira que decidirmos; pensamos que deve ajeitar ou mudar as coisas a nosso modo. Fazemos uso da nossa "super fé" para desafiar qualquer pessoa e em qualquer situação sem permitir que Deus tenha a última palavra naquilo que estamos pedindo. Queremos que a Sua vontade seja igual à nossa! E quando Deus não faz o que nós pensamos, ou não entendemos o que está acontecendo, ficamos decepcionados com o nosso Salvador; e por causa da nossa desilusão, motivada por uma fé deposita num falso deus, perdemos nossa confiança no único e verdadeiro Deus.

O AMIGO DO NOIVO

O mais surpreendente na história é que, mesmo na prisão, João enviou mensageiros para buscar as respostas que somente Jesus poderia lhe dar; ele não se desapontou com o Messias, embora estivesse passando pelo momento mais difícil de sua vida. Aparentemente sua vida findou sem ele saber o que Jesus faria. Creio que a coisa mais terrível do mundo é nos sentirmos abandonados e fracassados sem termos a possibilidade de começar de novo. Ninguém passou por uma amargura semelhante à de João. Poucos têm atravessado a hora mais escura da alma sem qualquer resposta; somente Jesus passou por algo assim quando morreu na cruz, embora soubesse que ressuscitaria.

> POR CAUSA DA NOSSA DESILUSÃO, MOTIVADA POR UMA FÉ DEPOSITADA NUM FALSO DEUS, PERDEMOS NOSSA CONFIANÇA NO ÚNICO E VERDADEIRO DEUS.

Ninguém pode duvidar desse profeta em sua confiança e obediência a Deus, pois quando pediu que perguntassem a Jesus: "És tu aquele que estava para vir ou havemos de esperar outro?" (MATEUS 11:3), fez isso voltando a "colocar" sua vida nas mãos do Messias. Não há qualquer recriminação nessa pergunta. Ele não diz a Jesus: "Não quero mais te servir, pois me sinto defraudado!". Não! João amava a Deus de uma maneira formidável, e, mesmo na noite mais tenebrosa, foi capaz de colocar um fio de esperança ao dizer... "havemos de esperar outro?".

Essa é a razão para o Senhor Jesus pronunciar as seguintes palavras: "E bem-aventurado é aquele que não achar em mim motivo de tropeço" (v.6). São palavras de um amigo que sabe que vão ajudá-lo, como se estivesse dizendo: "João, você é feliz porque, apesar de tudo, você segue confiando em mim. Você é uma pessoa íntegra, impecável, alguém que cumpriu fielmente seu trabalho, e que agora, apesar das algemas, espera seu momento de ser recebido no Céu como um dos heróis da fé".

Você sabe qual era o motivo? João era muito mais que um profeta. Ele era o amigo do noivo! Você se lembra do que lemos anteriormente? Numa imagem realmente sublime, o profeta se define como o amigo de Jesus, aquele que está ao seu lado no momento mais feliz, o dia do casamento; o amigo achegado que é capaz de fazer qualquer coisa e até de renunciar a tudo pela felicidade desse futuro marido. Seu amor a Jesus era tão importante como era sua missão! Sua alegria ao ver Jesus anunciando o evangelho do Reino era total! "O que tem a noiva é o noivo; o amigo do noivo que está presente e o ouve muito se regozija por causa da voz do noivo. Pois esta alegria já se cumpriu em mim" (JOÃO 3:29).

Logo, não é de se estranhar que o próprio Senhor Jesus tenha dito que não havia existido um profeta como João (MATEUS 11:9-11)!

Vivemos um tempo muito semelhante ao de João Batista. Temos os mesmos problemas daquele tempo: uma sociedade corrompida, pessoas que somente se preocupam em conservar o poder, religiosos que vivem afastados de Deus e uma grande parte do povo que não sabe em que crer e nem o que fazer. Enquanto tudo isso acontece, Deus continua falando por meio do Senhor Jesus, mas poucos lhe dão atenção.

Você se lembra da missão de João? Ela continua sendo a mesma para nós: levar as pessoas a Jesus; mostrar-lhes quem é o Salvador do mundo; lutar com todas as forças para que todos conheçam o Messias de Deus, brilhando e iluminando para Ele.

Mesmo que, como aconteceu com João, custe-nos a vida.

24
LIA: O QUE FAZEMOS TEM CONSEQUÊNCIAS ETERNAS

Charlotte Elliott, nascida em Brighton, Inglaterra, era uma mulher com limitações cuja saúde era tão frágil que precisava de ajuda para poder viver. Essas circunstâncias levaram-na a uma mistura de depressão, amargura e raiva que tornava difícil a convivência com ela. Culpava a Deus por tê-la criado assim. Certo dia um pastor evangélico suíço esteve em sua casa (no ano de 1822) e pôde ficar a sós com ela para lhe falar de Jesus. Ele lhe disse que a única forma de se libertar de todo o ódio que a dominava era entregar a vida ao próprio Deus, a quem culpava por ela ter nascido.

> JESUS O ACEITA TAL COMO VOCÊ É; NÃO PRECISA MUDAR COISA ALGUMA, SIMPLESMENTE VENHA A ELE E PERMITA QUE O SENHOR RECEBA SUA VIDA.

As palavras do missionário ficaram no coração de Charlotte por muito tempo; não podia deixar de pensar que Deus a amava tal como ela era e não precisava aparentar nada nem mudar coisa alguma. Certa noite orou entregando seu coração a Jesus, e esse momento com Deus foi tão profundo que sua vida foi completamente transformada. Com o passar do tempo, brotaram do seu coração palavras que se tornaram uma poesia musical de tal modo que logo a melodia chegou a ser conhecida em todo o país.

Este hino, "Tal qual estou" (266 CC), foi usado não somente na Inglaterra, mas no mundo inteiro e em inúmeras línguas diferentes, como um cântico de apelo em milhares de campanhas evangelísticas. Charlotte viveu até seus 82 anos e escreveu mais de 100 hinos. Durante sua vida, chegaram-lhe mais de 1.000 cartas de agradecimento contando como Deus havia tocado o coração de muitas pessoas através desse hino. Uma mulher debilitada, sem esperança e aparentemente inútil transformou a história da evangelização no mundo.

DEUS USA OS QUE APARENTEMENTE SÃO INÚTEIS

Deus não faz distinção entre as pessoas. Em Sua Palavra, em várias ocasiões procurou exaltar o papel da mulher. É o caso de Lia, uma pessoa importante na história de Israel, mas uma mulher que vivera muitos anos à sombra de sua irmã mais nova. "Ora, Labão tinha duas filhas: Lia, a mais velha, e Raquel, a mais moça. Lia tinha os olhos baços, porém Raquel era formosa de porte e de semblante" (GÊNESIS 29:16,17).

Lia não era atraente fisicamente. A Palavra de Deus diz que tinha olhos sem brilho, sem graça; que é uma forma de se dizer que sua aparência exterior não chamava atenção. Em contraste, sua irmã Raquel tinha tudo, fisicamente falando. Tanto é que, quando Jacó chegou, ao vê-la, ficou totalmente fascinado pela sua beleza.

Pode ser que isso tenha acontecido em outras ocasiões. Lia vivia sozinha: era a irmã mais velha e ainda não havia se casado, mas também sentia que era preterida em sua própria família, por seu pai e seus irmãos. Podemos até chegar a ler nas entrelinhas que seus olhos "sem brilho" eram o resultado de sua tristeza e do seu choro. Pode ser que, pelo fato de não ser atraente, não tivesse qualquer futuro num tempo em que as mulheres não podiam viver sozinhas.

Muitas pessoas vivem assim. A tristeza é sua permanente companhia, talvez por se considerarem menosprezadas e sem futuro; esquecidas, sem ter quem as abrace. Quando passamos por momentos difíceis e não nos sentimos amados porque a vida foi cruel conosco, a única resposta que encontramos são as lágrimas; não somente lágrimas de solidão, mas também de amargura e ressentimento, inclusive lágrimas por sentir o distanciamento de Deus!

Labão não queria que essa situação continuasse para sempre; sendo assim, arquitetou um plano para encontrar um marido para Lia, mesmo enganando Jacó e a todos. Depois do casamento com Raquel, na escuridão da noite e no calor da festa e do vinho tomado, Lia foi obrigada a entrar na tenda de Jacó em lugar de sua irmã Raquel para consumar o casamento. "À noite, conduziu a *Lia*, sua filha, e a entregou a Jacó. E coabitaram. Ao amanhecer, viu que era Lia. Por isso, disse Jacó a Labão: Que é isso que me fizeste? Não te servi eu por amor a Raquel? Por que, pois, me enganaste?" (GÊNESIS 29:23-25, ÊNFASE ADICIONADA).

Lia foi vítima de um engano; seu pai a obrigou a se deitar com Jacó porque viu ser essa a única forma de se "livrar" dela; e a jovem estava tão desesperada que concordou. Não viu outra saída. Quando a desilusão e o desespero nos acompanham, costumamos tomar péssimas decisões. Somos capazes de qualquer coisa, contanto que saiamos da situação na qual nos encontramos. E por vezes essas decisões erradas podem chegar a destruir nossa vida.

A partir daquele momento, e sabendo que não era amada nem aceita por Jacó, Lia tomou a decisão de entrar em uma competição consigo mesma e com sua irmã para conseguir a aceitação de todos: decidiu encontrar o sentido da sua vida nos filhos que Deus lhe concedia.

> *Vendo o SENHOR que Lia era desprezada, fê-la fecunda; ao passo que Raquel era estéril. Concebeu, pois, Lia e deu à luz um filho, a quem chamou Rúben, pois disse: O SENHOR*

atendeu à minha aflição. Por isso, agora me amará meu marido. Concebeu outra vez, e deu à luz um filho, e disse: Soube o Senhor *que era preterida e me deu mais este; chamou-lhe, pois, Simeão. Outra vez concebeu Lia, e deu à luz um filho, e disse: Agora, desta vez, se unirá mais a mim meu marido, porque lhe dei à luz três filhos; por isso, lhe chamou Levi. De novo concebeu e deu à luz um filho; então, disse: Esta vez louvarei o* Senhor*. E por isso lhe chamou Judá; e cessou de dar à luz.* (GÊNESIS 29:31-35)

Ao primeiro filho chamou de "Rúben", como desejando anunciar a todos o prêmio que estava recebendo de Deus. Esse nome significa literalmente "vejam, um filho". Raquel se tornou sua rival a partir daquele momento, e Lia entendeu que, tendo filhos, ganharia tal competição. Ela havia sido menosprezada, mas agora tinha algo a que se apegar: seu próprio filho! Muitas pessoas têm essa sensação na vida. Quando conseguem algo, logo mostram para os outros a fim de que vejam o que elas possuem. Tornam-se orgulhosas em seus feitos.

UMA COMPETIÇÃO SEM LIMITES CUJO O PRÊMIO É TER FILHOS

Apesar de todas as circunstâncias, Lia continuou confiando em Deus à sua maneira. Ela podia culpar a Deus por não ter sido tão favorável para com ela como foi com sua irmã, mas seguia rogando por Sua ajuda. Deus lhe concedeu um segundo filho, Simeão ("aquele que escuta"), e Lia o recebeu como um novo presente. "Deus me ouviu!" Ela está mais perto do Senhor do que no princípio, mas ainda o vê como alguém que corresponde ao seu esforço; não conhece a Deus de forma perfeita.

Essa ideia é comum à maioria dos crentes. Trabalhamos mais do que os outros julgando que Deus se sente mais "feliz" conosco. Arriscamos nossa saúde e nossas forças para alcançar mais lugares e mais pessoas, fazer mais do que qualquer outro, pregar mais, porque nisso encontramos o sentido da nossa vida. E toda vez que algo de bom ocorre, acreditamos que aconteceu porque Deus nos ouviu (o que é certo), mas seguimos pensando que Ele nos "recompensa" porque somos bons. Ao longo do tempo, essa nossa forma de ver as coisas acaba aumentando nossa tristeza, visto que não amamos ao Senhor tal como Ele é, mas como nós gostaríamos que Ele fosse; e quando Ele não faz o que esperamos, sentimo-nos desapontados. Nosso foco não está em Sua bondade, mas na nossa. Acreditamos que a motivação do coração de Deus não é o Seu sacrifício por nós, mas os nossos pequenos sacrifícios por Ele.

Deus é sempre bom! Ele sabia que a vida de Lia precisava ser restaurada (bem como a nossa), então lhe concedeu um terceiro filho para que ela pudesse viver mais próxima ao Senhor. A esse filho, Lia põe o nome de "Levi" (que significa "acrescentado"), indicando que sua vida estava apegada à vida dele. Lia continua manifestando sua necessidade de afeto, pois seus filhos são os que realmente amparam sua vida. Tanto ela quanto sua irmã Raquel (GÊNESIS 30:8) necessitavam ter filhos, por isso o relacionamento das duas se transformou numa luta pessoal: ter mais filhos que a outra, ser mais amada por Jacó do que a sua rival.

Lia percebeu que os filhos lhe faziam sentir-se desejada e amada, o que acabou se tornando em sua razão de ser. Muitas vezes, nós também buscamos nosso sentido como pessoa na família que Deus nos deu, e isso de fato não é tão egoísta como quando pensamos que os negócios, os sucessos, a aparência física ou nossos bens são a coisa mais importante que temos. Pelo menos não estamos falando de algo meramente material. Porém, mesmo assim, buscar sempre alguém que nos ame e nos queira não pode ser a verdadeira razão de nossa vida.

ACREDITAMOS QUE A MOTIVAÇÃO DO CORAÇÃO DE DEUS NÃO É O SEU SACRIFÍCIO POR NÓS, MAS OS NOSSOS PEQUENOS SACRIFÍCIOS POR ELE.

Quando Lia teve o quarto filho, colocou nele o nome Judá (que significa "louvado"). A partir de então, todo o seu foco mudou, pois deixou de pensar em si mesma e se apegou a Deus. Já não era tão importante para ela ter filhos, mas ter um relacionamento com o Senhor. Ela encontrou o sentido da sua vida em louvar seu Criador e viver perto dele. Assim, Deus passou a ser seu galardão, e ela não precisava de mais nada. De fato, aos seus outros dois filhos deu o nome de Gade ("afortunado") e Aser ("feliz") porque não necessitava de mais nada. Saber que era amada por Deus a satisfez completamente.

Mais tarde, Deus ainda daria a Lia dois filhos: Issacar ("recompensa") e Zebulon ("exaltado", embora tenha em comum a raiz da palavra "lar"). Lia encontrou seu lar no Senhor porque havia aprendido a confiar nele. Não precisava de nada mais! Essa foi a sua recompensa (GÊNESIS 30:20).

Enquanto isso, sua irmã Raquel, embora aparentemente tivesse tudo, sempre buscou a solução para seus problemas por si mesma, sem descansar totalmente no Senhor. Inclusive, quando deixou a casa de Labão junto a Jacó, ela levou consigo os ídolos do seu pai; talvez porque ainda seguisse confiando neles, ou simplesmente os levava consigo para garantir a sua parte na herança. Seja como for, apesar de tudo, ela não foi capaz de confiar em Deus assim como Lia.

A RAZÃO DE NOSSA VIDA

Nosso coração somente encontra seu lar quando adora a Deus. A partir do momento em que Lia entendeu isso, descobriu o que significava ser feliz. Já não mais precisava competir com alguém; simplesmente usufruía da presença do Senhor e de tudo o que Ele estava lhe proporcionando. Entendeu que não importa sermos menosprezados por outras pessoas. Deus jamais nos abandona. Ele não se envergonha de nós! Lia reconheceu que Deus não apenas havia visto sua angústia, mas que sempre esteve a seu lado.

Muitas vezes temos de chegar ao mais profundo do sofrimento e do menosprezo para encontrarmos a beleza do que Deus nos concede. As estrelas sempre brilham, mas só podemos apreciar seu brilho com a chegada da noite. Como Lia, nós podemos brilhar para outras pessoas quando a escuridão as envolve. Deus pode fazer que sejamos agentes de restauração, levando consolação e ajuda aos que se sentem menosprezados.

> MUITAS VEZES TEMOS DE CHEGAR AO MAIS PROFUNDO DO SOFRIMENTO E DO MENOSPREZO PARA ENCONTRARMOS A BELEZA DO QUE DEUS NOS CONCEDE.

Deus recompensou a vida de Lia de uma forma extraordinária: o Messias nasceria da descendência de Judá e seria apresentado no último livro da Bíblia como o "Leão" da tribo de Judá. Deus quis ter na genealogia do Seu Filho uma mulher rejeitada que aprendeu a colocar toda a sua confiança no Senhor.

Esse foi o segredo da vida de Lia. Não devemos esquecer jamais quem é que dá o sentido à nossa vida! O Leão da tribo de Judá veio a este mundo para restaurar o valor original do ser humano, para nos devolver a dignidade como pessoas. Não dependemos de nada mais e de pessoa alguma, mas somente de Deus. Ele nos criou e nos ama muito além do que podemos imaginar.

Não precisamos competir com ninguém, nem mostrar coisa alguma: nosso Pai Celestial sabe quem somos e do que necessitamos. Desde o momento em que conhecemos o Senhor, sabemos que o nosso valor está nele.

25

A MÃE DE ICABÔ: SEM A GLÓRIA DE DEUS, A VIDA NÃO TEM SENTIDO

Todos que me conhecem desde criança sabem que "cresci na igreja". Morávamos no piso superior do templo evangélico em Ourense, de maneira que eu podia descer para assistir às reuniões, e mesmo quando estava doente, ouvia os cânticos e as pregações estando em casa. Além disso, todas as pessoas que vinham pregar se hospedavam em nossa casa. Eu cheguei a conhecer quase todos os servos de Deus do nosso país e a muitos de outros países. O que para alguns pode parecer estranho é que, desde criança, eu ansiava que viessem à nossa casa porque, depois do jantar, passávamos horas conversando sobre coisas do Senhor e contando histórias e piadas. Foi ali que aprendi em primeira mão que o senso de humor era um presente de Deus.

Esses momentos marcaram minha vida por vários motivos. É claro que o mais importante foi o fato de ver neles seu inabalável amor pelo Senhor, mas, por outro lado, vieram à nossa casa pessoas e famílias de todas as igrejas evangélicas, e isso me deu uma visão muito ampla do reino de Deus. De fato, quando alguém me pergunta agora qual é a minha denominação evangélica, torna-se difícil para eu responder, pois tanto eu como minha família sentimo-nos muito bem servindo ao Senhor em vários lugares e com muitas pessoas diferentes. A riqueza espiritual do Corpo de Cristo é sem igual.

Agora mesmo, posso fechar meus olhos e "ver" um dos nossos amigos, Eric Bermejo, pregando sobre o primeiro livro de Samuel. Lembro-me de uma história que me impactou... era sobre a esposa de Fineias. Eric sabia explicar perfeitamente o que aconteceu em cada parágrafo da Bíblia. Ele nos deixava a todos admirados pelo que Deus fazia em cada situação na vida de cada pessoa! Ele foi uma das pessoas que mais me ajudaram, não somente a amar ao Senhor, mas também como saber expressá-lo. Ele contava todas as histórias de uma forma extraordinária! Tanto é que, quando o Senhor falava através dele, era impossível esquecer.

DOIS LADRÕES À FRENTE DO MINISTÉRIO
Como em outros exemplos que temos visto ao longo deste livro, não sabemos o nome de muitas pessoas a quem Deus considera Seus "heróis". Esse detalhe é curioso porque nos lembra de que, para Deus, o ser admirado por muita gente para que a vida seja vista como realmente importante é dispensável. A mãe de Icabô (esposa de Fineias) vivia em circunstâncias estranhas e difíceis, muito além do que podemos imaginar.

> *Eram, porém, os filhos de Eli filhos de Belial e não se importavam com o* SENHOR; *pois o costume daqueles sacerdotes com o povo era que, oferecendo alguém sacrifício, vinha o moço do sacerdote, estando-se cozendo a carne, com um garfo de três dentes na mão; e metia-o na caldeira, ou na panela, ou no tacho, ou na marmita, e tudo quanto o garfo tirava o sacerdote tomava para si; assim se fazia a todo o Israel que ia ali, a Siló. Também, antes de se queimar a gordura, vinha o moço do sacerdote e dizia ao homem que sacrificava: Dá essa carne para assar ao sacerdote;*

porque não aceitará de ti carne cozida, senão crua. Se o ofertante lhe respondia: Queime-se primeiro a gordura, e, depois, tomarás quanto quiseres, então, ele lhe dizia: Não, porém hás de ma dar agora; se não, tomá-la-ei à força. Era, pois, mui grande o pecado destes moços perante o Senhor, porquanto eles desprezavam a oferta do Senhor. Era, porém, Eli já muito velho e ouvia tudo quanto seus filhos faziam a todo o Israel e de como se deitavam com as mulheres que serviam à porta da tenda da congregação. E disse-lhes: Por que fazeis tais coisas? Pois de todo este povo ouço constantemente falar do vosso mau procedimento. Não, filhos meus, porque não é boa fama esta que ouço; estais fazendo transgredir o povo do Senhor. Pecando o homem contra o próximo, Deus lhe será o árbitro; pecando, porém, contra o Senhor, quem intercederá por ele? Entretanto, não ouviram a voz de seu pai, porque o Senhor os queria matar. Veio um homem de Deus a Eli e lhe disse: Assim diz o Senhor: Não me manifestei, na verdade, à casa de teu pai, estando os israelitas ainda no Egito, na casa de Faraó? Eu o escolhi dentre todas as tribos de Israel para ser o meu sacerdote, para subir ao meu altar, para queimar o incenso e para trazer a estola sacerdotal perante mim; e dei à casa de teu pai todas as ofertas queimadas dos filhos de Israel. Por que pisais aos pés os meus sacrifícios e as minhas ofertas de manjares, que ordenei se me fizessem na minha morada? E, tu, por que honras a teus filhos mais do que a mim, para tu e eles vos engordardes das melhores de todas as ofertas do meu povo de Israel? Portanto, diz o Senhor, Deus de Israel: Na verdade, dissera eu que a tua casa e a casa de teu pai andariam diante de mim perpetuamente; porém, agora, diz o Senhor: Longe de mim tal coisa, porque aos que me honram, honrarei, porém os que me desprezam serão desmerecidos. Eis que vêm dias em que cortarei o teu braço e o braço da casa de teu pai, para que não haja mais velho nenhum em tua casa. E verás o aperto da morada de Deus, a um tempo com o bem que fará a Israel; e jamais haverá velho em tua casa. O homem, porém, da tua linhagem a quem eu não afastar do meu altar será para te consumir os olhos e para te entristecer a alma; e todos os descendentes da tua casa morrerão na flor da idade. Ser-te-á por sinal o que sobrevirá a teus dois filhos, a Hofni e Fineias: ambos morrerão no mesmo dia. (1 SAMUEL 2:12-34)

Os filhos de Eli eram realmente homens indignos, que não conheciam o Senhor apesar de serem filhos do sumo sacerdote, e eles próprios atuavam como sacerdotes do Deus Santo. Imagine dois ladrões exercendo o ministério! Furtavam dos sacrifícios em proveito próprio, e o povo sabia disso. Eles desonravam a Deus diante de todos e, além disso, faziam-no com violência. Eles menosprezavam as ofertas devidas ao Senhor, bem como a presença de Deus no meio do Seu povo, ficando sempre com a melhor parte para eles mesmos, e não se importavam com o que Deus pensava.

> OS RITUAIS NADA MAIS ERAM QUE UMA RELIGIOSIDADE MUNDANA, E TODOS SABIAM DISSO.

Como se não bastasse, envolveram-se com as mulheres que serviam no Templo, e a conduta deles era tal que sequer o próprio pai conseguia fazer algo para impedi-los. Esse era o caráter de Fineias, o marido da nossa heroína. Deus havia sido muito claro ao denunciá-los: "Por que pisais aos pés os meus sacrifícios e as minhas ofertas". Todos sabiam o que Fineias e seu irmão vinham fazendo! Não havia qualquer glória nos sacrifícios ou na suposta presença de Deus diante do tabernáculo. Tudo ao contrário! Os rituais nada mais eram que uma religiosidade mundana, e todos sabiam disso.

UMA MULHER ADMIRÁVEL

A futura mãe de Icabô era a esposa de Fineias. Não podemos sequer imaginar o que ela teve de suportar com um marido desses: aguentar suas mentiras, seus furtos, seu envolvimento com outras mulheres, seus menosprezos, sua vaidade... Com certeza, ela deve ter lhe falado do temor a Deus, mas Fineias não lhe dava atenção e em muitas ocasiões deve ter zombado dela assim como fazia com seu pai. Sofrer o que essa mulher suportava podia ser considerado uma tragédia, assim como para qualquer outra mulher que estivesse passando por situação semelhante, mas, além disso, seu caso era ainda mais cruel visto que seu marido era sacerdote do Deus Altíssimo!

Seu único consolo era buscar a presença do Senhor e descansar nele. Era uma mulher sensível, pois desejava honrar ao Senhor mesmo na situação em que vivia. É um exemplo para nós nos dias de hoje, porque naquele tempo (e sempre) Deus sabe tudo o que acontece em nossa vida e não se deixa enganar pelas aparências como nós o fazemos muitas vezes. Deus não apenas conhecia o sofrimento dela como também sabia da vida dupla do seu marido.

Certo dia chegou a inevitável notícia. Tanto Eli como seus filhos sabiam disso porque Deus já havia prenunciado. Pode ser que ela estivesse esperando e, ao mesmo tempo, temendo pela chegada desse dia. O povo de Israel saiu para lutar contra o inimigo, levando consigo a Arca da Aliança como se fosse um amuleto invencível: uma superstição na vida dos sacerdotes, uma crença em que todos queriam se agarrar. Mas Deus havia anunciado a derrota. Não havia outra solução. O que estava acontecendo não podia terminar bem.

> *Então, respondeu o que trazia as novas e disse: Israel fugiu de diante dos filisteus, houve grande morticínio entre o povo, e também os teus dois filhos, Hofni e Fineias, foram mortos, e a arca de Deus foi tomada. Ao fazer ele menção da arca de Deus, caiu Eli da cadeira para trás, junto ao portão, e quebrou-se-lhe o pescoço, e morreu, porque era*

> *já homem velho e pesado; e havia ele julgado a Israel quarenta anos. Estando sua nora, a mulher de Fineias, grávida, e próximo o parto, ouvindo estas novas, de que a arca de Deus fora tomada e de que seu sogro e seu marido morreram, encurvou-se e deu à luz; porquanto as dores lhe sobrevieram. Ao expirar, disseram as mulheres que a assistiam: Não temas, pois tiveste um filho. Ela, porém, não respondeu, nem fez caso disso. Mas chamou ao menino Icabô, dizendo: Foi-se a glória de Israel. Isto ela disse, porque a arca de Deus fora tomada e por causa de seu sogro e de seu marido. E falou mais: Foi-se a glória de Israel, pois foi tomada a arca de Deus.* (1 SAMUEL 4:17-22)

A esposa de Fineias estava grávida, aguardando pelo menos um momento de glória pessoal, porque uma criança viria para lhe dar sentido a tudo o que estava acontecendo. Essa nova vida talvez a ajudasse a esquecer a maldade do seu marido, contudo o mais glorioso que podia acontecer a uma mulher naquele momento, ter um filho homem, não significou nada para ela.

A arca de Deus havia sido tomada pelo inimigo, a glória tinha saído de Israel. Que sentido tem a vida sem a presença de Deus? De que vale ter tudo se a glória de Deus tiver sido perdida? De que serve uma pessoa ganhar o mundo inteiro e perder a sua alma? Ao saber do que havia acontecido, a esposa de Fineias deixou o filho recém-nascido marcado para sempre, porque seu nome indicava toda a dor do seu coração: "Sem glória" (Icabô). Esse foi o nome que ela deu ao seu filho! Nem sequer um nascimento pode ser motivo de alegria se Deus não está conosco!

Não posso deixar de pensar nela. Ela entregou seu espírito no momento mais importante da sua existência porque entendeu que a vida não teria sentido sem a glória de Deus. Não precisamos dizer mais nada, não é verdade?

De que serve ter tudo na vida se Deus não se encontra nela?

> ELA ENTREGOU O SEU ESPÍRITO NO
> MOMENTO MAIS IMPORTANTE DA SUA EXISTÊNCIA
> PORQUE ENTENDEU QUE A VIDA
> NÃO TERIA SENTIDO SEM A GLÓRIA DE DEUS.

Não é exagero dizer que aquilo que essa mulher fez é uma lição que ainda não terminamos de aprender. Como em outras ocasiões, talvez devêssemos nos fazer algumas perguntas. A glória de Deus terá saído da nossa casa? Da igreja? Do lugar onde vivemos?

OS IMPOSTORES QUE SUBSTITUEM A GLÓRIA DE DEUS

Às vezes penso no que vem acontecendo na vida de grande parte da cristandade nominal: a glória de Deus se retirou sem que a grande maioria das pessoas tenha percebido. Assim como Roboão trocou os escudos de ouro que seu pai Salomão tinha no Templo por outros feitos de bronze quando o povo de Israel se afastou de Deus e os inimigos levaram tudo o que era valioso, acredito que, com o passar do tempo, temos nos conformado com os substitutos da glória de Deus e vivemos satisfeitos com eles. Mesmo que nossa vida espiritual esteja perdendo aos poucos o seu sentido. Hoje temos:

Atividades em vez de consagração.
Concertos em vez de adoração.
Espetáculos musicais no lugar de cânticos nos lares.
Conferências e congressos substituindo a vida espiritual.
Ações variadas no lugar do evangelismo vivo e pessoal.
Frequentar a igreja em lugar de vida cristã.
Palavras piedosas em vez de oração.
Performance e aparência "espirituais" em lugar do brilho radiante do Espírito.
Gritos e palavras em voz alta em vez de ajoelhados em silêncio.
"Qualidade" de tempo com o Senhor no lugar de investir a vida inteira nele.

Dízimos e ofertas em vez de entrega.

Levantamento de fundos ministeriais em vez da confiança no Senhor.

Estudos e pregações em lugar da leitura diária da Bíblia.

Ajuda social em lugar da comunhão com os que nada têm.

Poderíamos seguir com a nossa lista, mas penso já ser o suficiente. Os substitutos são as normas que guiam muitas pessoas. Os "amuletos" para mostrar que a espiritualidade está de acordo com a vontade de Deus são mais numerosos do que imaginamos. Com certeza você mesmo poderia identificar vários outros mais!

O verdadeiro contraste com essa situação aparece quando alguém recupera a glória de Deus em sua vida. Imediatamente tudo é transformado! Quando a glória do Senhor é a coisa mais importante em nossa vida, nós nos dedicamos, oramos, buscamos a Ele em Sua Palavra, cantamos e adoramos, aprendemos a confiar, vivemos em Sua presença, ajudamos a todos. Entendemos que, se Ele não se encontra presente, não existe nenhuma razão de ser para a nossa vida, nossa família ou nossa igreja. Aprendemos que a glória de Deus é muito mais importante do que os nossos sonhos, nossos projetos, o ministério, o dinheiro, os bens... mais do que a própria vida!

Precisamos parar, pensar e orar pedindo a Deus que os "Icabôs" desapareçam para sempre. A partir de hoje (se não o tivermos feito antes), temos que pedir sabedoria e coragem ao Senhor para buscarmos Sua glória em tudo quanto fizermos em nossa vida, na vida da nossa família, na igreja e no ministério. Porque, de certa forma, independentemente das circunstâncias nas quais estivermos vivendo ou do nosso aparente êxito em qualquer área, a vida não tem sentido sem a glória de Deus.

É tempo de buscarmos a glória do Senhor e não a nossa. É o momento perfeito para reconhecer o temor a Deus em tudo o que fizermos, desde agora e para sempre.

26
MARIA: QUANDO NOSSAS LÁGRIMAS FAZEM DEUS CHORAR

Todos que já leram algum dos meus livros sabem que uma das atividades que mais aprecio é passar tempo orando e conversando com Miriam e nossas filhas, todas as noites ao término do dia. Falamos a respeito de tudo o que aconteceu e colocamos diante de Deus nossas necessidades, dos nossos amigos, as decepções e as alegrias do dia, os desejos de cada coração e o nosso futuro. Às vezes essas conversas se estendem até todos irmos dormir, e então costumo passar em cada quarto para lhes dar um abraço de boa noite.

Certa noite, quando a Mel estava com 8 anos, eu a encontrei chorando em sua cama. Fiquei surpreso porque havíamos orado e conversado, e tudo parecia estar bem. Quando lhe perguntei o que estava acontecendo, ela disse: "Ainda não vi o Senhor Jesus e quero vê-lo!".

Já fazia algum tempo que ela havia orado pela primeira vez para receber a Jesus em sua vida, mas não se satisfazia apenas com isso. Ela queria vê-lo pessoalmente! Era por esse motivo que ela orava e chorava deitada em sua cama. Com o passar dos anos, Mel entendeu que podemos amar a Jesus mesmo sem vê-lo fisicamente, mas eu não pude deixar de pensar durante muitos dias no seu desejo e no seu choro. De vez em quando, eu me perguntava: Quantas vezes eu chorei desejando ver a Jesus?

A INDESCRITÍVEL BELEZA DAS LÁGRIMAS

Quase sempre associamos nossas lágrimas à tristeza e à dor, embora saibamos que também, às vezes, podemos chorar de alegria. Quando ouvi minha filha chorar, aprendi que existe outro tipo de choro que é imprescindível em nossa vida, e isso acontece quando choramos e vertemos lágrimas buscando a face de Deus. Esse é o choro que purifica o nosso coração e restaura nossa alma!

> EXISTE UM CHORO IMPRESCINDÍVEL EM NOSSA VIDA, E ISSO ACONTECE QUANDO CHORAMOS E VERTEMOS LÁGRIMAS BUSCANDO A FACE DE DEUS. ESSE É O CHORO QUE PURIFICA O NOSSO CORAÇÃO E RESTAURA NOSSA ALMA!

Houve uma mulher que fez Jesus chorar. Foi Maria, a irmã de Marta e Lázaro, de Betânia. Acredito que você se lembre do que aconteceu. Jesus recebeu a notícia de que seu amigo Lázaro estava muito doente, mas propositadamente adiou a ida para vê-lo, pois desejava ensinar a todos (aos Seus discípulos, à multidão e à estimada família) que não há nada que fuja do Seu controle. O problema (para eles, é claro) foi que, quando Jesus chegou à casa, Lázaro já havia morrido. Tinha falecido e foi sepultado fazia já quatro dias. Todos pensaram que Jesus havia chegado tarde, e Marta lhe expressou isso com as suas recriminações.

O Messias, entretanto, quis mostrar a todos que Deus vê as coisas de outra maneira. Para Ele a história acabava de começar!

Disse, pois, Marta a Jesus: Senhor, se estivesses aqui, não teria morrido meu irmão. Mas também sei que, mesmo agora, tudo quanto pedires a Deus, Deus to concederá.

Declarou-lhe Jesus: Teu irmão há de ressurgir. Eu sei, replicou Marta, que ele há de ressurgir na ressurreição, no último dia. Disse-lhe Jesus: Eu sou a ressurreição e a vida. Quem crê em mim, ainda que morra, viverá; e todo o que vive e crê em mim não morrerá, eternamente. Crês isto? Sim, Senhor, respondeu ela, eu tenho crido que tu és o Cristo, o Filho de Deus que devia vir ao mundo. Tendo dito isto, retirou-se e chamou Maria, sua irmã, e lhe disse em particular: O Mestre chegou e te chama. Quando Maria chegou ao lugar onde estava Jesus, ao vê-lo, lançou-se lhe aos pés, dizendo: Senhor, se estiveras aqui, meu irmão não teria morrido. Jesus, vendo-a chorar, e bem assim os judeus que a acompanhavam, agitou-se no espírito e comoveu-se. E perguntou: Onde o sepultastes? Eles lhe responderam: Senhor, vem e vê! Jesus chorou. Então, ordenou Jesus: Tirai a pedra. Disse-lhe Marta, irmã do morto: Senhor, já cheira mal, porque já é de quatro dias. Respondeu-lhe Jesus: Não te disse eu que, se creres, verás a glória de Deus? Tiraram, então, a pedra. E Jesus, levantando os olhos para o céu, disse: Pai, graças te dou porque me ouviste. Aliás, eu sabia que sempre me ouves, mas assim falei por causa da multidão presente, para que creiam que tu me enviaste. E, tendo dito isto, clamou em alta voz: Lázaro, vem para fora! Saiu aquele que estivera morto, tendo os pés e as mãos ligados com ataduras e o rosto envolto num lenço. Então, lhes ordenou Jesus: Desatai-o e deixai-o ir. (JOÃO 11:21-44)

Se prestarmos atenção à cena, percebemos que, para saber por que Jesus chorou ao se encontrar com Maria, temos de entender o que aconteceu antes com Marta. Quando Jesus chegou em Betânia, Marta não pôde mais esperar e saiu correndo para se encontrar com Ele. Chegou até onde Jesus estava, ainda a uma certa distância da casa, e "despejou" sobre Ele o que havia acontecido. Como se Jesus não soubesse de tudo! Marta enfrentava problemas com suas atitudes; falou com Jesus reclamando por Ele não ter estado ali, com a firmeza de quem sabe que está com a razão, como quem pede explicações a outro que tenha feito algo errado ou tenha se esquecido de cumprir sua obrigação!

Em Seu íntimo, Jesus deve ter achado graça antes de fazê-la refletir. Quando o trabalho é tudo na vida, como era o caso de Marta, Deus nos faz parar a fim de que tenhamos tempo para pensar, tempo para nos encontrarmos com Ele e escutá-lo. Jesus não só respondeu a todas as perguntas de Marta, como também a fez lembrar: "Eu sou a ressurreição e a vida". Era uma forma do Senhor lhe explicar que não importava Lázaro estar morto, Ele podia ressuscitar o seu irmão! Ela sabia disso! Mas talvez apenas intelectualmente.

Jesus a confrontou com a sua incredulidade de uma forma impressionante ao lhe dizer: "Eu sou"! Ele estava ali ao seu lado, da mesma maneira como está conosco. O problema era que Marta não acreditava que Jesus pudesse fazer algo naquele momento; mas Jesus tem paciência conosco. Muita paciência! Jesus conduziu Marta ao "lugar" aonde ela precisava chegar: "Creia em mim". Ele fala de um conhecimento pessoal, íntimo, profundo, direto, que implica em repousar toda a nossa vida, nossa mente e nossas emoções nele. Principalmente em um momento como esse, quando a morte havia destruído parte da sua fé!

"Quem crê em mim, ainda que morra, viverá." Jesus poderia ter terminado a frase aqui e esperado que Marta reagisse, mas não o fez. Ele lhe fez a pergunta mais importante da sua vida: "Crês isto?". É a pergunta mais importante na história de cada pessoa neste mundo. Marta respondeu: "Sim, Senhor..." e se retirou.

OUVIR A PALAVRA DE JESUS, E NÃO CRER NELE
Você crê que Jesus é a Vida em pessoa, que pode realizar o impossível e tem poder para ressuscitar mortos e ir embora? Podemos ter

o Messias ao nosso lado, sabendo que Ele é o Filho de Deus, e darmos meia-volta para seguirmos nosso caminho? Marta acreditava e conhecia perfeitamente a verdade (JOÃO 11:27), mas não soube dar o passo seguinte. Não foi capaz de descansar totalmente em Jesus e esperar pelo que Ele faria. Ela foi buscar sua irmã Maria imediatamente, dizendo-lhe que Jesus a chamava, o que era apenas uma meia verdade.

Maria havia ficado à espera de Jesus em casa sem se preocupar com nada, porque confiava que, mais cedo ou mais tarde, Ele chegaria. Essa é a grande diferença entre a confiança que espera e a insegurança que vai em busca de soluções para logo agir quando as encontra, porque não tem paciência de continuar esperando. Quando viu Jesus, Maria se lançou aos Seus pés demonstrando a atitude de alguém que ama de verdade. Ela se emocionou, falou aos prantos com o Mestre e percebeu que o amor sincero sempre comove o coração de Deus. Por isso Jesus chorou, e suas lágrimas foram de um choro manso que rolou pelo Seu rosto. O coração de um adorador sincero faz Deus chorar.

> MARIA HAVIA FICADO À ESPERA DE JESUS SEM SE PREOCUPAR COM NADA, PORQUE CONFIAVA QUE, MAIS CEDO OU MAIS TARDE, ELE CHEGARIA.

Quão bem o choro nos traz, e quão pouco nós choramos! O próprio Senhor Jesus havia dito a todos no começo do Seu ministério: "Bem-aventurados os que choram, porque serão consolados" (MATEUS 5:4). Deus nos ensina a não nos desesperarmos derramando lágrimas de impossibilidades visto que Jesus levou sobre si, na cruz, o fardo do mundo, portanto, não é nenhum problema para Ele "levar" cada um de nós. Deus tem em Suas mãos o comando da história do mundo, por isso jamais devemos nos afligir por mais forte que nos pareça a tempestade.

BEM-AVENTURADOS SÃO OS QUE CHORAM

Este é um abençoado paradoxo: às vezes as lágrimas podem curar nossa alma; em muitas ocasiões as lágrimas podem transformar o mundo. É bom que choremos, compadecendo-nos por aqueles que sofrem e os ajudemos. Traz cura a nossa vida quando derramamos lágrimas ao reconhecer que erramos e precisamos ser perdoados. Às vezes o choro do arrependimento pelas lembranças do passado nos ajuda a colocar nosso coração nas mãos de Deus para que Ele nos liberte e nos restaure.

Por vezes choramos de incapacidade diante de situações que não conseguimos mudar, e essas lágrimas são as sementes das decisões que tomamos para transformar o que nos parecia ser impossível. Podemos também chorar pela incompreensão, quando queremos viver de acordo com a vontade de Deus, mas muitos nos criticam por sermos diferentes e se esquivam de nós por não sermos como eles querem que sejamos!

Na vida também podem surgir lágrimas de anseio, quando queremos estar com quem amamos e a distância é um inimigo insuperável. Choramos pelas injustiças que se cometem neste mundo. Choramos com os que não têm o que comer ou ficam doentes, chegando a morrer pelo fato de consumirem alimentos estragados. Colocamo-nos ao lado dos que sofrem, derramando lágrimas junto aos menosprezados que não têm quem os defenda, e esse choro é sempre o primeiro passo na ajuda que lhes podemos prestar. Vertemos lágrimas de ira e impotência "santas" quando pensamos: "Os que ganham milhões não se importam com nada? Os governos não se preocupam com os milhares que morrem de fome? Não há ninguém suficientemente sensível para ver o que está ruim?".

E então as lágrimas nos ensinam que o segredo não é simplesmente chorar, mas transformar o mundo. Porém como isso é difícil se o choro não tiver enchido nossa alma primeiro! O choro tem pouco valor, mas o problema é que os que não choram vivem num mundo inexistente. Os insensíveis desfrutam de uma felicidade ilusória, pois construíram um muro ao seu redor para não verem nada do que está acontecendo. Se de fato amamos a Jesus, deveríamos chorar de vez em quando. Seguimos um Salvador que chorou em várias ocasiões; chorou de dor, de tristeza, de incompreensão; chorou cheio de compaixão... Ele tinha poder para mudar todas as situações, o que, de fato, fez. Mas nem por isso deixou de chorar com os outros e pelos outros.

O Deus que chora. Quem teria imaginado! O Salvador Todo-poderoso que não apaga a chama que arde em nós, mas que afaga o coração cheio de dúvidas! O Rei que morre no lugar dos Seus súditos, ignorando qualquer outra possibilidade de resgatá-los que não fosse assumir toda a sua dor!

Lembre-se de que o pranto de Maria fez Jesus chorar.

As lágrimas de Jesus sempre têm consequências: Ele ordenou que o sepulcro fosse aberto. Algo imensamente grande e inédito aconteceria! Mas, novamente, Marta protestou. Pensávamos que ela já havia entendido o que o Salvador queria lhe revelar. Mas não foi assim; ela ainda não acreditava. Quando Jesus manda que tirem a pedra, Marta diz que não seria possível porque já havia passado quatro dias, que cheirava mal... que não era possível!

> O REI QUE MORRE NO LUGAR DOS SEUS SÚDITOS, IGNORANDO QUALQUER OUTRA POSSIBILIDADE DE RESGATÁ-LOS QUE NÃO FOSSE ASSUMIR TODA A SUA DOR!

Não havia ela escutado Jesus dizer que Ele era a ressurreição e a vida? Não confiava nele? Jesus não voltou a argumentar com Marta, nem procurou lhe explicar que Ele tinha poder para ressuscitar seu irmão. Ele simplesmente lhe fez uma pergunta, a mesma que nos acompanha todos os dias diante de todas as decisões e em todos os momentos quando nossa fé fraqueja:

"NÃO TE DISSE EU QUE, SE CRERES, VERÁS A GLÓRIA DE DEUS?"

Essa é A PERGUNTA, com letras maiúsculas, a razão da nossa confiança em Jesus. Todos viram a glória de Deus quando Lázaro foi ressuscitado por Ele!

Quando o relato termina e os dias vão passando, temos uma frase que não pode ser ignorada: "Muitos, pois, dentre os judeus que tinham vindo visitar Maria..." (v.45). É bastante curioso que os amigos e os vizinhos não iam à casa para se encontrar com Lázaro, o ressuscitado, nem com Marta, aquela que tinha tudo perfeito, mas queriam ver Maria e estar com ela. O amor é a atração mais poderosa que existe no Universo.

Maria tinha uma qualidade difícil de se encontrar hoje, mas, ao mesmo tempo, a mais simples de se conseguir: ela amava a Jesus profundamente. Os que não conhecem a Jesus precisam ver pessoas totalmente fascinadas e entusiasmadas por Deus. Já se cansaram de conhecer pessoas que vivem somente para o trabalho no contexto de muitas religiões e crenças!

Este é o tempo de se remover a pedra e ver a glória de Deus.

Hoje é o momento de obedecer a Jesus e não se preocupar com "maus odores". É o tempo de crer e deixar de se queixar.

Tudo começou com lágrimas, você se lembra? Jesus amava Maria, Marta e Lázaro. João se encarrega de enfatizar isso em seu evangelho. De fato, Ele ama a todos nós incondicionalmente! Mas as lágrimas sinceras de Maria o comoveram. Existe um versículo no livro de Salmos que foi escrito para chegar diretamente ao nosso coração e que não pode ser entendido de outra maneira: "Sara os de coração quebrantado e lhes pensa as feridas" (147:3). O motivo de eu dizer que é preciso ler com o coração para se poder entender é porque a segunda parte diz literalmente em hebraico: "Deus envolve suas tristezas". Essa é uma das imagens mais impressionantes encontradas na Bíblia! Deus não somente conhece nossas lágrimas, como também é capaz de envolver e curar nossa tristeza. Não pense que isso é uma figura poética. O último livro da Bíblia afirma que o próprio Senhor enxugará cada uma de nossas lágrimas (APOCALIPSE 21:4). A palavra grega para "toda lágrima" é "cada uma, uma por uma, sem se esquecer de nenhuma"! Deus se lembra de todos e de cada um de nossos sofrimentos, de toda e cada uma de nossas lágrimas. Quando estivermos em Sua presença, saberemos por experiência própria o que significa chorar de alegria!

Enquanto isso, conhecendo o Salvador que é tão cheio de amor, tão próximo, tão extraordinário e inexplicavelmente adorável, entendo perfeitamente por que minha filha Mel chorava desejando vê-lo!

27

A MULHER CANANEIA: UMA MULHER QUE NINGUÉM VALORIZAVA

Benita Peregrina Boullosa nasceu no ano de 1866. Com apenas 16 anos, ouviu um pregador de rua falar sobre o evangelho, numa época em que, na Espanha, algumas pessoas diziam que os "protestantes" eram poucos, e havia até quem afirmava que tinham "chifres". Então Benita, antes de chegar ao mercado de Marin (Pontevedra), aproximou-se para ver aquele homem e constatar por si mesma como ele era e o que dizia.

Ela se surpreendeu ao ver um homem simpático falando somente a respeito de Deus e segurando um livro em suas mãos. Ela gostou do que ele disse sobre Jesus, e assim, sem nada dizer aos seus pais, voltou ao mesmo lugar no dia seguinte para continuar ouvindo o pregador. Deus tocou no seu coração, e ela chegou perto daquele homem chamado Tomás Blamire para orar com ele e ouvir o que ele disse a todos que haviam tomado a decisão de seguir a Jesus: "Agora vocês são do Senhor, e o diabo os tentará e os fará sofrer, mas devem saber que Deus é mais poderoso, e Ele nunca os abandonará".

Feliz, a jovem Benita voltou correndo para casa e a primeira coisa que fez foi dizer aos seus pais que havia se convertido a Cristo.

Quando ouviram isso, eles responderam: "Você se tornou protestante! Agora você tem o diabo no corpo e não pode mais viver nesta casa". Ela lhes disse: "Isso não é verdade; eu recebi o Senhor Jesus em meu coração. É Ele quem me faz feliz".

Naquela mesma noite, eles a expulsaram de casa. Era uma noite chuvosa e muito fria, típica de inverno na Galícia, e ela não tinha para onde ir. Depois de muito pensar, foi à casa de uma tia que a acolheu por alguns dias, mas também lhe recomendou que renunciasse a Cristo e voltasse para a casa de seus pais. Benita procurou o pastor Tomás e Roseta (sua esposa) e lhes contou o que havia acontecido. Eles disseram que ela podia ficar ali, contanto que falasse com seus pais para que viessem visitá-los para assim explicar-lhes o evangelho.

Poucos dias depois, Manuela, mãe de Benita, foi se encontrar com o pastor e sua esposa e conversaram por várias horas. A amabilidade do casal foi tão marcante que ela voltou para casa com sua filha e disse ao seu marido: "Venha para ouvi-los falar de Jesus, parecem ser pessoas santas". A partir desse momento, Benita e seus pais começaram a assistir aos cultos. Os três continuaram firmes no Senhor e, vários meses mais tarde, Benita encontrou aquele que seria seu marido, Jesus Garrido, um jovem que amava ao Senhor. Foi o primeiro casamento evangélico na história do distrito de Marin!

Infelizmente, Jesus Garrido contraiu pneumonia e faleceu quando tinha apenas 26 anos. Benita ficou viúva com duas filhas pequenas, Pepa e Rosa, e grávida de um filho, que ao nascer recebeu o nome de José. Ela nunca mais voltou a se casar. Teve de trabalhar arduamente para criar seus três filhos num tempo muito difícil e com situações muito complicadas. Era muito mais difícil para aqueles que, como ela, não faziam parte da religião oficial! Quando seu filho José ia à escola em Marin, as outras crianças o insultavam e chegavam a lhe atirar pedras e outros objetos. Muitas vezes, chegava em casa machucado e chorando. Benita orava todos os dias pelos seus filhos, sabendo que qualquer dia poderia acontecer alguma tragédia.

Mas Deus sempre os protegeu: os três filhos dela cresceram firmes em Jesus. Eles se casaram e, com o passar dos anos, aquela adolescente que decidiu seguir a Jesus se tornou a "Vó Benita", uma mulher admirada pelo seu amor a Deus, por sua fidelidade ao longo de tantos anos e pelo seu carinho com todos. O Senhor a levou quando estava perto de completar seus 105 anos, e para mim o compromisso dela com Deus sempre foi um exemplo. Nunca teve tempo para se dedicar a algum ministério na igreja. Cuidar de três filhos naquela época era muito mais difícil do que podemos imaginar... contudo, ela permaneceu fiel ao Senhor em todas as circunstâncias até o dia em que o Pai celestial a chamou à morada eterna que Ele lhe preparara. Isso é muito mais do que podemos dizer de muitos que hoje se consideram "heróis".

> UMA MULHER QUE NINGUÉM VALORIZAVA TRANSFORMOU A HISTÓRIA DA NOSSA NAÇÃO.

Você sabe o que de fato é extraordinário? São as centenas de mulheres e homens, seus descendentes, que continuam fiéis ao Senhor. E não somente isso. Dezenas de missionários, pastores, evangelistas etc., em mais de 50 cidades no mundo têm a "Vó Benita" como referência em suas vidas por serem parte da sua genealogia. Uma mulher que ninguém valorizava transformou a história da nossa nação. Nunca pregou nem falou em público, não teve a oportunidade de estudar nem de conhecer pessoas importantes, não fez parte de qualquer ministério reconhecido nem teve tempo para desenvolver seus dons pessoais, mas foi fiel ao Senhor em toda a sua vida, sendo um verdadeiro exemplo para todos, crentes e incrédulos. Mostrou um amor incondicional a Deus durante toda a sua vida! Ela foi a minha bisavó. O Senhor me concedeu o privilégio de conhecê-la quando eu era criança.

AS HEROÍNAS DE DEUS TRANSFORMAM O MUNDO

Não podemos deixar de admirar o que Deus pode fazer por meio de pessoas que aparentemente não têm coisa alguma que impressione os outros, mas que, por outro lado, amam ao Senhor de todo o coração! Os heróis de Deus são os que transformam o mundo.

> NUNCA PREGOU NEM FALOU EM PÚBLICO, NÃO TEVE A OPORTUNIDADE DE ESTUDAR NEM DE CONHECER PESSOAS IMPORTANTES, MAS FOI FIEL AO SENHOR EM TODA A SUA VIDA, SENDO UM VERDADEIRO EXEMPLO PARA TODOS. ELA FOI A MINHA BISAVÓ.

No Novo Testamento encontramos uma mulher que foi falar com Jesus porque tinha um problema muito grave: sua filha estava doente. O seu encontro com Jesus e sua maneira de falar com Ele nos ensinam muito mais lições do que poderíamos imaginar. Ela era estrangeira e, portanto, não fazia parte do povo de Deus. Esta é uma daquelas histórias em que precisamos compreender tudo o que aconteceu. Comecemos com o que ocorreu algumas horas antes: os líderes religiosos se aproximaram de Jesus para recriminar algo.

> *Então, vieram de Jerusalém a Jesus alguns fariseus e escribas e perguntaram: Por que transgridem os teus discípulos a tradição dos anciãos? Pois não lavam as mãos, quando comem. Ele, porém, lhes respondeu: Por que transgredis vós também o mandamento de Deus, por causa da vossa tradição? Hipócritas! Bem profetizou Isaías a vosso respeito, dizendo: Este povo honra-me com os lábios, mas o seu coração está longe de mim. E em vão me adoram, ensinando doutrinas que são preceitos de homens. E, tendo convocado a multidão, lhes disse: Ouvi e entendei: não é o que entra pela boca o que contamina o homem, mas o que sai da boca, isto, sim, contamina o homem. Então, aproximando-se dele*

os discípulos, disseram: Sabes que os fariseus, ouvindo a tua palavra, se escandalizaram? Ele, porém, respondeu: Toda planta que meu Pai celestial não plantou será arrancada. Deixai-os; são cegos, guias de cegos. Ora, se um cego guiar outro cego, cairão ambos no barranco. (MATEUS 15:1-14)

Jesus discutiu com os fariseus e os doutores da Lei porque eles vieram questionar os Seus ensinamentos e para corrigir o que Ele vinha fazendo. Essa era a atividade preferida deles! Não podiam aceitar que alguém que dizia falar da parte de Deus não cumprisse a Lei que eles mesmos haviam criado. Para eles era algo muito grave: Jesus e Seus discípulos comiam sem antes lavarem as mãos, descumprindo o que eles haviam estabelecido. Imagine só, não podiam tolerar isso!

Nesse momento o problema estava relacionado com a Lei e a comida.

Para sermos sinceros, para eles o problema era o próprio Messias, pois sempre encontravam algo nele para criticar ou alguma situação para repreendê-lo. Eles achavam sempre um jeito de culpá-lo, acusando-o diante de todos. Não podiam permitir que Deus quebrasse as leis *deles*!

Então, depois de lhes explicar que o importante não era o exterior, mas o coração, e lhes recordar o que o profeta Isaías havia escrito 600 anos antes (e que eles ainda não haviam aprendido), Jesus saiu pela primeira vez do espaço geográfico de Israel e foi para a região de Tiro e Sidom. Os religiosos se impressionaram e os Seus discípulos também. Como Jesus podia pensar em pregar aos gentios? Como é possível que Deus se aproxime de pessoas que não pertenciam ao povo escolhido? Essa ofensa era enorme para todos!

O que eles não sabiam era que Jesus precisava se encontrar com uma mulher. Sim, eu sei que o evangelho de Mateus nos diz que era ela quem seguia atrás de Jesus, mas isso aconteceu simplesmente porque, de certa maneira, o próprio Jesus a estava atraindo. Ele não somente precisava restaurar a vida dessa mulher e de sua família, como também queria ensinar aos Seus discípulos uma das lições mais importantes para o futuro (e não esqueça, para nós também).

> *Partindo Jesus dali, retirou-se para os lados de Tiro e Sidom. E eis que uma mulher cananeia, que viera daquelas regiões, clamava: Senhor, Filho de Davi, tem compaixão de mim! Minha filha está horrivelmente endemoninhada. Ele, porém, não lhe respondeu palavra. E os seus discípulos, aproximando-se, rogaram-lhe: Despede-a, pois vem clamando atrás de nós. Mas Jesus respondeu: Não fui enviado senão às ovelhas perdidas da casa de Israel. Ela, porém, veio e o adorou, dizendo: Senhor, socorre-me! Então, ele, respondendo, disse: Não é bom tomar o pão dos filhos e lançá-lo aos cachorrinhos. Ela, contudo, replicou: Sim, Senhor, porém os cachorrinhos comem das migalhas que caem da mesa dos seus donos. Então, lhe disse Jesus: Ó mulher, grande é a tua fé! Faça-se contigo como queres. E, desde aquele momento, sua filha ficou sã. Partindo Jesus dali, foi para junto do mar da Galileia; e, subindo ao monte, assentou-se ali.* (MATEUS 15:21-29)

A mulher continua seguindo a Jesus, e os discípulos estão pedindo, implorando, chorando, gritando... e, aparentemente, o Mestre não quer lhes dar atenção. É a primeira e única vez que isso acontece nos evangelhos. Havia um motivo, mas, antes de descobrir qual era, permita-me dizer que todos nós passamos por momentos quando o silêncio de Deus nos parece algo insuportável. Oramos, choramos, pedimos, e o Senhor não nos responde. Não devemos ter receio de reconhecer isso, pois acontece com todos! Não é que Ele não nos escute, mas é para fortalecer nossa vida, embora nos custe acreditar nisso. Quando isso acontece, não se preocupe, o Senhor não se esqueceu de você. Ele está mais perto do que nunca! Quando Deus parece estar em silêncio, é sinal de que Ele está trabalhando em sua vida e na vida dos que o cercam!

O que estava acontecendo? Os discípulos tinham a mesma atitude dos escribas e fariseus: "Despede-a", disseram eles. Literalmente, mande-a embora daqui! Está fazendo muito barulho! Era como se os estivesse perturbando, como se eles tivessem o direito de dizer a Jesus o que fazer em cada situação. Não podemos julgá-los. Às vezes os cristãos se preocupam mais com o barulho, as diretrizes, as tradições, as doutrinas, a aparência etc., do que com as pessoas, não é verdade?

> O SENHOR NÃO SE ESQUECEU DE VOCÊ.
> ELE ESTÁ MAIS PERTO DO QUE NUNCA!
> QUANDO DEUS PARECE ESTAR EM SILÊNCIO,
> É SINAL DE QUE ESTÁ TRABALHANDO EM
> SUA VIDA E NA VIDA DOS QUE O CERCAM!

Às vezes nos julgamos capazes de dizer a Deus o que Ele deve fazer. Nós nos preocupamos mais com nossas ideias e a forma como se apresentam do que com a restauração de uma vida. A atitude dos discípulos era mandar a mulher embora, mas Jesus queria que aprendessem uma importante lição sobre a graça. Essa é a grande surpresa! Jesus demora para responder àquela mulher porque Ele deseja que os discípulos entendam como é o coração de Deus.

Por esse motivo, Jesus responde primeiro a eles, e não à mulher!

UMA IMPORTANTE LIÇÃO PARA OS DISCÍPULOS, PARA OS RELIGIOSOS DAQUELA ÉPOCA... E PARA NÓS HOJE

Um dos detalhes mais importantes da história é que essa mulher chamara Jesus de "Filho de Davi". Foi algo que nenhum dos líderes religiosos havia feito! Sequer os próprios discípulos! Uma estrangeira declara aos gritos que Jesus é o Messias que os judeus esperavam.

Precisamos fazer um pequeno parêntese aqui, pois isso que a mulher fez é admirável. Apesar de ser criticada pelos discípulos e de sofrer pelo silêncio de Jesus, ela continuou rogando por sua filha. Não desanimou! Não quis se calar, não deixou de buscar a Deus com insistência. É como se ela não se importasse com o fato de Jesus aparentemente ignorá-la, e muito menos com a zombaria dos que o acompanhavam.

Como precisamos ter a mesma atitude dessa mulher! Continuarmos pedindo pelos nossos filhos ainda que aparentemente ninguém nos escute! Seguirmos orando ao Senhor mesmo que tenhamos a impressão de que Ele está longe! Continuarmos derramando nossas lágrimas e nosso coração diante dele embora pensemos que não esteja acontecendo coisa alguma!

Então, naquele momento, Jesus faz algo que não esperávamos: fala aos Seus discípulos para que entendam que Deus ama e quer salvar a todos. Você se lembra do que havia acontecido pouco antes? (MATEUS 16:6). Eles não haviam entendido o perigo do "fermento" dos fariseus e dos doutores da Lei. Eles não percebiam como a religiosidade nos afasta de Deus, pois se atém ao exterior e não ao que existe no coração.

Para dizer isso de modo claro, tanto os religiosos quanto os discípulos tinham dentro deles a semente do racismo. Eles achavam que Deus amava "somente" o Seu povo. Acreditavam ser os únicos a se relacionarem com Deus. Muitos problemas em nossa vida e na vida da igreja aparecem quando nos julgamos ser os únicos, quando defendemos que somente os que nos seguem são salvos. Deus nunca vê dessa maneira. Jesus usa as palavras da mulher para que Seus discípulos entendam uma lição eterna (E, nós, igualmente.)!

> ELES ACHAVAM QUE DEUS AMAVA "SOMENTE"
> O SEU POVO. ACREDITAVAM SER
> OS ÚNICOS A SE RELACIONAREM COM DEUS.

A mulher se aproximou de Jesus e se prostrou diante dele. Essa foi a sua resposta. O que praticamente ninguém do povo eleito havia feito ainda! Ela não apenas lhe pediu ajuda e confiou nele, como também o reconheceu como Messias e o adorou. Quando nós a vemos aos pés de Jesus, aprendemos que não importa o que acontecer, o que não pudermos entender ou as lágrimas que derramarmos por alguma enfermidade ou inclusive a morte; o mais importante é adorarmos a Deus! Você se lembra de Maria quando ela se prostrou aos pés de Jesus chorando e dizendo: "Senhor, se estiveras aqui, meu irmão não teria morrido" (JOÃO 11:32)? "Senhor, ajuda-me" é a oração que Deus sempre atende.

Estou certo de que o coração de Jesus se compadeceu ao ver a atitude dessa mulher, e por isso continuou falando para que Seus discípulos compreendessem o que estava acontecendo. O Mestre está falando com eles, embora esteja se dirigindo à mulher, porque os discípulos não estão entendendo o que está ocorrendo, mas a mulher sim sabia. "Então, ele, respondendo, disse: Não é bom tomar o pão dos filhos e lançá-lo aos cachorrinhos" (MATEUS 15:26). Os judeus criam ser os filhos de Deus, os únicos com o direito de sentarem-se com Ele à Sua mesa porque eram "bons" (SALMO 128:3, A BÊNÇÃO DOS FILHOS AO REDOR DA MESA) e, por esse motivo, chamavam os gentios de "cães". Jesus os censura e, ao mesmo tempo, ameniza a frase falando, não de "cães", mas de "cachorrinhos" com os quais as crianças brincavam. Jesus deve ter sorrido enquanto falava! A mulher entendeu que, se eram indignos de se assentarem à mesa de Jesus, alguém poderia se colocar aos Seus pés. Porém, o que mais impressiona é ver que Jesus continua convidando a todos. Não ouça as acusações de ninguém! Venha à mesa de Jesus!

A ADMIRÁVEL BELEZA DE ESTAR À MESA DE JESUS

Conforme dissemos, a resposta da mulher deixa todos admirados; Seus discípulos e nós também. Seus argumentos são extraordinários! Se não fosse o fato de Jesus saber de todas as coisas, diríamos que até Ele ficou admirado. "Sim, Senhor, porém os cachorrinhos comem das migalhas que caem da mesa dos seus donos" (MATEUS 15:27). Ela entendeu perfeitamente o que Jesus havia dito. Todos nós damos de comer aos animais domésticos.

Este é o segredo da fé que ela demonstrou, tão simples, mas ao mesmo tempo, tão importante: a mulher sentia que fazia parte da mesa de Jesus; sabia que era uma convidada! Era como se dissesse a Jesus: "Não me importa ser um filho ou um cachorrinho, pois o importante é estar à mesa com o Senhor!". Essa é uma atitude admirável! Não lhe importava estar aos pés de Jesus, contanto que vivesse com Ele, contanto que estivesse à Sua mesa. A mulher entendeu perfeitamente o que Jesus estava dizendo e reconheceu que estava convidada a cear com Ele (tudo girava em torno da comida, está lembrado?), embora julgasse ser um simples cachorrinho! O importante é estar à mesa do Rei!

Jesus a convidou para muito mais do que isso! Para Ele não existem classes diferentes nem pessoas menosprezadas. Todos estão sentados à Sua mesa! Ali todos encontram lugar! A característica mais notável no Senhor Jesus é que sempre estava convidando pessoas a se achegarem a Ele. Inclusive mencionou em várias ocasiões o desejo de Deus de que Sua casa ficasse cheia e enfatizou a necessidade de buscar a todos que fossem encontrados pelo caminho, pelas ruas, em qualquer lugar! Deus deseja que todos tenham um lugar nas Bodas do Cordeiro.

> A MULHER ENTENDEU PERFEITAMENTE O QUE JESUS ESTAVA DIZENDO E RECONHECEU QUE ESTAVA CONVIDADA A CEAR COM ELE, EMBORA JULGASSE SER UM SIMPLES CACHORRINHO! O IMPORTANTE ERA ESTAR À MESA DO REI!

Os líderes religiosos de Israel se consideravam filhos de Deus porque estudavam a Lei e os profetas e os ensinavam ao povo, mas não foram capazes de reconhecer Jesus como seu Rei. Jamais desejaram se assentar à Sua mesa. Rejeitaram o Filho de Deus, o seu Messias; rejeitaram o "Pão do Céu" e o lançaram ao chão (você está lembrado de João 6:31-58?), exatamente como muitas pessoas fazem hoje em dia. Não queriam ter coisa alguma com Ele. Tais pessoas o menosprezaram de tal forma que chegaram a matá-lo!

O que é admirável nessa história, sobre a qual estamos discorrendo, é que, mesmo quando outros lançam fora o pão, há pessoas que não se importam de apanhá-lo. Elas ficam contentes com o que os outros desprezam! Quando muitos rejeitam o Pão da vida, essas pessoas juntam as migalhas, sabendo que isso transformará suas vidas. Não se preocupam em se ajoelhar nem em permanecer ali, debaixo da mesa. Qualquer lugar as torna felizes desde que estejam com Jesus! A mulher cananeia descobriu aquele lugar sob a mesa e não quis ir embora antes de receber, pelo menos, as migalhas do poder de Jesus.

Isso lhe bastava.

Esse simples detalhe faz dela uma heroína do Céu. Essa lição tão admirável não somente nos impressiona, como também desejamos que faça parte da nossa vida. Eu gostaria de ter essa mesma atitude! Oro ao Senhor para que me ensine a viver sabendo que, apenas com umas simples migalhas do Seu poder, toda a minha vida será transformada.

Peço ao Senhor que possamos compreender que podemos ser imensamente felizes simplesmente com o que cai da mesa, com o que outros menosprezam. Porque apenas os que estão conscientes de que nada merecem recebem *tudo*.

A FÉ EXTRAORDINÁRIA DE UMA MULHER INCRÍVEL

Depois de ouvi-la, Jesus disse à mulher: "grande é a tua fé" (v.28), e a Bíblia afirma que naquele momento sua filha foi curada. Esse é o primeiro milagre que Jesus realizou "fora" do povo de Israel. Ela foi a primeira mulher a quem Jesus elogiou publicamente. Ele fez isso, primeiro, por amor à mulher cananeia, mas também para ensinar aos Seus discípulos que o reino de Deus é para todos. Em Sua mesa, há lugar para todos, sem exceção.

Embora, em nossas Bíblias, o texto pare nesse ponto, eu acrescentei propositalmente parte do versículo 29 porque diz que, depois de se encontrar com a mulher, Jesus voltou ao Seu povo. "Partindo Jesus dali." Não foi fazer nada além de restaurar aquela mulher! Ele havia ido àquele lugar simplesmente para se encontrar com ela! Essa era a Sua missão. Deus é capaz de "mudar" Seus planos ou de ir a algum lugar de propósito apenas para se encontrar com uma única pessoa. Ele é capaz de tudo para se encontrar com você.

Às vezes pedimos que Deus fale conosco, que faça algo, que se manifeste de alguma forma. Não somos capazes de compreender que Ele se encontra conosco para restaurar a nossa vida. Ele nos fala de muitas maneiras, conduz as circunstâncias para que o escutemos, convida-nos sempre e continuamente. Por vezes temos lutas demais em nosso interior: com nosso caráter, com traumas do passado, com situações em que não agimos corretamente, com o fato de não sabermos nos perdoar. Não se desespere! Deus o procura para restaurar a sua alma (SALMO 23). Esse é o desejo do Seu coração para você.

Porém o mais impressionante de tudo é que, apesar de com simples "sobras" do Seu poder toda a nossa vida poder ser transformada, Ele não deseja nos dar migalhas. Ele quer nos conceder tudo! A Bíblia nos diz que o banquete das Bodas do Cordeiro durará por toda a eternidade. O que Deus tem preparado para nós vai além do que podemos imaginar! O contentamento e a fartura da comida que Ele nos oferece não têm limites! E o mais grandioso de tudo é que estaremos sentados à mesa com Ele.

Lembre-se de que, cada vez que Jesus realizou um milagre na Terra para multiplicar algo (pão, vinho, peixe, etc.), sempre sobrou muito... muitíssimo! Não podemos sequer imaginar como transbordará tudo o que Ele nos oferecerá na eternidade.

Você está convidado para essa mesa! Nem cogite em dizer "não"!

28

JUNTO A UM POÇO EM SAMARIA: UMA MULHER MENOSPREZADA QUE TRANSFORMOU SUA SOCIEDADE

Muitos buscaram por Jesus. Quando lemos os evangelhos percebemos que, na maioria das vezes, as pessoas se aproximavam de Jesus para que Ele as ajudasse e as curasse, elas ou os seus familiares. Outros o buscavam para ouvi-lo falar sobre o evangelho do Reino, ou inclusive para que os abençoasse ou aos seus filhos. João nos conta uma história totalmente diferente. Dessa vez Jesus se aproxima de uma mulher menosprezada, alguém que não sabia sequer quem Ele era. Essa mulher tinha "tudo" para jamais se aproximar do Messias (mulher, estrangeira, menosprezada por todos...), mas foi o próprio Jesus que de modo admirável se aproximou pedindo-lhe um favor!

> *Estava ali a fonte de Jacó. Cansado da viagem, assentara-se Jesus junto à fonte, por volta da hora sexta. Nisto, veio uma mulher samaritana tirar água. Disse-lhe Jesus: Dá-me de beber. Pois seus discípulos tinham ido à cidade para comprar alimentos. Então, lhe disse a mulher samaritana:*

Como, sendo tu judeu, pedes de beber a mim, que sou mulher samaritana (porque os judeus não se dão com os samaritanos)? Replicou-lhe Jesus: Se conheceras o dom de Deus e quem é o que te pede: dá-me de beber, tu lhe pedirias, e ele te daria água viva. Respondeu-lhe ela: Senhor, tu não tens com que a tirar, e o poço é fundo; onde, pois, tens a água viva? És tu, porventura, maior do que Jacó, o nosso pai, que nos deu o poço, do qual ele mesmo bebeu, e, bem assim, seus filhos, e seu gado? Afirmou-lhe Jesus: Quem beber desta água tornará a ter sede; aquele, porém, que beber da água que eu lhe der nunca mais terá sede; pelo contrário, a água que eu lhe der será nele uma fonte a jorrar para a vida eterna. Disse-lhe a mulher: Senhor, dá-me dessa água para que eu não mais tenha sede, nem precise vir aqui buscá-la. Disse-lhe Jesus: Vai, chama teu marido e vem cá; ao que lhe respondeu a mulher: Não tenho marido. Replicou-lhe Jesus: Bem disseste, não tenho marido; porque cinco maridos já tiveste, e esse que agora tens não é teu marido; isto disseste com verdade. Senhor, disse-lhe a mulher, vejo que tu és profeta. Nossos pais adoravam neste monte; vós, entretanto, dizeis que em Jerusalém é o lugar onde se deve adorar. Disse-lhe Jesus: Mulher, podes crer-me que a hora vem, quando nem neste monte, nem em Jerusalém adorareis o Pai. Vós adorais o que não conheceis; nós adoramos o que conhecemos, porque a salvação vem dos judeus. Mas vem a hora e já chegou, em que os verdadeiros adoradores adorarão o Pai em espírito e em verdade; porque são estes que o Pai procura para seus adoradores. Deus é espírito; e importa que os seus adoradores o adorem em espírito e em verdade. Eu sei, respondeu a mulher, que há de vir o Messias, chamado Cristo; quando ele vier, nos anunciará todas as coisas. Disse-lhe Jesus: Eu o sou, eu que falo contigo. Quanto à mulher, deixou o seu cântaro, foi à cidade e disse àqueles homens: Vinde comigo e vede um homem que me disse tudo quanto tenho feito. Será este, porventura, o Cristo?! Saíram, pois, da cidade e vieram ter com ele. Nesse ínterim, os discípulos lhe rogavam, dizendo: Mestre, come! Mas ele lhes disse: Uma comida tenho para comer, que vós não conheceis. Diziam, então, os discípulos uns aos outros: Ter-lhe-ia, porventura, alguém trazido o que comer? Disse-lhes Jesus: A minha comida consiste em fazer a vontade daquele que me enviou e realizar a sua obra. Não dizeis vós que ainda há quatro meses até à ceifa? Eu, porém, vos digo: erguei os olhos e vede os campos, pois já branquejam para a ceifa. O ceifeiro recebe desde já a recompensa e entesoura o seu fruto para a vida eterna; e, dessarte, se alegram tanto o semeador como o ceifeiro. Pois, no caso, é verdadeiro o ditado: Um é o semeador, e outro é o ceifeiro. Eu vos enviei para ceifar o que não semeastes; outros trabalharam, e vós entrastes no seu trabalho. Muitos samaritanos daquela cidade creram nele, em virtude do testemunho da mulher, que anunciara: Ele me disse tudo quanto tenho feito. Vindo, pois, os samaritanos ter com Jesus, pediam-lhe que permanecesse com eles; e ficou ali dois dias. Muitos outros creram nele, por causa da sua palavra, e diziam à mulher: Já agora não é pelo que disseste que nós cremos; mas porque nós mesmos temos ouvido e sabemos que este é verdadeiramente o Salvador do mundo.

(JOÃO 4:6-42)

Jesus estava cansado e se aproximou do poço de Jacó, que ficava em Sicar, no meio do deserto. Naquele lugar Ele se encontrou com uma mulher samaritana que havia ido buscar água em uma hora incomum: na hora sexta (ao meio-dia), quando todos costumavam comer. Aquela mulher se surpreendeu ao ver Jesus porque não imaginava que pudesse encontrar alguém ali. Mais adiante vamos entender que, para ela, sair à luz do dia era quase uma odisseia, pois todos a censuravam e a desprezavam de tal forma que apanhar a água tornava-se motivo de vergonha (v.16).

Existe algo que é ilustrativo nesse primeiro detalhe: todos costumamos fugir do deserto, seja qual for o modo como o experimentamos. Entretanto faz bem para a nossa vida passarmos por situações difíceis a fim de vencermos as provas e as tentações às quais somos submetidos. O deserto pode ser um lugar de vitória. Fazia pouco tempo que Jesus tinha sido levado pelo Espírito de Deus ao deserto para ali ser tentado. Algo que nenhum de nós teria planejado para si mesmo, mas Ele o enfrentou.

No deserto Jesus alcançou a Sua vitória sobre o diabo e as forças do mal, pois foi tentado como qualquer um de nós, mas saiu vencedor. Ao atravessarmos momentos difíceis, somos provados de verdade, quando vencemos ou somos derrotados. No deserto da nossa vida, as nossas motivações são testadas porque a situação é extrema. Ali somos nós mesmos, não podemos ter mais nada. No deserto comprovamos o nosso caráter, nossas atitudes, o que existe no mais íntimo do coração. Nos momentos difíceis, de nada serve o que julgamos ser importante: a fama, os nossos seguidores nas redes sociais, o poder ou o dinheiro. Quando atravessamos o deserto, nossas pregações não fazem sentido, nem a fama ou o tanto que nos admirem, nem serve de nada manter a aparência porque nada podemos levar conosco; tudo é supérfluo. Quando Deus nos leva ao deserto, é para que compreendamos quem realmente somos, sem aparência, sem títulos, sem dinheiro, sem igreja, sem amigos, sem família, sem nada. No deserto estamos sozinhos com Deus e ansiosos pela Sua água viva, a única coisa de que realmente precisamos para não desfalecermos.

No deserto, assim como a samaritana, encontramo-nos com Jesus, e esse momento chega a ser o mais importante da nossa vida, o mais puro, o melhor... embora nem sempre saibamos disso, pois a Água Viva é o que realmente refresca a nossa alma e o nosso Espírito de tal maneira que não precisamos de mais nada. Como a samaritana, somos capazes de deixar tudo porque encontramos

Jesus. Nada nos preenche como Ele; nada satisfaz o nosso coração como o próprio Deus. Não é de se estranhar que passarmos pelo deserto seja a melhor coisa que pode nos acontecer na vida.

> NO DESERTO DE NOSSA VIDA,
> AS NOSSAS MOTIVAÇÕES SÃO TESTADAS PORQUE
> A SITUAÇÃO É EXTREMA. ALI SOMOS
> NÓS MESMOS; NÃO PODEMOS TER MAIS NADA.

Ao lermos a história dessa mulher, que viveu numa época em que as mulheres não tinham qualquer valor para a sociedade, não poderíamos deixar de nos lembrar do que havia acontecido na vida de Jesus poucos dias antes. Nicodemos fora se encontrar com o Senhor. O contraste é total: Nicodemos, um homem; a samaritana, uma mulher.

Nicodemos era judeu, pertencia ao povo escolhido; a samaritana, ao povo desprezado.

Ele era um dos mestres mais admirados; ela uma mulher ignorante.

Ele foi até Jesus, buscando-o à noite. Jesus se aproxima da samaritana ao meio-dia.

Ele era um religioso renomado e respeitado; ela uma mulher criticada e menosprezada por todos.

Nicodemos procurou Jesus e pediu que Ele lhe falasse das verdades espirituais, ao passo que Jesus se dirigiu à samaritana para lhe pedir "somente" um favor.

Os resultados de ambos os diálogos com Jesus nos surpreendem. Todos teríamos pensado num final diferente para essas histórias! Mais uma vez temos de recordar que Deus frequentemente usa paradoxos e o "espiritualmente incorreto" para alcançar o coração de todos.

O sábio Nicodemos não foi capaz de entender o que Jesus estava lhe dizendo. Talvez tenha saído contrariado, e somente mais tarde defendeu Jesus quando o acusavam, mas então ninguém lhe deu atenção.

A mulher acusada por todos não apenas compreendeu princípios admiráveis sobre a adoração e o caráter de Deus, como também saiu para contar a todos que havia conhecido o Messias, e muitos creram em Jesus mediante o testemunho dela!

DEUS SAI EM BUSCA DAS PESSOAS MENOSPREZADAS

No mundo existem mais pessoas menosprezadas do que imaginamos; a samaritana era uma delas. Até hoje, ao ler sua história, alguns continuam vendo-a como uma "qualquer", sem considerar o que aconteceu com ela. Às vezes a vida nos trata dessa forma como se não tivéssemos valor e nos dá a impressão de que tudo está contra nós. Permita-me dizer que isso não é verdade. Cinco homens haviam desprezado a mulher de Samaria, visto que naquele tempo apenas o marido tinha o direito de se separar de sua esposa: as mulheres "não existiam" para coisa alguma. No momento em que Jesus falava com ela, a mulher estava vivendo com um homem que sequer quis se casar com ela. Tal homem não queria lhe dar seu nome nem a reconhecer! Todos a acusavam, e ela procurava sobreviver sem se encontrar com ninguém para que não zombassem dela.

De repente ela vê alguém que se aproxima e lhe pede um favor, o que não fazia sentido para ela. Muito mais ao ver que era homem e, além disso, um judeu! Talvez o primeiro impulso fosse se levantar e ir embora, pensando que ele tivesse vindo zombar dela, mas existe algo no rosto dele que a atrai. Pela primeira vez, em muito tempo, sente-se tratada como uma pessoa normal! Jesus, como sempre, vai ao fundo do seu coração e lhe fala de água viva. Mostra-lhe que é o próprio Deus quem pode satisfazer sua sede porque Ele não rejeita a ninguém. Ele pode lhe restaurar, curar a sua alma, perdoá-la... mas, acima de tudo, devolver-lhe sua dignidade como pessoa. É o mesmo que o Senhor faz por cada um de nós quando estamos com Ele.

Jesus é tão radicalmente amável no seu relacionamento que inclusive, quando a mulher fala dos seus problemas pessoais, não faz isso para condená-la, mas para restaurá-la. E então acontece algo extraordinário que jamais teríamos imaginado! A samaritana começa a perguntar ao Messias sobre algo mais íntimo no relacionamento com Deus, e o Senhor lhe responde! Jesus explica as verdades mais absolutas sobre a essência do caráter de Deus e a forma como devemos adorá-lo a uma mulher estigmatizada por todos! Não aos doutores da Lei!

Jesus nos lembra de que para Ele não há pessoas mais valiosas do que outras; ninguém deve se sentir menosprezado no coração de Deus. O evangelho entrou na cidade pelo testemunho de uma mulher que todos haviam marginalizado. Pode ser que Jesus tenha esboçado um sorriso ao ver que muitos se aproximavam para ouvi-lo justamente porque aquela samaritana não quis se calar, esquecendo-se para sempre da vergonha e desprezo que muitos dispensavam a ela.

O EVANGELHO ENTRA EM SAMARIA POR MEIO DE UMA MULHER QUE VIVEU COM SEIS HOMENS DIFERENTES

Jesus declarou à mulher que Ele era o Messias que o povo esperava. Não o disse a Herodes, nem ao sumo sacerdote, nem aos doutores da Lei, mas a uma mulher estrangeira! Muitos gostam de questionar o papel das mulheres na proclamação do evangelho, sendo que alguns chegam a dizer que elas não podem falar de Jesus em público! Mas o que jamais podemos esquecer é como o Senhor Jesus as tratou e as enalteceu, e também a dignidade e a fidelidade de todas as mulheres que o acompanhavam ou simplesmente se encontraram com Ele.

Como se isso não bastasse, Jesus lhe comunicou uma das maiores revelações do caráter divino: "Deus é espírito; e importa que os seus adoradores o adorem em espírito e em verdade" (JOÃO 4:24).

Até hoje milhares de teólogos, pastores, mestres etc. estudam essas palavras e reconhecem a profunda verdade que elas contêm. O Filho de Deus revelou um dos grandes "segredos" do Pai a uma simples mulher. Ele quis fazer isso, e todo aquele que quiser ignorar ou tratar esse fato com superficialidade é porque não entende (ou não quer compreender) os propósitos de Deus.

Porque se observarmos a mulher com atenção, alguns poderiam chegar à conclusão de que ela "tinha" tudo errado. E lhes faltaria tempo para a condenarem por: seu sexo, sua raça, sua cultura, sua religião, sua vida pecaminosa, seu desconhecimento das realidades espirituais... Tudo estava contra ela. Humanamente falando, não tinha qualquer possibilidade de se encontrar com o Messias; era impossível; mas para Deus não existe nada impossível. Ele não menospreza ninguém!

Uma das imagens mais tocantes nessa história é a reação da samaritana depois de se encontrar com Jesus. A Bíblia diz que, quando ela conseguiu compreender com quem estava falando (v.28), deixou seu cântaro e foi buscar todos os demais. Ela abandonou o que era e o que tinha, seu passado e seus bens, e correu para anunciar que havia encontrado o Messias. Esqueceu o motivo de estar lá, pois o encontro com Jesus era o mais importante em sua vida. O resultado imediato da sua decisão foi buscar outras pessoas. Jesus era extremamente precioso para ficar somente com ela.

> UMA DAS MAIORES REVELAÇÕES DE DEUS
> E DO SEU CARÁTER FOI COMUNICADA
> PELO SENHOR JESUS A UMA MULHER IGNORANTE
> E DE VIDA DISSOLUTA. A NÓS
> FALTARIA TEMPO PARA CONDENÁ-LA.

Mais um detalhe: o que julgamos ser nossos defeitos Deus usa para a Sua glória. A mulher samaritana poderia usufruir de poços mais próximos, mas caminhava grandes distâncias para apanhar água, talvez para evitar perguntas e zombaria das pessoas que a conheciam. Depois de se encontrar com Jesus, a mesma mulher que procurava viver às escondidas teve a coragem de deixar tudo e ir falar do Mestre a todos quantos encontrava, aos mesmos que podiam acusá-la, julgá-la ou até zombar dela! O medo desapareceu; não teve receio de que a considerassem uma louca, nem que a acusassem pelo seu passado. Ela havia encontrado o Messias, e isso era a única coisa importante para ela!

Ela não se calou. Ninguém conseguiu detê-la.

Você se lembra como a história começou? O Senhor Jesus se aproximou da fonte e pediu à mulher: "Dá-me de beber", um apelo muito parecido com aquele que o Mestre fez na cruz quando, ali pregado, disse: "Tenho sede"! Nos dois momentos, Jesus pronunciou essa frase não por si mesmo, mas para que olhássemos para Ele. O Senhor pediu água à mulher para que Ele lhe concedesse água viva. Na cruz, Jesus disse: "Tenho sede", para satisfazer a sede espiritual de toda a humanidade.

Aquela mulher mudou a história da sua cidade. Quanto temos de aprender das "loucuras" daqueles que são transformados pelo Salvador! Jesus teve de permanecer dois dias em Samaria, pois o resultado do testemunho daquela mulher foi tão rápido, total, conclusivo e definitivo. Apesar de os judeus e os samaritanos não "poderem" estar juntos, Jesus ficou com eles, convivendo em suas casas e usufruindo das comidas e da companhia deles, sem se preocupar em absoluto com a falação das pessoas.

No dia em que desejarmos de todo o coração amar e seguir ao Senhor Jesus, sem nos importarmos com o que os outros pensam, estaremos revolucionando o mundo.

29
NAASSOM: A FELIZ CORAGEM DOS PIONEIROS

Os pioneiros são pessoas que admiro, e creio que, à luz do que a Bíblia nos ensina, posso afirmar que Deus também os admira. Mulheres e homens capazes de renunciar a tudo para adentrarem no desconhecido, no incontrolável ou no totalmente improvável em nome de Deus.

Ser pioneiro trata exatamente disto: fazer o que ninguém ousou fazer antes; ir aonde ninguém quis ir; dar os passos necessários para chegar ao lugar de onde todos fugiram. É isso que os missionários fazem ao chegar a um novo país quando, voluntariamente, deixam seus familiares, amigos e cultura para servir o Senhor começando um trabalho a respeito do qual não sabem praticamente nada. Sem sequer saber se serão bem-sucedidos ou não!

Juan Blake é um dos melhores amigos da nossa família. Nasceu nos Estados Unidos e veio para a Espanha há mais de 50 anos, num tempo em que o nosso país era considerado "cemitério de missionários". Desde então ele evangeliza e leva o nome do Senhor por todas as províncias do país, defendendo e apoiando os que trabalham para o Senhor em qualquer lugar. Lembro-me sempre de um dia quando alguém, com pouca sensibilidade, falava de alguns problemas criados por alguns missionários (existe de tudo na obra do Senhor, como diz o ditado), e Juan Blake, em vez de se aborrecer (embora a conversa não se referisse a ele), simplesmente disse: "Não sei quem tem maior amor pela Espanha, se vocês que nasceram aqui e não tiveram qualquer possibilidade de escolha, ou eu, que nasci em outro país e decidi vir para cá porque amo este país". Um argumento fantástico!

A maior virtude do pioneiro é, sem qualquer dúvida, a coragem. Se você não tiver coragem não pode dar os passos que despertam temores em outros. Juan Blake é uma pessoa destemida que confia sempre no Senhor e demonstrou isso milhares de vezes quando, na Espanha, era extremamente difícil falar de Jesus publicamente. E pelo seu trabalho como pioneiro, hoje muitos podem desfrutar dos direitos e dos frutos alcançados.

Como eu dizia, os pioneiros são pessoas a quem Deus admira, embora não apareçam na *Wikipédia*, nem tenham milhares de seguidores nas redes sociais. Podem até não ser mencionados nos registros históricos das agências missionárias mais importantes, mas têm o privilégio de serem reconhecidos por todos com honra inquebrantável e impossível de ser apagada de sua vida. A coragem de amar o lugar para onde Deus nos enviou vale muito mais do que a fama!

> MULHERES E HOMENS CAPAZES DE RENUNCIAR A TUDO PARA ADENTRAREM NO DESCONHECIDO, NO INCONTROLÁVEL OU NO TOTALMENTE IMPROVÁVEL EM NOME DE DEUS.

A SUBLIME CORAGEM DOS PIONEIROS

Tomar a decisão, obedecer prontamente, dar os primeiros passos quando todos olham adiante temerosos; ter ousadia quando ninguém é capaz de fazer absolutamente nada; colocar a vida em risco em obediência a Deus sem se preocupar com o que possa acontecer nos momentos seguintes. Faz falta amar o Senhor assim. Essa é uma lição que precisamos aprender em nossa vida nos dias de hoje. Naasom era cunhado de Arão. Até onde me lembro, jamais ouvi alguma pregação sobre ele, portanto, dificilmente você saiba de quem estou falando... "Arão tomou por mulher a Eliseba, filha de Aminadabe, irmã de Naassom; e ela lhe deu à luz Nadabe, Abiú, Eleazar e Itamar" (ÊXODO 6:23).

Ele era o líder da tribo de Judá, mas sua coragem e sua fama não se realçaram por esse detalhe, mas por outro motivo mais importante: obedecer a Deus em qualquer circunstância! Basta uma rápida passagem pelo livro de Números para entendermos isso. "Os que se acamparem ao lado oriental (para o nascente) serão os do estandarte do arraial de Judá, segundo as suas turmas; e Naassom, filho de Aminadabe, será príncipe dos filhos de Judá" (NÚMEROS 2:3).

1. As tendas de Naassom ficavam erguidas no lado oriental, portanto, ele era o primeiro na direção do nascer do sol. O Midrash diz que lhe foi concedida essa honra devido à demonstração da sua confiança no Senhor quando Israel chegou à margem do mar Vermelho sendo perseguido pelos egípcios. Nesse momento, alguns duvidaram da promessa de Deus e ficaram vacilantes sem saber o que fazer à beira do mar, mas Naassom passou adiante e se lançou no mar que se abriu, pois ele confiava na Palavra de Deus e todo o povo o seguiu [N.E.: Uma lenda judaica diz que Naassom foi o primeiro a atravessar o mar Vermelho, indo à frente do povo.].

Muitos tiveram medo, o que era normal até certo ponto. O mar jamais se abrira antes e ninguém sabia o que aconteceria quando o atravessassem! Hoje sabemos o que aconteceu na história e até temos visto a cena ser representada em vários filmes, mas você pode se imaginar passando por dois paredões de água com dezenas de metros de altura? Para isso é necessário ter muita fé! Naassom teve, ele confiou em Deus e deu o primeiro passo. É disso que se trata quando falamos em ser um pioneiro.

> No dia em que Moisés acabou de levantar o tabernáculo, e o ungiu, e o consagrou e todos os seus utensílios, bem como o altar e todos os seus pertences, os príncipes de Israel, os cabeças da casa de seus pais, os que foram príncipes das tribos, que haviam presidido o censo, ofereceram e trouxeram a sua oferta perante o SENHOR. Disse o SENHOR a Moisés: Recebe-os deles, e serão destinados ao serviço da tenda da congregação; e os darás aos levitas, a cada um segundo o seu serviço. O que, pois, no primeiro dia, apresentou a sua oferta foi Naassom, filho de Aminadabe, pela tribo de Judá. A sua oferta foi um prato de prata, do peso de cento e trinta siclos, uma bacia de prata, de setenta siclos, segundo o siclo do santuário; ambos cheios de flor de farinha, amassada com azeite, para oferta de manjares. (NÚMEROS 7:1-5,12,13)

2. Essa posição de destaque no acampamento, concedida a Naassom por sua coragem, fazia todos olharem para ele. Todos esperavam que tomasse as decisões e avançasse para que pudessem segui-lo. Naassom não se preocupava porque a segunda característica de um pioneiro é obedecer sem se preocupar com mais nada. No momento de ir à frente para a entrega das ofertas a Deus, Naassom foi o primeiro e, ao fazer isso no primeiro dia (no primeiro momento), abriu o caminho para o que os outros pudessem ofertar. Quando se trata de doar e nos entregarmos completamente ao Senhor, os pioneiros também são necessários.

> Primeiramente, partiu o estandarte do arraial dos filhos de Judá, segundo as suas turmas; e, sobre o seu exército, estava Naassom, filho de Aminadabe. (NÚMEROS 10:14)

3. Naassom era também o primeiro a sair à frente do povo quando tinham de lutar. Ele ia adiante do exército onde a peleja era mais árdua. Podemos ter fé para confiarmos no que Deus diz; podemos até oferecer a nós mesmos e ofertar a Ele tudo o que temos quando todos duvidam, mas ir à frente de todos na batalha? Era necessário coragem para isso! Não falamos apenas de confiança, mas também de coragem.

Estamos falando de se expor à frente da peleja. Estamos dizendo que Naassom podia ser ferido e sofrer os embates antes dos outros. Ele poderia ver a morte face a face! Se aplicarmos isso ao dia de hoje, aprendemos que os pioneiros são os que não sentem medo da batalha espiritual, os que oram e os que enfrentam o inimigo aconteça o que for. Não se trata tanto de ter coragem, mas de estar decidido a entrar em ação! É surpreendente que, muitas vezes a coragem não seja uma das principais características dos pioneiros, mas, sim, a decisão. A obediência vence o medo.

> NÃO SE TRATA TANTO DE TER CORAGEM, MAS DE ESTAR DECIDIDO A ENTRAR EM AÇÃO!

Davi, filho de Jessé, Jessé, filho de Obede, Obede, filho de Boaz, este, filho de Salá, filho de Naassom. (LUCAS 3:32)

4. Como sempre acontece, Deus recompensa os Seus servos. Naassom veio a ser o avô de Boaz, o quinto ancestral do rei Davi e, portanto, ocupou um importante lugar na genealogia do Senhor Jesus. A Bíblia diz que os corajosos herdam o reino de Deus.

Quando obedecemos, não nos preocupamos em arriscar nossa vida porque sabemos que tudo o que vale a pena tem um preço — e estamos dispostos a pagá-lo. Vencer na batalha espiritual é parte da nossa vida. Ganhar almas para Jesus é a consequência natural do nosso relacionamento com Deus; por isso, todos somos participantes nessa luta, queiramos ou não.

Quando seguimos a Jesus, não importa o que os outros pensem. Fazemos o que é justo porque vivemos de forma diferente; não nos preocupa o fato de sermos criticados. Defendemos os que estão desamparados porque Deus nos chamou para fazermos o bem. Alguém deve ser o primeiro a se levantar e seguir em frente! Sejam quais forem as circunstâncias, nós o faremos.

Essa obediência ao Senhor faz milhares de pessoas continuarem indo como missionários a países desconhecidos, inclusive para locais onde é absolutamente proibido falar de Jesus ou ajudar as pessoas em Seu nome. Os heróis desconhecidos de Deus continuam tomando a decisão de lhe servir seja onde for e a qualquer preço. Fazer o bem é o objetivo, e embora possam existir problemas e incompreensões, eles seguem em frente. Se for preciso ir, então vamos! Precisamos ser sempre os primeiros a obedecer. Deus se encarrega das demais coisas.

> *Mulheres receberam, pela ressurreição, os seus mortos.*
> *Alguns foram torturados, não aceitando seu resgate,*
> *para obterem superior ressurreição; outros, por sua vez,*
> *passaram pela prova de escárnios e açoites, sim, até de*
> *algemas e prisões. Foram apedrejados, provados, serrados*
> *pelo meio, mortos a fio de espada; andaram peregrinos,*
> *vestidos de peles de ovelhas e de cabras, necessitados,*
> *afligidos, maltratados (homens dos quais o mundo não*
> *era digno), errantes pelos desertos, pelos montes, pelas*
> *covas, pelos antros da terra. Ora, todos estes que obtiveram*
> *bom testemunho por sua fé não obtiveram, contudo, a*
> *concretização da promessa, por haver Deus provido coisa*
> *superior a nosso respeito, para que eles, sem nós, não fossem*
> *aperfeiçoados.* (HEBREUS 11:35-40)

OS HERÓIS DESCONHECIDOS DE DEUS
CONTINUAM TOMANDO A DECISÃO DE LHE SERVIR
SEJA ONDE FOR E A QUALQUER PREÇO.

A honra dos pioneiros é extraordinária. O mundo não pode compreender mesmo que muitos entreguem suas vidas na luta pela liberdade, pela pátria ou pela família. Em muitos casos os motivos são louváveis porque defendem os valores mais importantes da humanidade; mas, mesmo assim, as pessoas as quais Deus chama têm uma motivação mais elevada. Na sua luta contra o mal, podem chegar a sofrer de forma injusta, muitas vezes sem esperar nada em troca e sem saber o que acontecerá no futuro!

A coragem que Deus tem proporcionado aos pioneiros (e a nós também) reflete o Seu caráter: somos diferentes porque o amamos. Entregamos a vida até pelos inimigos porque queremos conquistá-los à causa do amor e da graça. Jamais lutamos para fazer mal, mas para curar. Se a vitória exige um sacrifício, apresentamo-nos como voluntários. Por isso, quando Deus fala dos Seus heróis (das pessoas que o amam), Ele diz: "...homens dos quais o mundo não era digno" (HEBREUS 11:38).

SOMOS DIFERENTES PORQUE O AMAMOS.

A humanidade não é capaz de compreender tanta dignidade e tanta graça.

Somos cidadãos do Céu, por isso a coragem faz parte do nosso caráter. Não nos preocupamos com o que os outros digam ou façam. Nosso privilégio está em obedecer a Deus fazendo o bem a todos, aos amigos e inimigos. Assim se vive no país onde nosso Pai celestial reina e onde viveremos futuramente. Por esse motivo seguimos confiando em Deus e vivendo para Ele.

O mundo não é digno de nós porque pertencemos à eternidade, mas continuamos aqui e lutamos pelo bem de todos, para que (ao menos) possam ver em nós o reflexo do caráter do nosso Pai.

O lema da nossa vida é conquistar!

30

NABOTE: A HERANÇA DE CADA PESSOA É A IDENTIDADE QUE DEUS LHE DÁ

A Europa não sabe o que fazer com o problema dos refugiados. Milhares de pessoas deixam tudo o que possuem nos seus países de origem (na África e na Ásia) para vir ao "paraíso" europeu e desfrutar de uma vida que julgam ser inigualável. Infelizmente, a maioria dos que emigram da África o fazem de forma absolutamente rudimentar, colocando a vida em risco. A cada ano, milhares de pessoas morrem no mar Mediterrâneo ou no oceano Atlântico, intentando alcançar a Europa. Uma grande parte deles chega sem "identidade", e ninguém sabe quem são. Eles literalmente abandonaram tudo.

Em certas ocasiões, os líderes de alguns países obrigaram a polícia a deixar que alguns deles morressem quando chegavam feridos ou extenuados à praia por usarem qualquer tipo de embarcação, ou inclusive nadando, pelo fato de ainda não "estarem" no território do país. Os policiais, embora não estivessem de acordo, deveriam agir dessa maneira em obediência às "ordens" superiores por motivo do venerado bem comum. As perguntas que surgem disso são de partir o coração. Essas mesmas ordens seriam dadas caso a pessoa que estivesse agonizando na praia fosse o presidente da república, o dono de uma conhecida empresa, alguma celebridade ou membro do conselho administrativo de um grande banco? Continuariam todos impassíveis vendo a vida daquela pessoa se esvair?

Afirmamos que todas as pessoas são iguais perante a lei, mas na prática não costuma ser assim. Os argumentos de alguns governos e de algumas pessoas que defendem a "integridade" das costas marítimas são bastante claros: "Não estavam em nosso território. Se lhes prestarmos ajuda, milhares farão o mesmo nos próximos dias, invadirão nossas praias". Pode parecer uma coisa sensata à primeira vista, mas o problema é que nenhum dos que pretendiam chegar puderam ouvir essas palavras simplesmente porque sucumbiram. Podem ser bons argumentos para muitos, mas nada são para os que perderam a vida.

Creio que para ajudar um ser humano não temos de analisar se ele se encontra em nosso território ou não, se é "parecido" conosco, ou se a sua identidade é conhecida. Fico impressionado porque, em situações semelhantes, alguns chegam a justificar a recusa da ajuda aos feridos dizendo: "É apenas um refugiado sem documentos; não precisava ter vindo para cá". Gostaria de saber o que aconteceria se alguns desses que esbanjam fortunas e que vão caçar na África chegasse ferido ao hospital e alguém lhe dissesse: "É um europeu com documentos, não precisava ter vindo para cá", e não lhe prestassem socorro. Se as comparações são desprezíveis, como é dito normalmente, talvez seja porque o ódio costuma surgir da injustiça pelo tratamento desigual.

O problema continua: dia após dia centenas de refugiados perdem a vida na tentativa de entrar em nosso enganoso e cruel paraíso europeu. Alguns morrem no trajeto, outros bem diante de nós. Não quero entrar em nenhuma discussão política aqui, pois nesse debate quem perde é sempre o ser humano. Tampouco me importam os motivos econômicos ou sociológicos que motivam algumas pessoas a entrarem em determinado lugar e outras não. A única coisa que continuo sem entender é que não se defenda nem se cuide do ser humano independentemente do lugar do seu nascimento, origem familiar, cultura ou da sua história.

NOSSA HERANÇA É UM PRESENTE DE DEUS
Todas essas situações me recordam o que aconteceu certo dia no governo de um dos reis mais cruéis de Israel.

> *Sucedeu, depois disto, o seguinte: Nabote, o jezreelita, possuía uma vinha ao lado do palácio que Acabe, rei de Samaria, tinha em Jezreel. Disse Acabe a Nabote: Dá-me a tua vinha, para que me sirva de horta, pois está perto, ao lado da minha casa. Dar-te-ei por ela outra, melhor; ou, se for do teu agrado, dar-te-ei em dinheiro o que ela vale. Porém Nabote disse a Acabe: Guarde-me o Senhor de que eu dê a herança de meus pais. Então, Acabe veio desgostoso e indignado para sua casa, por causa da palavra que Nabote, o jezreelita, lhe falara, quando disse: Não te darei a herança de meus pais. E deitou-se na sua cama, voltou o rosto e não comeu pão. Porém, vindo Jezabel, sua mulher, ter com ele, lhe disse: Que é isso que tens assim desgostoso o teu espírito e não comes pão? Ele lhe respondeu: Porque falei a Nabote, o jezreelita, e lhe disse: Dá-me a tua vinha por dinheiro; ou, se te apraz, dar-te-ei outra em seu lugar. Porém ele disse: Não te darei a minha vinha. Então, Jezabel, sua mulher, lhe disse: Governas tu, com efeito, sobre Israel? Levanta-te, come, e alegre-se o teu coração; eu te darei a vinha de Nabote, o jezreelita. Então, escreveu cartas em nome de Acabe, selou-as com o sinete dele e as enviou aos anciãos e aos nobres que havia na sua cidade e habitavam com Nabote. E escreveu nas cartas, dizendo: Apregoai um jejum e trazei Nabote para a frente do povo. Fazei sentar defronte dele dois homens malignos, que testemunhem contra ele, dizendo: Blasfemaste contra Deus e contra*

o rei. Depois, levai-o para fora e apedrejai-o, para que morra. Os homens da sua cidade, os anciãos e os nobres que nela habitavam fizeram como Jezabel lhes ordenara, segundo estava escrito nas cartas que lhes havia mandado. Apregoaram um jejum e trouxeram Nabote para a frente do povo. Então, vieram dois homens malignos, sentaram-se defronte dele e testemunharam contra ele, contra Nabote, perante o povo, dizendo: Nabote blasfemou contra Deus e contra o rei. E o levaram para fora da cidade e o apedrejaram, e morreu. Então, mandaram dizer a Jezabel: Nabote foi apedrejado e morreu. Tendo Jezabel ouvido que Nabote fora apedrejado e morrera, disse a Acabe: Levanta-te e toma posse da vinha que Nabote, o jezreelita, recusou dar-te por dinheiro; pois Nabote já não vive, mas é morto. Tendo Acabe ouvido que Nabote era morto, levantou-se para descer para a vinha de Nabote, o jezreelita, para tomar posse dela. Então, veio a palavra do SENHOR a Elias, o tesbita, dizendo: Dispõe-te, desce para encontrar-te com Acabe, rei de Israel, que habita em Samaria; eis que está na vinha de Nabote, aonde desceu para tomar posse dela. Falar-lhe-ás, dizendo: Assim diz o SENHOR: Mataste e, ainda por cima, tomaste a herança? Dir-lhe-ás mais: Assim diz o SENHOR: No lugar em que os cães lamberam o sangue de Nabote, cães lamberão o teu sangue, o teu mesmo. Perguntou Acabe a Elias: Já me achaste, inimigo meu? Respondeu ele: Achei-te, porquanto já te vendeste para fazeres o que é mau perante o SENHOR. Eis que trarei o mal sobre ti, arrancarei a tua posteridade e exterminarei de Acabe a todo do sexo masculino, quer escravo quer livre, em Israel. Farei a tua casa como a casa de Jeroboão, filho de Nebate, e como a casa de Baasa, filho de Aías, por causa da provocação com que me irritaste e fizeste pecar a Israel. Também de Jezabel falou o SENHOR: Os cães devorarão

Jezabel dentro dos muros de Jezreel. Quem morrer de Acabe na cidade, os cães o comerão, e quem morrer no campo, as aves do céu o comerão. (1 REIS 21:1-24)

Nabote era um simples cidadão que possuía uma vinha ao lado do palácio do rei Acabe. O rei tinha tudo o que pudesse desejar e muito mais. Não é necessário que se explique como costumam viver as pessoas que têm poder. Mas Acabe sentia que lhe faltava "algo" para ser feliz e esse algo era o terreno de Nabote. Todos os dias, o rei via Nabote trabalhando com alegria em sua vinha e isso o incomodava. Acabe lhe pediu que lhe vendesse o terreno ou que o trocasse por outro, mas a resposta de Nabote foi: "Guarde-me o SENHOR de que eu dê a herança de meus pais". Hoje isso poderia parecer uma insolência, mas naquele tempo a herança familiar era tudo. Ela fazia parte da identidade que Deus tinha dado a cada um; tanto que perder as terras era como se alguém perdesse a si mesmo, renunciasse ao que lhe era mais precioso, àquilo que foi herdado dos pais e do próprio Criador. Além disso, a lei determinava que ninguém podia vender definitivamente alguma propriedade familiar (LEVÍTICO 25:23), porque essa era a maneira de não somente defender a herança de cada pessoa, como também era uma forma de se lutar contra a pobreza e a ganância dos mais ricos.

O problema é que naquele tempo Acabe era o rei, e seus desejos eram leis (a mando da sua malvada esposa, Jezabel). Por isso ela decidiu matar Nabote. Ela não apenas lhe tirou tudo o que possuía, como também deu fim à vida dele. Ou pelo menos foi o que ela pensou.

Nabote pagou com a vida o direito de defender o que era justo. Por vezes, defender o que somos pode nos custar muito caro, mas temos de agir dessa forma. Nada é mais importante! Não estou falando de terrenos ou dinheiro, mas da nossa honra e da nossa dignidade, nossas raízes e o que realmente somos. Estou me referindo à imagem de Deus em nós e ao que Ele tenha colocado em nosso coração. Ninguém tem o direito de retirar nossa "herança" porque a vida é a primeira dádiva que Deus nos tem concedido.

> POR VEZES DEFENDER O QUE SOMOS
> PODE NOS CUSTAR MUITO CARO,
> MAS TEMOS DE AGIR DESSA FORMA.

Os que não entendem o que isso significa pensam que podem comprar e vender tudo. Chegam inclusive a pensar que podem nos dar algo melhor do que aquilo que temos (como Acabe disse a Nabote), mas isso não é verdade. Se renunciarmos àquilo que o Senhor nos concede, não importa que, em troca, ganhemos o mundo inteiro. Se perdemos Deus, então perdemos tudo.

O HORRÍVEL ERRO DE SE USAR O NOME DE DEUS PARA MATAR ALGUÉM

O que nos impressiona na história de Nabote é que a rainha Jezabel (uma pessoa que não acreditava em Deus, antes era idólatra) usou o nome do Senhor para roubar a terra que não lhe pertencia. Tudo não passou de "artimanhas" espirituais: proclamou um jejum, procurou falsas testemunhas que acusassem Nabote de blasfêmia, quebrou a lei de Deus, e tudo isso para matá-lo. Este foi e continua a ser um dos grandes problemas na história da humanidade: usar o nome de Deus para matar pessoas.

Deus nos criou a todos com valor ímpar. Para Ele não há diferenças de raça, cultura, bens, poder etc. Não temos de ser como ninguém, nem precisamos ter inveja de ninguém, porque Deus ama a todos, sem exceção. Ele nos criou! Ditar quem é mais ou menos "importante" não é do caráter de Deus; somos nós que agimos assim. As discriminações são fruto da nossa maldade. Se "...tratardes com deferência o que tem os trajos de luxo e lhe disserdes: Tu, assenta-te aqui em lugar de honra; e disserdes ao pobre: Tu, fica ali em pé ou assenta-te aqui abaixo do estrado dos meus pés, não fizestes distinção entre vós mesmos e não vos tornastes juízes tomados de perversos pensamentos? [...] se, todavia, fazeis acepção de pessoas, cometeis pecado, sendo arguidos pela lei como transgressores" (TIAGO 2:3,4,9).

Infelizmente, essa discriminação contra aqueles que julgamos ser inferiores é apoiada tanto pelos que não acreditam em Deus como por alguns que dizem crer nele. Basta observar como tratamos pessoas que têm poder, dinheiro, fama, posição social etc. Fazer essas distinções é algo totalmente contrário ao caráter de Deus. O amor infinito para com todos os seres humanos é um presente de Deus. As diferentes categorias em que encaixamos as pessoas é uma invenção perversa criada por nós.

Para o Senhor não existem pessoas VIP. Não existe estas distinções na presença de Deus: a primeira classe, a diferença no trato, as reverências e os serviçais.

Os pobres, os sem-teto, os que nada têm, os deserdados, os sem identidade e, em outro sentido, os incapacitados, os considerados inúteis, os que não podem se defender... todos são abraçados por Deus! Frequentemente a Bíblia nos ensina que Deus se preocupa com os oprimidos e os menosprezados. É como se Deus se encarregasse de transformar os nossos conceitos e a nossa forma de vermos a vida para que aprendamos a tratar os outros assim como Ele nos trata.

Fomos criados para amar e servir e, vivendo assim, somos felizes. Quando queremos que outros nos sigam e nos sirvam, vivemos numa permanente frustração. Quando usamos as pessoas para alcançarmos nossos objetivos, "perdemos" a imagem de Deus em nossa vida, porque os outros acabam vendo em nós a arrogância tola de alguém que se julga superior pelo que faz ou possui.

> FOMOS CRIADOS PARA AMAR E SERVIR E,
> VIVENDO ASSIM, SOMOS FELIZES.

Todos os seres humanos levam em si a imagem de Deus, não importa o lugar onde vivem, a cor da pele ou bens que possuem. Todos refletem, de alguma forma, a glória do Criador. Deus nos criou a todos com a mesma dignidade.

Todos nós temos valor infinito porque fomos criados por um Criador infinito. Esse valor não é atrelado ao que temos ou fazemos. A imagem de Deus está incrustada em nós de tal forma que ninguém é capaz de extraí-la.

O AMOR É A MARCA QUE DISTINGUE O CRISTIANISMO

Um dos maiores problemas do mundo é que muitos têm chegado à conclusão de que Deus os atrapalha, assim proclamam aos quatro ventos que Ele não existe. A primeira consequência é que, se afastamos o Criador da nossa vida, as decisões são tomadas por aqueles com mais poder e mais dinheiro. Os outros, ou se submetem ao que os poderosos dizem, ou acabam sendo excluídos. Quando "decidimos" que Deus não pode viver em nosso mundo, as pessoas perdem sua dignidade e sua honra como seres humanos, pois já não têm valor em si mesmas, a não ser pelo que outros decidem por meio de leis estabelecidas como obrigatórias.

O triste é que, às vezes, o fato de dizermos que cremos em Deus não faz muita diferença no trato com as pessoas. Não devemos nos esquecer de que estamos falando de situações que acontecem neste exato momento em países chamados cristãos, governados por pessoas nominalmente cristãs. Por favor, não me julgue por escrever isso! Porque a primeira vez que uma pessoa ler a Bíblia encontrará (literalmente) centenas de versículos que falam da dignidade de todas as pessoas, o trato cuidadoso a ser dado aos estrangeiros, aos pobres, aos oprimidos, às viúvas, aos órfãos, aos que pouco possuem... e como qualquer um que se diz seguidor de Jesus deve ajudar os que sofrem, sem estabelecer condições!

Não se trata de vivermos assim porque devemos ser bons cristãos. Deus diz que, se não amarmos o próximo, não conhecemos a Ele! Não estamos procurando viver de forma diferente. Somos diferentes! Se não nos parecemos com o nosso Pai celestial, talvez seja porque estamos muito afastados dele. Se somos cristãos, seguimos Aquele que nos ensinou que quem deseja ser grande deve servir. O reconhecimento quem nos dá é Deus e não as pessoas; não é algo exterior, mas sim do interior. Não se consegue com prêmios, dinheiro ou poder, ou você o tem ou não tem! O refugiado que morre no mar ou na areia de uma praia daquilo que julga ser um paraíso na Terra tem mais possibilidades de viver no Paraíso eterno do que aquele que quer impressionar a Deus com seus feitos, sua religiosidade ou seu dinheiro.

O REI É UM DESCONHECIDO, E O SIMPLES SÚDITO É UM HERÓI

Deus considera o humilde Nabote como um herói que defendeu a dignidade de sua família, e o rei Acabe foi condenado publicamente. Tudo o que ele pretendia conseguir se perdeu por ocasião da sua morte. Pode parecer um pequeno absurdo terminar essa história com um parêntese, mas é preciso que seja assim, pois às vezes nós nos esquecemos das lições mais importantes da vida, aquelas que permanecem para sempre, aquelas que ninguém pode mudar na história da humanidade, nem agora nem por toda a eternidade!

Deus sabe de tudo o que acontece e Ele tem a última palavra em tudo. "Morto o rei, levaram-no a Samaria, onde o sepultaram. Quando lavaram o carro junto ao açude de Samaria, os cães lamberam o sangue do rei, segundo a palavra que o Senhor tinha dito; as prostitutas banharam-se nestas águas" (1REIS 22:37,38).

Deus despertou o profeta mais conhecido, Elias, para defender Nabote e acusar o rei por tudo o que havia acontecido. É bastante curioso que Acabe, sendo idólatra e assassino, e tendo desobedecido ao Senhor em muitas ocasiões, fosse acusado por Elias pelo "simples" fato de ter roubado e provocado a morte de Nabote. Esse foi o maior delito de Acabe! Isso, Deus não poderia permitir!

O Senhor conhece a história de cada pessoa. Pode ser que poucos saibam o que você faz e, quem sabe, nunca tenha sido comentado nos meios de comunicação; pode ser até que sua vida não tenha valor para muita gente ou precise dormir na rua. Deus vê tudo de forma diferente, pois Ele sabe quem você é. Cada detalhe da nossa vida é considerado pelos anjos e pelos seres celestiais; cada momento da nossa existência desperta admiração em todo o Universo, não pelo que somos, mas porque Deus nos criou.

O rei ocupou muitas páginas da história no seu tempo; o humilde Nabote está registrado no livro do eterno Deus.

31

NATÃ: COM A PEQUENA AJUDA DE UM AMIGO

Algumas histórias parecem fazer parte da cultura da humanidade. Elas podem ser encontradas em diferentes épocas e com diferentes personagens, mas, de certa maneira, mostram que todos desejam torná-las "suas" pelos princípios que elas defendem ou pela honra que emerge delas. É o caso de uma história que ouvi na minha adolescência. Tratava-se de um rei do tempo da Idade Média, na Europa Central, que teve de julgar um caso difícil de acusação de homicídio que pesava sobre um dos seus súditos.

De acordo com provas apresentadas contra ele, esse homem havia provocado um assassinato e tinha de responder com sua própria vida perante a justiça. O caso chegou até o rei, porque o homem tinha pedido que lhe deixassem com vida por algumas semanas antes de ser executado, para resolver alguns assuntos e deixar a família sem preocupações. O rei permitiu que viajasse, mas com uma condição: que ele encontrasse um amigo para tomar seu lugar em sua ausência. O risco de fuga era grande e não havia dinheiro suficiente que pudesse pagar o crime cometido. O condenado à morte concordou e, por meio de um emissário, mandou chamar seu melhor amigo que, sem dúvida, ficaria em seu lugar enquanto ele acertava os assuntos ligados à sua família. O rei marcou o dia da execução e avisou aos dois que, se o homem que deveria ser executado não voltasse, seu amigo pagaria com a vida.

Passaram-se várias semanas e quase todos os dias o rei visitava o homem que decidira ficar como fiador do seu amigo para conhecê-lo melhor. O homem contou que também era casado e tinha vários filhos, e o rei percebeu nele uma lealdade e um caráter extraordinário. Em várias ocasiões perguntou se o homem não temia que seu amigo não voltasse, e ele disse que não tinha medo de que isso acontecesse:

—Confio nele, ele é meu amigo e nunca faltou comigo.

Ele falou isso ao rei várias vezes nos momentos que estiveram juntos.

Aquele rei não podia entender como podia existir uma amizade tão sólida. Ele falava com seus conselheiros perguntando-lhes como era possível que duas pessoas fossem tão leais e, cada vez que ficava a sós, o próprio rei não podia deixar de pensar no que ele mesmo daria para ter um amigo assim. Embora soubesse que não poderia fazer nada, o rei dispensou um dos conselheiros de sua confiança de todas as suas obrigações e o incumbiu de ir ao local do crime para investigar a fundo o que havia acontecido. Ele não podia entender como alguém aparentemente tão perverso tivesse um amigo tão extraordinário!

Chegou o dia da execução e, quando se aproximava a hora estabelecida, o rei mandou buscar o amigo para subir ao cadafalso: alguém teria de tomar esse lugar para o cumprimento da lei. O próprio rei se aproximou para vê-lo porque, com o tempo, havia estabelecido uma certa amizade com aquele homem. Parecia-lhe ser totalmente injusto que tivesse de morrer pelo seu amigo! O rei havia lutado em muitas batalhas e, ao longo do seu reinado, precisou tomar decisões difíceis que implicavam na vida de muitas pessoas e, de certa forma, tudo isso o tornara insensível ao sofrimento do próximo, mas desta vez o seu coração doía ao ver a honra inabalável de um homem justo.

—Não se preocupe, majestade, meu amigo virá e eu vou estar com minha família. Ele prometeu e o cumprirá! — Foi o que o homem disse ao perceber o rosto indignado do rei.

—Mas falta apenas uma hora para a execução! Creio que o seu amigo fugiu e o deixou para morrer no lugar dele...

—Ele voltará, majestade, não tenha qualquer dúvida.

Enquanto eles conversavam e o verdugo se preparava para a execução, o juiz assistente percebeu um vulto que vinha correndo à distância. Todos se voltaram para olhar, e o rei não podia acreditar no que estava vendo: o homem condenado vinha correndo para ocupar seu lugar! Ele abraçou seu amigo por alguns instantes, que para todos pareceram intermináveis, e estendeu as mãos para que o verdugo as amarrasse.

—Perdoe-me por não vir antes; um dos meus filhos estava doente e tive de procurar um médico que pudesse atendê-lo antes de voltar aqui —, disse ao amigo que estava a ponto de ser executado.

—Não se preocupe, eu sabia que você voltaria... não entendo por que você tem de morrer, pois sei que é incapaz de fazer alguma coisa errada. Sei que você é inocente e não me importaria em dar minha vida por você —, o amigo respondeu.

O rei via essa cena e não conseguia dizer uma única palavra. Era impossível compreender tamanha lealdade! Ele gostaria que o juiz não estivesse ali para poder libertar os dois homens. Ele jamais vira uma demonstração de amizade e fidelidade como aquela ao longo de sua vida... Imaginava como seria seu país se muitas pessoas vivessem da mesma forma. Envolto em seus pensamentos, não percebeu que o membro do conselho também chegava montado em seu cavalo, acompanhado de vários membros da guarda real que traziam um homem amarrado.

—Majestade! Detenha a execução! — ele gritou. —Descobrimos que o homem é inocente. Um dos seus inimigos fez recair sobre ele as suspeitas para se apropriar dos seus bens e de suas terras. Prendemos o verdadeiro culpado.

Enquanto o juiz analisava todos os detalhes, o homem que seria executado foi solto e se uniu ao seu amigo num abraço. Um abraço interminável com os dois chorando. O rei se aproximou e lhes disse:
—Vocês dois estão livres, mas quero impor uma condição.

Eles se entreolharam por um momento, mas o homem que permanecera encarcerado por várias semanas em lugar do amigo desenvolveu uma certa liberdade com o rei e lhe perguntou:
—Diga-nos, Majestade.
—Desejo que, a partir de hoje, em vez de vocês serem apenas dois amigos, que sejamos três. Jamais encontrarei pessoas tão leais como vocês!

OS BONS AMIGOS VALEM SEU PESO EM OURO

Creio haver poucos temas sobre os quais se tenha escrito e falado tanto como a amizade, porque os bons amigos valem seu peso em ouro. A amizade é um presente de Deus e, como tal, na Bíblia encontramos muitas referências sobre a importância da fidelidade, da honra, da lealdade... De fato, o próprio Senhor Jesus é o melhor exemplo de amizade que podemos encontrar em toda a história. Ele entregou a Sua vida por todos nós!

Natã, o profeta, é um exemplo para nós. Ele aparece em três momentos cruciais na vida do rei Davi para lhe falar como enviado de Deus e faz isso não somente como alguém que cumpre a vontade do Senhor, mas também por ser um grande amigo do rei. Em cada um desses momentos, Natã nos mostra as características de uma amizade verdadeira, características que, por vezes, são "desconhecidas" nos dias de hoje.

Como em outras ocasiões, o primeiro detalhe que devemos mencionar vem do significado do seu nome. "Natã" significa "presente", "dom", e a verdade é que temos de reconhecer que a sua presença e a sua amizade foram um presente de Deus para Davi. Para entendermos do que estamos falando, precisamos colocar as quatro histórias em seu contexto temporal. O rei tinha um poder absoluto sobre seus súditos e podia determinar a morte de quem quisesse. Ninguém ousava contrariar um rei. De fato, quase ninguém tinha a coragem de sequer se aproximar dele.

1. **Um amigo é alguém que fala a você da parte de Deus e o ajuda a estar perto do Senhor.**

> Sucedeu que, habitando o rei Davi em sua própria casa, tendo-lhe o Senhor dado descanso de todos os seus inimigos em redor, disse o rei ao profeta Natã: Olha, eu moro em casa de cedros, e a arca de Deus se acha numa tenda. Disse Natã ao rei: Vai, faze tudo quanto está no teu coração, porque o Senhor é contigo. Porém, naquela mesma noite, veio a palavra do Senhor a Natã, dizendo: Vai e dize a meu servo Davi: Assim diz o Senhor: Edificar-me-ás tu casa para minha habitação? Porque em casa nenhuma habitei desde o dia em que fiz subir os filhos de Israel do Egito até ao dia de hoje; mas tenho andado em tenda, em tabernáculo. Em todo lugar em que andei com todos os filhos de Israel, falei, acaso, alguma palavra com qualquer das suas tribos, a quem mandei apascentar o meu povo de Israel, dizendo: Por que não me edificais uma casa de cedro? Agora, pois, assim dirás ao meu servo Davi: Assim diz o Senhor dos Exércitos: Tomei-te da malhada, de detrás das ovelhas, para que fosses príncipe sobre o meu povo, sobre Israel. E fui contigo, por onde quer que andaste, eliminei os teus inimigos diante de ti e fiz grande o teu nome, como só os grandes têm na terra. Prepararei lugar para o meu povo, para Israel, e o plantarei, para que habite no seu lugar e não mais seja perturbado, e jamais os filhos da perversidade o aflijam, como dantes, desde o dia em que mandei houvesse juízes sobre o meu povo de Israel. Dar-te-ei, porém, descanso de todos os teus inimigos; também o Senhor te faz saber que ele, o Senhor, te fará casa. Quando teus dias se cumprirem e descansares

com teus pais, então, farei levantar depois de ti o teu descendente, que procederá de ti, e estabelecerei o seu reino. Este edificará uma casa ao meu nome, e eu estabelecerei para sempre o trono do seu reino. (2 SAMUEL 7:1-13)

Davi tinha um nobre desejo: construir uma casa para Deus, um templo onde as pessoas pudessem adorá-lo e se encontrar com Ele, então compartilhou esse intento com o seu amigo Natã. Ele não compartilhou isso com alguém da sua família ou com alguma pessoa da realeza, mas com o profeta. Não é estranho já que um amigo é aquele com quem podemos "pensar em voz alta".

Poderíamos escrever centenas de páginas para falar da importância de termos amigos que nos aproximem do Senhor e nos façam pensar nele. Sim, é certo que todos os amigos são um presente de Deus, mas aqueles com os quais podemos orar e compartilhar projetos espirituais são duplamente amigos. Eles são para esta vida aqui e para os assuntos ligados à eternidade; nunca devemos nos esquecer disso.

Se você me permite um conselho, ore para que Deus lhe envie amigos que amem e estejam mais perto do Senhor, porque nada é tão importante como ter amigos com os quais podemos ler a Bíblia e compartilhar o que Ele faz por nós; pessoas com as quais podemos sempre orar, ajudando-nos mutuamente e dividindo com elas os sonhos que temos e o que Deus tem preparado para o futuro; amigos com os quais podemos orar quando estamos juntos e interceder um pelo outro quando não podemos estar com eles.

Considerando a história do rei que vimos no início do capítulo de modo espiritual, o que transforma nossa vida é que aos amigos que desfrutam (que desfrutamos) da ajuda mútua seja ainda acrescido um terceiro personagem: o Rei com letra maiúscula, que sempre nos acompanha. Quando isso acontece, a vida adquire outra dimensão e, com a presença do Senhor, que sempre nos acompanha no caminho, surge seu verdadeiro sentido!

2. Um amigo é aquele que ajuda a trabalhar em equipe.

*Também estabeleceu os levitas na Casa do S*ENHOR *com címbalos, alaúdes e harpas, segundo mandado de Davi e de Gade, o vidente do rei, e do profeta Natã; porque este mandado veio do* S*ENHOR, por intermédio de seus profetas. Estavam, pois, os levitas em pé com os instrumentos de Davi, e os sacerdotes, com as trombetas. Deu ordem Ezequias que oferecessem o holocausto sobre o altar. Em começando o holocausto, começou também o cântico ao* S*ENHOR com as trombetas, ao som dos instrumentos de Davi, rei de Israel. Toda a congregação se prostrou, quando se entoava o cântico, e as trombetas soavam; tudo isto até findar-se o holocausto.* (2 CRÔNICAS 29:25-28)

Para podermos entender a próxima característica, precisamos dar um pequeno salto no tempo para sabermos o que Davi, Natã e Gade fizeram juntos; necessitamos ler sobre algo que aconteceu muito mais tarde, no tempo do rei Ezequias. A Bíblia nos diz que os três amigos haviam estabelecido algo de modo permanente: nada menos que as celebrações do povo diante de Deus! Davi havia composto muitos salmos e confeccionado instrumentos musicais para louvar a Deus, e tudo isso serviu para que o povo vivesse mais próximo ao Senhor.

Mais uma vez o papel de Natã foi muito importante, pois o rei Davi já era conhecido por usar, bem antes, já no tempo do rei Saul, a música como meio para louvar a Deus. Ele poderia ter feito tudo sozinho, mas não o fez, por isso quis formar uma "equipe" com o seu amigo Natã e Gade para que os mandamentos de Deus chegassem ao povo de modo simples e direto, não apenas em seus dias, como também no tempo dos seus descendentes.

Nunca devemos esquecer que um amigo é também aquele que nos ajuda a trabalhar para o Senhor. Poucas coisas refletem tanto a glória de Deus como ver um grupo de irmãos e, ao mesmo tempo, amigos, lutando juntos pela causa do evangelho. De fato, esta foi a razão pela qual a Igreja Primitiva alcançou tantas pessoas em tão pouco tempo: o amor era inabalável; não apenas o amor ao Senhor, como também a graça e a comunhão que vivenciavam entre si. Não foi por acaso que a alegria era uma das características mais evidentes naqueles dias, apesar de todos os sofrimentos que enfrentavam e que foram reconhecidos pelas pessoas à sua volta devido ao modo como se ajudavam mutuamente.

Quando trabalhamos juntos para o Senhor, o fruto do Espírito se manifesta de forma evidente e incondicional, de tal maneira que todos (crentes e incrédulos) admiram esse estilo de vida absolutamente extraordinário: amor, alegria, paz, longanimidade, benignidade, bondade, fidelidade, mansidão e domínio próprio. Uma equipe com essas qualidades é invencível!

3. *Um amigo é alguém que confronta e diz o que você fez de errado.*
O Senhor enviou Natã a Davi. Chegando Natã a Davi,
disse-lhe: Havia numa cidade dois homens, um rico e outro
pobre. Tinha o rico ovelhas e gado em grande número; mas
o pobre não tinha coisa nenhuma, senão uma cordeirinha
que comprara e criara, e que em sua casa crescera, junto
com seus filhos; comia do seu bocado e do seu copo bebia;
dormia nos seus braços, e a tinha como filha. Vindo um
viajante ao homem rico, não quis este tomar das suas
ovelhas e do gado para dar de comer ao viajante que viera a
ele; mas tomou a cordeirinha do homem pobre e a preparou
para o homem que lhe havia chegado. Então, o furor de
Davi se acendeu sobremaneira contra aquele homem, e
disse a Natã: Tão certo como vive o Senhor, o homem que
fez isso deve ser morto. E pela cordeirinha restituirá quatro
vezes, porque fez tal coisa e porque não se compadeceu.
Então, disse Natã a Davi: Tu és o homem. Assim diz o
Senhor, Deus de Israel: Eu te ungi rei sobre Israel e eu te

livrei das mãos de Saul; dei-te a casa de teu senhor e as mulheres de teu senhor em teus braços e também te dei a casa de Israel e de Judá; e, se isto fora pouco, eu teria acrescentado tais e tais coisas. Por que, pois, desprezaste a palavra do S*enhor, fazendo o que era mau perante ele? A Urias, o heteu, feriste à espada; e a sua mulher tomaste por mulher, depois de o matar com a espada dos filhos de Amom. Agora, pois, não se apartará a espada jamais da tua casa, porquanto me desprezaste e tomaste a mulher de Urias, o heteu, para ser tua mulher. Assim diz o* S*enhor: Eis que da tua própria casa suscitarei o mal sobre ti, e tomarei tuas mulheres à tua própria vista, e as darei a teu próximo, o qual se deitará com elas, em plena luz deste sol. Porque tu o fizeste em oculto, mas eu farei isto perante todo o Israel e perante o sol. Então, disse Davi a Natã: Pequei contra o* S*enhor. Disse Natã a Davi: Também o* S*enhor te perdoou o teu pecado; não morrerás. Mas, posto que com isto deste motivo a que blasfemassem os inimigos do* S*enhor, também o filho que te nasceu morrerá. Então, Natã foi para sua casa.* (2 SAMUEL 12:1-15)

Esse foi, sem qualquer dúvida, o momento mais difícil na vida de Natã, quando Deus determinou que ele confrontasse seu amigo Davi. O que Davi fez foi terrível, pois assassinou um dos seus valentes e ficou com a esposa dele. Natã podia ter abandonado Davi (pois Urias, o marido de Bate-Seba, também era amigo de Davi), mas não agiu assim. Alguns afirmam que, nesse momento, tanto Davi como Natã nos demonstram a força de uma verdadeira amizade, porque o profeta não renunciou à sua estima por Davi apesar do que ele havia feito; e Davi, que tinha o poder de matar Natã (por tê-lo enfrentado daquela maneira), não o fez. Se você me permite dar a minha opinião, em minha compreensão quem demonstrou toda a sua coragem e honradez foi Natã. Ele colocou sua vida em risco! Aquele que já havia matado um amigo (Urias) poderia fazer o mesmo com o próprio Natã. Mas, nesse momento, o profeta revelou seu caráter admirável, não apenas por obedecer a Deus, mas também por ter tido a coragem de dizer ao seu amigo o que ele havia praticado.

Nunca valorizamos suficientemente os amigos que são capazes de nos dizer: "Tu és o homem", "Tu és a mulher". Davi não poderia voltar a ser o que era se não fosse pelo seu amigo Natã.

Quando lemos o que aconteceu, impressiona-nos a sequência dos acontecimentos. Não sabemos se a história contada por Natã foi inspirada por Deus ou se foi algo que o próprio profeta imaginou para falar ao seu amigo. Esse momento me impressiona porque talvez, se ele tivesse ido falar com Davi dizendo diretamente o que ele havia cometido, o rei jamais teria caído em si; mas Natã teve a sabedoria e a graça de escancarar a culpa do rei sem que (em princípio) ele se sentisse acusado. É um grande exemplo para nós quando temos de confrontar alguém com a verdade. A graça e a sabedoria do Senhor são sempre imprescindíveis.

> NUNCA VALORIZAMOS SUFICIENTEMENTE
> OS AMIGOS QUE SÃO CAPAZES DE NOS DIZER:
> "TU ÉS O HOMEM", "TU ÉS A MULHER".

Além disso, Natã usa uma história que tem a ver com ovelhas, cordeiros e pastores. Nada melhor do que tal ilustração para se aproximar do rei, pois Davi havia sido pastor em sua juventude, e assim ele pôde entender o ocorrido de forma bem objetiva. O profeta volta a usar sua sabedoria para ajudar seu amigo, ao confrontá-lo com uma verdade que ele conhecia muito bem.

Mas agora precisamos ver o outro lado da história; precisamos nos colocar no lugar de Davi. Necessitamos aprender a escutar nossos amigos se queremos que a nossa vida mude! Todos nós erramos muitas vezes, portanto temos que reconhecer nossos erros e mudar.

Jamais conseguiremos se sempre pensarmos que estamos com a razão e nos afastarmos dos nossos amigos que não pensam como nós. Às vezes até os criticamos e deixamos de estar com eles simplesmente por não estarem plenamente de acordo conosco, ou não nos apoiarem naquilo que estamos fazendo, quando o melhor seria escutá-los, e isso não somente para não nos equivocarmos, como também para sabermos como reparar os erros quando tivermos praticado o mal!

Muitos se cercam de amigos que sempre concordam com eles porque não são capazes de reconhecer seus erros, sem ter em mente que nem todos que lhes dizem "sim" são seus amigos e nem sempre quem diz "não" é um inimigo. Essa é uma lição que leva tempo para aprendermos. Alguns nunca chegam a aprendê-la!

Certa vez um quadro na casa de um amigo tinha uma frase que me fez pensar: "Os amigos se ferem com a verdade para não se destruírem com a mentira". Embora a expressão "se ferem" tenha várias nuances, é uma frase que nos lembra o versículo de Provérbios que diz: "Como o ferro com o ferro se afia, assim, o homem, ao seu amigo" (27:17). Um verdadeiro amigo sempre nos ajuda a crescer porque nos ama e deseja que cheguemos a ser o melhor possível. Se apenas escutarmos àqueles que sempre nos dizem o que desejamos ouvir, jamais conseguiremos recomeçar quando nos equivocarmos, e tampouco poderemos sentir o que significa sermos perdoados ou perdoarmos outros.

E sem perdão a vida é um autêntico tormento.

4. Um amigo é quem o ajuda a ser sábio e a tomar boas decisões.
Na última vez que encontramos Natã nos livros históricos da Bíblia, há uma importante lição sobre a amizade: um amigo é alguém que nos ajuda a tomar boas decisões. Isso aconteceu num dos momentos mais delicados na vida de Davi, pois lhe restava pouco tempo de vida e um de seus filhos tinha se rebelado contra ele.

Então, disse Natã a Bate-Seba, mãe de Salomão: Não ouviste que Adonias, filho de Hagite, reina e que nosso senhor, Davi, não o sabe? Vem, pois, e permite que eu te dê um conselho, para que salves a tua vida e a de Salomão, teu filho. Vai, apresenta-te ao rei Davi e dize-lhe: Não juraste, ó rei, senhor meu, à tua serva, dizendo: Teu filho Salomão reinará depois de mim e se assentará no meu trono? Por que, pois, reina Adonias? Eis que, estando tu ainda a falar com o rei, eu também entrarei depois de ti e confirmarei as tuas palavras. Apresentou-se, pois, Bate-Seba ao rei na recâmara; era já o rei mui velho, e Abisague, a sunamita, o servia. Bate-Seba inclinou a cabeça e prostrou-se perante o rei, que perguntou: Que desejas? Respondeu-lhe ela: Senhor meu, juraste à tua serva pelo Senhor, *teu Deus, dizendo: Salomão, teu filho, reinará depois de mim e ele se assentará no meu trono. Agora, eis que Adonias reina, e tu, ó rei, meu senhor, não o sabes. Imolou bois, e animais cevados, e ovelhas em abundância. Convidou todos os filhos do rei, a Abiatar, o sacerdote, e a Joabe, comandante do exército, mas a teu servo Salomão não convidou. Porém, ó rei, meu senhor, todo o Israel tem os olhos em ti, para que lhe declares quem será o teu sucessor que se assentará no teu trono. Do contrário, sucederá que, quando o rei, meu senhor, jazer com seus pais, eu e Salomão, meu filho, seremos tidos por culpados. Estando ela ainda a falar com o rei, eis que entra o profeta Natã. E o fizeram saber ao rei, dizendo: Aí está o profeta Natã. Apresentou-se ele ao rei, prostrou-se com o rosto em terra perante ele e disse: Ó rei, meu senhor, acaso disseste: Adonias reinará depois de mim e ele é quem se assentará no meu trono? Porque, hoje, desceu, imolou bois, e animais cevados, e ovelhas em abundância e convidou todos os filhos do rei, e os chefes do exército, e a Abiatar, o sacerdote, e eis que estão comendo e bebendo perante ele; e dizem: Viva o rei Adonias! Porém a mim, sendo*

> *eu teu servo, e a Zadoque, o sacerdote, e a Benaia, filho de Joiada, e a Salomão, teu servo, não convidou. Foi isto feito da parte do rei, meu senhor? E não fizeste saber a teu servo quem se assentaria no teu trono, depois de ti? Respondeu o rei Davi e disse: Chamai-me a Bate-Seba. Ela se apresentou ao rei e se pôs diante dele. Então, jurou o rei e disse: Tão certo como vive o SENHOR, que remiu a minha alma de toda a angústia, farei no dia de hoje, como te jurei pelo SENHOR, Deus de Israel, dizendo: Teu filho Salomão reinará depois de mim e se assentará no meu trono, em meu lugar. Então, Bate-Seba se inclinou, e se prostrou com o rosto em terra diante do rei, e disse: Viva o rei Davi, meu senhor, para sempre! Disse o rei Davi: Chamai-me Zadoque, o sacerdote, e Natã, o profeta, e Benaia, filho de Joiada. E eles se apresentaram ao rei. Disse-lhes o rei: Tomai convosco os servos de vosso senhor, e fazei montar meu filho Salomão na minha mula, e levai-o a Giom. Zadoque, o sacerdote, com Natã, o profeta, ali o ungirão rei sobre Israel; então, tocareis a trombeta e direis: Viva o rei Salomão!* (1 REIS 1:11-34)

Natã ajudou seu amigo a tomar uma decisão sábia, que foi coroar o filho Salomão como seu sucessor em obediência à orientação do Senhor. Era uma situação complicada e, quem sabe, o profeta não estivesse entendendo o que estava acontecendo uma vez que Davi já estava próximo da morte. Pode ter pensado em não se envolver com problemas, especialmente quando o futuro rei poderia levar isso em conta. Talvez lhe fosse melhor passar despercebido e se "retirar" para usufruir de uma bem merecida tranquilidade. Mas o profeta nos lembra que os amigos devem se ajudar até o último alento. Um bom amigo jamais o abandona. Natã foi falar com Davi e, de acordo com os planos do Senhor para o futuro de Israel, isso permitiu que o rei tomasse boas decisões seguindo seus conselhos.

Uma nova lição que não podemos esquecer: precisamos lutar pelos nossos amigos para que não os percamos, não importa o momento pelo qual estejam passando. Mesmo no leito da morte! Porque, quando se perde um amigo, não apenas se fica sem as suas palavras, suas reações, sua maneira de ser etc., como também se perde o que existe desse amigo em outras pessoas; na forma como os outros se comportam com ele, e ele com outras pessoas. Deixa-se também de se usufruir do que Deus faz na vida desse amigo! Quando perdemos um amigo, perdemos muito mais do que imaginamos.

ESSE MENINO PRECISAVA SER "O AMADO DO SENHOR"

Natã ajudou Davi para que Salomão se tornasse o futuro rei de Israel, tal como Deus havia planejado, mas, assim como em outras ocasiões, devemos mencionar um último detalhe na vida do profeta. Desta vez precisamos voltar no tempo para recordar o momento quando Davi foi perdoado e restaurado após o terrível pecado contra Urias: "Então, Davi veio a Bate-Seba, consolou-a e se deitou com ela; teve ela um filho a quem Davi deu o nome de Salomão; e o SENHOR o amou. Davi o entregou nas mãos do profeta Natã, e este lhe chamou Jedidias, por amor do SENHOR" (2 SAMUEL 12:24,25).

Natã sabia de tudo o que seu amigo Davi havia feito e como Deus o restaurara após seu sincero arrependimento, por isso ao filho de Davi e Bate-Seba foi dado o nome "Jedidias" (que significa "amado do Senhor"), o filho que seria o futuro rei de Israel. É claro que a criança recém-nascida não tinha qualquer culpa pelo pecado dos seus pais. Por isso, Natã queria que ele sempre se lembrasse de que era o próprio Deus que o amava e cuidava dele e que não tinha nascido por acaso, mas sua vida era um presente do Deus que sempre o acompanharia.

Infelizmente, nem Davi nem Bate-Seba quiseram aceitar o nome que o profeta dera ao filho deles e lhe puseram o nome

"Salomão", que significa "homem de grande sabedoria" — tal como seria conhecido na história. Não sei se perceberam, mas com esse simples fato estavam renunciando a uma das maiores bênçãos que Deus havia reservado ao filho que Ele lhes tinha dado: um nome radiante e cheio de emoção. Um nome que o lembraria a cada momento de seu relacionamento com o Senhor e seu amor por Ele.

Ao longo do tempo, Salomão seria conhecido pela sua sabedoria, mas seus últimos anos foram de devassidão, tendo se casado com centenas de mulheres que o levaram a adorar a dezenas de deuses estranhos. Um homem sábio, com toda certeza, mas infiel ao seu Criador. Natã desejava que o menino fosse conhecido como o "amado de Deus", e não tanto como um homem sábio. Embora tenha sido o próprio Deus a lhe conceder não apenas a sabedoria, mas também todas as riquezas das quais desfrutou! Quão diferente teria sido a história de Israel se o filho de Davi tivesse vivido mais como "Jedidias" do que como "Salomão"!

A surpresa que Deus tinha "reservada" para o futuro era que o povo de Israel conhecesse o "Filho de Davi", o Messias, que seria apresentado pelo Seu Pai celestial como Seu "Filho Amado", Jesus, o Deus feito homem, o único fiel de uma forma extraordinária e eterna, o mais sábio da história da humanidade, porque Ele é a Verdade; mas, primeiramente, o Filho obediente ao Pai em tudo. Inclusive, até a morte na cruz!

A vida de Jesus nos ensina, acima de tudo, que a verdadeira sabedoria sempre vem do amor de Deus. Somente quando sabemos que Ele nos ama e nós o amamos, é que aprendemos a viver plenamente.

32

OBEDE-EDOM: QUERO QUE VOCÊ MORE NA MINHA CASA

Falamos da amizade no capítulo anterior; todos temos amigos, bons amigos... e aqueles que transcendem a qualquer definição. É estranho que o nosso denominado "mundo desenvolvido" aos poucos deprecie a verdadeira amizade para se voltar a coisas e atividades que não satisfazem os relacionamentos pessoais. E esse "pecado" carrega consigo um peso, porque as pessoas perdem sua identidade quando se esquecem de seus amigos. Nos dias de hoje, temos de tudo, porém vivemos mais solitários do que nunca.

Quando se entende que a amizade é um presente de Deus e se dedica tempo a quem se ama, esse relacionamento vai além do que se possa imaginar. Tanto Miriam como eu poderíamos apresentar exemplos de amizades com as quais Deus nos agraciou, mas, para compreendermos a importância do que leremos hoje, basta falar de um casal entre nossos melhores amigos: Ana e Rubén, que nos entregaram a chave da casa deles. Podemos ir lá quando quisermos ou quando precisarmos.

Creio que esse "simples" detalhe já diz tudo, não é verdade? Quando alguém entrega a você a chave da sua casa é porque a confiança é total.

VOCÊ DARIA A CHAVE DA SUA CASA PARA ALGUÉM?

Talvez possamos dar um "salto" definitivo no começo deste capítulo com uma pergunta muito simples: Você daria a chave da sua casa ao Senhor? É verdade que nós já lhe entregamos a chave quando o recebemos em nossa vida, e agora Ele é o nosso Salvador, mas desejo chegar a algo mais concreto, ao dia a dia. Deus tem a liberdade de entrar em nossa casa quando quiser, mudar o que quiser e fazer o que desejar?

Para muitos, estas são palavras fortes.

Espero que você tenha um pouco de paciência comigo para que veja o ponto que desejo alcançar. Permita que lhe recorde que, no Antigo Testamento, antes da construção do Templo, a Arca da Aliança representava a presença de Deus no meio do Seu povo. Um dos momentos mais terríveis para Israel aconteceu quando os inimigos tomaram a Arca, e isso fez com que a glória de Deus se "afastasse" do povo. Você se lembra do que lemos há poucos dias? Os filisteus não foram capazes de entender as consequências que viriam sobre eles quando roubaram a Arca de Deus.

> *Tomaram os filisteus a arca de Deus e a meteram na casa de Dagom, junto a este. Levantando-se, porém, de madrugada os de Asdode, no dia seguinte, eis que estava caído Dagom com o rosto em terra, diante da arca do* Senhor*; tomaram-no e tornaram a pô-lo no seu lugar. Levantando-se de madrugada no dia seguinte, pela manhã, eis que Dagom jazia caído de bruços diante da arca do* Senhor*; a cabeça de Dagom e as duas mãos estavam cortadas sobre o limiar; dele ficara apenas o tronco. Por isso, os sacerdotes de Dagom e todos os que entram no seu templo não lhe pisam o limiar em Asdode, até ao dia de hoje. Porém a mão do* Senhor *castigou duramente os de Asdode, e os assolou, e os feriu de tumores, tanto em Asdode como*

no seu território. Vendo os homens de Asdode que assim era, disseram: Não fique conosco a arca do Deus de Israel; pois a sua mão é dura sobre nós e sobre Dagom, nosso deus. Pelo que enviaram mensageiros, e congregaram a si todos os príncipes dos filisteus, e disseram: Que faremos da arca do Deus de Israel? Responderam: Seja levada a arca do Deus de Israel até Gate e, depois, de cidade em cidade. E a levaram até Gate. Depois de a terem levado, a mão do Senhor *foi contra aquela cidade, com mui grande terror; pois feriu os homens daquela cidade, desde o pequeno até ao grande; e lhes nasceram tumores. Então, enviaram a arca de Deus a Ecrom. Sucedeu, porém, que, em lá chegando, os ecronitas exclamaram, dizendo: Transportaram até nós a arca do Deus de Israel, para nos matarem, a nós e ao nosso povo. Então, enviaram mensageiros, e congregaram a todos os príncipes dos filisteus, e disseram: Devolvei a arca do Deus de Israel, e torne para o seu lugar, para que não mate nem a nós nem ao nosso povo. Porque havia terror de morte em toda a cidade, e a mão de Deus castigara duramente ali. Os homens que não morriam eram atingidos com os tumores; e o clamor da cidade subiu até ao céu.* (1 SAMUEL 5:2-12)

Os filisteus levaram "cativo" o símbolo da presença de Deus na última batalha que os judeus perderam e acharam que o melhor lugar para colocarem a Arca seria o templo do seu deus. Primeiro problema: a presença de Deus não pode ser contida em lugar algum. Segundo problema: nenhum outro "deus" pode resistir a ela!

Os seres humanos costumam ser mais ignorantes do que imaginamos. Os filisteus pensaram (igual a muitos hoje em dia) que Deus pode ser vencido e dominado. Não posso falar de outra forma, porque esse erro grave é cometido por crentes e pelos incrédulos: querem controlar Deus e que Ele faça o que decidirem. Esse é um dos maiores pecados da humanidade.

PRIMEIRO PROBLEMA: A PRESENÇA DE DEUS NÃO PODE SER CONTIDA EM LUGAR ALGUM. SEGUNDO PROBLEMA: NENHUM OUTRO "DEUS" PODE RESISTIR A ELA!

Deus nos faz saber isso de várias maneiras, mas o problema é que nossa inteligência é muito limitada. Os filisteus viram que o deus deles havia "tombado" diante da Arca da Aliança e o colocaram de pé. Imagino que chegaram ao templo para a adoração do seu deus e de repente o encontraram "prostrado" diante do símbolo da presença do único Deus; no entanto, em vez de ficarem cheios de admiração e pensarem que a estátua que eles mesmos haviam preparado, e a qual adoravam, era apenas isso: uma estátua — eles a colocaram de pé novamente. É a humanidade confiando em um deus que precisa ser posto em pé porque não pode fazê-lo por si mesmo.

Como se não bastasse, no dia seguinte voltaram a encontrar seu deus em uma atitude de oração diante da Arca do Senhor, só que agora sem a cabeça e sem as mãos. Será que ainda não foi o suficiente para entenderem? Tampouco o povo de Israel o entendeu; a estupidez do ser humano... e muito mais. Depois de tudo o que havia acontecido, decidiram que a Arca da Aliança devia retornar a Israel. Colocaram num carro de bois puxado por duas vacas que haviam acabado de dar crias. Eles pensavam que, se as vacas abandonassem seus bezerros recém-nascidos para transportarem a Arca, seria algo mais do que sobrenatural. E as vacas fizeram isso! Deixaram suas crias em obediência à vontade de Deus, e essa não foi uma "decisão" fácil porque lhes custou a vida!

As vacas se encaminharam diretamente para Bete-Semes e, andando e berrando, seguiam sempre por esse mesmo caminho, sem se desviarem nem para a direita nem para a esquerda; os príncipes dos filisteus foram atrás delas, até ao território de Bete-Semes. Andavam os de Bete-Semes fazendo a sega do trigo no vale e, levantando os olhos, viram a arca; e, vendo-a, se alegraram. O carro veio ao campo de Josué, o bete-semita, e parou ali, onde havia uma grande pedra; fenderam a madeira do carro e ofereceram as vacas ao Senhor, *em holocausto. Os levitas desceram a arca do* Senhor, *como também o cofre que estava junto a ela, em que estavam as obras de ouro, e os puseram sobre a grande pedra. No mesmo dia, os homens de Bete-Semes ofereceram holocaustos e imolaram sacrifícios ao* Senhor. *Viram aquilo os cinco príncipes dos filisteus e voltaram para Ecrom no mesmo dia. São estes, pois, os tumores de ouro que enviaram os filisteus ao* Senhor *como oferta pela culpa: por Asdode, um; por Gaza, outro; por Asquelom, outro; por Gate, outro; por Ecrom, outro; como também os ratos de ouro, segundo o número de todas as cidades dos filisteus, pertencentes aos cinco príncipes, desde as cidades fortes até às aldeias campestres. A grande pedra, sobre a qual puseram a arca do* Senhor, *está até ao dia de hoje no campo de Josué, o bete-semita. Feriu o* Senhor *os homens de Bete-Semes, porque olharam para dentro da arca do* Senhor, *sim, feriu deles setenta homens; então, o povo chorou, porquanto o* Senhor *fizera tão grande morticínio entre eles. Então, disseram os homens de Bete-Semes: Quem poderia estar perante o* Senhor, *este Deus santo? E para quem subirá desde nós?* (1 SAMUEL 6:12-20)

Aparentemente a história era perfeita quanto à sucessão de fatos: a Arca que representava a presença de Deus chegou a Israel, e o povo recuperou o símbolo da glória do Senhor, porém — quando o ser humano está no meio, costuma haver um "mas" — os habitantes de Bete-Semes quiseram controlar Deus e olharam para dentro da Arca. A sua curiosidade e sua confiança em si mesmos foram tão grandes que julgavam poder fazer o que quisessem. Trataram Deus de qualquer maneira e quase o menosprezaram. Acreditaram que podiam controlá-lo a seu bel-prazer e pagaram com a vida.

NÃO SE PODE TRATAR DEUS DE QUALQUER MANEIRA COMO SE ELE TIVESSE DE FAZER O QUE NÓS QUEREMOS

Às vezes não percebemos que a idolatria pode ter muitas facetas, pois nós mesmos podemos chegar a ser os nossos próprios ídolos. Quando pensamos que podemos fazer qualquer coisa porque Deus não se importará, somos idólatras visto que nos julgamos ser o centro do Universo. A vida não se trata de nós, mas de Deus. Não podemos obrigá-lo a fazer o que nós decidirmos e muito menos pensar que podemos explicar tudo aquilo que Ele faz. Nós não mantemos a obra de Deus nem podemos chegar a pensar que somos indispensáveis nela. Não temos qualquer direito de menosprezar nosso Criador pensando que a nossa mente pode vir a controlá-lo.

> NÓS NÃO MANTEMOS A OBRA DE DEUS
> NEM PODEMOS CHEGAR A PENSAR
> QUE SOMOS INDISPENSÁVEIS NELA.

A consequência de querermos nos colocar na mesma altura de Deus é a morte. Isso aconteceu desde que o primeiro homem caiu em tentação e continua acontecendo ainda nos dias de hoje. Deus é Deus, e é importante que jamais nos esqueçamos disso. Seu amor é inesgotável e Sua graça preenche o Universo. Seu caráter é perfeito, por isso é importante não esquecermos que Sua justiça e fidelidade também são eternas. Deus não pode permitir o orgulho e a injustiça em ninguém. Nem sequer em Seus próprios filhos.

> *Dispôs-se e, com todo o povo que tinha consigo, partiu para Baalá de Judá, para levarem de lá para cima a arca de Deus, sobre a qual se invoca o Nome, o nome do*

> Senhor dos Exércitos, que se assenta acima dos querubins. Puseram a arca de Deus num carro novo e a levaram da casa de Abinadabe, que estava no outeiro; e Uzá e Aiô, filhos de Abinadabe, guiavam o carro novo. Levaram-no com a arca de Deus, da casa de Abinadabe, que estava no outeiro; e Aiô ia adiante da arca. Davi e toda a casa de Israel alegravam-se perante o Senhor, com toda sorte de instrumentos de pau de faia, com harpas, com saltérios, com tamboris, com pandeiros e com címbalos. Quando chegaram à eira de Nacom, estendeu Uzá a mão à arca de Deus e a segurou, porque os bois tropeçaram. Então, a ira do Senhor se acendeu contra Uzá, e Deus o feriu ali por esta irreverência; e morreu ali junto à arca de Deus. Desgostou-se Davi, porque o Senhor irrompera contra Uzá; e chamou aquele lugar Perez-Uzá, até ao dia de hoje. Temeu Davi ao Senhor, naquele dia, e disse: Como virá a mim a arca do Senhor? Não quis Davi retirar para junto de si a arca do Senhor, para a Cidade de Davi; mas a fez levar à casa de Obede-Edom, o geteu. Ficou a arca do Senhor em casa de Obede-Edom, o geteu, três meses; e o Senhor o abençoou e a toda a sua casa. Então, avisaram a Davi, dizendo: O Senhor abençoou a casa de Obede-Edom e tudo quanto tem, por amor da arca de Deus; foi, pois, Davi e, com alegria, fez subir a arca de Deus da casa de Obede-Edom, à Cidade de Davi. (2 SAMUEL 6:2-12)

Todos sabiam que a Arca era mais do que um simples móvel. Ela era chamada pelo nome do Senhor dos Exércitos! Depois do que aconteceu em Bete-Semes e do que houve com Uzá, todos ficaram com muito medo. Ninguém sabia o que fazer, mas, justo nesse momento, Obede-Edom abriu sua casa para receber a Arca. Esse simples detalhe já o transforma num herói, contudo, se examinarmos por um momento sua família e o povo que o antecedeu, ficamos admirados.

> SENTIMOS MEDO DE QUE ELE ENTRE
> EM NOSSA CASA QUANDO QUISER E FAÇA
> O QUE LHE APROUVER. NÓS O AMAMOS,
> É VERDADE, MAS SEMPRE ATÉ CERTO PONTO.

Obede-Edom era de Gate, ou seja, era descendente de um dos príncipes dos filisteus, o mesmo povo que havia sofrido centenas de mortes devido às enfermidades provocadas pela presença da Arca em seu templo. Se em Israel ninguém podia recebê-la pelo que havia acontecido, imagine isso entre o povo onde centenas de pessoas haviam morrido devido à peste! Não é estranho que o próprio rei Davi também tivesse medo (vv.10-12), tanto é que levou a arca para a casa de Obede-Edom.

De certo modo, para ele era uma bênção oculta, pois, embora tenha permitido que a Arca entrasse em sua casa, teve de fazer isso porque era uma ordem do rei. Foi uma decisão difícil: a Arca representava a presença de Deus, mas já havia provocado muitas mortes. O que nós teríamos feito? Estou certo de que teríamos reagido com o mesmo temor que todos tiveram. Pense no que acontece em nossa vida quando pedimos a Deus que entre em nossa casa e faça o que quiser. Confiamos de fato nele? Nós o amamos, é verdade, mas sempre até certo ponto.

UMA TRANSFORMAÇÃO IMPRESSIONANTE

Os três meses que Obede-Edom teve a Arca do Senhor em sua casa transformaram a sua vida e a vida da sua família. A Bíblia diz que Deus os abençoou de forma extraordinária. Esse é o resultado espiritual quando temos o Senhor em nosso lar! Até o próprio rei Davi, quando soube que Deus estava abençoando essa casa de tal maneira, mandou buscar a Arca. Todos querem as bênçãos de Deus! Mas bem poucos estão dispostos a pagar o preço.

Obede-Edom pagou o preço, por isso a história nos diz que *todos* os seus parentes entraram na obra de Deus a partir daquele momento. Sua casa foi transformada, a presença de Deus preencheu tudo, e a eles também! O contraste, inclusive com a família de Davi, é total: Mical, a esposa do rei, ficou estéril porque zombou da alegria de Davi ao trazer a Arca para Jerusalém (2 SAMUEL 6:20-23). Obede-Edom desfrutou da presença do Senhor em sua casa de tal forma que todos os descendentes amaram ao Senhor e se colocaram a Seu serviço (1 CRÔNICAS 16:5).

Para Obede-Edom e sua família, a recompensa era estar com o Senhor, portanto não precisavam de mais nada. Seus descendentes não cobravam nada pelo que faziam, apenas o necessário para o seu sustento, porque a presença de Deus lhes satisfazia plenamente. Assim deveria ser hoje também; aqueles que amam a Deus e vivem em Sua presença têm a melhor recompensa que se possa imaginar! Não trocamos a presença de Deus por todo ouro do mundo! "...a *Obede-Edom* com seus irmãos, em número de sessenta e oito..." (1 CRÔNICAS 16:38, ÊNFASE ADICIONADA). "Os filhos de Obede-Edom: Semaías, o primogênito, Jeozabade, o segundo, Joá, o terceiro, Sacar, o quarto, Natanael, o quinto. Amiel, o sexto, Issacar, o sétimo, Peuletai, o oitavo; porque Deus o tinha abençoado. Também a seu filho Semaías nasceram filhos, que dominaram sobre a casa de seu pai; porque foram homens valentes. Os filhos de Semaías: Otni, Rafael, Obede e Elzabade, cujos irmãos Eliú e Semaquias eram homens valentes. Todos estes foram dos filhos de *Obede-Edom*; eles, seus filhos e seus irmãos, homens capazes e robustos para o serviço, ao todo, sessenta e dois" (1CRÔNICAS 26:4-8, ÊNFASE ADICIONADA). E Deus recompensou Obede-Edom por ter aberto sua casa à Sua presença.

É um dos ensinamentos mais importantes para nós nos dias de hoje; e um dos maiores desafios! Também no ministério! Às vezes queremos resolver os problemas do mundo, da igreja, de outras pessoas etc., mas não passamos tempo em nossa casa desfrutando da presença de Deus com nossa família! E no fim, muitas famílias de servos e servas de Deus se esfacelam. Pensamos que estamos dedicando tempo ao que é "importante" e não percebemos que não existe nada mais importante do que a nossa família.

Permita-me escrever algo muito pessoal: quero a presença de Deus na minha casa, pensem os outros o que quiserem, ou mesmo que se preocupem. Quero sempre tomar a mesma decisão de Jacó quando lutava com o Anjo: "Não te deixarei ir se não me abençoares". Nossa vida (e da nossa família) muda completamente quando nossa casa pertence ao Senhor, quando não existem segredos para Ele, e o mais importante para nós é o desfrutar da Sua presença.

JESUS VOLTARÁ À SUA CASA?

Porventura, Jesus vem à nossa casa? Parece ser uma pergunta muito simples, mas é a melhor forma de se aplicar a história de Obede-Edom à nossa vida. Jesus aceitou todos os convites que lhe foram feitos para cear: em casa de fariseus, enfermos, leprosos, cobradores de impostos, amigos, pessoas com dinheiro, doutores da Lei... Jesus nunca rejeita o nosso convite, mas retornará à nossa casa? Ou simplesmente satisfazemos nossa curiosidade, nós o ouvimos falar, quem sabe passemos bons momentos, mas não voltamos a convidá-lo como muitos fizeram naquele tempo?

Os fariseus eram desse tipo de gente. Apenas queriam observar porque tinham curiosidade por aquilo que Ele falava e fazia, como quando curou alguém num dia de sábado (LUCAS 14:1-6). Em outra ocasião, Simão, também fariseu, convidou-o para uma refeição, e uma mulher "conhecida" por todos entrou para chorar aos pés de Jesus.

> *Convidou-o um dos fariseus para que fosse jantar com ele. Jesus, entrando na casa do fariseu, tomou lugar à mesa. E eis que uma mulher da cidade, pecadora, sabendo que ele estava à mesa na casa do fariseu, levou um vaso de alabastro com unguento; e, estando por detrás, aos seus pés, chorando, regava-os com suas lágrimas e os enxugava com os próprios cabelos; e beijava-lhe os pés e os ungia com o unguento. Ao*

ver isto, o fariseu que o convidara disse consigo mesmo: Se este fora profeta, bem saberia quem e qual é a mulher que lhe tocou, porque é pecadora. Dirigiu-se Jesus ao fariseu e lhe disse: Simão, uma coisa tenho a dizer-te. Ele respondeu: Dize-a, Mestre. Certo credor tinha dois devedores: um lhe devia quinhentos denários, e o outro, cinquenta. Não tendo nenhum dos dois com que pagar, perdoou-lhes a ambos. Qual deles, portanto, o amará mais? Respondeu-lhe Simão: Suponho que aquele a quem mais perdoou. Replicou-lhe: Julgaste bem. E, voltando-se para a mulher, disse a Simão: Vês esta mulher? Entrei em tua casa, e não me deste água para os pés; esta, porém, regou os meus pés com lágrimas e os enxugou com os seus cabelos. Não me deste ósculo; ela, entretanto, desde que entrei não cessa de me beijar os pés. Não me ungiste a cabeça com óleo, mas esta, com bálsamo, ungiu os meus pés. Por isso, te digo: perdoados lhe são os seus muitos pecados, porque ela muito amou; mas aquele a quem pouco se perdoa, pouco ama. (LUCAS 7:36-47)

Simão havia feito apenas o "essencial" naquele momento, mas aquela mulher pecadora derramou "tudo" na presença de Jesus, não somente o perfume como também toda a sua vida. Seu exemplo é notável, porque esteve disposta a enfrentar tudo para estar aos pés de Jesus, enquanto Simão calculava cada passo que dava para se aproximar do Senhor! Calculava cada palavra que dizia, cada gesto que fazia, tudo para não se comprometer muito.

Infelizmente, é o que muitos cristãos costumam fazer. Por isso Jesus disse a todos: "…aquele a quem pouco se perdoa, pouco ama". Por vezes nós nos sentimos tão "bons" que nos julgamos merecedores da salvação que Deus nos concede. Pensamos que Ele nos perdoou pouco e por isso nós o amamos pouco! Essa foi uma razão para Jesus não ser mais convidado a ir à casa de Simão.

A pergunta continua de pé: Jesus voltará à nossa casa?

Durante o ministério público de Jesus, houve cidades às quais não mais voltou. Foi lá apenas uma vez, fez milagres, anunciou o evangelho do Reino, ajudou a todos, e nada mais. O mesmo aconteceu com muitas pessoas que foram curadas ou ajudadas pelo Messias. Assim reagiram os escribas, doutores da Lei, sacerdotes... Jesus era demasiadamente "espiritual" para eles. Não queriam se comprometer com Deus mais do que já estavam.

Muitos vivem dessa forma sem perceber que, se Jesus não estiver em tudo quanto fizermos, perderemos a bênção de desfrutar da Sua beleza e do Seu caráter. Devemos tomar a decisão de dar um passo a mais do que os religiosos daquele tempo. Devemos abrir nossa casa totalmente! Entregar-lhe a nossa família, nossos filhos, nossos amigos, nossas decisões, nossos sonhos, nossos negócios, nossos dias de folga, nosso ministério, nosso dinheiro... tudo!

AS CASAS DOS AMIGOS DE JESUS ESTAVAM SEMPRE ABERTAS

E sucedeu que, estando ele em casa, à mesa, muitos publicanos e pecadores vieram e tomaram lugares com Jesus e seus discípulos. Ora, vendo isto, os fariseus perguntavam aos discípulos: Por que come o vosso Mestre com os publicanos e pecadores? Mas Jesus, ouvindo, disse: Os sãos não precisam de médico, e sim os doentes. Ide, porém, e aprendei o que significa: Misericórdia quero e não holocaustos; pois não vim chamar justos, e sim pecadores [ao arrependimento]. (MATEUS 9:10-13)

Jesus havia dito a Mateus: "Vem e segue-me". O cobrador de impostos obedeceu, tornou-se um dos Seus discípulos, e sua primeira decisão foi convidar Jesus à sua casa. Ali ele entendeu o compromisso de Jesus com cada pessoa, pois o Messias veio à Terra para transformar tudo, para encher o coração de cada pessoa de alegria e para que todos desfrutassem da presença de Jesus em sua própria casa. Ele não deseja que nos cerquemos de uma aura de solenidade e religiosidade, mas de um relacionamento feliz dos filhos com o seu Pai. Os fariseus e os doutores da Lei não entenderam isso, razão porque Jesus lhes disse que deveriam aprender o significado da frase angular do evangelho do Reino: "misericórdia quero, e não holocaustos". Mateus e seus amigos entenderam isso perfeitamente e, por isso, Jesus voltou à casa desse discípulo.

> ELE NÃO DESEJA QUE NOS CERQUEMOS DE UMA AURA DE SOLENIDADE E RELIGIOSIDADE, MAS DE UM RELACIONAMENTO FELIZ DOS FILHOS COM O SEU PAI.

Jesus queria que nós aprendêssemos essa lição. Ele quer vir à nossa casa! Ele, inclusive, chega a nos surpreender convidando-se a si mesmo, para que todos compreendam que Ele deseja transformar, não somente a vida de uma pessoa, mas também todo o seu contexto, sua forma de viver, seus relacionamentos com as outras pessoas, sua economia... como foi o caso de Zaqueu. "Quando Jesus chegou àquele lugar, olhando para cima, disse-lhe: Zaqueu, desce depressa, pois me convém ficar hoje em tua casa. Ele desceu a toda a pressa e o recebeu com alegria. Todos os que viram isto murmuravam, dizendo que ele se hospedara com homem pecador" (LUCAS 19:5-7).

Por último temos de entrar em uma das casas preferidas por Jesus, naquela que Ele sempre voltava: a casa dos Seus amigos em Betânia. Você se lembra da história de Maria e o que aconteceu quando Jesus foi à casa dela para ressuscitar seu irmão, Lázaro? "Indo eles de caminho, entrou Jesus num povoado. E certa mulher, chamada Marta, hospedou-o na sua casa. Tinha ela uma irmã, chamada Maria, e esta quedava-se assentada aos pés do Senhor a ouvir-lhe os ensinamentos" (LUCAS 10:38,39). Naquele momento, o que Jesus fez com Maria, Marta e Lázaro foi algo impressionante, conforme vimos num capítulo anterior, mas, de certo modo, era normal que fosse assim, pois Jesus amava os três e se sentia confortável naquela casa. O que aconteceu na sua última visita, pouco antes de ir à cruz, foi algo totalmente inesperado.

> *Seis dias antes da Páscoa, foi Jesus para Betânia, onde estava Lázaro, a quem ele ressuscitara dentre os mortos. Deram-lhe, pois, ali, uma ceia; Marta servia, sendo Lázaro um dos que estavam com ele à mesa. Então, Maria, tomando uma libra de bálsamo de nardo puro, mui precioso, ungiu os pés de Jesus e os enxugou com os seus cabelos; e encheu-se toda a casa com o perfume do bálsamo. Mas Judas Iscariotes, um dos seus discípulos, o que estava para traí-lo, disse: Por que não se vendeu este perfume por trezentos denários e não se deu aos pobres? Isto disse ele, não porque tivesse cuidado dos pobres; mas porque era ladrão e, tendo a bolsa, tirava o que nela se lançava. Jesus, entretanto, disse: Deixa-a! Que ela guarde isto para o dia em que me embalsamarem.* (JOÃO 12:1-7)

Embora conheçamos muito bem esse acontecimento, permita-me recordar alguns detalhes muito importantes. Primeiro, o fato de Maria quebrar o frasco. Ela não quis conservar nada para si mesma! Tudo o que tinha, ela estava oferecendo ao seu Mestre, Salvador e Amigo. Segundo, a sensação que o próprio apóstolo João teve daquele encontro foi inesquecível: "A casa se encheu com a fragrância do perfume". O que Maria fez ultrapassou completamente o inesperado. Da mesma forma que o perfume preencheu tudo com o seu aroma, Jesus preenche toda a nossa vida (e nossa casa) com a Sua beleza e a fragrância do Seu Espírito. Este deveria sempre ser nosso desejo: que a presença de Jesus nos satisfaça completamente, a nós e à nossa família. Ele é o único que pode fazer isso!

O prêmio concedido por Jesus a esse derramar de amor e fragrância que Maria proporcionou resultou numa recompensa totalmente inesperada: "Em verdade vos digo: Onde for p*regado em todo o mundo este evangelho*, será também contado o que ela fez, para memória sua" (MATEUS 26:13, ÊNFASE ADICIONADA). Maria ungiu Jesus em vida com a fragrância do melhor perfume, para que Ele o levasse impregnado até o momento da Sua morte.

O evangelho nos ensina que Jesus entregou a Sua vida como cheiro suave em sacrifício por cada um de nós, para não termos de provar a morte, mas para que a nossa vida sempre exale o aroma da vitória. Maria entendeu isso! Seu amor pelo Messias a fez conhecer o que estava oculto para muitos. E até o dia de hoje nós nos lembramos dessa cena e dela também. Maria não somente abriu sua casa para Jesus, mas também quis que a presença dele preenchesse tudo.

Jesus voltará à nossa casa? Ele está permanentemente convidado para vir e entrar quando quiser? Para encher todo o nosso lar com a Sua fragrância? Para abraçar e restaurar cada um dos membros da nossa família? Estou certo de que todos queremos responder essas perguntas com um veemente "sim". A questão agora é decidir: Jesus tem a chave do nosso lar? Pode entrar quando quiser?

Se nossos filhos se acostumarem a desfrutar da presença de Deus, tudo se transformará. Com certeza virão problemas, situações difíceis, lutas e sofrimento etc., porque a vida é assim, mas, quando Jesus entra em nossa vida, Ele renova tudo. Sua doce presença preenche cada espaço da nossa existência e, então, todos percebem que a nossa casa é diferente.

33
ONESÍFORO: A BÊNÇÃO DAQUELE QUE SEMPRE ESTÁ DISPOSTO A AJUDAR

Todos quantos já leram algum livro meu foram informados de que boa parte das histórias mencionam circunstâncias relacionadas com minhas filhas. Espero não deixar ninguém entediado, mas não posso deixar de escrever que Deus nos fala por meio dos nossos filhos em mais ocasiões do que imaginamos. A forma de eles entenderem as circunstâncias, as frases que usam e inclusive as explicações que dão sobre temas fundamentais são quase sempre extraordinárias.

Certa vez, quando me encontrava em outra cidade para realizar uma campanha evangelística, eu falava pelo telefone com minha família, e nossa filha mais velha, Iami (que na época estava com 9 anos), disse: "Sinto sua falta do tamanho de 1.000 quilômetros...". Essa era aproximadamente a distância do local onde eu me encontrava, e o que me impressionou foi o modo dela explicar o que havia em seu coração.

Todos sentimos falta das pessoas que amamos quando estão longe, mas o que fortalece um relacionamento é o que estamos dispostos a fazer por essas pessoas. É o fato de sermos capazes de ir a qualquer lugar para ajudar, para fortalecer, para consolar se for necessário, ou simplesmente para estarmos com a pessoa que amamos! Quando isso acontece, somos uma verdadeira "bênção" para outras pessoas. Se contarmos com amigos assim, devemos cuidar deles porque são bênção para nós.

A AJUDA DE UM IRMÃO EXATAMENTE QUANDO MAIS PRECISAMOS DELE

Onesíforo foi uma dessas pessoas. Seu nome significa "que leva vantagem, que traz bênção". Não podiam ter lhe dado um nome melhor, embora para nós, no século 21, ele nos soe bastante estranho! De fato, não conheço ninguém que hoje tenha esse nome! Paulo fala do seu amigo na sua última carta e o faz para contrastar sua atitude e suas motivações com duas pessoas que o prejudicaram.

> *Mantém o padrão das sãs palavras que de mim ouviste com fé e com o amor que está em Cristo Jesus. Guarda o bom depósito, mediante o Espírito Santo que habita em nós. Estás ciente de que todos os da Ásia me abandonaram; dentre eles cito Fígelo e Hermógenes. Conceda o Senhor misericórdia à casa de Onesíforo, porque, muitas vezes, me deu ânimo e nunca se envergonhou das minhas algemas; antes, tendo ele chegado a Roma, me procurou solicitamente até me encontrar. O Senhor lhe conceda, naquele Dia, achar misericórdia da parte do Senhor. E tu sabes, melhor do que eu, quantos serviços me prestou ele em Éfeso.*
> (2 TIMÓTEO 1:13-18)

Quando lemos esses versículos, aprendemos, já de entrada, uma importante lição: cada vez que alguém se opõe a nós, não devemos nos preocupar porque isso pode ser considerado uma boa notícia. Da mesma forma que existem pessoas que desejam nos prejudicar, há outras que nos defendem e são uma bênção para nós. Paulo descobriu o caráter de Onesíforo precisamente quando aquele enfrentava mais problemas. O que o apóstolo escreve sobre esse homem é admirável:

- Ele o ajudou de forma incondicional, abrindo-lhe seu lar e lhe providenciando comida quando as outras casas se fecharam para Paulo.
- Onesíforo consolou, fortaleceu e esteve ao lado do apóstolo quando este mais necessitava.
- Não se envergonhou de Paulo quando se encontrava na prisão.
- Quando Paulo se achava sozinho e sem ajuda em Roma, Onesíforo o procurou por toda parte até encontrá-lo e ficar com ele.
- Trabalhou e esteve ao seu lado, tanto em Éfeso como em outros lugares.

O que Onesíforo fez por Paulo foi muito mais do que uma demonstração de amizade e fidelidade. Foi uma autêntica bênção de Deus! Às vezes dizemos: "Fulano é uma bênção". Mas sabemos realmente o que isso significa? Entre o povo de Israel, quando se mencionava essa palavra, todos sabiam a que se referia. Não era como hoje quando dizemos: "Deus te abençoe", quase como uma saudação ou um hábito. Para o Senhor a bênção deve ir bem além disso. Basta que leiamos umas poucas frases de um salmo para nos certificarmos disso:

> *De nós se tem lembrado o Senhor; ele nos abençoará; abençoará a casa de Israel, abençoará a casa de Arão.*
> *Ele abençoa os que temem o Senhor, tanto pequenos como grandes. O Senhor vos aumente bênçãos mais e mais, sobre vós e sobre vossos filhos. Sede benditos do Senhor, que fez os céus e a terra. Os céus são os céus do Senhor, mas a terra, deu-a ele aos filhos dos homens. Os mortos não louvam o Senhor, nem os que descem à região do silêncio. Nós, porém, bendiremos o Senhor, desde agora e para sempre. Aleluia!* (SALMO 115:12-18).

O QUE ONESÍFORO FEZ POR PAULO FOI MUITO MAIS DO QUE UMA DEMONSTRAÇÃO DE AMIZADE E FIDELIDADE. FOI UMA AUTÊNTICA BÊNÇÃO DE DEUS!

A Bíblia nos ensina, primeiramente, que é Deus quem nos abençoa, pois tudo o que é bom procede dele. Quando lemos o primeiro capítulo da carta aos Efésios, descobrimos que o Senhor já nos abençoou "com toda sorte de bênção espiritual" (1:3). Sendo assim, nossa saudação aos irmãos nos dias de hoje deveria ser "Deus te abençoe", porque Ele já nos tem dado tudo e continua a nos abençoar em Cristo.

Mas, sem qualquer dúvida, a maior bênção é a própria presença do Senhor, e estar com Ele é a coisa mais extraordinária que poderíamos imaginar. Quando o povo de Israel pronunciava a bênção sacerdotal (NÚMEROS 6:23-26), sabiam o significado desta frase maravilhosa: "o SENHOR faça resplandecer o rosto sobre ti". No hebraico era a expressão que se usava para dizer "sorrir" assim como um pai sorri ao ver seu filho e seus olhos brilham de amor por ele. Esse é o nosso Pai Celestial. Quando o Seu rosto resplandece sobre nós, podemos perceber o sorriso mais radiante de todo o Universo. Nesse derramar de luz e graça, nossa vida é totalmente transformada dia após dia!

RECEBEMOS TODA SORTE DE BÊNÇÃO ESPIRITUAL PARA ABENÇOAR OUTROS

Em segundo, quando recebemos as bênçãos de Deus, com elas também abençoamos outros, tanto crentes como incrédulos, os conhecidos como também os desconhecidos. Inclusive abençoamos até os nossos inimigos! "Não pagando mal por mal ou injúria por injúria; antes, pelo contrário, bendizendo, pois para isto mesmo fostes chamados, a fim de receberdes bênção por herança" (1 PEDRO 3:9).

Essa bênção tem a ver com muitas atividades diferentes, sendo que a maioria não precisa praticamente de qualquer explicação, embora façamos muito bem em meditar nelas e pedir a Deus sabedoria para aplicá-las em nossa vida.

Originariamente, como é natural, abençoar é bendizer, ou seja, falar bem assim como o apóstolo Pedro declara no versículo que acabamos de ler. Herdamos a bênção quando retribuímos o bem pelo mal, a partir das nossas próprias palavras seguidas pelos nossos atos. Desse modo, abençoamos os outros quando somos amáveis com eles. Lembre-se de que a amabilidade faz parte do fruto do Espírito de Deus (GÁLATAS 5:22,23).

Mais adiante, a Bíblia diz que somos bênção para os outros quando os encorajamos em todo momento. "Consolai-vos, pois, uns aos outros e edificai-vos reciprocamente, como também estais fazendo" (1 TESSALONICENSES 5:11). As duas palavras se explicam por si mesmas: consolar significa "dar consolo" a quem necessita. Encorajar é "dar coragem"; literalmente significa darmos nossa alma aos outros.

> NÃO DEVEMOS NOS ESQUECER DE QUE NÓS PRÓPRIOS TAMBÉM PRECISAREMOS QUE "CUIDEM" DE NÓS EM MUITAS OCASIÕES!

Sendo assim, abençoamos os outros quando temos misericórdia deles, isto é, quando os ajudamos em suas necessidades materiais e espirituais e os tratamos de forma amável e repleta de perdão: "E não entristeçais o Espírito de Deus, no qual fostes selados para o dia da redenção. Longe de vós, toda amargura, e cólera, e ira, e gritaria, e blasfêmias, e bem assim toda malícia. Antes, sede uns para com os outros benignos, compassivos, perdoando-vos uns aos outros, como também Deus, em Cristo, vos perdoou" (EFÉSIOS 4:30-32).

Outra característica que a Palavra de Deus nos mostra é aprender a cuidar dos outros: "Levai as cargas uns dos outros e, assim, cumprireis a lei de Cristo" (GÁLATAS 6:2). Quando cuidamos dos necessitados (os que vivem sobrecarregados!), somos bênção para eles. Não devemos nos esquecer de que nós próprios também precisaremos que "cuidem" de nós em muitas ocasiões! Por essa razão o apóstolo nos diz que devemos ajudar "uns aos outros". Se você me permite uma frase muito familiar, eu diria: "Ninguém é obrigado, mas todos devemos fazer isso".

Abençoamos os outros quando os ajudamos. Lembre-se de que nunca nos parecemos mais com Deus do que quando amamos: "Porque toda a lei se cumpre em um só preceito, a saber: Amarás o teu próximo como a ti mesmo" (GÁLATAS 5:14). Amar os outros como a nós mesmos implica ajudá-los em momentos difíceis.

Jesus soube amar de modo muito prático: estando ao lado dos que precisavam dele e se alegrando com eles. O Mestre disse aos Seus discípulos que todos conheceriam Seus seguidores pelo amor. Essa é a marca que nos distingue: "Novo mandamento vos dou: que vos ameis uns aos outros; assim como eu vos amei, que também vos ameis uns aos outros. Nisto conhecerão todos que sois meus discípulos: se tiverdes amor uns aos outros" (JOÃO 13:34,35).

UMA VIDA DE BÊNÇÃO PREENCHE TUDO

A Bíblia também nos ensina que abençoar é abraçar. "Saudai todos os irmãos com ósculo santo" (1 TESSALONICENSES 5:26). Poucas coisas podem nos ajudar tanto e custar tão pouco como um abraço carinhoso. Não é apenas uma demonstração de afeto, também significa que estamos nos identificando com a pessoa que abraçamos. Em muitos momentos um abraço sincero alcança onde as palavras não podem alcançar.

Abençoar é sermos gratos, primeiramente a Deus, mas também à nossa família, aos amigos, irmãos, pessoas conhecidas e desconhecidas. A gratidão é a marca do cristão! O caráter de um filho de Deus deve transbordar de gratidão: "Nele radicados, e edificados, e confirmados na fé, tal como fostes instruídos, crescendo em ações de graças" (COLOSSENSES 2:7). Deus nos fez de tal forma que o agradecimento é a base dos relacionamentos e pode quebrar barreiras quase impossíveis de serem superadas. Quando agradecemos com sinceridade o que os outros fazem por nós, os abençoamos da maneira mais simples e natural que existe.

> A GRATIDÃO É A MARCA DO CRISTÃO!
> O CARÁTER DE UM FILHO DE DEUS DEVE
> TRANSBORDAR DE GRATIDÃO.

A Palavra de Deus também nos ensina que a Sua bênção tem a ver com o nosso sincero interesse pela vida dos outros, sabendo lhes escutar e nos preocupando com suas necessidades. "Exortamo-vos, também, irmãos, a que admoesteis os insubmissos, consoleis os desanimados, ampareis os fracos e sejais longânimos para com todos. Evitai que alguém retribua a outrem mal por mal; pelo contrário, segui sempre o bem entre vós e para com todos" (1 TESSALONICENSES 5:14,15). Essa é a melhor maneira de se fazer o bem. Enfrentamos diversas situações em nossa vida e muitas vezes necessitamos que outros estejam ao nosso lado e se interessem por aquilo que nos acontece. Assim também podemos abençoar os outros!

A aceitação é o primeiro passo do amor, portanto, também abençoamos os outros quando os aceitamos: "Portanto, acolhei-vos uns aos outros, como também Cristo nos acolheu para a glória de Deus" (ROMANOS 15:7). A graça é uma característica única e exclusiva da Igreja de Cristo porque é parte da essência do caráter de Deus. Quando aceitamos as pessoas e as amamos como elas são, não apenas as abençoamos como também revelamos o coração do nosso Pai Celestial.

A Bíblia nos ensina que colocarmos o nosso coração naquilo que fazemos é também uma maneira de abençoar: "E tudo o que fizerdes, seja em palavra, seja em ação, fazei-o em nome do Senhor Jesus, dando por ele graças a Deus Pai" (COLOSSENSES 3:17). A forma insensível como muitos vivem, medindo cuidadosamente todas as decisões com calculada frieza, não faz parte do Espírito de Deus. Ele deseja que nos emocionemos ao falarmos dele e ao fazermos nosso trabalho qualquer que seja. Viver entusiasmados com o Senhor em todo o nosso trabalho é compartilhar a bênção de Deus onde nos encontramos.

O NOVO TESTAMENTO REPETE VÁRIAS VEZES: "NOS ABENÇOAMOS UNS AOS OUTROS"

Abençoar é também respeitar uns aos outros: "O amor seja sem hipocrisia. Detestai o mal, apegando-vos ao bem. Amai-vos cordialmente uns aos outros com amor fraternal, preferindo-vos em honra uns aos outros" (ROMANOS 12:9,10). Esse respeito está relacionado com o viver de um modo limpo e não arrogante, acreditando que sempre temos razão. Paulo nos fala de darmos preferência uns aos outros, e, quando aprendemos isso em nossa vida, somos bênção para as pessoas porque praticamos o que a Bíblia ensina sobre o amor fraternal. Por essa razão, nesse mesmo versículo, o Espírito de Deus nos ensina que o afeto faz parte da bênção. Ser afetuoso é uma característica que vai muito além da amabilidade; significa agradecer e ajudar com a motivação correta, a do amor.

> PENSAR NO QUE É DIGNO DE HONRA, JUSTIÇA, AMABILIDADE, PUREZA... É A ATITUDE QUE SEMPRE DEVEMOS TER PARA SERMOS AGENTES DE BÊNÇÃO.

A última característica da bênção se relaciona com a nossa mente: "Finalmente, irmãos, tudo o que é verdadeiro, tudo o que é respeitável, tudo o que é justo, tudo o que é puro, tudo o que é amável, tudo o que é de boa fama, se alguma virtude há e se algum louvor existe, seja isso o que ocupe o vosso pensamento" (FILIPENSES 4:8). Tudo o que mencionamos até aqui deve resultar de uma atitude correta, e tal atitude aparece em nossa vida somente quando aprendemos a "pensar bem". O Espírito de Deus nos ajuda a ter sabedoria em todas as situações, portanto devemos ter muitas vezes os olhos bem abertos para sabermos o que está acontecendo, mas, se estivermos sempre desconfiando e pensando que as motivações dos outros são erradas, jamais aprenderemos a abençoar. Pensar no que vale a pena, no que é digno de louvor, justiça, amabilidade, pureza... é a atitude que sempre devemos ter para sermos agentes de bênção. Creio que todas essas características nos mostram que abençoar é muito mais do que uma simples palavra. A vida daquele que abençoa pode transformar o mundo! Deus deseja que sejamos pessoas abençoadoras em todas as esferas da nossa existência.

a) Abençoamos nossa família.
A família é o lugar onde o Senhor nos colocou, portanto, a família é bênção. Devemos amar e trabalhar ao longo de toda a nossa vida para que ela continue a ser bênção permanente. Embora este não seja um livro sobre princípios bíblicos relacionados à família, podemos citar alguns detalhes simples que nos ajudarão a abençoar a todos.

Primeiro, e sempre o mais importante, devemos orar juntos e compartilhar tudo o que Deus nos fala através da Sua Palavra. Não há substitutos para os momentos com o Senhor, falando com Ele e escutando-o. E não somente pelo fato de estarmos com o Senhor, como também por todas as bênçãos que procedem por estarmos juntos "ao redor" da Palavra de Deus. Quando praticamos isso, experimentamos tudo aquilo que o Senhor é e faz, e ensinamos nossos filhos a verem o Senhor tal como Ele é, cheio de graça e amor, de justiça e fidelidade, de alegria e cuidado etc. Lembre-se de que Deus considera com muita seriedade nossa vida espiritual como família. A Bíblia inclusive afirma que, se o nosso casamento não vai bem, as nossas orações acabam sendo prejudicadas. É como se Ele dissesse: "Não vou ouvi-los até que vocês se perdoem e acertem o que está acontecendo!" (1 PEDRO 3:7).

Segundo, abençoamos nossa família quando nos preocupamos com ela, quando a valorizamos e somos capazes de ver as qualidades e os sonhos de cada um dos seus membros; quando os ajudamos a ser quem devem ser. Essa é a razão por que procuramos o melhor de cada um deles desenvolvendo os dons que têm.

Abençoar é demonstrar a graça de Deus no contexto da família, sem comparações, mas amando de forma incondicional e ajudando a cada um em particular, realçando as qualidades individuais e permitindo que cada membro da família se sinta especial. Abençoar é aprender a escutar e não querer sempre ganhar nas discussões, pensando que somente nós temos a razão.

> COMO SE DEUS DISSESSE: "NÃO VOU OUVI-LOS ATÉ QUE VOCÊS SE PERDOEM E ACERTEM O QUE ESTÁ ACONTECENDO".

Abençoar é abraçar, conforme já vimos quando consideramos os textos bíblicos. Não há lugar melhor para nos sentirmos amados e para manifestar ternura do que na família. Inclusive desenvolve-se um princípio imprescindível na vida das crianças, que é o do "apego", a necessidade que todos temos de sermos abraçados e recebermos amor fisicamente. Recentemente ouvi as conclusões de um congresso psiquiátrico realizado num país desenvolvido que afirmava que cerca de 90% dos problemas pessoais se resolveriam caso as pessoas tivessem alguém que as ouvisse e as abraçasse.

Abençoamos cada membro da nossa família quando os abraçamos e os escutamos nos preocupando com eles! Abençoamos nossa família quando somos leais e não dizemos em público algo que os possa ferir. Não podemos ser infiéis sequer com nossas palavras.

b) Abençoamos cada momento da nossa vida.
Deus nos deu a vida para desfrutá-la com Ele, com todas as pessoas que criou e com tudo quanto nos concede. Aprendemos a viver quando colocamos cada momento e cada circunstância da nossa vida diante do Senhor.

Abençoamos nosso trabalho, o pouco ou o tanto que pudermos fazer, porque é presente de Deus, tal como vimos no capítulo anterior. Abençoamos as circunstâncias que nos cercam quando aprendemos a descansar no Senhor, colocando tudo em Suas mãos sem nos preocuparmos com coisa alguma.

Abençoamos as lembranças e as situações do passado. Às vezes não somos capazes de vivenciar o presente porque continuamos vivendo com a amargura resultante de acontecimentos passados. Não percebemos que as más recordações são ladrões das bênçãos ("Se eu não tivesse feito tal coisa"; "Se tivesse tomado aquela outra decisão..."). Muitas vezes perdoamos as pessoas por qualquer coisa que porventura tenham feito, mas não perdoamos a nós mesmos. Trazemos sempre à lembrança nossos erros e pecados, acreditando que já não temos solução. Se Deus já nos perdoou, não temos direito de seguirmos culpando a nós mesmos!

Da mesma forma devemos deixar os comentários de quem nos prejudicou ou até as ideias erradas que temos a respeito de nós mesmos na presença de Deus. O Pai é quem cuida de nós; ninguém tem o direito de nos prejudicar! Não importa o que tenha acontecido no passado, ou o que os outros possam dizer; deixamos tudo nas mãos do Senhor e descansamos nele. Nenhum filho de Deus está sob qualquer tipo de maldição. Nosso Pai Celestial nos preparou para herdarmos a bênção!

c) Abençoamos o lugar onde estamos.
"A terra que foi dada aos filhos dos homens", foi isso que o salmista disse. Abençoamos o lugar onde vivemos simplesmente por estarmos ali; porque, onde vivem os filhos de Deus, existe bênção. Abençoamos aqueles que nos cercam e oramos por todas as pessoas que estão conosco. Vencemos a luta espiritual quando dependemos do Senhor em todas as decisões que tomamos, e deixamos que o Espírito de Deus sempre nos guie quanto ao lugar onde devemos viver e no que devemos fazer. De alguma forma o que não podemos

entender a natureza o sabe muito bem. Essa é a razão pela qual os profetas afirmam, de modo poético, que até as árvores aplaudem o que fazemos para o Senhor (ISAÍAS 55:12).

d) Abençoamos todas as coisas que Deus nos dá.
Estamos acostumados a abençoar os alimentos antes das refeições, assim como Jesus fazia (MARCOS 8:6). Isso é muito bom! Porém a Bíblia nos fala de abençoarmos absolutamente tudo o que temos, pois essa é nossa maneira de agradecer ao Senhor e vivermos sempre conscientes de que foi Ele quem nos deu tudo. "Bendito o fruto do teu ventre, e o fruto da tua terra, e o fruto dos teus animais, e as crias das tuas vacas e das tuas ovelhas. Bendito o teu cesto e a tua amassadeira. Bendito serás ao entrares e bendito, ao saíres" (DEUTERONÔMIO 28:4-6).

e) Abençoamos a todos com as nossas palavras.
A possibilidade de podermos falar e de nos comunicarmos é um presente dado pelo Senhor. Com a língua, expressamos amor, definimos nossos pensamentos, pedimos ajuda, colaboramos no trabalho etc., mas infelizmente com ela também podemos amaldiçoar, contender com os outros, enganar e expressar ódio de tal maneira que cause mais estragos do que uma arma de fogo. Tiago (3:1-12) falou sobre isso de modo muito claro, e Salomão repete isso várias vezes no livro de Provérbios. Somente para meditar em algumas situações, podemos mencionar: "Alguém há cuja tagarelice é como pontas de espada, mas a língua dos sábios é medicina" (12:18). "Prata escolhida é a língua do justo, mas o coração dos perversos vale mui pouco" (10:20). "O homem se alegra em dar resposta adequada, e a palavra, a seu tempo, quão boa é!" (15:23). "Como beijo nos lábios, é a resposta com palavras retas" (24:26).

A Bíblia nos apresenta o Senhor Jesus como a Palavra encarnada de Deus (JOÃO 1:14), e, se somos Seus seguidores, devemos viver abençoando com as nossas palavras, assim como Ele sempre faz. Paulo nos lembra: "Não saia da vossa boca nenhuma palavra torpe" (EFÉSIOS 4:29), o que significa que não devemos insultar ("Eu, porém, vos digo que todo aquele que [sem motivo] se irar contra seu irmão estará sujeito a julgamento; e quem proferir um insulto a seu irmão estará sujeito a julgamento do tribunal; e quem lhe chamar: Tolo, estará sujeito ao inferno de fogo." Mateus 5:22), nem falar mal, enganar, mentir, tratar de forma grosseira (COLOSSENSES 4:6)... tampouco nos queixarmos!

Poucas situações são tão dolorosas como viver com alguém que se queixa por tudo, que encontra defeitos em tudo e em todas as pessoas. Como já escrevi em outras ocasiões, parece que, em lugar do mandamento do Senhor: "Alegrai-vos sempre", muitos vivem sob as ordens do inimigo que diz: "Queixai-vos sempre". Sabemos que nada é perfeito nesta vida, mas uma vida amargurada jamais mudará qualquer situação.

> ÀS VEZES PARECE QUE, EM LUGAR DO MANDAMENTO DO SENHOR: "ALEGRAI-VOS SEMPRE", MUITOS VIVEM SOB AS ORDENS DO INIMIGO, QUE DIZ: "QUEIXAI-VOS SEMPRE".

Sempre e em tudo, assim como lemos nos Salmo 115, adoramos o Senhor porque "Os mortos não louvam o SENHOR, nem os que descem à região do silêncio" (v.17).

Jamais devemos nos esquecer de que a plenitude do Espírito Santo se manifesta em nossa vida, antes de qualquer coisa, em nossa maneira de nos expressarmos. "Falando entre vós com salmos, entoando e louvando de coração ao Senhor com hinos e cânticos espirituais" (EFÉSIOS 5:19).

f) Abençoamos o futuro.
Nosso futuro está nas mãos de Deus. Ele vive numa dimensão totalmente diferente da nossa, sem estar preso ao tempo; por isso

devemos estar despreocupados quanto ao nosso futuro. Na prática, isso significa tomar duas decisões, uma negativa e outra positiva:

Primeiro, devemos dizer "não" ao medo e às preocupações. Nosso Pai Celestial cuida de nós e conhece as nossas necessidades. Esse foi o tema central do Senhor Jesus no conhecido *Sermão do Monte* (MATEUS 5-7), onde Ele afirma: "Portanto, não vos inquieteis com o dia de amanhã, pois o amanhã trará os seus cuidados; basta ao dia o seu próprio mal" (MATEUS 6:34).

Segundo, devemos dizer "sim" às expectativas e à esperança. O que Deus tem preparado para nós é muito melhor do que podemos imaginar. "E acontecerá, depois, que derramarei o meu Espírito sobre toda a carne; vossos filhos e vossas filhas profetizarão, vossos velhos sonharão, e vossos jovens terão visões" (JOEL 2:28). Deus sempre cuida de nossa vida espiritual quanto material. Nosso trabalho é crer e descansar nele.

g) Abençoamos as nossas atitudes e motivações.
Essa é uma decisão pessoal que todos precisamos tomar, algo que transformará completamente nossas decisões. Pedimos a Deus que nos ajude para que nossas atitudes e motivações sejam corretas, que não deixe sermos dominados pela amargura e tristeza, que não permita que odiemos em nenhuma circunstância e suplicando ao Espírito de Deus que limpe o nosso coração, para não vivermos soberba ou orgulhosamente pensando que estamos acima dos outros.

Por vezes esquecemos que podemos decidir sobre a nossa reação em cada situação. Esse é um direito que ninguém pode nos subtrair, a nossa atitude é a base da liberdade no mais íntimo do ser. As pessoas e as circunstâncias podem nos afetar de muitas maneiras, mas não podem nos obrigar a tomar determinada atitude. O espírito do ser humano é inquebrantável! Ninguém pode vencer a nossa dignidade nem a motivação mais profunda das nossas ações. É nossa a decisão do que pode ou não nos prejudicar.

Podemos sempre escolher a nossa atitude, inclusive nos momentos mais difíceis. Lembre-se da frase de Jacó quando lutava com o Anjo do Senhor: "Não te deixarei ir se me não abençoares" (GÊNESIS 32:26). Ele havia sido derrotado pelo medo a ponto de desistir de si mesmo e de sua família, havia lutado contra o sobrenatural ao limite extremo, de tal maneira que Deus chegou a mudar seu nome ao ver a sua atitude, mas Jacó continuava agarrado ao que o feria... ao próprio Deus! Ele se apegou ao Senhor enquanto se enfraquecia e alcançou a bênção da presença de Deus em sua vida, embora isso lhe custasse a sua saúde. Esse não "soltar" a Deus, custe o que custar, é a base de todas as bênçãos, porque a Sua presença transforma tudo.

Quando vivemos com essa atitude de não querermos abandonar a Deus por coisa alguma, não importando as consequências, é porque já aprendemos não somente a amá-lo, mas também a viver abençoando tudo que nos cerca, tal como o Senhor o faz.

Porque, em última análise (o primeiro e o último passo), nossa vida se resume em bendizer ao Senhor a todo momento: "Nós, porém, bendiremos o Senhor, desde agora e para sempre. Aleluia!" (SALMO 115:18).

Esse processo não tem fim. A bênção de Deus é eterna!

34
OS PRIMEIROS CRISTÃOS: A REVOLUÇÃO NÃO PODE ESPERAR

Todos nós temos lido e escutado centenas de vezes (sem exagero) estas palavras: "...o Senhor Jesus, na noite em que foi traído, tomou o pão; e, tendo dado graças, o partiu e disse: Isto é o meu corpo, que é dado por vós; fazei isto em memória de mim" (1 CORÍNTIOS 11:23,24).

Jesus instituiu esse memorial admirável para todos que o seguem e o amam. Esse memorial se compõe de dois elementos comuns à vida: o pão e o vinho. Jesus disse a nós, Seus discípulos, que todas as vezes que comêssemos o pão e tomássemos o vinho, nós nos lembraríamos dele.

Sabemos disso e o realizamos em muitas ocasiões na igreja. O que me deixa pensativo é o fato de nos lembrarmos dele tão pouco na vida cotidiana. "Que surpresa!", você pode estar pensando agora. Sim, porque Jesus disse: "...todas as vezes que comerdes este pão..." (v.26). Não somente na igreja! Por isso, em muitas ocasiões, pelo menos na minha família, costumamos dar graças a Deus por tudo o que Ele fez por nós, em qualquer refeição "normal" com nossos amigos, ou simplesmente quando estamos sozinhos. O recordar de Jesus se trata disso; não apenas em um determinado dia num certo lugar, mas em todos os dias e em todos os lugares.

Digo isso porque certo dia estávamos no campo com outros crentes e, durante a refeição, demos graças ao Senhor e depois partimos o pão. Antes de começarmos a comer, levantamos todos o copo para nos lembrarmos de Jesus, e, de repente, nossa filha Kenia disse: "Saúde", meio sério e meio por brincadeira, porque desejava que todos soubessem que era Jesus quem merecia que "brindássemos" em Seu nome. Por vários dias, recordamos essa situação, porque nos ensinou algo inesquecível: somente no Senhor é que temos saúde, quer espiritual, material, pessoal, social e de todos os tipos que possamos imaginar.

A MAIOR REVOLUÇÃO DA HISTÓRIA

As maiores revoluções surgem das situações mais simples. Os primeiros cristãos transformaram o mundo aplicando, de modo simples, o amor do Senhor Jesus em sua própria vida e na vida dos que estavam ao seu redor. Mudaram o rumo da história de forma totalmente inimaginável — com o poder da graça de Deus. Colocaram o mundo de "cabeça para baixo" aplicando os princípios do reino de Deus, vivendo cada dia as realidades que ultrapassam o futuro, aplicando no presente o que ninguém poderia ter imaginado, pois dia após dia foram capazes de transportar a eternidade ao seu passado pelo perdão que receberam por meio da ressurreição de Jesus e pela esperança transformadora de que o Messias voltaria uma segunda vez.

Eles revolucionaram tudo, erguendo o cálice da salvação e dizendo "saúde", porque o sangue, simbolizado pelo vinho, foi o mais sublime presente do Filho de Deus para eles, para nós e para toda a humanidade!

> *Então, os que lhe aceitaram a palavra foram batizados, havendo um acréscimo naquele dia de quase três mil pessoas. E perseveravam na doutrina dos apóstolos e na comunhão, no partir do pão e nas orações. Em cada alma*

havia temor; e muitos prodígios e sinais eram feitos por intermédio dos apóstolos. Todos os que creram estavam juntos e tinham tudo em comum. Vendiam as suas propriedades e bens, distribuindo o produto entre todos, à medida que alguém tinha necessidade. Diariamente perseveravam unânimes no templo, partiam pão de casa em casa e tomavam as suas refeições com alegria e singeleza de coração, louvando a Deus e contando com a simpatia de todo o povo. Enquanto isso, acrescentava-lhes o Senhor, dia a dia, os que iam sendo salvos. (ATOS 2:41-47)

Os seguidores de Jesus foram denominados cristãos pelos que os cercavam porque estes os enxergavam como "pequenos Cristos" (ATOS 11:26). A maneira de viver e falar dos seguidores do Mestre se assemelhava tanto a do Messias que todos ao redor os identificavam com Cristo!

Os cristãos do mundo desenvolvido são, em sua maioria, meros espectadores. Gostam dos ensinos bíblicos e dos concertos de adoração; gostam de assistir aos eventos e de pagar o que for necessário para se entreterem. Pode-se dizer que vivem para consumir bênçãos espirituais, mas acabam sendo consumidos pela preguiça.

ELES REVOLUCIONARAM TUDO, ERGUENDO O CÁLICE DA SALVAÇÃO E DIZENDO "SAÚDE", PORQUE O SANGUE, SIMBOLIZADO PELO VINHO, FOI O MAIS SUBLIME PRESENTE DO FILHO DE DEUS PARA ELES, PARA NÓS E PARA TODA A HUMANIDADE!

Os cristãos dos primeiros séculos foram radicais em seu amor: um amor que se entregava, repartia e se beneficiava mutuamente, pois quase todos o viviam de forma tão plena que para muitos lhes custou a vida. Esse tipo de amor transformou a história da humanidade e continua sendo o exemplo mais extraordinário para todos.

O amor do século 21 é exigente e monopolizador. É um amor que se exibe em edifícios e em atos públicos; um amor que adoça e se autoalimenta: um amor enunciado ao som de uma banda e inútil em face do sofrimento.

> *Chamando os apóstolos, açoitaram-nos e, ordenando-lhes que não falassem em o nome de Jesus, os soltaram. E eles se retiraram do Sinédrio regozijando-se por terem sido considerados dignos de sofrer afrontas por esse Nome. E todos os dias, no templo e de casa em casa, não cessavam de ensinar e de pregar Jesus, o Cristo.* (ATOS 5:40-42)

Os cristãos do primeiro século "não podiam deixar de falar do que haviam visto e ouvido". A Igreja do Primeiro Mundo gasta a maior parte do seu tempo e do seu dinheiro em ajudar e treinar seus membros a fim de capacitá-los a falar daquele que deveria ser tudo para eles.

A Igreja de hoje se reúne em comissões e conselhos com o objetivo de programar atividades para "despertar" as consciências e o coração daqueles que deveriam viver apaixonados pelo seu Salvador. Enquanto isso, o mundo sabe quase nada do que Deus fez por nós, e pouquíssimo daquilo que Ele pode fazer por eles.

INFELIZMENTE JÁ NÃO TEMOS PODER PARA REVOLUCIONAR O MUNDO

Os cristãos do primeiro século eram pessoas absolutamente normais assim como nós, com os mesmos defeitos e as mesmas fraquezas. Eles estavam conscientes da presença de Deus, estavam fortalecidos pelo poder do Espírito Santo, e o seu maior anseio na vida era refletir o caráter de Jesus. Esse era o sonho deles, e Deus cumpriu seus desejos.

Atualmente muitos cristãos vivem preocupados com sua presença e influência na sociedade, dedicam a maior parte do seu tempo para obter dinheiro e recursos para realizar o que chamam de "os sonhos de Deus". Na verdade, seu maior desejo é alcançar êxito no ministério no qual estão envolvidos ou nas suas atividades pessoais.

Os primeiros cristãos viviam cheios da graça de Deus e eram tolerantes com todos. Dependiam do Espírito de Deus para pregar e também para liderar a Igreja de tal forma que sabiam se adaptar às diferentes circunstâncias sem se prenderem às estruturas. O relacionamento com o Senhor era tão vívido que eram capazes de mudar, em poucos dias, qualquer situação secundária que, para nós, levaria anos para simplesmente apresentá-la.

> *Diariamente perseveravam unânimes no templo,*
> *partiam pão de casa em casa e tomavam as suas refeições*
> *com alegria e singeleza de coração, louvando a Deus*
> *e contando com a simpatia de todo o povo. Enquanto*
> *isso, acrescentava-lhes o Senhor, dia a dia, os que iam*
> *sendo salvos.* (ATOS 2:46,47)

O cristianismo do primeiro século era vivido diariamente, a comunhão era constante, a oração fazia parte do seu estilo de vida, a Palavra de Deus era a base de tudo e a evangelização era realizada por todos e em todas as circunstâncias. Essas quatro realidades, firmadas na Pessoa do Senhor Jesus e pelo poder do Espírito Santo, fortaleciam o Corpo de Cristo em cada lugar onde o evangelho era pregado:

1. A comunhão, o amor inquebrantável entre os membros da Igreja e a ajuda a todos os necessitados, tanto dentro como fora do Corpo de Cristo;
2. o ensino, porque tudo se fazia em conformidade com a Palavra de Deus, o único guia no seu andar diário;

3. a adoração e a oração, em absoluta dependência do Espírito de Deus, tanto individualmente como nas decisões da Igreja;
4. a evangelização, quando todos os cristãos viviam e anunciavam a mensagem do evangelho em todos os lugares e por todos os meios, mesmo à custa de sua própria vida.

Como resultado desse relacionamento dinâmico e vital com Deus, os cristãos refletiam o caráter de Jesus. Eles transbordavam de alegria conforme o livro de Atos dos Apóstolos nos lembra várias vezes.

Em contrapartida, muitos dos cristãos de hoje dependem completamente das reuniões locais na igreja para serem felizes, inclusive para adorar e ouvir a Palavra de Deus. Muitos não conseguem viver na presença de Deus no dia a dia em seus lares e trabalhos. A oração tem se tornado uma rotina, a adoração simplesmente um espetáculo, o ensino da Palavra de Deus irrelevante, a comunhão superficial e a evangelização só acontece em eventos e atividades especiais. A alegria transbordante por viver na presença de Deus desapareceu quase completamente.

Da multidão dos que creram era um o coração e a alma.
Ninguém considerava exclusivamente sua nem uma
das coisas que possuía; tudo, porém, lhes era comum.
Com grande poder, os apóstolos davam testemunho
da ressurreição do Senhor Jesus, e em todos eles havia
abundante graça. Pois nenhum necessitado havia entre eles,
porquanto os que possuíam terras ou casas, vendendo-as,
traziam os valores correspondentes e depositavam aos pés
dos apóstolos; então, se distribuía a qualquer um à medida
que alguém tinha necessidade. (ATOS 4:32-35)

Os cristãos do primeiro século tinham todas as coisas em comum e desfrutavam dessa comunhão, podiam viajar sabendo que outros irmãos abririam suas casas para hospedá-los e os ajudariam em suas necessidades. Seus lares estavam abertos para a pregação do evangelho, para compartilhar a Palavra de Deus e para orar juntos. Por esse motivo, nos primeiros 200 anos da Igreja, não havia sequer uma construção específica destinada à reunião dos santos para cultuar ao Senhor. O evangelho crescia entre as famílias, os amigos e os vizinhos, de tal forma que o Império Romano foi alcançado. Mesmo sendo imperfeitos, os cristãos amavam o Senhor de tal modo que não lhes importava perder a própria vida por amor a Ele.

O cristianismo deixou de influenciar a sociedade porque hoje não é vivido plenamente nas casas, nas famílias, no trabalho, no tempo livre... no dia a dia! A Igreja, o agente do amor de Deus, está perdendo a capacidade de revolucionar o mundo porque se identifica cada vez mais com determinado lugar ou estrutura, em vez de continuar sendo o que o Senhor Jesus edificou, um organismo vivo composto por pessoas que expressem Sua graça!

> OS CRISTÃOS DO PRIMEIRO SÉCULO ERAM CONHECIDOS POR SEUS ATOS; NÓS SOMOS CONHECIDOS POR NOSSAS PALAVRAS.

Não é estranho que os primeiros cristãos consagraram suas vidas com alegria em amar e servir a Jesus e também aos outros, ao passo que nós nos envolvemos em muitas atividades, que nos esgotam e por vezes nos angustiam, para que muitos outros possam "sentir-se bem"? Com o passar do tempo, esquecemo-nos de vivenciar a presença do nosso Pai Celestial e usufruir tudo o que Ele nos concede; uns porque não querem ou não sabem, outros porque não lhes agrada.

Os primeiros cristãos eram conhecidos por seus atos; nós somos conhecidos por nossas palavras, discursos, pregações, planejamentos, estruturas, liderança, espetáculos, atividades etc.

O dia em que milhares de cristãos deixarem de ser espectadores e começarem a vivenciar o que dizem crer, envolvendo a todos com a graça de Deus e cumprindo Sua vontade na Terra, o mundo começará a tremer!
Novamente.

35

SIFRÁ E PUÁ: DEFENDER A VIDA É MAIS IMPORTANTE DO QUE OS OUTROS PENSAM

Creio que todos temos amigos que já eram amigos dos nossos pais e nem conseguimos lembrar o momento em que os conhecemos. Eles estão conosco desde que nascemos. O livro de Provérbios nos fala disso quando recomenda: "Não abandones o teu *amigo*, nem o *amigo* de teu *pai*" (PROVÉRBIOS 27:10, ÊNFASE ADICIONADA). Algo tão simples assim pode impactar o nosso viver diário. Permita-me escrever algo sobre um casal, Clara Rosique e Juan Gili, cuja influência foi de grande valor na minha vida e na de minha família. Tenho de começar dizendo que me lembro de momentos inesquecíveis com eles e meus pais, de modo que não posso dizer qual foi o dia em que nos conhecemos.

Juan e Clara não somente ajudaram Miriam e eu, em muitas ocasiões, abrindo-nos sua casa para tudo quanto necessitássemos, como também nos ensinaram a viver mais perto do coração de Deus. Um dos resultados dessa amizade foi a visão que eles nos passaram quanto à necessidade de se ajudar outras pessoas com o nosso trabalho. O dia em que nossa igreja em Ourense nos encaminhou à obra do Senhor (9 de setembro de 1989), Juan Gili nos dedicou um versículo como uma promessa de Deus para a nossa vida: "Em tua majestade, cavalga para a vitória e defende a verdade, a humildade e a justiça; avança e realiza feitos notáveis" (SALMO 45:4 NVT).

Ainda me lembro do dia quando, junto com Juan (que já está com o Senhor), fundamos uma associação com a qual trabalhamos hoje ajudando crianças em vários países do mundo. Juan e Clara não apenas nos animaram, como também nos incentivaram com todo o seu esforço para que essa associação fosse uma realidade nos dias atuais, podendo ajudar orfanatos e projetos missionários em diversas nações, com o apoio de muitas pessoas.

O CORAÇÃO DE DEUS ESTÁ COM OS ÓRFÃOS E AS VIÚVAS

Quem lê a Bíblia pela primeira vez percebe o número de vezes que Deus ampara os fracos, os órfãos e as viúvas; e qualquer um que o ame deve também amar e ajudar aos que se encontram em necessidade. São centenas de versículos que falam sobre esse tema; não é o assunto mais importante, mas é um tema que está no coração de Deus. E como se não bastasse, a Palavra do Senhor também nos apresenta muitos exemplos em que essa ajuda aparece de forma direta, através de heróis e heroínas que foram capazes de enfrentar tudo e todos em defesa das crianças mesmo que isso representasse risco à própria vida.

Uma dessas histórias aconteceu no Egito, exatamente no tempo quando Faraó decidiu eliminar todos os meninos do povo de Israel.

O rei do Egito ordenou às parteiras hebreias, das quais uma se chamava Sifrá, e outra, Puá, dizendo: Quando servirdes de parteira às hebreias, examinai: se for filho, matai-o; mas, se for filha, que viva. As parteiras, porém, temeram a Deus e não fizeram como lhes ordenara o rei do Egito; antes, deixaram viver os meninos. Então, o rei do Egito chamou as parteiras e lhes disse: Por que fizestes isso e deixastes viver os meninos? Responderam as parteiras a Faraó: É que as mulheres hebreias não são como as egípcias; são vigorosas e, antes que lhes chegue a parteira, já deram à luz os seus filhos. E Deus fez bem às parteiras; e o povo aumentou e se tornou muito forte. E, porque as parteiras temeram a Deus, ele lhes constituiu família. (ÊXODO 1:15-21)

A história dessas duas mulheres é impressionante. Elas defenderam a vida dos meninos sem se importarem com a pressão das autoridades a ponto de enfrentarem o governo em obediência à vontade de Deus. Compreenderam um princípio que Deus lembraria várias vezes ao Seu povo no Antigo Testamento e também a nós no Novo Testamento: a defesa dos mais fracos; a necessidade de sermos a voz daqueles que não a têm, estar ao lado dos menosprezados e defender aqueles com quem ninguém se preocupa, lutar a favor dos humildes, e, dessa maneira, viver como o Senhor Jesus viveu!

Sifrá e Puá foram importantes para o povo de Deus, muito além do que imaginamos! Basta dizer que Moisés não teria nascido se não fosse pela ajuda delas. Moisés e Arão vinham de uma família humilde, sem condições de se defenderem por si mesmos diante das ordens do Faraó, mas Deus usou essas duas mulheres para salvaguardar a vida de centenas de meninos que seriam mortos ao nascer. Num tempo quando os homens não podiam lutar, Deus colocou duas mulheres no lugar certo para cumprir a Sua vontade e defender o Seu povo. E elas executaram sua tarefa com coragem... mais do que qualquer pessoa teria numa situação dessas! Foram capazes de enfrentar o próprio Faraó sem fraquejar e nos ensinaram que dizer "não" pode ser um símbolo de liberdade. A chamada "desobediência civil" também encontra seu espaço nos planos de Deus em alguns momentos da história.

> ÀS VEZES DIZER "NÃO" PODE SER UM SÍMBOLO DE LIBERDADE.

Li certa vez que elas foram apresentadas como defensoras da vida (o que é verdade) e, portanto, como modelos contra o aborto, embora elas tenham simplesmente procurado preservar a vida dos recém-nascidos. Preciso dizer que, como praticamente todos os cristãos do mundo, sou contra o aborto. Tenho realizado mais de 50 programas em diversos meios de comunicação ao longo dos últimos anos, e também tenho escrito em vários dos meus livros sobre essa realidade. Então, tanto o posicionamento da maioria dos crentes quanto o meu é muito claro neste ponto.

Mas, ao ver o exemplo dessas duas mulheres, gostaria de ir um pouco além dessa "simples" defesa da vida. Oro para que todos compreendam o que vou dizer! Nos dias de hoje, gastamos uma quantia milionária de dinheiro e centenas de dias de trabalho, publicidade, eventos etc., para dizer não ao aborto, e é bom que assim se faça, embora bem pouco tenha-se conquistado nessa luta, pois o número de abortos tem crescido a cada dia em todos os países. Sem deixar de denunciar o mal, creio pessoalmente que devemos ajudar mais as mulheres que estão grávidas e, acima de tudo, pensar em como resolver a situação dos 10 milhões de crianças que morrem cada ano no mundo devido à fome e às enfermidades relacionadas a ela. Usando uma frase que Jesus disse sobre outro assunto fora desse contexto: "Devíeis, porém, fazer estas coisas, sem omitir aquelas!" (MATEUS 23:23).

O DESAFIO DE UM MUNDO TERRIVELMENTE INJUSTO

Às vezes penso que é mais fácil falar contra as mães que decidem abortar do que levantar a voz para, por exemplo, condenar os banqueiros que ganham milhões à custa de desapropriações, de roubos legais, embora eticamente condenáveis, as apostas em *Wall Street*, as comissões fraudulentas dos que recebem milhões, as empresas que contratam crianças nos países subdesenvolvidos para que seus produtos sejam mais baratos e dezenas de outras situações que são a causa para que este mundo seja muito injusto, terrivelmente injusto... e essa injustiça continue matando milhões de crianças cada ano.

Fico triste por ter ouvido poucos líderes evangélicos falando sobre esses temas, e, pelo que sei, ainda não se realizou nenhum congresso, nem as pessoas têm se manifestado diante dos bancos ou do edifício da Bolsa de Valores, ou de grandes empresas, e inclusive ouço sobre os cristãos que se tornam multimilionários com a religião. Não estou dizendo que se deve fazer o que mencionei por último; simplesmente procuro colocar cada luta no seu devido contexto. Portanto, acho (isto é minha opinião) que deveríamos defender a vida da mesma maneira, antes do nascimento bem como depois de a criança ter nascido!

Não quero que aquilo que acabo de escrever seja considerado uma ideia política, porque este não é um livro relacionado com esses assuntos. Simplesmente digo que praticamente todos os governos do Primeiro Mundo socorrem com bilhões os bancos que sofreram perdas, mas nada fazem para resgatar as pessoas da pobreza. Os "entendidos" dizem que precisa ser assim para que o sistema não entre em colapso e o mundo econômico naufrague, mas todos sabem que, nos momentos de crise econômica, é quando mais as pessoas se tornam milionárias com esses socorros financeiros. Sendo elas as culpadas pelas perdas, também elevam seus ganhos milionários com o devido consentimento dos governos. Sabemos, de fato, o que estamos fazendo? Aqueles que ganham milhões nessas circunstâncias sabem muito bem. Lembre-se de que as oito pessoas mais ricas do mundo têm tanto dinheiro quanto os quatro bilhões de pessoas mais pobres. Essas oito pessoas têm o mesmo poder econômico que a metade da humanidade. Você acha isso justo?

> SERÁ QUE A RAIZ DO PROBLEMA
> É QUE AS GRANDES FORTUNAS NOS FASCINAM E
> INCLUSIVE DESEJAMOS TÊ-LAS?

Infelizmente não há muito que possamos fazer para vencer as injustiças, mas, se amamos o Senhor, deveríamos viver de outra maneira! É muito fácil lutar contra determinadas causas e dedicar somas milionárias à publicidade contra sabe-se lá o quê, enquanto vivemos cercados de luxo e gastamos milhões em nosso estilo de vida, sem nos preocuparmos com os que morrem a cada dia por não terem alguém que os ajude.

Nos últimos anos, todos querem influir e falar nos meios de comunicação sobre certos temas morais, e acho isso bom, mas é preciso intervir também na economia! Não podemos afirmar que temos o direito de influenciar nas decisões morais dos governos, e não nas decisões econômicas. Se lutamos para que a legislação contra determinadas situações morais seja justa, devemos fazer o mesmo para que não se anulem os direitos dos órfãos, dos desprezados, dos pobres... Não será porque focamos todas as nossas forças em pequenas batalhas contra "pequenas" causas de pessoas aparentemente "inferiores" por temermos as grandes batalhas contra aqueles que têm tudo? Ou a raiz do problema é que as grandes fortunas nos fascinam e inclusive desejamos tê-las?

AS CRIANÇAS ESTÃO NAS MÃOS DE DEUS... E NAS NOSSAS

Jesus nos ensinou a cuidar das crianças com o que cada um de nós possui, não importa que seja algo tão simples como lhes dar um copo de água: "E quem der a beber, ainda que seja um copo de água fria, a um destes pequeninos, por ser este meu discípulo, em verdade vos digo que de modo algum perderá o seu galardão" (MATEUS 10:42). O Mestre sabia perfeitamente o que estava dizendo, porque hoje em dia o simples fato de se prover água corrente ao mundo subdesenvolvido significa lhes levar a vida e a saúde. Jesus nos ensinou a ajudar as crianças e pediu que as levássemos a Ele para que as abençoasse. Quando ajudamos os pequenos, estamos transformando o mundo, primeiramente (o mais importante) porque lhes devolvemos a vida; e, em segundo, porque não sabemos o que virão a ser algum dia. Não podemos sequer imaginar o que Deus tem preparado para eles!

Todas as crianças sonham. Não importa o lugar, a família, a cultura ou as circunstâncias. Cada vez que uma criança nasce, um sonho começa a brilhar. Deus concede a vida a todos e com ela também dá a imaginação criativa da Sua própria essência. Essa é uma das razões pela qual cada pessoa é única. Cada um de nós vivencia o Universo à sua maneira e sente cada instante de sua vida como nenhuma outra pessoa pode sequer imaginar. Cada um de nós escuta a voz de Deus com Sua música eterna vinculada ao sonho mais profundo do nosso coração.

> *Os teus filhos edificarão as antigas ruínas; levantarás os fundamentos de muitas gerações e serás chamado reparador de brechas e restaurador de veredas para que o país se torne habitável.* (ISAÍAS 58:12)

Todos nós ainda temos um local onde morar, um caminho a seguir em nossa vida: física e espiritualmente. O pragmatismo e o consumismo desenfreado da nossa sociedade sempre nos levam a pensar em termos de metas, objetivos, propósitos e números alcançados. Entretanto, Deus nos formou para sermos criativos, trabalharmos, imaginarmos; relacionarmo-nos com Ele e com todos os outros. É curioso, porém, que, até quando lemos a Palavra de Deus, somos incapazes de reconhecer que estamos percorrendo um caminho. Não fomos criados para alcançar algo, mas para desfrutarmos do relacionamento com o nosso Criador em cada momento da nossa vida. Por onde quer que formos.

Por esse motivo, certa vez, o Senhor Jesus declarou que Ele era o caminho, e não a meta. Não se trata de chegar a algum lugar, mas de viver diariamente com Ele. A plenitude da nossa vida não depende dos muitos objetivos que alcançamos, mas dos momentos que passamos ao lado do nosso melhor Amigo. Essa é uma das razões pela qual o melhor que podemos fazer pelos outros é ajudá-los a restaurar os locais onde moram.

Vivemos numa sociedade terrivelmente injusta, precisamente porque nos preocupamos mais com aquilo que nos pertence do que nos interessamos em saber como os outros vivem. Em certo sentido, pouco importa se nossa motivação é correta ou não, pois muitas vezes aquilo que procuramos alcançar resulta em prejuízo para os que nos cercam. Pensamos que somos bonzinhos quando prestamos uma pequena ajuda aos outros, sem reconhecer que grande parte da nossa vida é um engano permanente: em nome da sociedade, das organizações, da religião, do bem comum, e existem pessoas que enganam até em nome de Deus! Trabalhamos para alcançar nossas metas pessoais, econômicas, sociais e espirituais, sem nos preocuparmos que, em muitas ocasiões, as vias que estamos construindo resultam na destruição da vida dos que menos têm e os maus-tratos: físico, psicológico, social e espiritual dos mais desfavorecidos.

> PODEMOS FAZER ALGO IMPORTANTE
> NA VIDA DOS MAIS NECESSITADOS:
> PODEMOS RESTAURAR SEUS SONHOS.

Sentimo-nos os mais misericordiosos do mundo quando damos algum dinheiro aos necessitados, ou quando idealizamos um plano que, durante alguns meses, possam lhes fornecer algo para comer, sem reconhecermos que Deus espera que restauremos os locais onde moram; que sejamos capazes de nos envolver com os que sofrem; que renunciemos a grande parte dos nossos ganhos e propósitos para ajudarmos os oprimidos, famintos e solitários a sonharem. Trata-se de todos em nosso mundo poderem viver em locais que tenham, no mínimo, água, luz elétrica, esgoto etc. Mas também estamos falando da restauração dos caminhos espirituais: os sonhos que brotam na alma de cada pessoa.

Talvez não tenhamos o poder para mudar as estruturas que mantêm a pobreza, embora nós mesmos tenhamos participado na sua criação, consciente ou inconscientemente, e as defendamos tenazmente porque, enfim, vivemos dentro delas (qualquer pessoa que porventura esteja lendo isso tem recursos financeiros maiores do que o de milhões de pessoas no mundo). Mas, pelo menos, podemos fazer algo importante na vida dos mais necessitados: restaurar seus sonhos.

Podemos lembrá-los da capacidade que Deus lhes tem dado para imaginar e sonhar e, ao mesmo tempo, fornecer-lhes os meios para agir. Podemos ajudá-los, espiritual, física e economicamente, para que saibam que Deus quer que revolucionemos o mundo e o tornemos mais justo e mais solidário. Podemos abraçá-los e compartilhar nossas forças para que não pensem que é impossível alcançar o que Deus colocou em seus corações.

Podemos viver menos preocupados com as nossas metas e mais comprometidos com essa Terra que um dia Deus transformará completamente, mas que agora necessita desesperadamente de que muitos dos Seus filhos deixem de "viver nas nuvens" para se lançarem na restauração de locais habitáveis, tanto perto como longe... inclusive os lugares que jamais imaginávamos alcançar!

Todos nós temos mais do que necessitamos. Sei que julgamos ter o direito a isso pelo fato de termos trabalhado com afinco na vida, mas não devemos esquecer que vivemos muito melhor do que jamais imaginamos. Nossa obrigação é esquecer do que julgamos ser nosso e deixarmos de medir nossa vida com base em nossos ganhos e aparente ostentação, para começarmos a sonhar. Somente aqueles que sonham são capazes de transformar o mundo. Somente os que ajudam outros a sonhar estão cheios da esperança que se encontra em seu coração.

É disto que o amor trata: de restaurar sonhos e realizá-los. Trata-se de estar tão cheio da graça do nosso Criador que tudo o que não for ajudar e abraçar seja colocado em segundo plano. Trata-se de viver com o Salvador dia após dia, momento a momento, de tal maneira que a compaixão do Seu coração seja também a nossa compaixão, a ponto de não sermos capazes de identificar exatamente onde Ele termina e nós começamos!

Isso envolve prover cada criança no mundo com a possibilidade de viver e executar os sonhos que Deus lhe concedeu, não importa onde estejam e quem sejam. Refiro-me a renunciar o que ostentamos para proporcionar vida aos que têm menos do que nada.

Se não fizermos isso, as crianças deixarão de imaginar e sonhar... e, nesse momento, todos (sejamos quem formos e tenhamos o que tivermos) estaremos perdendo toda a esperança de transformar o mundo.

36

SIMÃO CIRENEU: QUANDO OUTROS O CONVERTEM NUM HERÓI

Um homem caminhava do seu local de trabalho em direção à sua casa no começo da manhã. Ele havia saído ao amanhecer, e todos os seus pensamentos se voltavam para a necessidade de chegar logo para fazer seu desjejum com a esposa e seus filhos.

De repente, ele vê uma grande multidão e para hesitante. Ele hesita entre seguir adiante, o que o levará ao meio da multidão que gritava e se agitava, ou dar uma volta para não ser envolvido naquele tumulto. Enquanto se decide, continua caminhando, pois pensa não valer a pena perder tempo procurando evitar um grupo de pessoas muito exaltadas. E ele simplesmente segue em frente para encurtar caminho.

À medida que vai se aproximando da multidão, percebe que há mais pessoas do que tinha visto a distância e, quando pergunta sobre o que está acontecendo, dizem-lhe que acompanham um galileu que carrega uma cruz para ser crucificado no monte da Caveira. O galileu é levado por vários soldados romanos comandados por um centurião, mas, quanto mais ele se aproxima do lugar onde o condenado caminha, mais cresce o seu espanto e menos entende o que está acontecendo.

Simão, o nosso amigo, era um homem trabalhador; não tinha tempo para assistir às execuções públicas e nem se interessava pelas últimas notícias. Ele só queria trabalhar, ajudar sua família e seguir seu caminho, mas, quando os soldados viram-no passar e perceberam que era um homem robusto, acharam que ele teria a força necessária para carregar a cruz do chamado Rei dos judeus, a quem o cansaço vencera completamente.

> OBRIGARAM-NO A LEVAR A CRUZ DO CONDENADO, E ELE NADA PÔDE FAZER.

Sem tempo para pensar e tomar uma decisão, Simão Cirineu se encontrou dentro daquele tumulto de paixão e ódio. O travessão da cruz que o nazareno carregava agora está sobre seus ombros. Os romanos — governantes na época, subjugam e menosprezam o povo — pedem, e Simão não tem outra saída a não ser obedecer. Desobedecer poderia lhe custar a vida. O centurião viu que as costas de Simão estavam acostumadas a carregar qualquer tipo de peso e suas mãos calejadas mostravam ser um homem acostumado ao trabalho árduo. Obrigaram-no a levar a cruz do condenado, e ele nada pôde fazer.

No começo, seus pensamentos o levaram a se afastar do que estava acontecendo. Ele pensava: "Vou ao local da crucificação e volto para casa, pois a minha família me espera". Apesar do incômodo, Simão achou que levaria pouco mais de uma hora para fazer o trabalho que lhe impuseram, mas, enquanto avançava pelo caminho ao Calvário, não pôde deixar de olhar para o chamado Mestre de Nazaré cujas palavras e realizações haviam passado de boca em boca pelo povo nos últimos dias.

E, como o conduzissem, constrangendo um cireneu,
chamado Simão, que vinha do campo, puseram-lhe a cruz

sobre os ombros, para que a levasse após Jesus. Seguia-o numerosa multidão de povo, e também mulheres que batiam no peito e o lamentavam. (LUCAS 23:26,27)

Simão queria prosseguir com seus planos e voltar para casa. Ninguém gosta que coloquem uma cruz sobre seus ombros mesmo que seja numa situação momentânea e circunstancial. Ele quis se opor e dizer não, pensou em gritar e sair correndo, mas, além da ordem dos soldados, em seu coração sentia que havia algo mais profundo do que sua vontade e que o conduzia aos pés daquele homem a caminho da crucificação, e ficou observando por segundos que foram eternos o rosto daquele que ia voluntariamente à morte.

Com o passar do tempo, à medida que começa a descobrir as razões da condenação de Jesus, o coração de Simão vai mudando quase sem ele perceber.

O cansaço, o suor e, de certa forma, a surpresa desse momento não o deixam meditar no que está acontecendo. Jesus de Nazaré foi declarado culpado por um delito que ele não sabe muito bem qual é e agora caminha menosprezado, culpado, insultado e, ao mesmo tempo, pranteado. Simão vê tudo isso e se admira. Aquele de quem tanto havia ouvido falar agora caminha ao seu lado, um pouco aliviado por não ter de carregar a cruz, mas enfrentando o desprezo que alguém jamais tinha sequer imaginado.

A IMPRESSIONANTE LEALDADE DO "DESCONHECIDO"

Os minutos pareciam intermináveis, em parte pelo peso da cruz, mas, acima de tudo, pela crescente sensação de que aquele ser humano que o acompanhava era alguém mais do que um líder religioso. Cada palavra de Jesus, cada gesto, é observado por Simão, o homem forte e leal que, à medida que vai carregando a cruz, acredita estar vivenciando o momento mais importante da sua existência.

Subir a Via Dolorosa ao lado do Salvador não deixou Simão indiferente. De forma nenhuma! Não sabemos se procurou falar com Jesus para lhe pedir explicações sobre a Sua crucificação; tampouco sabemos se Jesus teve a oportunidade de lhe dirigir algumas palavras, ou se, inclusive, Jesus olhou para ele como havia feito com tantos outros que o seguiam.

DEIXOU DE SE PREOCUPAR COM SUAS NECESSIDADES OU SEU CANSAÇO E DESEJOU APROXIMAR-SE AINDA MAIS DO NAZARENO.

O Messias fora açoitado, ferido, zombado, humilhado e estava cansado. Qualquer pessoa em Seu lugar teria se rebelado contra o seu "destino" e teria buscado outra saída mais desejada: a resignação ou o rancor. Jesus não o fez. Se, durante a Sua vida, Ele soube reagir de forma superior nos momentos mais difíceis, agora, pouco antes de morrer, o Salvador aceitava com prazer o sofrimento, a dor e a zombaria. Isso impressionou tanto Simão que ele deixou de pensar em tudo o que acontecia à sua volta para concentrar seu olhar em Jesus. Deixou de se preocupar com suas necessidades e seu cansaço e desejou aproximar-se ainda mais do Nazareno.

Simão ouviu o que as mulheres que o seguiam falavam, quando choravam desesperadamente ao verem seu Salvador ferido, e Jesus lhes respondeu: "Filhas de Jerusalém, não choreis por mim" (LUCAS 23:28). Simão achou estranho que somente as mulheres estivessem com Cristo; sabia que Jesus tinha discípulos, e muitos tinham sido curados por Ele. Onde estavam eles agora? Apenas aquelas muitas mulheres o seguiam? Elas teriam mais valor do que todos os outros? Que tipo de Messias baseia Seu reino em poucas mulheres e alguns discípulos "desaparecidos" por causa do medo?

Simão escutou, com admiração, o perdão que Jesus ofereceu a todos, o Seu carinho e a ternura com que se preocupava pelo sofrimento dos outros. Simão viu como todos zombavam de Jesus, cuspiam nele e o empurravam; como blasfemavam ao vê-lo e gritavam contra Ele; como o faziam tropeçar para rirem ao ver a dor em Seu rosto ao cair no chão.

Quando chegaram ao ponto mais alto e Jesus foi crucificado, Simão permaneceu ali; não quis voltar para casa. Ele precisava descansar um pouco, a subida pela Via Dolorosa carregando aquela cruz havia exaurido suas forças... Mas a verdadeira razão era que, depois de passar esses momentos ao lado do Messias, nada tinha sentido para Simão além de estar com Aquele que havia marcado a sua vida.

Quando os soldados romanos pregaram as mãos e os pés de Jesus, ergueram-no e soltaram as cordas usadas para colocar a cruz em pé, com a frieza de alguém acostumado à zombaria e à dor dos outros, Simão continuava impressionado. As primeiras palavras que o Crucificado pronunciou não foram de queixa; tampouco de maldição contra aqueles que lhe tiravam a vida, embora tivesse todo o direito de fazê-lo. Não; o que Jesus exclamou em voz alta foi:

Pai, perdoa-lhes, porque não sabem o que fazem. (LUCAS 23:34)

Simão viu como o Messias perdoava a todos os que o faziam sofrer; viu como Ele recusou o vinho misturado com mirra para aliviar a Sua dor, e isso o impressionou mais do que qualquer outra coisa. Ele era um homem forte, conhecia o cansaço e o sofrimento que eram provocados pelo trabalho, então não pôde deixar de se perguntar: "Quem é este que, no limite da exaustão, quer sentir *toda* a dor, sem qualquer disfarce?".

Ninguém esperava por essas palavras. Poucos as entenderam, e muito menos Simão, porque, tendo carregado uma parte ínfima daquele sofrimento durante aqueles poucos minutos, ouvia como Jesus perdoava aos Seus inimigos. Se para ele a simples subida ao Calvário, carregando a cruz, deixou-o completamente esgotado, como Aquele que estava crucificado podia oferecer perdão?

Cada momento que passava e cada palavra que ouvia faziam crescer em Simão a admiração, o respeito e o afeto pelo Crucificado. Ele percebeu a preocupação de Jesus pelos Seus, por Sua mãe e por um dos Seus discípulos; ouviu-o exclamar pelo abandono de Deus. Talvez estivesse ali quando Cristo entregou seu Espírito e declarou que tudo estava consumado. Não sabemos de tudo o que Simão vivenciou naquela tarde; mas sabemos que, ao voltar para sua casa, viu como tudo ficou escuro e a Terra tremeu pela morte do chamado Messias. Somente ele sabia o que passou pela sua mente naqueles momentos, só ele poderia nos explicar o que transformou seu coração: o olhar do Messias, Suas palavras, Sua firmeza diante da morte, ou a reação da própria natureza. O fato é que Simão jamais seria o mesmo novamente.

A Bíblia nos diz que ele e sua família creram no Senhor Jesus, que Simão entregou sua vida ao Crucificado sem duvidar um momento sequer. Marcos nos dá alguns detalhes que se tornaram conhecidos somente após a morte de Jesus. Deus deseja que aprendamos que existe sempre uma razão para tudo, e, nesse caso, o mais importante não era o motivo, mas sim as consequências... "E obrigaram a Simão Cireneu, que passava, vindo do campo, pai de Alexandre e de Rufo, a carregar-lhe a cruz. E levaram Jesus para o Gólgota, que quer dizer Lugar da Caveira" (MARCOS 15:21,22).

Simão era pai de Alexandre e Rufo. Ninguém os conhecia no momento quando Jesus caminhava rumo ao Calvário, porém esses dois chegaram a ser bastante conhecidos na comunidade romana onde Marcos escreveu seu evangelho. O apóstolo Paulo nos apresenta um detalhe muito importante na história da família de Simão quando escreve: "Saudai Rufo, eleito no Senhor, e igualmente a sua mãe, que também tem sido mãe para mim" (ROMANOS 16:13).

A mãe de Rufo fora como uma mãe para Paulo quando sua família o abandonou por causa do evangelho. Com certeza, essa mulher e seu marido, Simão, explicaram ao antigo perseguidor do Messias muitos detalhes sobre a crucificação, pois mais tarde Paulo chegou a escrever: "Logo, já não sou eu quem vive, mas Cristo vive em mim; e esse viver que, agora, tenho na carne, vivo pela fé no Filho de Deus, que me amou e a si mesmo se entregou por mim" (GÁLATAS 2:20).

CRUCIFICADOS COM CRISTO

A cruz de Cristo fora fundamental na vida de Paulo, e também na vida de Simão Cireneu e de sua família. Não foram os soldados que o obrigaram a carregar a cruz; foi o próprio Deus que moveu os fios da história, pois era Seu propósito transformar a vida de toda a família desse homem. Ele os amava e por isso escolheu Simão para que levasse a cruz. Deus, em Seus propósitos eternos, queria que alguém explicasse a Paulo o que havia acontecido na crucificação do Seu Filho. Por isso Simão foi escolhido para acompanhá-lo!

Deus quer ensinar lições importantes a cada um de nós. Quando Ele nos busca, temos de lhe obedecer. Não existe outra saída, embora no princípio nos pareça ser algo inconveniente ou até mesmo ser uma obrigação aquilo que Ele está pedindo, ou mesmo que não entendamos o que está acontecendo. Deus escolhe alguém que aparentemente não tem importância — um homem que trabalha no campo e que quase nada sabe sobre o evangelho — para que seus filhos sejam colunas na Igreja e toda a família ajude o apóstolo Paulo de forma inconfundível e única.

Cada vida tem valor superlativo para Deus, e nós não podemos entender até que aprendamos a ver tudo do Seu ponto de vista. O máximo que conseguimos compreender é o que acontece numa vida. Deus vê muito mais longe: cada decisão que tomamos tem efeitos eternos; cada ato de obediência de nossa parte, por mais simples que nos pareça ser, fica registrado na eternidade.

Para levar a cruz de Jesus, Deus escolheu uma das poucas pessoas que não haviam zombado do Seu Filho. Simão não havia sido curado, talvez não tenha escutado os ensinamentos de Jesus nem tenha visto algum dos Seus milagres. Pode ser que jamais tenha tido a oportunidade de contemplar como o mar lhe obedecia... mas o

Senhor o conduziu pelo caminho da cruz porque o escolhera. Deus o "obrigou" a ver a amabilidade do Messias nos últimos momentos da Sua vida.

Deus tem um propósito para nós. Todos somos especiais para Ele! Deus nos usa mesmo que não tenhamos recebido as oportunidades que outros receberam. Deus pode usar até os nossos inimigos para que cumpramos a Sua vontade: foram os romanos que pegaram Simão para carregar a cruz. Não devemos nos queixar quando não compreendemos uma situação, pois Deus está por trás de cada acontecimento. Nada foge dos Seus propósitos, não existem coincidências ou sorte. Deus sabe que um único encontro com Jesus transforma a vida de alguém para sempre.

Hoje existem muitos "Simões" aos quais Deus confere uma missão. Às vezes podemos pensar que são pessoas sem muito valor, mas são importantes para o Mestre. Delas depende que o evangelho alcance o mundo inteiro. Elas serão as pessoas que ajudarão e fortalecerão a vida de muitos "Paulos". Às vezes Deus nos dá uma missão e nós a cumprimos murmurando sem saber que o mundo inteiro depende de nossa fidelidade na execução dessa tarefa.

Não por acaso, nem por sorte, Simão foi o primeiro a seguir ao pé da letra as palavras do Senhor Jesus. Deus o chamou e continua a nos chamar para que, como Simão, façamos a Sua vontade. Ele nos chama para segui-lo de maneira bastante simples e clara. As grandes decisões e os grandes "homens e mulheres" de Deus são os que fazem as coisas mais simples e as executam bem.

Dessa maneira vivemos empolgados com aquilo que fazemos por mais insignificante que julguemos ser o nosso trabalho... Lembre-se: "Se alguém quer vir após mim, a si mesmo se negue, tome a sua cruz e siga-me" (MARCOS 8:34).

37
TÍQUICO: A OBRA DE DEUS NÃO É PARA "LOBOS SOLITÁRIOS"

Antes de escrever qualquer coisa sobre o herói de hoje, gostaria de lhe fazer algumas perguntas. Já sei que você está pronto para virar as páginas para o próximo capítulo, mas garanto que será um teste muito simples, não será preciso estudar ou recapitular coisa alguma. São seis perguntas que você pode responder sem pensar muito:

Quem escreveu a primeira carta aos coríntios?
Quem escreveu a segunda carta aos coríntios?
Quem escreveu a carta aos filipenses?
E a carta aos colossenses?
E a primeira carta aos tessalonicenses?
E a segunda carta aos tessalonicenses?

E, se você me permitir, uma pergunta "extra", já que constatou que as anteriores são muito fáceis:

Quem escreveu a primeira carta de Pedro?

Não pense que perdi a cabeça ao fazer perguntas tão simples. (Espero que tenha acertado todas!) Mas talvez você esteja pensando o que elas têm a ver com Tíquico. Não é preciso adivinhar, pois logo você descobrirá. Leia com atenção a narrativa do médico Lucas, no livro de Atos dos Apóstolos, ao comentar uma das viagens do apóstolo Paulo.

> *Havendo atravessado aquelas terras, fortalecendo os discípulos com muitas exortações, dirigiu-se para a Grécia, onde se demorou três meses. Tendo havido uma conspiração por parte dos judeus contra ele, quando estava para embarcar rumo à Síria, determinou voltar pela Macedônia. Acompanharam-no [até à Ásia] Sópatro, de Bereia, filho de Pirro, Aristarco e Secundo, de Tessalônica, Gaio, de Derbe, e Timóteo, bem como Tíquico e Trófimo, da Ásia; estes nos precederam, esperando-nos em Trôade. Depois dos dias dos pães asmos, navegamos de Filipos e, em cinco dias, fomos ter com eles naquele porto, onde passamos uma semana.*
> (ATOS 20:2-6)

Penso que todos nós temos feito o mesmo desde crianças. Quando líamos a Bíblia num desses planos de leitura anual, ou algo semelhante, chegando aos últimos capítulos de alguma das epístolas de Paulo (como Romanos 16 por exemplo), simplesmente passávamos os olhos por cima porque esses nomes e saudações nada tinham de "espiritual". Com o passar do tempo, e no trabalho do ministério, compreendi que essas saudações são a aplicação espiritual mais direta de tudo quanto foi dito anteriormente na carta.

Paulo contava com a ajuda de pessoas que haviam viajado com ele para evangelizar e pregar, companheiros que, além disso, trabalhavam com ele em cada uma das igrejas. Dezenas de pessoas que simplesmente eram seus amigos, contudo eram o tipo de amigos que não somente oferecem sua amizade, mas, além disso, como se não bastasse, trabalham com você na obra do Senhor. Esses amigos são verdadeiros presentes de Deus.

Tíquico foi um deles. Acompanhou Paulo em várias viagens missionárias, e o que Lucas menciona nessa passagem refere-se a

Trôade e Filipos. Paulo confiava totalmente nele, então o envia como seu "representante" em diferentes ocasiões para fortalecer as igrejas, animá-las, ajudá-las, pastoreá-las, abençoá-las. Tíquico sabia de tudo o que Paulo fazia ou pensava. Não era apenas seu companheiro na obra do Senhor, mas também seu amigo.

> TEMOS ESPECIALISTAS EM EXORTAÇÃO, PALAVRAS TÉCNICAS E GRITOS ESPIRITUAIS EM EXCESSO. O QUE REALMENTE PRECISAMOS É DE ESPECIALISTAS EM GRAÇA E COMPAIXÃO!

Temos de reconhecer que Tíquico, que significa "feliz, afortunado", fazia jus ao seu nome: "E, para que saibais também a meu respeito e o que faço, de tudo vos informará Tíquico, o irmão amado e fiel ministro do Senhor. Foi para isso que eu vo-lo enviei, para que saibais a nosso respeito, e ele console o vosso coração" (EFÉSIOS 6:21,22).

UM ESPECIALISTA EM ANIMAR E CONSOLAR OS OUTROS

Tíquico era autêntico, um especialista em confortar e encorajar. Ele sabia escutar e consolar os outros! Não é estranho que Paulo quisesse que ele viajasse sempre ao seu lado, pois o classificava como um amado irmão e fiel ministro do Senhor. Isso é realmente admirável! Tíquico sabia chegar ao coração das pessoas, de tal forma que Paulo podia ficar tranquilo ao enviá-lo. Sua amabilidade e ternura na consideração de cada assunto eram conhecidas por todos. Como precisamos de pessoas assim hoje em dia! Temos especialistas em exortação, palavras técnicas e gritos espirituais em excesso. O que realmente precisamos é de especialistas em graça e compaixão!

Procura vir ter comigo depressa. Porque Demas, tendo amado o presente século, me abandonou e se foi para

Tessalônica; Crescente foi para a Galácia, Tito, para a Dalmácia. Somente Lucas está comigo. Toma contigo Marcos e traze-o, pois, me é útil para o ministério. Quanto a Tíquico, mandei-o até Éfeso. (2 TIMÓTEO 4:9-12)

Quando Paulo aproximou-se dos seus últimos dias de vida, ele enviou Tíquico à igreja que mais necessitava de ajuda: a igreja de Éfeso. Paulo sabia que seu amigo faria excelente trabalho. Com essa certeza, Paulo acredita que Tíquico fará melhor do que ele próprio! Isso não é somente questão de amizade, mas também de trabalho em equipe. Embora sinta tristeza por ter de ficar sozinho, Paulo e seus amigos sabem que não é em vão o que estão fazendo para o Senhor, ainda que muitos o abandonem! De fato, apenas Lucas, o médico amado, permaneceu com Paulo para cuidar da sua saúde e para ajudá-lo.

Esse é o motivo de Paulo enviar Tíquico, pois ninguém pode "ler o seu coração" como ele. Eu disse certa vez que um verdadeiro amigo é aquele com quem você pode "pensar em voz alta" e era o que acontecia entre Paulo e seu irmão na fé. O apóstolo, inclusive, deixou isso por escrito para que não tivéssemos qualquer dúvida: "Quanto à minha situação, Tíquico, irmão amado, e fiel ministro, e conservo no Senhor, de tudo vos informará. Eu vo-lo envio com o expresso propósito de vos dar conhecimento da nossa situação e de alentar o vosso coração. Em sua companhia, vos envio Onésimo, o fiel e amado irmão, que é do vosso meio. Eles vos farão saber tudo o que por aqui ocorre" (COLOSSENSES 4:7-9).

Ter alguém que conhece todas as nossas questões é um presente de Deus. E se, além disso, podemos classificá-lo como "fiel ministro e conservo do Senhor", como Paulo afirmava, significa que essa amizade foi estabelecida no Céu. Precisamos trabalhar por ela e lutar para que não se perca!

O TRABALHO PARA O SENHOR É UM TRABALHO DE TODOS

Não quero ser negativo, mas temo que, nos últimos anos, grande parte dos cristãos se esqueceu do que significa trabalhar em equipe. Devo reconhecer que desta vez a culpa não é exclusivamente "nossa", mas de uma sociedade completamente individualista, que reage à cultura do sucesso e admira somente quem está no topo da pirâmide. Uma cultura que não se importa com o que é feito para obter o sucesso, contanto que o alcance. Essa sociedade, em linhas gerais, não conhece a lealdade nem a honradez, muito menos a solidariedade e o espírito comunitário. O famoso Charles Darwin um dia afirmou que a vida é uma competição e somente os melhores sobrevivem, e essa é a filosofia de muita gente. Por se tratar de competir e sobreviver, a cooperação quase não existe.

> POR SE TRATAR DE COMPETIR E SOBREVIVER, A COOPERAÇÃO QUASE NÃO EXISTE. A FILOSOFIA EVOLUCIONISTA GOVERNA A SOCIEDADE E TAMBÉM GRANDE PARTE DA IGREJA.

Como dissemos em outras ocasiões, estamos perdendo o valor da amizade rapidamente, e a Igreja, que deveria ser a comunidade da graça para mostrar ao mundo o que o amor verdadeiro realmente é, está sendo sufocada pelo êxito dos mesmos empreendimentos individualistas que são aplaudidos no mundo.

Se acreditamos que a situação não é tão grave, deveríamos nos questionar: temos alguém em quem confiamos de maneira a enviá-lo a qualquer lugar em nosso nome? Alguém que conheça o que somos e pensamos? Algum ou alguns colegas de trabalho com os quais somos verdadeiros? Se não for assim, ore ao Senhor e peça Sua sabedoria, porque talvez você esteja trabalhando para o Senhor como um "lobo solitário", o que é demasiadamente perigoso.

Na obra de Deus ninguém é imprescindível, não há sequer um ser humano de quem algo dependa de forma absoluta. Ninguém pode fazer tudo sozinho, nem nós!

NINGUÉM PODE FAZER TUDO SOZINHO, NEM NÓS!

É hora de começarmos a trabalhar em equipe e seguirmos o exemplo de pessoas como Tíquico! Por que não o fazemos? Creio que a resposta está no fato de termos esquecido de alguns dos princípios básicos de relacionamento:

Primeiro temos de aprender que muitas vezes não estamos com a razão e, ao mesmo tempo, devemos permitir que outros discordem de nós em algumas situações. O Novo Testamento nos mostra que o próprio Paulo teve vários desentendimentos com outros cristãos (como quando não quis levar João Marcos consigo e se opôs a Barnabé, você se lembra?). Ele soube não apenas resolver esses desentendimentos, como também foi capaz de voltar atrás e reconhecer seus erros publicamente (pediu que João Marcos viesse ter com ele). Não é de se estranhar que o apóstolo tenha tido bons amigos. Se desejamos viver como ele (em qualquer área da vida), precisamos aprender a reconhecer nossos erros e a exercitar a tolerância como uma das virtudes da graça: saber trabalhar com as pessoas com as quais porventura não estejamos totalmente de acordo e aprender a amá-las e a precisar delas.

A graça de Deus é o que nos mantém vivos, desfrutando do Seu amor e Seu cuidado. Jesus ensinou que é o Pai celeste quem "...faz nascer o seu sol sobre maus e bons e vir chuvas sobre justos e injustos" (MATEUS 5:45). Se Deus permite que tenhamos outras opiniões, inclusive que muitos se oponham a Ele e a Sua graça continue sendo derramada sobre todos, como podemos nós viver de outra maneira! É o inimigo que não permite que alguém discorde. O diabo, o pai da mentira, é capaz de usar o mal, o ódio e o engano para procurar destruir a todos!

A sociedade segue esse caminho sem a graça de Deus. Recentemente ouvi a entrevista de um famoso treinador de futebol que afirmou: "Quem não concorda comigo é um tolo". Eu o tomo como exemplo para nos mostrar que, até num contexto totalmente comum, o "querer ter a razão em tudo" é o que manda. Milhares de pessoas adotam essa frase como motivação para sua vida de tal forma que aquele que não concordar é motivo de desprezo e esquecimento, não importa se é na família, no trabalho, na amizade, e até na igreja! Nem nos mínimos detalhes se pode discordar sob pena de ser imediatamente excluído. Se não estiver totalmente de acordo, não pode fazer parte do grupo.

Quem tem razão em tudo não precisa aprender nada, portanto jamais poderá melhorar. Ele pensa que já faz tudo perfeitamente bem! É como diz um ditado espanhol: "No seu pecado já está implícita a penitência".

RADICAIS NOS PRINCÍPIOS, TOLERANTES NOS RELACIONAMENTOS

Segundo, as pessoas não sabem trabalhar em equipe porque não conseguem enxergar o que é importante. Existe uma tensão constante entre os princípios e os relacionamentos. Alguns são firmes nos relacionamentos e tolerantes nos princípios. De certa forma, admitem que não lhes importa o que você crê, mas são sempre incapazes de resolver um problema com os outros porque se recusam a admitir que erraram (conforme vimos há pouco) e são incapazes de perdoar os outros. Quando alguém falha é "eliminado" logo do seu círculo como se acreditassem que as pessoas jamais podem errar.

Deus tem nos ensinado a viver de forma totalmente diferente: temos de ser radicais nos princípios, porém cheios de amor nos relacionamentos. Sabemos no que cremos e o que defendemos, mas jamais queremos prejudicar alguém. Todos nós erramos (ninguém é perfeito) e por isso já aprendemos a perdoar e sermos perdoados, a viver transbordando graça e a resolver situações difíceis. Assim, jamais "apagamos" alguém da nossa vida.

Paulo entendeu esse derramar da graça do Senhor, por isso é impressionante o que ele escreve quase no final da sua vida: "Fiel é a palavra e digna de toda aceitação: que Cristo Jesus veio ao mundo para salvar os pecadores, dos quais eu sou o principal" (1 TIMÓTEO 1:15). Quando o apóstolo se classifica como o "principal" dos pecadores, a palavra que ele usa é a mesma que se usava para exaltar o campeão de uma competição esportiva. Paulo acreditava que ninguém podia ser um pecador maior do que ele.

Pessoalmente digo que continua a me impressionar o fato de Paulo afirmar (sem a falsa modéstia que tantas vezes nos caracteriza) que se considera o pior de todos os seres humanos. Alguém que revolucionou o mundo com o evangelho do Senhor Jesus e o poder do Espírito de Deus, não deveria ser considerado assim... mas ele se via dessa maneira, pois sabia que nada merecia diante de Deus. Essa atitude o definia como pessoa e como servo de Deus!

> JÁ APRENDEMOS A PERDOAR E SERMOS PERDOADOS, A VIVER TRANSBORDANDO GRAÇA E A RESOLVER SITUAÇÕES DIFÍCEIS. ASSIM, JAMAIS "APAGAMOS" ALGUÉM DA NOSSA VIDA.

Essa foi a atitude dos que conheceram a graça de Deus e aprenderam a desfrutá-la. Foram os mesmos que, durante a Reforma Protestante na Europa, reconheceram que "não mereciam nada, mas tinham tudo". É a mesma atitude daqueles que vivem nos países onde o evangelho realmente cresce nos dias de hoje. Essa é a atitude que nos faz sentir imensamente felizes quando vivenciamos o amor de Deus, pois Ele nos dá tudo. Quando vivemos desse modo, reconhecemos que, mesmo que tivéssemos mil vidas e as consagrássemos a Ele, continuaríamos sem merecer nada.

Se não fosse assim, cairíamos no grave perigo de nos julgarmos melhores do que os outros e jamais aprenderíamos a trabalhar em equipe. O orgulho é o nosso grande problema, e não importa se queremos espiritualizar o que está acontecendo ou achar justificativas e razões para a nossa conduta em determinados momentos. Se não nos "unirmos" a outras pessoas é simplesmente porque cremos estar num nível superior.

A VIDA NÃO GIRA AO NOSSO REDOR

Deveríamos nos esforçar para ouvirmos com mais frequência aquilo que falamos. Às vezes, quando alguém compartilha sobre sua vida cristã, ele diz: "Arrependi-me dos meus pecados, acreditei em Jesus e agora trabalho para Ele. Sirvo ao Senhor, vou à igreja, dou o dízimo todos os meses e participo da equipe de evangelização/adoração/ministério etc.". Sei que você pode me entender; não é que haja algo errado nessas palavras, mas o "eu" foi dito várias vezes, embora não tenha sido pronunciado uma única vez. Por vezes não somos capazes de perceber o nosso orgulho, porque gostamos de ter uma aparência espiritual. Ficamos encantados com o brilho da nossa santidade e, quando alguém fala da nossa humildade e do compromisso com o Senhor, sentimo-nos no Céu! Vivemos a falsa alegria da religiosidade, e essa santidade fingida nos leva ao vácuo e à frustração. E o que é pior, afasta-nos do nosso Pai.

Enquanto isso, Paulo, o revolucionário, falava com frequência sobre o Senhor Jesus e quando, por qualquer motivo, precisava referir-se a si mesmo, ele se autojulgava o campeão dos pecadores. O apóstolo sabia que o nosso maior problema é o orgulho e que, somente lutando dia após dia contra esse "monstro" que nos devora, podemos começar a desfrutar da graça de Deus, pois é esse realmente o nosso problema. Muitos gostariam de entrar no Céu dizendo: "Cheguei até aqui". É certo que falamos do amor de Deus e que nada poderíamos fazer para nos salvar, mas com o tempo chegamos a nos considerar boas pessoas.

Nosso maior perigo é não reconhecer que somos um perigo! O próprio Senhor Jesus precisou ensinar a todos que um dia alguns vão dizer: "Falamos em teu nome, fizemos milagres em teu nome etc.", mas Ele não os reconhecerá! Não se trata do que nós fazemos, mas dele! A diferença em nossa vida não é pelo que temos ou pelo que ganhamos, mas consiste em conhecer a Cristo como Salvador pessoal. Somente quando temos Jesus a nossa vida tem propósito... e então nos sentimos como o "principal" dos pecadores, porque temos tudo, sabendo que nada merecemos.

Essa é uma das razões pelas quais o Senhor Jesus contou a história de dois filhos que viviam na casa do pai. Lembra-se? (LUCAS 15). Jesus queria que entendêssemos como é o amor de Deus, muito além das nossas reações, e como Ele recebe de forma incondicional quem se aproxima dele, porque Deus ama de maneira incondicional.

Creio sinceramente que há muitos "irmãos mais velhos" do filho pródigo nas igrejas e no ministério, embora não queiramos reconhecê-los porque somos muito parecidos com eles. Por isso perdemos tempo discutindo e argumentando em torno de palavras, enquanto milhares de pessoas estão se perdendo. Não somente deixamos de sair em busca do pródigo, como tampouco participamos da festa quando ele retorna. Julgamo-nos demasiadamente bons para isso!

Como gostamos de estudar a Bíblia (e jamais devemos deixar de fazê-lo), seria bom que aprendêssemos que o pai que recebeu e abraçou o filho que voltou é o mesmo que insistiu com o filho mais velho para que participasse da festa. Deixe-me lembrá-lo, não como exortação, mas como um pequeno conselho: a presença de Deus é uma festa. O problema dos dois filhos é que nenhum deles aprendeu a ser feliz com o pai, nenhum dos dois percebera que a melhor coisa do mundo estava em sua casa. Ainda que um deles tenha ido embora e o outro tenha ficado, ambos estavam muito longe daquele que mais os amava.

Às vezes pensamos que somos felizes com a salvação que Deus nos concedeu, mas, sinceramente, não o somos porque precisamos aprender a usufruir do caráter do nosso Pai. Falta reconhecermos que não se trata de nós, mas dele; que não vivemos pelo que nós fazemos, mas pelo que Ele é. É necessário que deixemos de pensar em nós mesmos, em nossos direitos e nas conquistas espirituais para começarmos a olhar para o Senhor e desfrutarmos de tudo o que Ele é e faz.

Precisamos aprender a amá-lo com tudo o que somos e temos, sabendo que Ele nos dá absolutamente tudo, embora nada mereçamos. Se vivermos dessa maneira, aprenderemos a razão pela qual Paulo, o principal dos pecadores, transformou o mundo com o poder do evangelho de Jesus, trabalhando em equipe e confiando totalmente em seu Senhor, e em seus irmãos. Enquanto isso, nós, que nos julgamos tão santos, conseguimos a duras penas que as pessoas não saiam de nossas igrejas...

A propósito, suponho que você tenha acertado as perguntas do teste no início deste capítulo. A primeira carta aos coríntios foi escrita por Paulo e Sóstenes. A segunda carta aos coríntios, por Paulo e Timóteo, assim como a carta aos colossenses e aos filipenses. A primeira e a segunda aos tessalonicenses foram escritas por Paulo, Silvano e Timóteo. A primeira carta de Pedro foi escrita pelo próprio Pedro e Silas (Silvano). Não foi tão difícil, não é verdade?

38

TITO: A QUEM DEDICAMOS NOSSO TEMPO, AOS AMIGOS OU AOS SEGUIDORES?

Com certeza você deve ter visto, porque a foto deu a volta ao mundo. Ela mostrava todos os jogadores de uma seleção de futebol sentados no vestiário, minutos depois de terem ganhado um jogo muito importante. Todos nós imaginaríamos que estariam abraçados, gritando ou vibrando pela vitória, mas não... todos eles (uns 15 jogadores) estavam enviando mensagens em seus celulares, vendo suas redes sociais e postando fotos para seus seguidores. Isso me fez refletir sobre a razão de, no mundo desenvolvido, a maioria das pessoas já não procurar mais ter amigos e se importar mais com seus seguidores.

Tito era um dos melhores amigos de Paulo e, além disso, como vimos em outros momentos, era também um companheiro de ministério. A etimologia do seu nome liga-o à palavra "defensor". Lembre-se de que naquele tempo os pais costumavam dar nomes aos seus filhos para abençoá-los desde o seu nascimento. Além desse primeiro sentido, Tito também pode ser traduzido como "nobre". Com essas duas palavras, descobrimos o que um amigo realmente é: alguém que nos defende e nos ajuda, alguém que é nobre em seus relacionamentos... disso se trata a amizade.

Paulo sabia disso e não apenas escreveu para Tito uma das suas cartas, como também, ao longo das suas epístolas, refere-se várias vezes ao caráter do seu amigo e à ajuda que ele lhe prestou em muitas circunstâncias e diferentes momentos: "Mas graças a Deus, que pôs no coração de Tito a mesma solicitude por amor de vós; porque atendeu ao nosso apelo e, mostrando-se mais cuidadoso, partiu voluntariamente para vós outros" (2 CORÍNTIOS 8:16,17).

A GRANDE IMPORTÂNCIA DOS PACIFICADORES

Tito era um pacificador, a pessoa certa que todos sempre querem ter em sua equipe para solucionar problemas e para usufruir de sua amizade. Ele foi a Dalmácia para ajudar a igreja, num local onde os habitantes eram briguentos, e, mais que isso, todos eram conhecidos como obstinados e enganadores. Ninguém era capaz de "amansá-los". Eles próprios se reconheciam como verdadeiras feras! Mas Tito seguiu para lá a fim de abençoá-los em nome do Senhor, da mesma forma que teve de fazer em Corinto, numa das igrejas mais problemáticas do primeiro século. Ele não se preocupou, pois era alguém acostumado a ajudar de modo voluntário, afetuoso e cheio da graça. Por vezes as desavenças desapareciam na sua presença. Não é verdade que conhecemos pessoas assim?

> *Porque, chegando nós à Macedônia, nenhum alívio tivemos; pelo contrário, em tudo fomos atribulados: lutas por fora, temores por dentro. Porém Deus, que conforta os abatidos, nos consolou com a chegada de Tito; e não somente com a sua chegada, mas também pelo conforto que recebeu de vós, referindo-nos a vossa saudade [...] E, acima desta nossa consolação, muito mais nos alegramos pelo contentamento de Tito, cujo espírito foi recreado por todos vós. Porque, se nalguma coisa me gloriei de vós para com ele, não fiquei envergonhado; pelo contrário, como, em tudo, vos falamos com verdade, também a nossa exaltação na presença de Tito*

se verificou ser verdadeira. E o seu entranhável afeto cresce mais e mais para convosco, lembrando-se da obediência de todos vós, de como o recebestes com temor e tremor.
(2 CORÍNTIOS 7:5,6,7,13,14,15)

O apóstolo aprecia o caráter do seu amigo Tito (e o Senhor também, por ter algo assim registrado em Sua Palavra). Paulo o trata como seu cooperador, companheiro e amigo. Esse apóstolo, que tinha muitos filhos espirituais e havia fundado e organizado dezenas de igrejas pelo mundo refere-se frequentemente aos seus amigos e cooperadores como bênçãos de Deus em sua vida. Se você me permite um salto no tempo, podemos dizer que, se Paulo vivesse no século 21, teria milhões de seguidores nas redes sociais. Mas duvido que ele teria tempo para isso! Porque a lição mais importante do seu ministério foi procurar cuidar dos seus amigos sempre, estar com eles, confiar neles, trabalhar juntos para o Senhor e dedicar-lhes tempo. Esse apóstolo sempre se preocupou com seus amigos e irmãos, jamais com seus seguidores. "Quanto a Tito, é meu companheiro e cooperador convosco; quanto a nossos irmãos, são mensageiros das igrejas e glória de Cristo. Manifestai, pois, perante as igrejas, a prova do vosso amor e da nossa exultação a vosso respeito na presença destes homens" (2 CORÍNTIOS 8:23,24).

TITO ERA AFÁVEL E CHEIO DA GRAÇA — ALGUÉM ACOSTUMADO A AJUDAR DE MODO VOLUNTÁRIO. PRECISAMOS DE PESSOAS ASSIM!

Creio que o melhor que poderíamos fazer neste momento é ler pausadamente a carta que Paulo enviou a Tito para entendermos as razões dessa sólida amizade. Leia em sua Bíblia agora.

Espero que você tenha tido tempo para fazer essa leitura, mas, de qualquer forma, permita-me simplesmente lembrá-lo de alguns detalhes: "Tito, verdadeiro filho, segundo a fé comum, graça e paz, da parte de Deus Pai e de Cristo Jesus, nosso Salvador. Por esta causa, te deixei em Creta, para que pusesses em ordem as coisas restantes, bem como, em cada cidade, constituísses presbíteros, conforme te prescrevi: alguém que seja irrepreensível, marido de uma só mulher, que tenha filhos crentes que não são acusados de dissolução, nem são insubordinados. Porque é indispensável que o bispo seja irrepreensível como despenseiro de Deus, não arrogante, não irascível, não dado ao vinho, nem violento, nem cobiçoso de torpe ganância; antes, hospitaleiro, amigo do bem, sóbrio, justo, piedoso, que tenha domínio de si, apegado à palavra fiel, que é segundo a doutrina, de modo que tenha poder tanto para exortar pelo reto ensino como para convencer os que o contradizem. Porque existem muitos insubordinados, palradores frívolos e enganadores, especialmente os da circuncisão. É preciso fazê-los calar, porque andam pervertendo casas inteiras, ensinando o que não devem, por torpe ganância. Foi mesmo, dentre eles, um seu profeta, que disse: Cretenses, sempre mentirosos, feras terríveis, ventres preguiçosos. Tal testemunho é exato. Portanto, repreende-os severamente, para que sejam sadios na fé e não se ocupem com fábulas judaicas, nem com mandamentos de homens desviados da verdade" (TITO 1:4-14).

Aguardando a bendita esperança e a manifestação da glória do nosso grande Deus e Salvador Cristo Jesus, o qual a si mesmo se deu por nós, a fim de remir-nos de toda iniquidade e purificar, para si mesmo, um povo exclusivamente seu, zeloso de boas obras. Dize estas coisas; exorta e repreende também com toda a autoridade. Ninguém te despreze. (TITO 2:13-15)

Quando te enviar Ártemas ou Tíquico, apressa-te a vir até Nicópolis ao meu encontro. Estou resolvido a passar o inverno ali. Encaminha com diligência Zenas, o intérprete da lei, e Apolo, a fim de que não lhes falte coisa alguma.

Agora, quanto aos nossos, que aprendam também a distinguir-se nas boas obras a favor dos necessitados, para não se tornarem infrutíferos. Todos os que se acham comigo te saúdam; saúda quantos nos amam na fé. A graça seja com todos vós. (TITO 3:12-15)

PREOCUPAM-NOS MAIS OS SEGUIDORES DO QUE OS AMIGOS?

Vivemos tempos complicados na história da humanidade, pois uma das consequências de virarmos as costas a Deus é que a amizade perde rapidamente o seu valor. Muitos não apenas confundem "seguidores" com "amigos", como também chegam a dar mais importância aos que os seguem do que aos que estão ao seu lado e os ajudam. Dá a impressão de que todos estão caindo na mesma "armadilha": importa-nos muito mais os que nos seguem e as mensagens de aprovação e admiração que nos enviam do que aquilo que os bons amigos pensam. Quanto mais seguidores temos, melhor! E de fato muitos medem o sucesso simplesmente em números. Dá a impressão de que queremos conquistar nosso trabalho para o Senhor com a quantidade de pessoas que nos seguem, como se estivéssemos mais seguros do amor do nosso Pai, dependendo dos resultados das nossas redes sociais ou de como somos admirados nos meios de comunicação.

> MUITOS CONFUNDEM "SEGUIDORES" COM "AMIGOS"
> PERDENDO A BÊNÇÃO DE UM DOS MAIORES
> PRESENTES DE DEUS À HUMANIDADE: A AMIZADE.

Deus vê tudo de modo diferente: Jesus transformou a história com a ajuda de doze discípulos e algumas mulheres corajosas. No evangelho de João capítulo 15, Jesus explica que eles eram mais do que discípulos, eram "Seus amigos" e que, apesar de falar e alimentar grandes multidões, jamais se preocupou com o que essas multidões fizeram, mas o Senhor dedicava tempo a cada um que se aproximava dele.

A Bíblia nos ensina que, para Jesus, os relacionamentos estão muito acima dos números, e, para que ninguém tivesse dúvida, Ele ensinou que era capaz de deixar 99 ovelhas para ir em busca de uma só que estivesse perdida. Alguns não gostam dessa história porque não podem entender que a graça de Deus os supere, pois acham que ninguém pode ser melhor do que eles, mas Deus é imensamente mais bondoso do que qualquer um de nós. Muito mais do que podemos compreender ou imaginar! O amor de Deus por nós individualmente não tem limites.

Se ainda ficar alguma dúvida de que o Senhor é radicalmente diferente de nós, basta que leiamos o capítulo 6 do evangelho de João para percebermos como Jesus viveu despreocupado com as grandes multidões. Quando explicou aos Seus discípulos e aos que o seguiam (dessa vez, sim, eram seguidores) que viver com Ele implicava em estar unido a Ele, muitos deixaram de segui-lo. Ao invés de se preocupar com o que pudesse acontecer com os Seus discípulos ou lhes explicar melhor Seus ensinamentos para que não se escandalizassem, Jesus simplesmente perguntou aos Seus amigos: "Porventura, quereis também vós outros retirar-vos?" (JOÃO 6:67). Ele os amava profundamente, mas quis lhes ensinar que não queria ter seguidores, mas amigos! A doçura do Mestre é infinita! A liberdade que concede aos Seus amigos é extraordinária.

> A DOÇURA DO MESTRE É INFINITA! A LIBERDADE QUE CONCEDE AOS SEUS AMIGOS É EXTRAORDINÁRIA.

Em contraste com o Messias, vivemos desesperadamente dependentes dos nossos seguidores e das pessoas as quais seguimos. Dizemos que temos mais amigos do que jamais tivemos, mas a intimidade com eles é praticamente nula. São amigos do tipo "gosto" ou "não gosto", mas nada de rir e chorar juntos, de falar das perspectivas e dos sonhos, de compartilhar tristezas e frustrações. Não são amigos que podemos abraçar ou usufruir de uma refeição juntos, pois estamos deveras obcecados em conseguir comentários ou reações.

A CULTURA DO IMEDIATO

Vivemos na cultura do imediatismo. Preocupamo-nos em alcançar o maior número de pessoas; admiramos as figuras públicas e por isso também queremos uma vida pública, como se isso fosse o melhor que pudesse nos acontecer. Queremos que todos vejam como estamos bem, mas não sabemos desfrutar do que vivemos, porque estamos sempre preocupados em postar fotos e comentários para todos verem o que fazemos. Rejeitamos a cultura do que é eterno, e as cisternas rotas das quais bebemos não apenas têm ficado sem água, como também estão começando a nos dar puro veneno para beber.

Não pense que estou exagerando. Um dos maiores problemas atuais é a solidão. E isso em um mundo repleto de meios de comunicação e de redes sociais! Basta conferir os números fornecidos pela Organização das Nações Unidas (ONU) nos últimos anos e nos surpreenderemos ao descobrir que o suicídio já é a principal causa das mortes. Nos países desenvolvidos, um milhão de pessoas tiram sua vida por ano, sem contar os que praticam o suicídio simulando acidentes que acontecem todo dia. São pessoas que não têm ninguém que as abrace, ou que não se permitem ser abraçadas por alguém, não importa os seguidores que tenham ou a vida que aparentemente levam. Muitos deles são pessoas "populares" com muitos seguidores... E o mundo intenta copiar a sua forma de viver!

A Bíblia e a história nos ensinam que o evangelho se expande onde crescem a amizade, a ajuda e as pessoas que se preocupam com os outros. Crescem sempre onde há envolvimento pessoal! Inclusive, nas grandes campanhas de evangelização, o segredo são as pessoas que levam seus amigos para ouvirem a mensagem. Na realidade, o número de cristãos não está crescendo em nenhum lugar dos países mais ricos, mas cresce nos países pobres. A ocorrência de um "avivamento" em uma igreja de algum país do chamado Primeiro Mundo acontece na verdade porque essa igreja cresce com a presença de pessoas oriundas de outras denominações pelo fato de elas se sentirem melhor ali; entretanto, nos países menos desenvolvidos, o evangelho se propaga porque os cristãos o compartilham com a família, amigos e vizinhos.

> SEGUIMOS A VIDA DE OUTROS E O QUE OS OUTROS DIZEM; TODOS SEGUEM ALGUÉM, MESMO OS QUE ESTÃO NO TOPO... POUCOS TÊM PERCEBIDO QUE O ÚNICO QUE MERECE SER SEGUIDO É JESUS.

Todos seguem alguém, mesmo os que estão no topo da fama, mas bem poucos se dão conta de que o único que merece ser seguido é Jesus. Poucos aprenderam a lição de que os amigos têm a ver com a eternidade; já os seguidores, somente com o imediato.

A AUDIÊNCIA DE UMA ÚNICA PESSOA

Se realmente amamos a Jesus, queremos viver como Ele, preocupando-nos com os outros, ajudando os que necessitam e os que nada têm. Se de fato amamos ao Senhor, queremos estar com Ele, falar-lhe, ouvi-lo, compartilhar nosso tempo em Sua presença, sem pressa, "nadando contra a correnteza"! Qualquer pessoa que leia os evangelhos sem preconceitos jamais imaginará que Jesus estava buscando seguidores, preocupado em ter a maior igreja da cidade, que usasse o Seu tempo para dizer coisas que o tornassem mais popular. Para Ele tudo se resumia em pensar numa única pessoa: o Seu Pai (JOÃO 5:30).

Esse é o grande exemplo que estamos perdendo! A razão de todos os dissabores na vida cristã. A Bíblia nos mostra que as três Pessoas divinas que compõem o único Deus verdadeiro (a Trindade), o Pai, o Filho e o Espírito Santo, vivem um para o outro de modo incondicional e eterno. Essas três Pessoas buscam sempre a glória uma da outra, e na perfeição desse relacionamento está a Sua felicidade. A felicidade não está nas coisas, mas nos relacionamentos.

Hoje temos muita tecnologia e muito mais bens do que jamais tivemos, inclusive nos assuntos espirituais, mas estamos perdendo os nossos relacionamentos e as amizades. Deixamos o essencial porque nos envolvemos apenas com projetos, objetivos, números... e essa preocupação está nos matando. Sentimo-nos, porventura, felizes por temos muitos seguidores? Quando chegar o momento da solidão, perceberemos que os milhares que nos admiram não poderão nos ajudar, pois sempre ocultamos deles as nossas fraquezas. Assentamo-nos no ponto mais alto de onde ninguém pode nos fazer descer, pois vivemos no engano diabólico de que a espiritualidade se mede pela altura. Esquecemo-nos de que o nosso Salvador se ajoelhou para lavar os pés dos Seus discípulos. Não é uma questão de altura, mas de serviço.

Quando algo inesperado nos acontece e não sabemos como reagir, quando sentimos solidão e buscamos ajuda, percebemos que temos nos colocado muito acima do nosso Mestre. O Filho do Homem veio para servir e não para ser servido. Quando chegarmos à presença de Deus, não levaremos um minuto sequer para reconhecermos que a Sua maneira de ver a vida é totalmente diferente da nossa.

Nesse momento compreenderemos que o maior é o menor, que aquele que serve é o primeiro, que o menosprezado é exaltado e o presunçoso sequer tem o nome conhecido. Assim, reconheceremos a razão pela qual o Salvador repetiu várias vezes que o Seu reino pertence aos humildes e aos que aparentemente não têm qualquer valor. Olharemos ao nosso redor para comprovar que o mundo foi transformado por uns poucos pescadores, algumas mulheres e milhares de cristãos os quais foram criticados e deles foi dito: "Eles têm espírito de pobre, não têm ambição, nunca chegarão a nada".

Naquele momento muitos perceberão que perderam suas forças, seu tempo e praticamente sua vida inteira em busca de seguidores que os aclamassem.

Eles esqueceram que Jesus nos enviou a fazer discípulos para Ele, e não seguidores para nós!

39

URIAS: O SEU "PECADO" FOI SER LEAL ATÉ À MORTE

Todos sabem que a Bíblia é o livro mais lido na história da humanidade, mas você sabe qual é o segundo livro mais traduzido e difundido na história do cristianismo? É o livro *O Peregrino*, de John Bunyan. O que me impressiona é o fato de o autor o escrever enquanto se encontrava na prisão, em Oxford (Inglaterra), para onde foi levado por seguir o Senhor. As palavras que o juiz pronunciou ao condená-lo ecoam ainda hoje: "Finalmente acabamos com este pensador e o seu trabalho. Não nos molestará mais porque seu nome, aprisionado no cárcere com ele, ficará no esquecimento. Demos fim a ele por toda a eternidade".

Eu disse que essas palavras ressoam não só pela ignorância espiritual do juiz (para não dizer outra coisa), mas também pela forma como Deus mudou as circunstâncias. (Imagine só, o autor mais lido na história do cristianismo!) Tanto é que essas palavras estão escritas na estátua dedicada à memória de John Bunyan na cidade de Oxford. Deus se incumbe de reestabelecer nossa honra quando sofremos por Ele. Ele faz isso sempre, seja nesta vida, na outra... ou nas duas!

Urias, o hitita, era um dos valentes do rei Davi (2 SAMUEL 23:39). Tanto ele como Eliã, o pai da sua esposa, Bate-Seba, são mencionados na Palavra de Deus como principais guerreiros do rei. Eles o haviam acompanhado em muitas batalhas e defendido Davi nos momentos mais difíceis. O caso de Urias é muito especial entre os 30 valentes, pois sua honra e sua coragem eram reconhecidas por todos, tanto que Eliã havia lhe dado sua filha Bate-Seba em casamento para confirmar sua fidelidade a Deus e ao rei.

Davi sabia que tinha chegado ao trono pela vontade de Deus, mas também graças a pessoas honradas como Urias. Homens como ele não temiam lutar contra gigantes ou desafiar a morte ao menor desejo do seu comandante. Eles eram capazes de renunciar a tudo, inclusive suas próprias famílias, contanto que servissem ao rei.

> ÀS VEZES CAÍMOS NESSA MALDITA CRUELDADE QUE NOS FAZ QUERER SATISFAZER QUALQUER DESEJO, MESMO ÀS CUSTAS DO SOFRIMENTO DE OUTRAS PESSOAS.

Davi havia agradecido a lealdade de Urias em muitas ocasiões. Mas um dia o rei menosprezou essa lealdade porque desejou encher sua vida de puro veneno: essa maldita crueldade que nos faz querer satisfazer qualquer desejo às custas do sofrimento de outras pessoas. Todos conhecemos a história. A paixão de Davi foi quase do tamanho do seu ego ao ver uma linda mulher e tomá-la para si, embora fosse a esposa de um dos seus melhores amigos: a esposa de Urias. Essa era a mulher de um homem que estava arriscando a sua vida pelo rei Davi naquele momento.

> *Uma tarde, levantou-se Davi do seu leito e andava passeando no terraço da casa real; daí viu uma mulher que estava tomando banho; era ela mui formosa. Davi mandou perguntar quem era. Disseram-lhe: É Bate-Seba, filha de Eliã e mulher de Urias, o heteu. Então, enviou Davi mensageiros que a trouxessem; ela veio, e ele se deitou com ela. Tendo-se*

ela purificado da sua imundícia, voltou para sua casa. A mulher concebeu e mandou dizer a Davi: Estou grávida. Então, enviou Davi mensageiros a Joabe, dizendo: Manda-me Urias, o heteu. Joabe enviou Urias a Davi. Vindo, pois, Urias a Davi, perguntou este como passava Joabe, como se achava o povo e como ia a guerra. Depois, disse Davi a Urias: Desce a tua casa e lava os pés. Saindo Urias da casa real, logo se lhe seguiu um presente do rei. Porém Urias se deitou à porta da casa real, com todos os servos do seu senhor, e não desceu para sua casa. Fizeram-no saber a Davi, dizendo: Urias não desceu a sua casa. Então, disse Davi a Urias: Não vens tu de uma jornada? Por que não desceste a tua casa? Respondeu Urias a Davi: A arca, Israel e Judá ficam em tendas; Joabe, meu senhor, e os servos de meu senhor estão acampados ao ar livre; e hei de eu entrar na minha casa, para comer e beber e para me deitar com minha mulher? Tão certo como tu vives e como vive a tua alma, não farei tal coisa. Então, disse Davi a Urias: Demora-te aqui ainda hoje, e amanhã te despedirei. Urias, pois, ficou em Jerusalém aquele dia e o seguinte. Davi o convidou, e comeu e bebeu diante dele, e o embebedou; à tarde, saiu Urias a deitar-se na sua cama, com os servos de seu senhor; porém não desceu a sua casa. Pela manhã, Davi escreveu uma carta a Joabe e lha mandou por mão de Urias. Escreveu na carta, dizendo: Ponde Urias na frente da maior força da peleja; e deixai-o sozinho, para que seja ferido e morra. Tendo, pois, Joabe sitiado a cidade, pôs a Urias no lugar onde sabia que estavam homens valentes. Saindo os homens da cidade e pelejando com Joabe, caíram alguns do povo, dos servos de Davi; e morreu também Urias, o heteu. Partiu o mensageiro e, chegando, fez saber a Davi tudo o que Joabe lhe havia mandado dizer. Disse o mensageiro a Davi: Na verdade, aqueles homens foram mais poderosos do que nós e saíram contra nós ao campo; porém nós fomos contra eles, até à entrada da porta. Então, os flecheiros, do alto do muro, atiraram contra os teus servos, e morreram alguns dos servos do rei; e também morreu o teu servo Urias, o heteu. Disse Davi ao mensageiro: Assim dirás a Joabe: Não pareça isto mal aos teus olhos, pois a espada devora tanto este como aquele; intensifica a tua peleja contra a cidade e derrota-a; e, tu, anima a Joabe. Ouvindo, pois, a mulher de Urias que seu marido era morto, ela o pranteou. Passado o luto, Davi mandou buscá-la e a trouxe para o palácio; tornou-se ela sua mulher e lhe deu à luz um filho. Porém isto que Davi fizera foi mau aos olhos do Senhor. (2 SAMUEL 11:2-27)

Quando temos algum tipo de poder em nossas mãos, por menor que seja, mostramos então quem realmente somos e do que somos capazes. Davi não somente teve relações sexuais com Bate-Seba, a esposa de Urias, como também arquitetou um plano para ocultar sua vergonha depois de alcançar o troféu do seu desejo, porque aquela mulher foi para Davi nada mais do que um capricho.

Se o ato de tirar de seu amigo o que ele mais amava foi algo inominável, muito mais foi a tentativa de enganá-lo aparecendo diante de todos (inclusive de seu comandante, Joabe) como alguém inteligente e preparado, capaz de passar por cima de qualquer situação e de qualquer pessoa, sem colher as consequências. O problema foi que o plano de Davi não saiu como ele pensava: Urias era extremamente leal. Davi devia ter se atentado a isso! Urias era seu amigo e o conhecia de longa data! Não podia entender como o rei lhe mandava dormir tranquilamente em sua casa enquanto todos arriscavam a própria vida e a "honra" de Deus estava em jogo no meio da batalha. Nem estando embriagado quis fazer algo errado!

UM HOMEM DE HONRA INABALÁVEL
Urias era homem digno, leal a Davi de forma extraordinária e incondicional. Não sei se ele desconfiou que algo estranho estava

acontecendo, porque seu rei e amigo quis enganá-lo várias vezes. De certa forma isso não importa, pois sua reação e seu caráter falam por si mesmos. Em um mundo onde para muitos a lealdade já não vale coisa alguma, Urias a esbanjou ao custo de sua própria vida. Ele foi leal a Deus, aos companheiros de batalha, ao seu rei, à sua esposa e leal a si mesmo.

Aparentemente sua honra de nada valeu, pelo contrário, resultou em sua morte! Nesse dia Deus "perdeu" um homem fiel, e seus companheiros choraram por um homem de honra. No dia quando Davi o colocou na linha de frente da batalha, não o fez somente para que os inimigos o matassem, mas para que fizessem isso quando o exército de Israel se retirasse e deixasse Urias à sua própria sorte (tudo isso para Davi ficar com seu capricho: Bate-Seba). Nesse dia quem realmente ficou sozinho foi o próprio rei. A partir de então, não voltou mais a existir paz em sua família: um dos seus filhos morreu, outro violentou sua irmã e depois foi morto, e mais tarde um filho se rebelou contra seu próprio pai. Enfim, quando menosprezamos a honra, quem é o mais prejudicado somos nós mesmos.

> EM UM MUNDO ONDE PARA MUITOS A LEALDADE JÁ NÃO VALE COISA ALGUMA, URIAS A ESBANJOU AO CUSTO DE SUA PRÓPRIA VIDA.

Creio haver espaço para um pequeno parêntese. Às vezes temos "algo" que outra pessoa deseje ter e isso pode se tornar terrível. O ciúme e a inveja costumam ser os piores inimigos da amizade. Não é difícil chorar com os que choram, nem estar ao lado de uma pessoa que sofre; mas parece ser difícil aprender a nos alegrarmos com os que triunfam e admirar aqueles que conseguem realizar seus sonhos. Infelizmente, muitas vezes "matamos" nossos amigos mais leais que não estejam de acordo conosco, quando nos dizem algo que não queremos ouvir, ou que simplesmente nos impedem de alcançar os nossos objetivos. Quando cismamos em ter algo, queremos consegui-lo custe o que custar, e, no fim, quem acaba caindo somos nós mesmos.

> QUANDO CISMAMOS EM TER ALGO, QUEREMOS CONSEGUI-LO CUSTE O QUE CUSTAR, E, NO FIM, QUEM ACABA CAINDO SOMOS NÓS MESMOS.

Deus jamais esqueceu do que Davi fez, apesar de perdoá-lo quando ele orou e chorou em Sua presença (SALMO 51). A desonra do Seu servo havia sido tão grande que ele seria penalizado por isso ao longo da história: "Porquanto Davi fez o que era reto perante o SENHOR e não se desviou de tudo quanto lhe ordenara, em todos os dias da sua vida, senão no caso de Urias, o heteu" (1 REIS 15:5). Nunca será demais lembrar que, apesar do amor imutável de Deus e de Sua eterna graça, sempre arcamos com as consequências dos nossos atos. Não pode ser de outra maneira.

DEUS SE "AGRADOU" POR TER NA GENEALOGIA DE SEU FILHO UM HOMEM DIGNO

A história poderia parar aí e as lições, tanto para Davi como para nós, seriam extraordinárias; a dignidade de Urias se sobressai a tudo, e a crueldade de Davi para com o seu amigo fica resumida claramente. Mas Deus sempre tem um final diferente. Melhor dizendo, um final definitivo! É fato que Ele perdoou Davi, porém o mais impressionante de tudo é que o Senhor considera Urias um herói. Quando a Bíblia registra a genealogia do Senhor Jesus, ela nos informa que o rei Davi teve um filho, Salomão, literalmente "da que fora mulher de Urias" (MATEUS 1:6).

Deus enfatiza o nome de Urias. Ele quer nos ensinar que o segredo nessa história não é o pecado de Davi, mas a fidelidade de Urias, que é exaltado por Deus. Nem sequer menciona o nome de sua mulher (a mãe de Salomão). E Deus não a menciona porque, para Ele, o herói é Urias. É assim que Deus vê as coisas!

Além disso, Urias é o único que aparece entre os ancestrais do Senhor Jesus que não deveria fazer parte da Sua família, pois já fazia muito tempo que ele havia morrido quando Salomão nasceu. Salomão não foi filho dele, mas Deus quis premiar a honra de Urias e deixou isso escrito para sempre! Deus não se importou que Urias nada tivesse a ver com o nascimento de Salomão, pois não foi ele quem o gerou. Pelo contrário, sua fidelidade foi um exemplo para todos, tanto no Céu como na Terra. Na genealogia do Filho de Davi, Urias está gravado com letras de ouro.

Deus se agradou e se sentiu "feliz" por ter na genealogia de Seu Filho um homem digno.

40
VOCÊ: UM POEMA DE DEUS

Em 1984 tive o privilégio de conhecer um homem que foi capaz de mergulhar meu coração na poesia de Deus: ele se chamava Rodolfo Loyola. Jamais pude esquecer da sensibilidade poética com a qual ele expressava o amor de Deus, tanto aos crentes como aos incrédulos. Eu, que tinha crescido, procurando brincar com substantivos, verbos e adjetivos, descobri no meu amigo e irmão que o coração de Deus estava cheio de imaginação e criatividade, tanto que nem as expressões mais próximas da eternidade são capazes de manifestar sequer uma pequena porção do que Ele sente. Por esse motivo, o Deus Pai, por meio do Seu Espírito, nos deixou a Palavra e, por intermédio da Palavra encarnada, Jesus Cristo, nos revelou a beleza inigualável do Seu caráter.

Trata-se, desde o começo dos séculos, de expressar o caráter de Deus, porque tudo o que somos e tudo quanto desfrutamos vêm dele. Cada poesia e cada melodia não passa de um pálido reflexo do sorriso do Criador. Lembro-me de que Rodolfo Loyola me dizia para compartilhar tudo o que Deus colocava em meu coração a todo momento. "O que o Senhor lhe disser para falar faça-o sem medo... mas sempre da maneira mais sublime, tal como o Espírito de Deus o leve a fazer".

Este é o nosso último "capítulo" juntos. Sei que, praticamente, todos os leitores se dividem em dois tipos: de um lado estão os leitores que apanham um livro e começam com qualquer página que lhes interessa, inclusive vendo o índice para constatar se algum detalhe é mais atrativo, ou passam por cima de algum capítulo que julgam tedioso etc. No outro lado estão os leitores "disciplinados", que seguem de forma contínua até o fim do livro. Se você for um destes do segundo grupo, pode ser que tenha se surpreendido ao descobrir que você é um dos heróis de Deus.

A disciplina também tem seus dividendos.

Seja qual for o momento da sua leitura, talvez você questione: "O que quer dizer 'ser um poema de Deus?'". Não é ideia minha (gostaria que fosse, porque é excelente), mas é do próprio Deus. Leia com atenção:

> *Mas Deus, sendo rico em misericórdia, por causa do grande amor com que nos amou, e estando nós mortos em nossos delitos, nos deu vida juntamente com Cristo, — pela graça sois salvos, e, juntamente com ele, nos ressuscitou, e nos fez assentar nos lugares celestiais em Cristo Jesus; para mostrar, nos séculos vindouros, a suprema riqueza da sua graça, em bondade para conosco, em Cristo Jesus. Porque pela graça sois salvos, mediante a fé; e isto não vem de vós; é dom de Deus; não de obras, para que ninguém se glorie. Pois somos feitura dele, criados em Cristo Jesus para boas obras, as quais Deus de antemão preparou para que andássemos nelas.* (EFÉSIOS 2:4-10)

Sei que você dedicou toda a atenção possível ao ler o texto, e o assunto do poema não aparece em parte alguma. Deixe-me dizer algo: quando, no versículo 10, o Espírito de Deus, através de Paulo, diz que somos "feitura sua", a palavra no original grego é "poema". Creio que era assim que deveria estar escrito. Imagine se nossas

Bíblias dissessem: "Porque somos um poema seu, criados em Cristo Jesus...". Acho que seria fantástico!

SOMOS UM POEMA DE DEUS. ISSO É MAIS DO QUE IMPRESSIONANTE!

Não pretendo esgotar tudo o que essa frase significa, mas gostaria que, nos próximos dias, você pudesse passar algum tempo meditando e falando com o Senhor sobre isso. Separe algum tempo para estar a sós com Ele, diga-lhe o que está no seu coração e ouça o que o Senhor tem a lhe dizer através de Sua Palavra. Isso transformará completamente a sua vida.

Talvez alguns pensem que é muito fácil compor um poema, mas não é assim. Eles só podem sair do mais íntimo do nosso ser, da profundidade das experiências e dos gemidos da nossa alma. Se não for assim, serão simples palavras sem sentido por mais perfeitas que possam parecer, e cedo ou tarde todos perceberão que são frases destinadas ao esquecimento.

Para compor um poema, você precisa amar.

E quando ama, você atravessa o vale do sofrimento e da incompreensão, a dor do abandono, a falta de esperança por ser deixado de lado, a agradável expectativa de querer estar ao lado da pessoa amada, e, por vezes, poder estar. Também precisa ter os inexplicáveis anelos de desejar o bem àqueles que o rejeitam, a renúncia do que seja justo para perdoar quem não merece; a doce angústia de se afastar de alguém que você deseja com "paixão" porque ele ou ela decidiu seguir por outro caminho.

PARA COMPOR UM POEMA, VOCÊ PRECISA AMAR

Não sei como explicar, tampouco afirmar que seja teologicamente correto, mas, quando leio a Bíblia, vejo que Jesus vivenciou todas essas sensações por mim e por você.

Todos quantos aceitamos o Senhor em nossa vida somos poemas de Deus, criados em Cristo Jesus. Como Autor, Ele nos fez em diferentes momentos de Sua eternidade, embora ela dure além do nosso tempo. Não se trata de sermos frases completas, presas a um destino gramatical eterno. De maneira que não podemos entender, Deus nos concedeu certa liberdade de rima que não somente admite erros, como também aceita correções. Lembre-se de que não existe um poema perfeito.

Também precisamos nos lembrar de que Deus é imutável, mas cada um de nós é uma expressão do Seu coração, pois não existem os poemas "insensíveis"; cada palavra que sai do nosso interior aflora uma parte de nós mesmos que ninguém conhecia antes. Por isso todos fomos feitos à imagem do Poeta, e não o conheceríamos totalmente se não desfrutássemos também dos Seus poemas. Essa é a razão pela qual não podemos compreender o Autor através de um único poema; todos são necessários e imprescindíveis.

NOSSO CARÁTER É DIFERENTE; A PROSA E O VERSO QUE REFLETIMOS SÃO INCOMPARÁVEIS.

Quando compomos um poema, usamos sujeitos, verbos, adjetivos, preposições, mas também formas, rimas e estruturas: cada item é diferente. As combinações podem ser infinitas. Isso é o que Deus faz com cada um dos Seus filhos: nosso caráter é diferente; a prosa e o verso que refletimos são incomparáveis. Nenhum poema é mais desejado do que outro; não há preferência de palavras, pois sua beleza é expressa tanto pelas vozes que as pronunciam como pelo coração que as recebe.

Embora ninguém mais aprecie, nós amamos os poemas que compomos. Deus derrama imaginação e beleza em cada um de nós, porque Ele é o grande Artista e, em Sua extraordinária bondade, reparte a glória do Seu eterno talento com cada uma de Suas obras.

Você já refletiu sobre isso? Os poemas surgem porque o nosso interior quer dar à luz o que foi gerado pela alma. Não há outra explicação! Também gostam de ser apreciados pelos outros. Os poemas alcançam o coração das pessoas, nos levam a amar, meditar, imaginar, rir, tomar decisões, brincar com os sentimentos... Costumam fazer bem aos que os leem de tal forma que, com o tempo, somos quase incapazes de diferenciar os sentimentos do autor do sentimento dos que deles desfrutam. Não resta qualquer dúvida de que Deus nos fez de tal maneira que somos incapazes de separar Sua glória como Autor da nossa necessidade de amar e sermos amados.

Isso faz cada poema ter "vida" por si mesmo, embora torne-se consciente de sua incompetência. Às vezes, as palavras o lembram de que Alguém teve de compô-las! Os poemas não se amam a si mesmos, nem se orgulham do que são, mas exaltam aquele que os escreveu; pois, apesar das retificações sofridas, cada poema sabe que é amado pelo seu autor; o Autor divino. Você nunca será melhor declamado do que pelos lábios do seu Criador.

> VOCÊ NUNCA SERÁ MELHOR DECLAMADO
> DO QUE PELOS LÁBIOS DO SEU CRIADOR.

Custa-nos compreender que precisamos corrigir nossos poemas sabendo que nossa inspiração se perde na busca pela excelência, mas o Criador manifesta perfeição em cada um dos Seus gestos. Sofremos correções significativas em nossa vida porque algumas das palavras que tanto defendemos têm se desviado do seu significado original, e, embora sejamos corrigidos e a dor até confunda parte da nossa consciência, estamos aprendendo a ser gratos.

É óbvio que os poemas soam mal quando não são entendidos, por isso o Autor precisa explicá-los. Esse é o motivo pelo qual Deus entra em nossa história para nos restaurar e depois nos defender.

Os poemas não podem existir separados do Seu Autor, porque os que pretendem viver por conta própria acabam seus dias no esquecimento. Tenha sempre isso em mente! Não gostamos dos poemas anônimos, pois nos parecem uma forma estranha de nos comover.

Embora o autor tenha caído no esquecimento, todos querem saber quem chegou ao fundo da sua alma com suas palavras, porque os poemas são sempre primeiramente amados; não são dissecados nem são analisados. Somente as mentes sem escrúpulos e os corações que menosprezam a sensibilidade agem dessa forma.

Somos um poema de Deus, não importa o lugar onde tenhamos nascido, as pessoas que nos leem, o que os outros pensem de nós ou o material usado em nossa composição. Somos um poema de Deus que não se importa se a nossa estrutura é complexa ou simples, se a extensão de nossos versos ou de nossas palavras impressiona as pessoas ou não. Somos um poema de Deus mesmo quando a rotina e o desânimo parecem obscurecer a rima do nosso poema.

Nada do que seja tangível é importante, as palavras do Autor são eternas; Sua graça ao compor é tão insondável que jamais terá fim. Deus poderia ter liberado cada um de Seus poemas através de Sua imaginação e Sua memória, mas quis fazer isso da forma mais sublime possível: a Palavra, Seu amado e único Filho foi entregue ao silêncio do Pai porque, numa única vez, o Amor teve de se calar para que pudesse expressar toda a Sua essência. Da morte do Amado, surgiram milhões de poemas ressuscitados do alento dessa Palavra com letra Gigante. Maiúscula da Graça e Perdão.

A partir de então está escrito que os poemas não morrem. Tudo o que fazem tem valor eterno, pois todos eles estão registrados pelo Seu Autor no Livro da Vida. Esse é o lugar onde devemos estar. Ali somos registrados pela Palavra, tendo feito do sangue de Seu Filho a única tinta possível.

Quando me perguntam: "Quem é você?", jamais penso no pouco ou no muito que fiz na vida, os títulos, os sonhos realizados, o trabalho, os bens ou as circunstâncias.

Não!

Simplesmente digo: "Sou um poema de Deus!".